Compétence plurilingue
Translanguaging
Tertiärsprachendidaktik

Langue, multilinguisme et changement social
Directeur de la collection : Jürgen Erfurt

VOLUME 40

Sarah Dietrich-Grappin, Véronique Castellotti,
Britta Hufeisen et Li Wei (dir./eds./Hrsg.)

Compétence plurilingue Translanguaging Tertiärsprachendidaktik

Rapprochements pour l'enseignement des langues tierces
Convergences in tertiary languages education
Annäherungen für den Unterricht in Tertiärsprachen

PETER LANG
Berlin · Bruxelles · Chennai · Lausanne · New York · Oxford

Information bibliographique publiée par Die Deutsche Nationalbibliothek.
Die Deutsche Nationalbibliothek répertorie cette publication dans la Deutsche Nationalbibliografie; les données bibliographiques détaillées sont disponibles sur le site http://dnb.d-nb.de.

Library of Congress Cataloging-in-Publication Data

Names: Dietrich-Grappin, Sarah, editor | Castellotti, Véronique editor | Hufeisen, Britta, 1960- editor | Li, Wei, 1961 August 11- editor
Title: Compétence plurilingue : rapprochements pour l'enseignement des langues tierces / Sarah Dietrich-Grappin, Véronique Castellotti, Britta Hufeisen, Li Wei (dir./eds./Hrsg.).
Other titles: Translanguaging convergences in tertiary languages education
Description: Berlin ; New York : Peter Lang, 2025. | Series: Langue, multilinguisme et changement social, 1610-143X ; volume 39 | Six contributions in English, 5 in German, 4 in French. | Includes bibliographical references and index. | Summary: "This book explores aspects of the teaching of plurilingual and pluricultural competence in foreign languages education. To this end, it draws on the neighbouring concepts of translanguaging and tertiary language didactics. In addition to introductions to the main concepts of the volume, it offers insights into international empirical research in the field of institutional multilingualism research"-- Provided by publisher.
Identifiers: LCCN 2025013511 (print) | LCCN 2025013512 (ebook) | ISBN 9783631935057 hardback | ISBN 9783631935583 pdf | ISBN 9783631935583 epub
Subjects: LCSH: Language and languages--Study and teaching | Translanguaging (Linguistics) | LCGFT: Essays
Classification: LCC P51 .C62228 2025 (print) | LCC P51 (ebook) | DDC 418.0071--dc23/eng/20250519
LC record available at https://lccn.loc.gov/2025013511
LC ebook record available at https://lccn.loc.gov/2025013512

ISSN 1610-143X
ISBN 978-3-631-93505-7 (Print)
E-ISBN 978-3-631-93558-3 (E-PDF)
E-ISBN 978-3-631-93559-0 (E-PUB)

DOI 10.3726/b22858

Publié par Peter Lang GmbH, Berlin (Allemagne)
info@peterlang.com

Cette publication a fait l'objet d'une évaluation par les pairs.

www.peterlang.com

Table of content

Section B

Section C

Préface de Daniel Coste

On doit saluer l'initiative des responsables de cette publication car elles ont voulu mettre en regard, sinon confronter – comment dire ? – des notions/concepts ? des désignations simplement terminologiques ? des travaux de recherche contextualisés de manières diverses ? des enjeux épistémologiques, éducatifs, voire politiques distincts ? Ou un peu de tout cela à la fois ?

En effet, qu'il s'agisse de *Tertiärsprachendidaktik*, de *Translanguaging* ou de *Compétence plurilingue*, on a affaire à des objets complexes qui ont à voir avec des questionnements de prime abord similaires, du genre : « comment, dans les analyses, les usages, les pratiques, penser – à des fins d'apprentissage – un décloisonnement et une mise en relation des langues entre elles ? », mais qui, dans les réponses qui y sont apportées, donnent lieu à variation sensible. Et ces variations ne portent évidemment pas sur les seules désignations dans chacune des trois langues où ces questionnements trouvent à se formuler. Elles touchent bien aussi aux concepts construits et mobilisés, aux recherches conduites et aux enjeux-mêmes, ainsi qu'aux circulations respectives de ce que – faute d'un meilleur terme – je qualifierai ici comme ces trois « courants », dans la mesure aussi où une telle dénomination peut aussi s'accorder à une prise en compte des circulations, chacun pour sa part, de *Tertiärsprachendidaktik*, *Translanguaging* et *Compétence plurilingue*.

Dans le domaine où s'inscrivent ces trois courants, leurs mises en relation et leurs positionnements singuliers sont rarement thématisés et c'est justement en quoi ce recueil de contributions me semble particulièrement original et important. Il répond à un souci bienvenu tout à la fois de clarification et de problématisation. Et cela tant par la pluralité des études empiriques rassemblées et leur façon de se référer à tel ou tel des courants considérés que, surtout, par les présentations de chacun de ces courants par des protagonistes de leur diffusion et de leur évolution.

On retiendra notamment la perspective historique et aussi, d'une certaine manière, la localisation géographique et linguistique située de chacune des origines. La *Tertiärsprachendidaktik* naît en situation germanophone de (re)penser l'enseignement de l'allemand comme venant après celui, de plus en plus généralisé de l'anglais comme première langue « étrangère ». Le *Translanguaging* trouve son affirmation première, vite reprise en écho décalé, dans l'affirmation d'une langue minorisée face à l'anglais et dans une visée de défense et de revitalisation. La notion de *Compétence plurilingue* est proposée initialement, en français, comme utile à une extension de l'offre et de la prise de langues autres que l'anglais dans des dispositifs scolaires européens où ce dernier en vient à occuper tout l'espace attribué aux langues étrangères. Dans chaque cas, les circulations ultérieures que connaît chacun des courants sont comme marquées par la source d'où il s'origine et par la langue de sa première formulation. Et dans chaque cas aussi l'anglais fait partie, en creux ou en plein, du paysage.

Surgis de différents lieux dans la même période, les trois courants qui se développent ces dernières décennies ont en commun une prise en considération de la pluralité linguistique et une remise en cause d'une conception monolingue de l'apprentissage des langues et de la représentation du plurilinguisme comme d'autant de monolinguismes juxtaposés. Et dans les trois cas (mais à des degrés très divers), on en arrive non seulement à une représentation dynamique des osmoses et passages interlinguistiques, mais aussi, plus fondamentalement, à une remise en cause de la conception de la langue comme entité homogène, circonscrite et stabilisée, cette conception essentialiste étant dès lors envisagée comme résultant de constructions historiques et circonstancielles.

C'est ce jeu de transversalités et de spécificités qui constitue la trame de l'ouvrage et lui donne son plein sens. Il vient à son heure dans un champ international et dans un secteur de recherche où les circulations transculturelles sont aussi à l'œuvre. Il rétablit une certaine parité entre des courants qui ne sont pas de fait de même incidence et influence dans le panorama scientifique et didactique actuel. Les études empiriques qu'il rassemble, les prises de position synthétiques qu'il comporte, les origines variées des autrices et auteurs et la pluralité des contextes concernés sont autant de choix forts des conceptrices de ce recueil, sans oublier l'option devenue aujourd'hui éditorialement courageuse d'une publication trilingue.

Il y aurait beaucoup à dire sur la dimension transculturelle observable quant à la place respective des trois « courants » dans l'environnement large où l'ouvrage va trouver sa place. Autant ce dernier fait le pari d'une attention égale, sérieuse et très documentée à chacun d'eux, autant, à considérer la scène globale en termes de volume et d'intensité respectives de ces courants, la vague du *Translanguaging* tend à submerger le paysage, les autres approches se trouvant réduites à une pénétration plus limitée, voire à une sorte d'absorption de leurs particularités par le courant dominant. Mais du coup aussi, le *Translanguaging* devenant victime de son succès et de sa diffusion anglophone mondiale (tout comme de l'emprunt importé de ce label par des publications dans d'autres langues), le concept et la visée ont perdu une bonne part de leur force et de leur portée premières. Au point que, par un retournement ironique de l'histoire, nombre d'expériences pédagogiques et d'argumentaires *ad hoc* font du *Translanguaging* un instrument au service d'un apprentissage plus efficace de l'anglais tel qu'en lui-même il demeure.

J'espère qu'on ne me tiendra pas rigueur de ce dernier commentaire qui pourrait passer pour une remarque inappropriée d'un francophone, partie prenante à plus d'un titre dans la comparaison entre ces trois courants. Mon parcours professionnel et une histoire plus personnelle m'attachent profondément à l'anglais. Mais je tenais à singulariser ce volume dans un mouvement général où les concepts, les recherches, les enjeux et les désignations circulent différentiellement selon des trajectoires qui n'ont rien d'aléatoire.

Il convient de saluer le geste en effet singulier qui est à l'origine de cette publication. Cette forme de mise en relation et de confrontation informées entre des conceptions qui nourrissent la réflexion et influent tant soit peu sur les pratiques est non seulement bienvenue mais nécessaire. Elle reste trop peu fréquente et on doit souhaiter une large réception à cet ouvrage pluriel qui rassemble sans confondre.

Introduction by the editors

The idea for this book was born just after the first version of the Companion Volume to the Common European Framework of Reference for Languages (CEFR) had been published in English and French[1]: Plurilingual competence, which had already been taken up in the original CEFR[2], not only received its first descriptor scales, but became – alongside pluricultural competence – the key notion of the document. We were as much aware of the Companion Volume's future impact on foreign language policies in Europe as of the specific challenges that reside in the notion of plurilingual competence. It not only constitutes a learner's prerequisite for target language learning (already applying to second or heritage language speakers acquiring a first foreign language), but also an educational goal on its own (especially promoted by second foreign languages that are compulsory at many secondary schools in Europe). First, we felt the need to delve into the French origins of *compétence plurilingue et pluriculturelle* that reach back to the 1990s as we aimed at making it accessible for today's readers of the Companion Volume. Second, though plurilingualism had always been the inherent legitimatory principle for foreign language education in Europe, its sudden union with

---

1 Council of Europe (2018): Common European framework of reference for languages: learning, teaching, assessment. Companion volume with new descriptors. https://rm.coe.int/cefr-companion-volume-with-new-descriptors-2018/1680787989 (last access on 15.10.2024)

2 Council of Europe (2001): Common European framework of reference for languages: learning, teaching, assessment. https://rm.coe.int/1680459f97 (last access on 15.10.2024)

the notion of competence also called for new methodological orientations for research and teaching in the field. For this purpose, we wanted to address the notions of 'Translanguaging', rooted in content and language integrated learning and language revitalization, and *Tertiärsprachendidaktik*, which has its origins in 'German as a foreign language after English' and refers to the teaching and learning of tertiary languages (L3) as second (or further) foreign languages. We are very thankful to Daniel Coste who, as the father of the notion of *compétence plurilingue et pluriculturelle*, has written the foreword to the present volume, already elaborating the specific contexts of emergence and resonances between the francophone discourse and its German and anglophone counterparts.

The present volume is divided into three sections, each dedicated to one of the above-mentioned concepts. Every section opens with an introductory article reviewing the discourse origin as well as its terminological evolutions, starting with *Compétence plurilingue et pluriculturelle* (Castellotti) and followed by 'Translanguaging' (Li) and *Tertiärsprachendidaktik* (Dietrich-Grappin & Hufeisen). The contributions of each section have largely, though not exclusively, been motivated by the heading concept, may it concern their theoretical underpinning or research design. All papers share a common research interest in foreign language classroom research fostering the use of prior language knowledge. They cover a foreign language learner's whole biographical stretch reaching from primary education (Pedley, Blons-Pierre & Maechler-Dent, Sturm et al.) to lower secondary (Markey, Melo-Pfeifer), higher secondary (Wieland, Mayr, Meißner) and tertiary education (Eibensteiner et al.), or focus on foreign language pre-service teachers (Pogranova & Schauber), in-service teachers (Bredthauer) or both students and in-service teachers (Piccardo & Le). We observe an important variety of educational systems and target languages, mostly European, as well as the tendency to deal with several languages at the same time: Austria (for German, English, French, Italian and Ladin: Mayr), Canada (for Arabic, English, French and Spanish: Piccardo & Le), Germany (for English: Sturm et al.; for French: Wieland; for English, French, Latin, Spanish as foreign as well as German as a second and Turkish as a heritage language: Bredthauer; for Spanish: Eibensteiner et al.), Ireland (for French as a foreign and Irish and English as second languages: Markey), Switzerland (for English and French: Blons-Pierre & Maechler-Dent; for English and German: Pogranova

& Schauber) and the UK (for French, German, Italian and Spanish as foreign and various heritage languages: Pedley). Completing the list, Melo-Pfeifer (for Catalan, French, Italian, Portuguese, Romanian and Spanish) tackles data from Brazil, France, Italy and Spain, whereas Meißner's contribution (for German in higher secondary education) may especially fit the educational systems of Western (Benelux), Northern (Denmark) and Eastern Europe. Interestingly enough, many colleagues working in contexts of diglossia responded to our call, as is the case of Ireland (English, Irish, see Markey), Scotland (English, Gaelic, Scots, see Pedley), Southern Tyrol (German, German dialect, Italian, Ladin, see Mayr) or Zurich (German and Swiss German, see Blons-Pierre & Maechler-Dent). Also, the natural inclusion of second or heritage languages as target languages (Pedley, Markey, Mayr, Bredthauer) tells us something about the concepts at the heart of this volume. If we have a closer look at the chosen research designs, we first note qualitative analyses of interactive interlanguage data, may it concern online interaction (Melo-Pfeifer) or on site text based mediation (Wieland, Mayr), sometimes combined with thinking aloud protocols (Wieland), as well as analyses of attitudinal data referring to specific pedagogical approaches and collected through interviews (for mediation and scenario techniques see Piccardo & Le, for pictorial language biographies and pedagogical translanguaging see Blons-Pierre & Maechler-Dent, for multilingual scaffolding see Bredthauer, for pedagogical translanguaging see Sturm et al.) or questionnaires (for immersion programmes see Markey, for pedagogical translanguaging see Blons-Pierre & Maechler-Dent). Second, we can identify quantitative intervention studies focusing on specific target language competencies (for reading comprehension, vocabulary and morphology see Eibensteiner et al., for metalinguistic awareness, vocabulary and grammar skills see Sturm et al.). The conceptual papers in this volume highlight principles that are at stake during compulsory schooling (creativity, pluriliteracy and identity work, see Pedley), tertiary education (criticality in science propaedeutics, see Meißner) and foreign language teacher education (translanguaging practices in L3 teacher education, see Pogranova & Schauber). Due to our international endeavor, the book gathers papers in French, German and English. As follows, the papers are presented in their original language, but abstract translations to English or German/French are provided later on at the beginning of each chapter.

La première section, consacrée à la notion de compétence plurilingue, s'ouvre avec un texte de Véronique Castellotti proposant un historique de la genèse de la notion et de certains de ses usages, avant de plaider pour une évolution épistémologique et terminologique.

C'est à partir de l'analyse d'une démarche expérientielle menée à l'école écossaise que Malika Pedley explore les implications possibles de la notion de compétence plurilingue, sur les plans à la fois pédagogique, expressif et identitaire. Elle montre comment une expérience de plurilittératie créative, faisant intervenir aussi bien les langues de l'école que celles de la maison, se décline à travers des activités mettant en évidence des rapports aux langues analysés à travers les notions de médiation et de *translanguaging*. Cette démarche contribue non seulement à améliorer les connaissances des élèves mais aussi et surtout participe de l'élaboration de communautés plurilingues empreintes de confiance mutuelle, dont une évaluation institutionnelle à l'aide de descripteurs ne saurait suffire à rendre compte.

La contribution de Michael Markey porte sur les obstacles rencontrés dans le déploiement de la pluralité linguistique en contexte scolaire irlandais. Elle souligne que l'insistance sur le bilinguisme anglais-irlandais, renforcée par une séparation stricte des langues enseignées, rend difficile le passage à une perspective plurilingue incluant d'autres langues. L'étude empirique menée à partir de questionnaires et d'entretiens analyse le rapport à la pluralité d'élèves du secondaire entrant en contact avec le français comme troisième langue. Les résultats confirment des travaux antérieurs selon lesquels le possible « atout bilingue » dans l'apprentissage d'une langue tierce ne se concrétise qu'à partir d'une conscience réflexive de toutes les expériences langagières, ce qui plaide pour une formation des enseignants permettant une telle mise en œuvre dans les classes.

Silvia Melo-Pfeifer's paper looks at interactional forms of intercomprehension in Romance languages developed and negotiated in exchanges on the Galanet platform by secondary school pupils and their teachers in Brazil, Spain, France and Italy. On the basis of an analysis of extracts from plurilingual interactions, the author identifies a number of (meta) communicative strategies relating alternately to reception and/or production which lead to the development of a specific plurilingual communicative competence, characterised by forms of translanguaging in learning. She concludes by highlighting the links between interactional intercomprehension and plurilingual competence, proposing the inclusion of contact and the description of plurilingual communicative strategies in L3 classes.

Enrica Piccardo and Le Chen's contribution focuses on the notion of mediation, interpreted as primarily cognitive and emotional. It examines how mediation can be a central dimension in plurilingual education, through an action-oriented semiotic conception of languages. The implementation of pedagogical scenarios in Canadian classrooms is presented as an operationalisation of this action-based approach to mediation, included in a 'plurilanguaging' perspective. The result is the development of tasks corresponding to the objectives set out in the competency descriptors in the CEFR Companion Volume.

Introducing Section B, Li Wei deals with the origins, developments and future directions of the concept of translanguaging. Its added value and future application in Applied Linguistics and second and foreign language research will be highlighted.

The action research project presented by Blons-Pierre and Maechler-Dent aims at clarifying the objectives related to translanguaging practices by taking a Swiss primary school with an international profile as an example. The perceptions of the different parties involved (learners, teachers, parents, principal) and the requirements presented by national and international evaluations are taken into account. The paper follows a research-action spiral, involving cycles of issue identification, planning, implementation, and evaluation. In particular, it deals with investigating the tension-filled articulation of translingual spaces in which learners and teachers practise multilingual speech in order to develop a multilingual repertoire.

In Sarah Sturm, Jenny Jakisch, Teresa Patzek, Dieter Thoma and Holger Hopp's chapter, pedagogical translanguaging in early foreign-language teaching is addressed, as well as its effects on minority-language and majority-language students. The paper reports on a study of 128 4th-grade students learning English as a foreign language (EFL) in German primary schools over a period of 6 months. It investigates their subjective notions of plurilingual competence, metalinguistic awareness, the appreciation of linguistic diversity, and the perceived usefulness of pedagogical translanguaging. Added to that, it measures the effects of pedagogical translanguaging on EFL and metalinguistic skills. While the findings show differences between minority-language and majority-language students concerning their views of plurilingual teaching, both groups present evidence of developing comparably in their EFL and metalinguistic skills.

Katharina Wieland untersucht die Funktion verschiedener Ausprägungen von *translanguaging* bei der Bearbeitung von Sprachmittlungsaufgaben im Französischunterricht der Oberstufe. Hierfür analysiert die Autorin videographierte Mediationssequenzen und wertet retrospektive Lautdenkprotokolle aus. Die Studie zeigt auf, dass *translanguaging* in Sprachmittlungssituationen nicht auf die kognitive Funktion der Verständigung über sprachlich-inhaltliche Konzepte beschränkt ist, sondern dass Lernende, etwa über die Aushandlung von Rollen bei der Interaktion oder die Thematisierung der eigenen Unsicherheit, auch soziale und emotionale Ziele verfolgen. Auf Basis ihrer Ergebnisse gibt die Autorin Impulse für eine prozess- statt produktorientierte Perspektivierung von Sprachmittlungsübungen im Fremdsprachenunterricht und die verstärkte Einbindung des gesamten mehrsprachigen Repertoires der Lernenden.

Gisela Mayr beforscht den Einsatz mehrsprachiger Kompetenzaufgaben in einem Südtiroler Gymnasium, die in Anlehnung an die komplexe Kompetenzaufgabe nach Hallet entworfen wurden. Die Teilnehmenden sollten in vier Modulen dazu angeregt werden, ihre eigene Mehrsprachigkeit – in diesem Fall Deutsch (Standardsprache sowie Dialekt), Italienisch, Englisch, Französisch und Ladinisch – auf einem bildungssprachlichen Niveau auf Grundlage prosaischer und lyrischer Texte zu erproben. Die exemplarischen Gesprächsausschnitte zeigen die Komplexitätssteigerung im Bereich der Mediation bzw. das kreative Potenzial, das mit der Erweiterung des literarischen Lernens um *translanguaging* einhergeht. Die so geschaffenen neuen Bedeutungsräume in sprachlicher und kultureller Hinsicht, die zum Teil miteinander verknüpft sind, sprechen die Lernenden auf persönlicher Ebene an.

Die dritte Sektion des Bandes wird durch einen Beitrag von Sarah Dietrich-Grappin und Britta Hufeisen eingeleitet, der in den Entstehungskontext der Begriffe Tertiärsprache(ndidaktik) und das Ursprungskonzept der Tertiärsprachendidaktik nach Neuner einführt ('Deutsch als Fremdsprache nach Englisch'). Anhand der Ergebnisse deutschsprachiger Beiträge zur Tertiärsprachenforschung bis heute wird außerdem die Neumodellierung einer Tertiärsprachendidaktik 2.0 vorgelegt, die stärker im Zeichen sprachpraktischer und übungstheoretischer Überlegungen steht.

Stefanie Bredthauers Beitrag beleuchtet den Einsatz von multilingualem Scaffolding bzw. von Sprachvergleichen, um Zielsprachenorientierung und die Förderung von Mehrsprachigkeitskompetenz miteinander zu verknüpfen. Hierfür wertet sie sechs leitfadengestützte Experteninterviews mit Fremd-, Zweit- und Herkunftssprachenlehrkräften aus, die Sprachenvergleiche als frequente Erklärstrategie nutzen. Die Autorin zeigt verschiedene Ziele dieser Lehrstrategie aus Sicht der Lehrkräfte auf: Während die Erleichterung des Lernprozesses vorrangig bedeutsam scheint, wird sie auch damit begründet, Sprachbewusstheit und Lernmotivation sowie die Wertschätzung von Mehrsprachigkeit zu fördern. Mit den offenen, gelenkten und modellierten Sprachenvergleichen präsentiert Bredthauer zudem drei verschiedene Typen, die sie an empirischen Beispielen erläutert und hinsichtlich ihrer Implikationen für den Lernprozess und die Rollenverteilung im Klassenraum diskutiert.

Der Beitrag von Cordula Meißner geht am Beispiel des Deutschen als Fremdsprache der Frage nach, wie Lehrkräfte der Sekundarstufe II Prozesse des *translanguaging* nutzbar machen können, um die Lernenden auf Anforderungen in tertiären Bildungskontexten vorzubereiten und epistemische Mehrsprachigkeitskompetenz anzubahnen. Ausgehend von Ansätzen der *concept literacy*, in denen *translanguaging* zur Reflexion über die sprachliche Bedingtheit von Wissenskonstruktion eingesetzt wird, entwickelt die Autorin Aufgaben für eine wissenschaftspropädeutische Wortschatzarbeit. Am Beispiel des Lexems *Bild* und seiner Wortfamilie sollen die Lernenden die Bedeutung der Vernetzung von Wortschatzeinheiten auch mehrsprachig erfahren, u. a. durch die Auseinandersetzung mit den Bedeutungsspektren von Übersetzungsäquivalenten, und auf die Wissenschaftssprache(n) übertragen.

As Lukas Eibensteiner, Amina Kropp and Johannes Müller-Lancé point out, although pluralistic approaches have a long tradition in German-speaking countries, surveys among teachers and textbook analyses show that singular approaches are often preferred. The lack of systematic implementation of pluralistic approaches in the foreign language classroom can partly be explained with regard to the lack of robust empirical evidence supporting their effectiveness on target language competence. The chapter reports on an empirical study in an L3 Spanish course at tertiary level using a quasi-experimental research design which examines the influence of a multilingual intervention on target language competence. The findings show no significant differences between the control and the experimental group, indicating that the intervention had neither positive nor negative effects on the participants' development of Spanish competence. However, the intervention may have led to improvements in other competences, such as metalinguistic awareness or language learning competence, that need to be addressed in future research.

Slavka Pogranova and Holli Schauber's chapter examines the interplay between translanguaging and plurilingualism and its potential role in developing pluripedagogical knowledge and L3 acquisition in teacher preparation. The paper highlights how plurilingual students and faculty in French-speaking Switzerland use translanguaging processes to navigate the teacher training experiences in primary and secondary teacher education. Pogranova and Schauber discuss the possibilities, challenges and benefits of translanguaging in plurilingual contexts for L3 teaching and learning through illustrative examples of teacher education practices. As an outcome, a set of flexible and evidence-driven instructional proposals are made which will be useful for practitioners in different contexts.

In our editors' conclusion, we mutually comment on the concepts of *compétence plurilingue et pluriculturelle*, 'Translanguaging' and *Tertiärsprachendidaktik* in order to come up with future directions for foreign or tertiary language teaching, teacher education and research from our respective standpoints. Castellotti explains the similarities and nuances between the three concepts, which aim at legitimising the multiple knowledge stores and uses of languages often unrecognised by schools. She then argues in favour of placing communicative dimensions in second place and, simultaneously, for insisting on the primary need to historicize, otherise and heterogenise the process of appropriating languages. For Li Wei, translanguaging, in its emphasis on language usage dynamics and flexibility and interest in cross-linguistic transfer, shares lots of common ground with the neighboring concepts. Dietrich-Grappin and Hufeisen discuss the role of less "visible" knowledge stores that bilingual foreign language learners dispose of, and the activation of skills in prior languages in pursuit of educational goals beyond L3 learning. At the end of the book, the reader will find a trilingual thematical index displaying the most important competencies and teaching and research methodologies in the field, as well as a name index elaborated from the introductory articles by the editors.

Section A

La compétence plurilingue : Entre communication hybride et expérience altéritaire

Véronique Castellotti

ABSTRACT

Véronique Castellotti's paper on the concept of plurilingual competence begins by drawing the origins of the concept and some of its uses, before proposing a reflection on its underlying epistemological basis. By putting the emphasis on competence ('doing'), from a mainly functional perspective, and on the immediacy of learning and teaching, on which education systems are focused, there is a risk of obscuring the history, imagination and project of the people involved in plurilingual situations. It is through an epistemological and terminological evolution, giving priority to the experience of otherness, that it will be possible to better reflect on these dimensions and to think differently about language appropriation.

RÉSUMÉ

Ce chapitre introductif, consacré à la notion de compétence plurilingue, trace tout d'abord un historique de la genèse de la notion et de certains de ses usages, avant de proposer une réflexion sur l'assise épistémologique qui la sous-tend. En insistant sur la compétence (le 'faire'), dans une perspective prioritairement fonctionnelle, et sur le présent de l'apprentissage et de l'enseignement, ce sur quoi sont centrés les systèmes éducatifs, on occulte de fait, le plus souvent, l'histoire, l'imaginaire et le projet des personnes concernées dans les situations plurilingues d'appropriation. C'est à travers une évolution épistémologique et terminologique, priorisant l'expérience altéritaire, qu'il sera possible de mieux réfléchir ces dimensions et de penser autrement l'appropriation des langues.

1. Introduction

La notion de compétence plurilingue (et, à l'origine, pluriculturelle) est apparue en Europe dans la deuxième moitié des années 1990, sous l'impulsion de la Division des politiques linguistiques du Conseil de l'Europe, dans le cadre des travaux préparatoires à l'élaboration du Cadre européen commun de référence pour les langues (CECRL) amorcés lors du séminaire de Rüschlikon, en Suisse, en 1991. L'orientation qui sous-tend cette notion s'est développée dans un environnement économique, politique et social caractérisé principalement par l'ouverture à l'est des institutions européennes et par l'accélération internationale de la globalisation.

Il s'agira, dans cette contribution, de revenir d'abord sur la genèse et l'évolution de la notion, au fil des travaux ayant contribué à la conceptualiser à la fin des années 1990 et durant les années 2000, en s'intéressant aux circonstances de son développement, tant du point de vue de l'environnement socio-politique que des postulats d'ordre scientifique qui l'ont inspirée. Je proposerai ensuite une interprétation de sa réception-appropriation dans quelques travaux ou discours récents qui emploient l'expression ou y renvoient. J'explorerai enfin les principales composantes de la notion ('compétence' et 'plurilinguisme') pour tenter d'approfondir les façons dont la terminologie peut contribuer à configurer ou à renforcer les imaginaires, avant d'évoquer, dans la conclusion de l'ouvrage, les principaux éléments qui, de mon point de vue, peuvent être considérés comme partagés ou en tension avec les autres aspects qui y sont traités.[1]

2. Genèse et évolution de la notion

Jusqu'à la fin des années 1980, à ma connaissance, le terme 'plurilinguisme' est absent des travaux de recherche d'expression française se situant dans le domaine de la didactique des langues (DDL). On le rencontre en revanche depuis plusieurs décennies chez les sociolinguistes travaillant dans les aires africaines et créoles. En Europe occidentale et en Amérique du Nord, c'est principalement le bilinguisme qui occupe les recherches s'intéressant à la diversité linguistique et il faut attendre la fin des années 1980 pour voir apparaître des préoccupations élargies à des situations plus complexes, avec notamment la création en 1988 de la revue Plurilinguismes et la parution en 1989 de l'ouvrage de G. Vermès et J. Boutet, « France, pays multilingue ». Dans le domaine de la DDL, paraît en 1991 le numéro du « Français dans le monde-Recherches et applications » intitulé « Vers le plurilinguisme ? Ecole et politique linguistique » (Coste/Hébrard 1991). Même si le numéro est largement ouvert à d'autres situations, il s'agit principalement de s'intéresser

[1] Je remercie vivement Emmanuelle Huver, dont les commentaires à la lecture d'une première version de ce texte ont grandement contribué à l'améliorer, ainsi que Sarah Dietrich-Grappin pour ses remarques complémentaires. J'en reste toutefois entièrement et totalement responsable.

au « plurilinguisme européen saisi sous l'angle de la scolarisation » (ibid., 7), dans une perspective de circulation des personnes dans cet espace.

2.1 Environnement politique et scientifique

Cette émergence se produit dans un environnement économico-politique caractérisé à la fois par l'effondrement du communisme en Europe centrale et orientale, et par la montée en force des théories néolibérales au sein des principales institutions économiques internationales (Grosser 2009). Ces deux aspects concourent à installer de façon quasi systématique une mondialisation capitaliste (néo)libérale sans rencontrer d'obstacle majeur. En Europe, où l'économie était déjà la base commune initiale, cela se traduit par la mise en place du marché unique et la fondation de l'Union européenne (UE), avec le traité de Maastricht en 1992 et l'élargissement progressif à l'est.

C'est dans ce cadre d'élargissement territorial et d'intensification des circulations, en particulier sur le plan économique, que le plurilinguisme s'affirme peu à peu comme une problématique explicite pour les institutions européennes, à travers notamment des recommandations visant la diversification des langues apprises. Il est conseillé aux pays européens de favoriser l'enseignement de deux langues en plus de la langue de scolarisation, en y incluant de préférence, au moins pour les zones frontalières, une 'langue du voisin'. Mais le multilinguisme (terminologie de l'UE) ou le plurilinguisme (terminologie du Conseil de l'Europe) ne font que tenir lieu de politique linguistique européenne :

> Comme d'autres institutions internationales, le Conseil a lutté contre une solution séduisante mais simpliste au problème de la communication internationale qui serait que tous les Européens apprennent une même langue de communication et consacrent tous leurs efforts à développer leurs compétences dans cette seule langue (Trim 1997, vii).

Il était de toute façon impensable de mettre en place règlementairement une telle « solution séduisante mais simpliste » (ibid.) : comment choisir et surtout imposer comme langue commune à plus de vingt états, ayant des histoires très différentes et aucun projet politique véritablement partagé, la langue d'un (voire de deux ou trois) de ces états sans mécontenter tous les autres et faire exploser une union déjà fragile ? Le multilinguisme / plurilinguisme ne constitue pas pour autant une politique linguistique, d'autant que cette 'solution' par défaut est très largement imaginée par des 'experts' majoritairement issu des pays d'Europe occidentale (et surtout, pour cette période, de Grande-Bretagne et de France). Ce qui explique aussi que les recommandations soient principalement inspirées des situations sociolinguistiques de ces pays, sans vraiment tenir compte de la grande diversité européenne, sur les plans linguistique et culturel, des histoires, des traditions et des projets (Baggioni 1997) ni, surtout, des conflits et de leurs conséquences (comme la situation en ex-Yougoslavie ou plus largement dans les Balkans). Le résultat de ce choix négatif est que, même si l'UE a eu pendant plusieurs années un commissaire au multilinguisme et qu'elle a 24 langues officielles dans lesquelles sont publiés et traduits les règlementations et documents administratifs, de nombreux textes liés à l'UE n'existent qu'en anglais[2] ou plutôt en anglo-américain qui est, de fait, devenu le recours 'simpliste' à cette multiplicité linguistique…

Sur le plan scientifique, le développement des réflexions sur le plurilinguisme en DDL puise à plusieurs sources, datant principalement des années 1980, même si certaines s'appuient sur des recherches antérieures. Tout d'abord, l'ethnographie de la communication a constitué un arrière-plan conceptuel puissant qui a, en quelque sorte, porté et encadré la plupart des réflexions sur cette question. C'est en 1984 que paraît en français « Vers la compétence de communication », de D. Hymes, à partir d'un texte publié en anglais en 1973, et à la traduction duquel sera ajoutée une préface de l'auteur en 1982. Ce texte sera fondateur pour la notion de CPP, au dire même des auteur et autrices (Coste 2004 ; Coste/De Pietro/Moore 2012). Sur cette base, d'autres recherches ont inspiré le développement des orientations plurilingues en DDL. C'est notamment le cas des travaux sociolinguistiques sur le bilinguisme 'ordinaire' (notamment celui des migrants), comme ceux de J. Billiez et Ch. Deprez et, en complément, des études à la fois psycho- et socio-linguistiques menées dans le cadre du projet soutenu par la Fondation européenne de la science (connu sous le nom de « projet ESF ») consistant à étudier le processus d'acquisition des langues de plusieurs pays d'accueil par des migrants provenant de différents pays d'origine (Perdue 1993). Enfin, c'est le rapprochement entre ces recherches et des questionnements sur les processus d'apprentissage des langues, comme ceux de B. Py et G. Lüdi en Suisse, de J. Cummins au Canada et de L. Dabène en France qui complète

---

[2] C'est par exemple le cas des appels d'offre pour les projets européens de recherche, auxquels on doit également répondre en anglais uniquement.

le paysage en offrant une assise plus didactique à ces réflexions. Pour ce qui concerne la dimension pluriculturelle, ce sont principalement les travaux de P. Bourdieu qui inspirent les paragraphes développant cet aspect.

C'est dans cet environnement géo-sociopolitique et ce contexte scientifique qu'est publié le texte « Compétence plurilingue et pluriculturelle » (Coste/Moore et al. 1997). Il est ensuite repris, avec les autres études préparatoires à l'élaboration du CECRL, dans un numéro du « Français dans le monde-Recherches et applications » en 1998, puis réédité par le Conseil de l'Europe en 2009, avec sa version en anglais. La notion vise à associer les usages des langues et leurs apprentissages, en mettant l'accent sur des choix et positionnements sociaux et identitaires et en prenant le contrepied d'une vision statique des situations de bi- et de multilinguisme[3].

2.2 La notion de CPP : caractéristiques et déplacements

Comme je l'ai souligné, les éléments de définition de la notion renvoient principalement à trois types de sources qui concourent à la situer : l'ethnographie de la communication, avec la référence centrale aux écrits de D. Hymes et à ceux de J. Gumperz sur les situations de contacts de langues ; la sociologie de P. Bourdieu, en particulier pour les dimensions pluriculturelles approfondies par G. Zarate à partir des notions de capital et d'investissement ; les recherches sur les usages bilingues et les liens qui peuvent être faits entre l'acquisition et l'apprentissage, dans la continuité des travaux suisses (Lüdi/Py 2002) et canadiens (Cummins 1979)[4]. La notion de CPP s'inscrit ainsi très explicitement dans une orientation communicationnelle, non uniquement dans la perspective d'une approche méthodologique d'enseignement des langues, mais du point de vue de la conception même de ce que serait une langue, c'est-à-dire envisagée en priorité comme un 'moyen de communication', notamment en réaction aux orientations structuralistes qui prévalaient antérieurement. Cette priorité accordée à la communication n'est certes pas nouvelle, mais elle s'appuie désormais sur des bases théoriques plus affirmées, inscrites dans le cadre de la pragmatique linguistique :

---

3 D'où aussi le choix du préfixe pluri- plutôt que multi-, destiné à cibler les aspects individuellement marqués de la compétence plutôt que les caractéristiques des situations collectives.

4 Pour plus de détails sur la genèse de la notion de CPP, Castellotti/Moore 2014.

> Si l'on admet qu'un des objectifs essentiels de la pédagogie du français langue maternelle ou seconde est l'acquisition d'un instrument de communication et que cette acquisition, paradoxalement, peut être favorisée par une meilleure compréhension de la structure et de l'emploi de la langue maternelle et de la langue seconde, le pédagogue ne peut se dispenser d'ajouter une nouvelle corde, pragmatique, à son arc (Roulet 1980, 103).

Le cadre scolaire renforce cet aspect, dans la mesure où, plus généralement, les systèmes éducatifs tendent à éluder les dimensions moins directement 'utiles' des enseignements de langues (Coste 1980, 21).

L'introduction du texte sur la CPP mentionne que son objectif est de tisser des liens entre la notion de compétence de communication et « les perspectives de maintien et de promotion d'un pluralisme linguistique et culturel, à la fois réalité avérée et enjeu politique dans l'Europe d'aujourd'hui aussi bien qu'en d'autres lieux » (Coste, Moore et al. 1997, 9) et insiste fortement sur le rôle d''acteur social' dévolu aux personnes développant cette compétence, « conçue comme un ensemble complexe de savoirs, savoir-faire, savoir-être qui, par le contrôle et la mise en oeuvre de moyens langagiers, permet de s'informer, de créer, d'apprendre, de se distraire, de faire et de faire faire, en bref d'agir et d'interagir avec d'autres dans un environnement culturel déterminé » (ibid.). Je rappelle ici la définition liminaire de la notion, telle qu'elle a ensuite été reproduite dans de nombreux documents, dont le CECRL:

> la compétence à communiquer langagièrement et à interagir culturellement possédée par un locuteur qui maîtrise, à des degrés divers, plusieurs langues et a, à des degrés divers, l'expérience de plusieurs cultures, tout en étant à même de gérer l'ensemble de ce capital langagier et culturel. L'option majeure est de considérer qu'il n'y a pas là superposition ou juxtaposition de compétences toujours distinctes, mais bien existence d'une compétence plurielle, complexe, voire composite et hétérogène, qui inclut des compétences singulières, voire partielles, mais qui est une en tant que répertoire disponible pour l'acteur social concerné (ibid., 12).

Ce qui est fondamental dans cette définition, outre la visée communicative, est l'unicité affirmée de la compétence, dans sa pluralité et son déséquilibre, se concrétisant par le fait qu'il ne s'agit absolument pas d'additionner, de superposer, de juxtaposer diverses compétences ou capacités, mais bien de penser une pluralité intégrée :

> L'enjeu tient en effet dans le *pluri* d'une compétence plurielle aux composantes sans doute déséquilibrées, à l'équilibre transitoire, mais *une* cependant, et ne se définit pas par le *bi* d'un idéal bilingue fait de compétences à la fois semblables et distinctes, comme juxtaposées. (ibid., 38)

C'est ce choix qui permet de distinguer les « plurilingues » des « polyglottes » ou des « pluri-monolingues » (Castellotti/Moore 2005, 121), ces derniers privilégiant une vision quantitative, de « langues » soigneusement distinctes les unes des autres et une conception maximaliste de leur apprentissage. Cette orientation 'intégrative' est définie dans la continuité des travaux de chercheurs suisses sur le bilinguisme, en particulier ceux de B. Py et G. Lüdi s'appuyant sur les recherches en psycholinguistique de F. Grosjean (1982). La conception du bilinguisme développée par celui-ci n'est en effet plus fondée sur le degré de maitrise (supposé maximal et équilibré) des personnes bilingues mais sur leurs usages ordinaires, fonctionnels, déséquilibrés et mélangés, dans les situations quotidiennes. C'est à partir de ce substrat que s'est construite la notion de « compétence bilingue », qui

> possède un statut d'autonomie relative par rapport à la compétence unilingue. Plus précisément, le bilingue possède une compétence originale qui n'est pas caractérisée par une simple addition de L1 et L2. Cela ne signifie pas qu'il n'utilise pas L1 et L2. Mais justement, il exploite les possibilités propres à un répertoire double. (Lüdi/Py 2002, 83)

Cette compétence bilingue est inscrite dans une perspective socio-identitaire, les auteurs explicitant longuement le rôle des représentations et des aspects culturels dans son développement. C'est aussi cet ancrage qui caractérise la notion de compétence plurilingue 'et pluriculturelle', mais sans cependant approfondir précisément la question des liens entre 'langue' et 'culture' et leur éventuelle interpénétration dans les situations d'appropriation[5]. Cette absence a sans doute eu une influence sur le fait que cette dimension ait peu à peu été minimisée, dans les travaux ultérieurs, au profit de la seule compétence plurilingue. Les paragraphes concernant cet aspect pluriculturel sont fortement empreints de la terminologie employée par la sociologie

---

5 Les annexes du document présentent des illustrations à travers des 'profils' de plurilingues relativement diversifiés, dont on peut noter cependant qu'aucun ne relève de formes de pluralité 'subies'.

bourdieusienne, comme en témoignent par exemple les références réitérées au 'marché', au 'capital', à l''investissement' ou aux 'stratégies' sociales ; et le rôle de l'école est pensé en fonction de ces analyses, dont elle occulte quelque peu la dimension critique, en incluant ce rôle dans une perspective 'gestionnaire' :

> L'école, lieu d'investissement pour divers types d'acteurs sociaux, se présente bien comme moment de constitution (ou de renforcement) d'un capital individuel qu'il appartiendra ensuite à chacun(e) de valoriser au mieux par des placements adéquats sur différents marchés (ibid., 35).

Ce qui déplace dès l'origine le curseur par rapport au texte de Hymes, c'est la visée principale (de politique linguistique et éducative) dans laquelle la notion de compétence plurilingue se construit. En particulier, le cadre de la préparation du CECRL dans lequel elle est élaborée contribue à imprimer une forte dimension évaluative, avec des oscillations entre des exigences de 'contrôle' (des capacités mises en œuvre) et des formes plus souples et plus globales de reconnaissance. D'autres déplacements par rapport à la notion de compétence de communication sont soulignés en particulier par D. Coste (2004), qui explicite les points de convergence et les décalages entre les deux notions et revient sur certaines caractéristiques essentielles de la CPP.

Le point le plus important, rappelé ci-dessus, est le caractère affirmé comme 'un' et intégré de la compétence, ce qui est considéré comme un « changement de paradigme », avec « l'abandon d'une vision ‹ cloisonnante › de la (des) compétence(s) des individus en matière de langues et de cultures » (Candelier 2010, 7). Le corolaire est de disqualifier la figure du 'natif', de favoriser l'acceptation du partiel et de mettre l'accent sur la variation, tant inter- qu'intra-linguistique. Il faut aussi noter l'importance du déséquilibre (notamment pour contrer les imaginaires liés à des formes de bilinguisme 'parfait') et la place accordée à la reconnaissance de compétences spécifiques d'ordre culturel, qui pointent les aspects d'ordre identitaire.

Pour caractériser ces déplacements, D. Coste (2004) a recours à des verbes qui résument les finalités qui les guident dans les manières de penser la notion de CPP : « désatomiser », pour éviter la dissolution en « une infinité de micro-compétences » ; « décloisonner », pour maintenir l'unicité de la compétence ; « déshomogénéiser », pour valoriser la variation et l'hétérogénéité des répertoires ; « dénativiser », pour en finir avec la figure du « locuteur natif » supposé idéal ; « défiger l'objectif », pour diversifier et flexibiliser les apprentissages ; « complexifier » les représentations et les pratiques des différents acteurs.

Sur le plan sociopolitique, on peut aussi constater des déplacements importants avec les conceptions dominantes antérieures, imprégnées par la tradition d'un « culturalisme » ou d'un « structuro-nationisme » linguistique (Baggioni 1997 ; Robillard 2008) consistant à associer un peuple, une nation, une langue selon des contours isomorphes et bien définis ; la notion contribue aussi à interroger l'idéologie universaliste qui s'est développée en particulier pour le français, dont on trouve une illustration éclairante dans le discours de Rivarol (1998). Ces deux traditions valorisent en effet la prétendue supériorité du monolinguisme et sous-tendent les politiques linguistiques fondées quasi-uniquement sur des orientations de 'diffusion'.

2.3 Evolutions de la notion de compétence plurilingue

Tout au long des années 2000, plusieurs textes précisent, complètent, font évoluer la notion. L'ouvrage de D. Moore (2006), tout d'abord, contribue à définir de façon plus détaillée ses soubassements sociolinguistiques et documente les situations diversifiées de plurilinguisme dans différents environnements. Il insiste sur les représentations et pratiques situées, notamment de jeunes enfants et montre aussi comment la CPP peut se développer dans nombre de situations, notamment scolaires. Il intègre ainsi à la CPP des aspects peu explicités jusque-là, comme celui de la plurilittératie.

D'autres travaux permettent d'examiner comment cette notion peut trouver des déclinaisons dans différents environnements, en particulier francophones (Moore/Castellotti 2008). Sur le plan conceptuel, les évolutions consistent en particulier à insister sur le caractère qualitatif de la CPP : il s'agit principalement de valoriser la « manière d'être » (Beacco 2005) ou la « posture » (Castellotti 2010) liée à la conception de la CP comme 'processus' à la fois inter- et trans-linguistique (Castellotti/Moore 2005, 129), mais aussi culturel, identitaire et relationnel, plutôt que comme 'résultat' de savoirs et / ou de savoir-faire prioritairement linguistiques et pragmatiques. Cela se traduit en particulier par l'idée qu'on peut « être ‹ plurilingue › à l'intérieur et à partir d'une seule langue » (Castellotti/Coste et al. 2008, 14).

Ces caractéristiques amènent à imaginer le développement d'« usages plurilingues d'appropriation » et à construire les contours d'une « compétence d'appropriation plurilingue » (Castellotti/Moore 2005, 130) qui se définit principalement par plusieurs aspects concourant au fait de « ne plus apprendre chaque langue en elle-même et pour elle-même, ni même d'effectuer de simples comparaisons, mais d'être capable d'apprendre de manière interreliée, en insérant les éléments nouveaux dans le réseau des ressources disponibles, ce qui implique une mobilisation des relations entre tous les éléments, et qui conduit dans le même temps à les reconfigurer » (Candelier/Castellotti 2013, 209).

Une compétence ainsi définie devrait en fait s'élaborer et se développer 'à travers' et 'entre' les 'langues', comme « la vraie musique est entre les notes » (attribué à Mozart, Robillard 2013, 351) ; une telle évolution aurait ainsi pu conduire à opérer un rapprochement avec une notion comme celle d'interlecte (Prudent 1981 ; Robillard 2013) qui se construit en réfléchissant d'abord le continuum, à la fois linguistique et social, des situations créolophones. Pourtant, cette mise en relation ne s'est pas produite. D'une part, L.-F. Prudent lui-même n'a jamais cherché à imaginer des usages possibles de la notion en dehors des contextes créolophones, considérant l'interlecte comme spécifique de ces situations. D'autre part, l'ancrage prioritairement communicationnel de la CPP et le maintien de 'langues' clairement distinctes l'éloigne d'une orientation selon laquelle « n'en déplaise aux docteurs de la Loi, ce qui importe c'est la tangence, la liaison, le va et vient discursif d'un pôle linguistique à l'autre » (Prudent et al. 2005, 376).

Malgré la parution en 2008 du « Précis du plurilinguisme et du pluriculturalisme » (Zarate/Lévy et al. 2008), la dimension explicitement pluriculturelle de la notion tend peu à peu à être minimisée, en étant implicitement incluse dans la dimension plurilingue. Ainsi, à partir de la fin des années 2000, on observe un glissement de 'pluriculturelle' à 'interculturelle' sans que ce changement soit clairement explicité. En outre, avec notamment la diffusion bien au-delà de ses frontières initiales du CECRL, c'est une conception européenne (empruntant aussi aux théories nord-américaines) du plurilinguisme qui se diffuse de façon dominante dans le monde (quasi) entier.

On peut ainsi aborder la notion de CPP de différents points de vue (Castellotti 2010) : politico-idéologique (celui de la construction européenne), économique (en tant que capital à investir), cognitif (avec l'objectif d'améliorer l'acquisition) ou didactique (pour une fonctionnalité communicative). Dans tous les cas, du fait de la conception pragmatique de la langue et de la conception économiciste de la société, on peut observer qu'une même inspiration imprègne les réceptions qui en découlent.

3. Réceptions – appropriations de la notion de CPP

Je m'attacherai, dans ce deuxième temps, à explorer quelques exemples de ce qu'il est advenu de cette notion dans des travaux et discours récents, c'est-à-dire de ce que j'interprète comme les 'usages' qui en sont faits et / ou qui s'inscrivent dans une 'didactique du plurilinguisme'. Je m'appuierai pour cela sur quelques prélèvements (à mon avis significatifs, même si 'non représentatifs' au sens statistique du terme) dans la littérature didactique francophone traitant du plurilinguisme. J'ai pour cela exploré plusieurs ouvrages, articles ou documents institutionnels parus depuis la deuxième moitié des années 2000 et désignant la CP ou le plurilinguisme comme sujet de leur réflexion, sans prétention à l'exhaustivité. Il faut donc lire cela comme des illustrations de certaines mouvances à l'œuvre, et non comme quelque 'preuve' que ce soit. J'identifie plusieurs tendances dans ses travaux, selon les aspects principaux sur lesquels ils font porter leur réflexion ou leur action.

3.1 Les recherches portant sur les politiques, pratiques, représentations d'apprentissage et d'enseignement

Ces travaux consistent à analyser ce qui se développe dans des situations où le plurilinguisme constitue un enjeu social ou éducatif : aires créoles, accueil de populations migrantes, régions frontalières, pays officiellement multilingues, etc. Il s'agit souvent de 'déstigmatiser' ou revaloriser les parlers qui ne sont pas toujours perçus comme de 'vraies langues', en leur accordant une dignité à travers leur prise en compte scolaire, ce qui est un objectif crucial (Prudent/Tupin et al. 2005 ; Wharton 2011 ; Hélot 2007). Dans certains cas, y compris moins sensibles, elles s'intéressent également aux pratiques alternées ou mêlées, en identifiant des choix de 'langues', des 'influences', des 'stratégies' de passage, changements, transferts (par exemple Lüdi 2008a et b ; Bono 2008 ; Nussbaum 2008).

Tout en se référant, discursivement, à la conception initiale de la CP, « non pas comme addition juxtaposée de monolinguismes mais comme une compétence plurielle, complexe, voire composite, dans laquelle l'utilisateur peut puiser » (Auger/Kervran 2010, 34), ces travaux peinent à mettre en œuvre des représentations ou un fonctionnement plurilingues qui, précisément, ne conçoivent pas les 'langues' en tant que systèmes distincts, immédiatement repérables. Ainsi, par exemple, à propos du projet européen ConBat+ consistant notamment à « entrecroiser les apports d'un enseignement disciplinaire (que ce soit en L1 ou en L2) et ceux d'une référence à la diversité linguistique et culturelle comme composante intrinsèque des disciplines » (ibid., 37), on peut lire qu'il est proposé aux élèves :

> de reconnaître, à partir d'enregistrements de locuteurs de différentes langues, du lexique de cette discipline (*oued* en arabe, *golf Stream* en anglais, *taiga* en russe, etc.) ou encore amener à l'identification de la relativité syntaxique dans les façons d'exprimer le climat selon les langues (ibid., 38).

Ce type de réflexion portant 'sur' les différentes 'langues' étudiées est aussi ce qui est le plus souvent travaillé dans les démarches de comparaison explicite (Auger 2005) ou d'éveil aux langues (Huver 2008).

L'objectif consistant, avec la CPP, à « bouscule[r] les démarches habituelles de cloisonnement scolaire des langues » (Tupin/Wharton 2009, 75) est ainsi en décalage avec les usages didactiques s'appuyant explicitement sur cette notion.

Cela conduit parfois à associer explicitement la compétence à l'évaluation, qui est le plus souvent traitée d'un point de vue quantitatif et mesurable, ce qui est l'un des objectifs des référentiels de compétence qui se sont considérablement développés depuis les années 2000.

3.2 Les référentiels de compétence

Le premier référentiel auquel je m'intéresserai est bien sûr celui proposé dans le « Cadre européen commun de référence pour les langues » (CECRL) (Conseil de l'Europe 2001), puisque c'est le document qui a largement contribué à diffuser la notion de CPP. Mais, et cela peut sembler paradoxal au premier abord, les descripteurs de compétence formulés dans le CECRL ne prennent que très peu en compte les capacités spécifiques relevant de cette compétence, traitée dans le CECRL sous l'angle de la 'médiation'[6]. Il faut attendre le « Portfolio européen des langues (PEL) : collège » (Castellotti et al. 2004) pour voir déclinés explicitement des usages relevant du fait de « communiqu[er] en [se] servant

[6] Cette catégorie étant elle-même conçue, dans le CECRL, de façon très réductrice.

de plusieurs langues » (ibid., 11) ou encore des « manières d'apprendre » en se « serv[ant] des autres langues que je connais » (ibid., 14).

Le « Cadre de références pour les approches plurielles » (CARAP), dont une première version est publiée peu après (Candelier 2007) se donne alors pour objectif, précisément, de combler les 'lacunes' du CECRL en matière de pluralité linguistique et culturelle, en définissant, listant et organisant les compétences censées être acquises grâce aux différentes « Approches plurielles des langues et des cultures », à savoir « des approches didactiques qui mettent en œuvre des activités d'enseignement-apprentissage qui impliquent à la fois plusieurs (= plus d'une) variétés linguistiques et culturelles. » (ibid., 7).

Si le CARAP prétend, dans ses principes, défendre une vision 'non cloisonnante' de la pluralité linguistique, la formulation en termes de compétences observables et évaluables ne traduit que peu ce projet. Les 'langues' y sont là encore représentées comme des ensembles clairement séparés qu'il s'agit de comparer, observer, dans leurs dimensions aussi bien 'formelles' que 'communicatives'. Le CARAP s'appuie en outre sur une vision irénique de la diversité linguistique et culturelle et du rapport à l'altérité. Y sont ainsi notamment développées des listes de « savoir-être » destinées à évaluer par exemple le degré d'« acceptation positive / ouverture / respect » vis-à-vis des langues, des cultures et de leur diversité (Candelier et al. 2010), ce qui apparait pour le moins discutable.

Le dernier référentiel que j'évoquerai est celui développé récemment en complément du CECRL, « CECRL – Volume complémentaire avec de nouveaux descripteurs » (Conseil de l'Europe 2018), qui vise, d'une part, à actualiser certains des descripteurs formulés en 2001 et d'autre part, pour ce qui nous intéresse, à ajouter des descripteurs, principalement pour la catégorie « médiation » ainsi que pour la CPP[7]. L'ensemble est toujours fondé sur la communication. Mais on n'y retrouve pas un certain nombre de nuances présentes dans le texte de 1997 sur la CPP, ce volume complémentaire étant, encore plus que le document initial, conçu dans une logique fondée sur des niveaux à contrôler, au moyen de descripteurs à appliquer. La dimension standardisante ainsi renforcée ne peut se déployer qu'aux dépens d'une dynamique souple, évolutive, malléable et déséquilibrée qui faisait l'intérêt

[7] Il a aussi été ajouté des descripteurs pour « l'interaction en ligne » et pour « les réactions à la littérature » (ibid., 49).

de la CPP, malgré les lacunes ou les défauts évoqués ci-dessous ; c'est ce que développe une tribune associative adressée en 2017 au Conseil de l'Europe :

> En outre, les concepts dont il est particulièrement question (médiation, plurilinguisme, interculturel etc.) ne peuvent être réduits à des descripteurs, des niveaux, des compétences, des tâches et des opérations cognitives, dans la mesure où ils sont principalement liés aux histoires, aux imaginaires et aux expériences singulières des personnes et à la variabilité des situations. Par définition, ces éléments ne se laissent pas enfermer dans des grilles, sauf à vouloir les contrôler en les technicisant pour en assécher toute la diversité et l'hétérogénéité. Là aussi, un certain nombre de chercheurs ont fait état de leur réserve et ont parfois élaboré des propositions alternatives, dont on ne trouve ici nul écho (ACEDLE/ASDIFLE/TRANSIT-LINGUA 2017).

Par-delà des différences de conception et d'usage, tous ces référentiels partagent de fait, dans les formulations qu'ils mettent en œuvre, des représentations et une idéologie 'pluri-monolingue' (voir ci-dessus) en phase avec les environnements socio-politico-linguistiques dans lesquels ils ont été élaborés.[8] Cela contribue à maintenir des formes de séparation évidentes entre des 'langues' qui apparaissent nettement identifiables et dont on évalue (séparément) sinon la 'maitrise' du moins des formes de compétence aisément sécables. Lorsqu'on réfléchit à leurs usages, qui consistent le plus souvent à les (faire) remplir au moyen de croix censées attester des compétences mentionnées, ces constatations n'apparaissent pas très étonnantes. Même si leurs auteurs prévoient d'autres emplois possibles, en particulier celui de guider l'apprentissage des élèves et d'informer les enseignants sur l'évolution de leurs parcours, leurs fondements même, leur structuration et leur élaboration a priori pour tout type de situation portent en eux les ferments d'une visée prioritairement (et souvent uniquement) évaluative, en fonction d'un cadre normatif permettant de certifier des compétences.

Le dernier type de travaux que j'examinerai est celui qui mobilise la question des histoires personnelles ou professionnelles faisant intervenir la pluralité.

3.3 Les recherches portant sur les parcours de vie et d'apprentissage

Ces travaux développent de façon plus détaillée les aspects liés aux histoires des personnes avec la pluralité, à travers ce que ces dernières en interprètent

---

[8] Ceux des états-nations stabilisés dont j'ai explicité ci-dessus les arrière-plans.

elles-mêmes ou ce qui en est tiré par les chercheurs, soit en complément d'étude des pratiques discursives (par exemple Stratilaki 2011), soit en lien à l'élaboration de démarches tenant compte spécifiquement de cette dimension, comme les biographies langagières, récits de vie, etc. (par exemple Anciaux/Molinié 2017 ; Simon/Maire-Sandoz 2008). Ils rompent le plus souvent avec la logique de 'grilles', stables et décontextualisées, qui caractérisent les référentiels de compétences et les portfolios 'prêts à l'emploi', pour valoriser des approches consistant à élaborer, si nécessaire, des outils ou des dispositifs 'avec' les personnes et 'dans' les situations concernées :

> nous avons expérimenté et théorisé des démarches portfolio qui incitent le sujet plurilingue/pluriculturel à reconnaître les éléments constitutifs d'un cheminement et d'une ‹ cartographie identitaire › plutôt qu'à auto-évaluer, en les découpant par niveaux, un ensemble de compétences interculturelles (Anciaux/Molinié 2017, 7).

Il n'en reste pas moins que la dimension évaluative est toujours présente. Ainsi, par exemple, en construisant des mises en situation, à travers des biographies croisées, il s'agit néanmoins de « 'mesurer' la genèse de leurs savoirs expérientiels plurilingues afin de repenser leurs biographies langagières et leurs pratiques pédagogiques » (ibid., 11). Et l'élaboration ou la formation à des outils pratiques à appliquer dans des classes est souvent le projet central de ces travaux, selon une conception prioritairement ingénierique contribuant là encore à identifier et séparer des 'langues' dont le brouillage, le mélange et les aspects de continuité pourraient pourtant tout particulièrement être interrogés à la faveur du milieu créolophone dans lequel elles se déploient.

Les dimensions biographiques sont aussi présentes dans certaines démarches d'éveil aux langues (Candelier 2003) ou qui s'en inspirent, avec des activités pariant sur l'intérêt de la conscientisation positive du plurilinguisme « comme facteur de réussite pour tous les élèves » (Simon/Maire-Sandoz 2008, 266). Certes, de telles démarches, comme celles présentées ci-dessus, contribuent à valoriser des répertoires plurilingues ignorés ou niés. Mais, dans le même temps, elles peuvent contribuer à mettre en évidence, pour certains élèves, un monolinguisme qui « marginalise » (ibid., 273) et met à l'écart lorsque le plurilinguisme est considéré et perçu comme une multiplicité de 'langues' différentes, sans prendre en compte le potentiel 'pluriel' résidant dans une seule 'langue'. Peut-on, dans ce cas, parler d''éducation langagière inclusive', alors que ces démarches, en aidant effectivement à inclure celles et ceux dont le plurilinguisme n'était pas reconnu, peuvent tendre aussi à exclure ceux dont le monolinguisme, désormais, est stigmatisé, à rebours même des travaux qui fondent la CPP ?

Il ne fait pas de doute que de telles approches présentent l'intérêt de conscientiser, thématiser et légitimer la diversité, notamment en contexte scolaire, et qu'elles contribuent, lorsqu'elles sont travaillées dans la formation, à aider les enseignants à (se) construire des imaginaires moins monocentrés. Néanmoins, pour aller plus loin dans l'idée de prendre au sérieux la notion de plurilinguisme, il faudrait inclure l'idée que le monolinguisme est une forme particulière de plurilinguisme, à travers notamment la variation, l'accent, les différences (ethno)culturelles, qui, en quelque sorte, font se manifester l'autre en nous.

Pour revenir plus généralement sur la réception-appropriation de la notion, je dégagerai quelques constantes à travers les différentes illustrations convoquées :

- Le plus souvent, les travaux s'inscrivent dans une forme de norme reposant sur une rhétorique inversée par rapport à l'idéologie monolingue auparavant dominante : le plurilinguisme serait nécessairement bénéfique, les plurilingues seraient plus 'flexibles', voire plus intelligents que les monolingues, le monolinguisme serait une 'inadaptation' à la modernité, etc. ;
- malgré l'idée réaffirmée d'une pluralité intégrée, on ne trouve quasiment jamais de mise en question de 'langues' bien identifiées, dont on n'interroge en outre que rarement l'histoire et les dynamiques de contacts et de conflits ;
- on ne s'intéresse que très rarement à la pluralité et à l'hétérogénéité 'internes' aux langues ;
- on s'attache à la construction de 'compétences' quasi uniquement fonctionnelles et à l'élaboration de démarches didactiques reposant principalement sur des tâches et des dispositifs.

Si toutes ces constantes perdurent, c'est probablement aussi parce que les idéologies dont elles relèvent s'incarnent dans un discours et une terminologie concourant à les pérenniser.

4. Comment la terminologie contribue à configurer et renforcer les imaginaires

« Le débat sur les termes n'est pas simple manie de chercheur, il est révélateur du ‹ fond du débat › » rappelle D. Schnapper (2007, 12). Cette réflexion m'apparait importante à appliquer aux notions en discussion dans cet ouvrage. Les termes composant l'expression 'compétence plurilingue' sont certes glosés et théorisés dans plusieurs secteurs des sciences humaines et / ou sociales (SHS), mais ils appartiennent également au lexique ordinaire et, à ce titre, renvoient à des imaginaires à la fois 'savants' et 'populaires'[9], révélateurs de positionnements et d'orientations insuffisamment explicités. Leur histoire est aussi intéressante à méditer, dans la mesure où leur potentiel instabilisant et réflexivant s'amenuise souvent au fil des ans et des usages, au point de devenir des 'faux amis', voire de se transformer en doxa empêchant de penser (Castellotti 2009).

4.1 Plurilingue ?

Si l'on examine, d'abord, le terme 'plurilingue', on constate, à travers les nombreux travaux en DDL portant sur les représentations et imaginaires, que ce qui l'emporte nettement est la conception d'une multiplicité caractérisée par une dimension principalement quantitative (Castellotti/Moore 1999, Castellotti/Moore 2005). Malgré les efforts d'explicitation du texte original ainsi que des différents travaux rappelés ici, cette vision ne contribue pas, dans les usages sociaux, à distinguer fondamentalement entre le pluri- et le multi-, pas plus que ne sont clairement différenciées des approches intégrées ou à l'inverse juxtaposées de la pluralité linguistique.

Ces représentations sont aussi liées à la conception des 'langues', qui n'est pas clairement explicitée dans le texte initial, si ce n'est à travers les références à visée prioritairement communicative de D. Hymes. Certes, la notion de CPP contribue à (faire) imaginer une posture à la fois inter- et trans-linguistique, articulée aux histoires de celles et ceux qui la portent. Mais cela peut-il suffire à faire évoluer les conceptions relayées par toute la linguistique contemporaine

9 Si tant est que ces deux désignations soient clairement distinctes, ce qui n'est à mon avis pas le cas : les chercheuses et chercheurs sont aussi des êtres humains et développent de ce fait des représentations partagées, tandis que ces imaginaires sociaux sont aussi influencés, en partie, par les travaux de recherche.

depuis le début du XXe siècle, de langues imaginées comme des systèmes stables, déshistoricisées et homogènes (Robillard 2008) ? Ces conceptions ne s'effacent pas aisément, d'autant qu'elles constituent et renforcent un imaginaire quantitatif, juxtapositif et uniformisant, déjà très présent du fait des idéologies linguistiques dominantes en Europe et se révélant très éloigné de certaines des valeurs défendues dans le texte de 1997. Pour espérer faire bouger de telles représentations, il est probable qu'un travail altéro-réflexif (Robillard 2008) très profond soit nécessaire, autant que des interrogations et modifications terminologiques.

La/le plurilingue est aussi très majoritairement, dans ces imaginaires partagés, celle/celui qui 'parle'[10] plusieurs langues (ce qui est encore plus prégnant en allemand : 'mehrsprachig'). Certes, la CPP valorise le développement de compétences partielles, y compris des compétences de compréhension dont l'entrainement est aussi mobilisé à travers les approches intercompréhensives. Celles-ci ont donné lieu à de nombreux travaux s'appuyant notamment sur la proximité linguistique (pour une synthèse Escudé/ Janin 2010) et ont donné lieu à de nombreuses déclinaisons 'pratiques'. Elles restent cependant relativement limitées et ne modifient pas en profondeur les imaginaires, notamment ceux des enseignants et élèves (mais aussi des chercheurs) qui restent prioritairement centrés sur la production et l'interaction. La compréhension, certes travaillée, est le plus souvent conçue comme une étape, comme un moyen de mieux produire, c'est-à-dire de parler et (secondairement) d'écrire. La place accordée à la 'compétence' et aux manières de l'évaluer, dans une perspective communicationnelle, n'est sans doute pas étrangère à cette minorisation : il est en effet impossible d'évaluer la compréhension, si ce n'est en la 'traduisant' en production et donc de contrôler / certifier de façon 'fiable' cette compétence : comment savoir si un autre a compris ce qu'on pense qu'il faut comprendre ?

---

10 Y compris dans mes propres travaux, menés avec Danièle Moore, sur les représentations du plurilinguisme et de l'apprentissage des langues : nous avions proposé aux enfants rencontrés de « dessiner comment c'est dans la tête de quelqu'un qui ‹ parle › plusieurs langues » (Castellotti/Moore 1999, 30).

Les imaginaires de la pluralité, marqués par des empreintes quantitatives, productives et (pluri)homogénéisantes, font ainsi intervenir des 'langues' de communication et des 'cultures' anthropologiques quotidiennes, considérées principalement en synchronie, en lien aux circulations se développant dans un marché globalisé. La notion de compétence apparait en cohérence avec ce paysage.

4.2 Compétence ?

Je m'intéresserai donc, dans un deuxième temps, au terme 'compétence', qui a donné lieu dans la période récente à nombre de travaux, notamment dans le domaine éducatif. Il a aussi été très mobilisé dans le secteur de l'entreprise, en particulier celui du management entrepreneurial, en étant souvent associé à la notion d'employabilité : les compétences sont considérées comme utiles pour mesurer l'adaptation aux besoins professionnels et sociaux.

De même que la notion de plurilinguisme s'est imposée, en DDL, en développant une rhétorique inversée par rapport aux positions dominantes antérieures de supériorité du monolinguisme, celle de compétence a émergé, dans le domaine éducatif, à l'opposé d'un imaginaire élitiste valorisant des formes d'instruction fondées sur des savoirs désincarnés et décontextualisés et délaissant (au moins en partie) les usages sociaux de ces savoirs. C'est une des raisons pour lesquelles j'ai moi-même un temps adhéré à l'intérêt de s'appuyer sur la notion de compétence en DDL. Mais je pense que les imaginaires qui y sont associés sont, au moins partiellement, tributaires de l'histoire de la notion et des présupposés épistémologiques qui ont présidé à son apparition. Comme l'indique P. Perrenoud,

> Un concept est un construit provisoire, sa valeur est une valeur d'usage, on la mesure à sa fécondité théorique, non à sa vérité absolue (Perrenoud 1999, 46).

D'après A. Del Rey, la notion de compétence s'est installée au croisement de plusieurs processus, en particulier d'ordre psychométrique, économico-politique et de gestion des ressources humaines ; et le développement de la notion a été dans un premier temps facilité par sa polysémie. Selon elle, la montée de cette notion a accompagné le processus de transformation néolibérale progressive de la plupart des sociétés développées, en se fondant notamment sur la théorie du capital humain s'inscrivant dans une perspective de calcul des rapports couts / avantages :

> La notion de compétences est au centre du nouveau modèle : elle permet en effet d'articuler la valorisation par l'éducation du capital propre à chaque individu, la rentabilité de l'investissement éducatif et l'enjeu de la croissance économique. ‹ Mes › compétences étant ce que mon éducation me permet d'acquérir, j'investirais en allant à l'école ; à travers mon éducation, j'achèterais des compétences à mettre dans mon ‹ portefeuille de compétences ›… et, si je n'y mets pas d'argent, j'y mets du temps ; or ‹ le temps c'est de l'argent › ! Ensuite, comme il s'agit d'un investissement, j'attendrais qu'il me rapporte… (Del Rey 2013, 66).

On observe ici une parenté troublante avec certaines citations du texte de 1997, mobilisant les concepts de la sociologie de P. Bourdieu et les 'mariant' à la philosophie pragmatique nord-américaine dont sont inspirées les orientations principales du management (Lorino 2020). Les réflexions qui en découlent contribuent à installer comme dominante, conjointement à une conception communicativo-(inter)actionnelle des langues, une orientation anthropologico-quotidienne des cultures (Castellotti/Debono 2018). Dans le même mouvement analysé ci-dessus, cette direction s'est développée en opposition à une conception élitiste de la culture, centrée sur des savoirs, et se traduit aussi par une priorité pragmatique donnée à la « communication interculturelle » (Byram/Zarate 1997, 12). L'avènement de la compétence contribue ainsi à renforcer et à rendre dominante la part fonctionnelle et utilitaire des dimensions langagières, dans une perspective d'adaptation à de supposés 'besoins' sociaux et d'efficacité, et débouche sur une place de l'évaluation inflationniste. A travers la notion de compétence, l'objectif est d'abord d'évaluer (dans ses deux sens de 'reconnaître' et de 'contrôler') des aptitudes à 'faire', ce qui correspond à la perspective de Hymes (la CC visant des « connaissances et des dispositions à faire » (Coste 2004, 68)), et plus largement à un « tournant praxéologique » (Bronckart 2011, 27). Certes, dans le domaine didactique, le fait de pouvoir reconnaître une compétence (au sens d'une capacité de l'élève ou de l'étudiant, non seulement à faire, mais surtout à penser) est important. Et B. Schneuwly observe qu'en allemand, le terme *Kompetenz* est situé au départ dans une perspective pédagogique, ce qui fait qu'il y a ainsi « possibilité d'une articulation explicite avec la longue tradition de la Bildung » (Schneuwly 2014, 59). Selon lui, « parler 'compétence' en français et en allemand ne produit donc de toute évidence pas le même sens ; et l'anglais y ajoute la tonalité aujourd'hui dominante, véhiculant la pensée managériale » (ibid.). Avec « la vision socio-linguistique hymesienne », qui apporte « une subordination du rendement communicatif au rendement économique » [...] « elle est ainsi au service de la gestion des ressources humaines managériales liant *competence* et *employability* (ibid., 63) ».

Mais, y compris avec des nuances de sens, le fait de prétendre décrire de façon stable et décontextualisée des compétences décomposables en termes de connaissances (savoir), d'aptitudes (savoir-faire) ou d'attitudes (savoir-être) contrôlables et mesurables pose de nombreuses questions. D'autant que, dans de très nombreux cas, c'est le 'contrôle' qui prend le pas sur la 'reconnaissance'. Une des questions majeures est que les compétences jugées utiles et témoignant d'un apprentissage efficace sont déterminées en fonction de choix politiques et sociaux (en l'occurrence, actuellement, d'adaptation au marché, national, européen ou mondial), mais que ceux-ci sont présentés comme des évidences et se transforment en une norme in-discutable, non argumentée, à la fois déterritorialisée (Del Rey 2013) et déshistoricisée. La vision utilitariste qui en découle contribue à expliquer la portion congrue dévolue à la littérature depuis la domination de la conception des langues comme moyen de communication et de la notion de compétence comme organisateur de l'apprentissage et de l'enseignement des langues. On assiste en effet, dans nombre de départements universitaires de langues, à des formes de séparation, voire de scission entre, d'une part, les dimensions langagières réduites aux compétences communicationnelles et, d'autre part, la littérature et la culture/ civilisation auxquelles on tend à déléguer la dimension 'humaniste' (Schneuwly 2014).

C'est ce qu'on observe dans certains usages visant à rendre 'actionnelle' la didactique de la littérature comme cela est parfois envisagé (Castellotti/ Debono 2018). Derrière ce choix se profile une tendance à confondre les aspects 'sociaux' et 'utilitaires' de l'apprentissage des langues, qui se développe plus particulièrement depuis les années 1970, avec les travaux sur les publics spécifiques ayant débouché plus largement sur la priorité incontestée du 'fonctionnel' (Besse 1980).

Les deux dimensions abordées dans ce troisième point, celle du plurilinguisme et celle de la compétence, ont en fait été réfléchies et proposées principalement, en DDL, dans une perspective négative : le plurilinguisme contre le monolinguisme, la compétence contre le savoir. En soi, il s'agit d'un mouvement habituel : on se positionne toujours par rapport et souvent en opposition à ce qui existe. Mais ces nouvelles orientations se sont imposées sans mettre en question dans le même temps les conceptions sous-jacentes de la langue et de l'apprentissage qui étaient prévalentes, en s'appuyant sur les mêmes choix épistémologiques, relevant du pragmatisme et visant avant tout et en priorité une 'communication efficace'. Ces choix, au fond, consacrent la domination d'une 'pensée technique' (Debono/Noûs 2024) et, en quelque sorte, an-historique : il y aurait toujours une solution, pouvant être déterminée a priori, liée à un progrès définissable d'avance et, donc, imperméable aux potentiels conflits animant nécessairement les relations humaines, si tant est qu'on croie à l'altérité.

Si on prend au sérieux la diversité, il ne peut y avoir de bonnes pratiques, il n'y a que des usages (à la fois pratiques et représentations) plus ou moins pertinents, selon les histoires, les situations, les personnes. Donc, en faisant le choix que le contenu principal de la CPP désigne d'abord une 'posture' diversitaire et altéritaire, y compris lorsque l'on n'use que d'une seule 'langue', il faut sans doute changer et / ou hétérogénéiser la terminologie.

5. De la communication plurilingue à l'expérience altéritaire : un cheminement appropriatif

Dans une réflexion collective destinée à revisiter la notion de CPP, l'accent avait été mis sur le fait que :

> La compétence plurilingue organise ainsi un modèle tout à la fois holistique et singulier [...] Les notions d'évolution, de trajectoire (et bifurcation) et de valeur du temps y sont centrales, tout comme l'idée que le locuteur plurilingue joue de son répertoire pour définir les contours multiples de son identité sociale. Il peut, par exemple, séparer ou mêler ses langues, comme il peut se situer comme bilingue ou comme apprenant, voire comme monolingue (Castellotti et al. 2009, 98).

Cette conception, qui soulignait la dimension socio-identitaire de la notion, débouchant sur une grande diversité de potentialités langagières en fonction des personnes et des situations, insistait aussi sur la « transformation de l'expérience en compétence » (ibid., 102), et restait ainsi dans une perspective prioritairement pragmatique. Dans une autre orientation, s'appuyant sur une tradition épistémologique phénoménologique-herméneutique (désormais PH), les langues ne sont conçues que secondairement comme des moyens de communication mais en priorité comme des imaginaires, des expériences, des traductions du monde ; leur dimension communicative, qu'il ne s'agit pas de nier ni de minimiser, étant ainsi subordonnée à cette tonalité constitutive. Apprendre une 'autre langue', c'est alors entrer en relation avec des autres-en-langue (Debono 2010), en s'appuyant sur un imaginaire et une expérience historiquement constitués, l'histoire étant à la fois personnelle et sociale. La perspective est alors inversée : elle s'élabore non en fonction du résultat, de ce qui serait utile, mais de ce qui est pertinent en fonction d'une histoire et d'un projet, en particulier d'appropriation (Castellotti 2017).

Comme les termes examinés ci-dessus, 'expérience' et 'projet' relèvent d'imaginaires potentiellement diversifiés. Dans les réflexions éducatives, ils renvoient le plus souvent aux 'pédagogies actives', qui ont pour socle théorique, en particulier, les écrits de J. Dewey. Dans son Essai « Expérience et éducation » (2018 [1916]), ce dernier propose une réflexion sur l' « utilité d'une théorie de l'expérience », basée sur « une philosophie de l'expérience, par l'expérience, pour l'expérience. » (ibid., 468), se concrétisant notamment par sa continuité dans le cadre de la mise en œuvre d'un « continuum expérimental ». Tout en soulignant le rôle fondamental de l'enseignant dans sa relation aux élèves, il réduit l'expérience aux vécus explicites (ibid., 472), et affirme que « toute expérience humaine en fin de compte est sociale, qu'elle implique contacts et communications » (ibid., 475). Il s'agit donc d'une expérience en quelque sorte transparente, qu'il est possible d'observer de l'extérieur et qui serait totalement lisible et compréhensible. Le rôle de l'adulte éducateur apparait alors clairement, il « sait choisir entre les attitudes qui acheminent vers un progrès continu et les autres. […] D'autre part, il doit avoir cette compréhension sympathique des êtres qui lui fait saisir, au moment même, ce qui se passe dans l'esprit des élèves. » (ibid., 475-476) Imaginer qu'on puisse être capable de savoir ce qui se passe dans l'esprit d'une autre personne indique une vision de l'expérience ne s'appuyant pas, de mon point de vue, sur une prise au sérieux de l'altérité. Dans la même veine, le 'projet' est conçu dans un sens totalement causaliste, qui « suppose la vision d'un but. Il implique une prévision de conséquences qui résulteraient de l'action qu'on greffe sur l'impulsion de départ » (ibid., 497). Dewey l'explicite très clairement plus loin : « L'un des principes fondamentaux de l'organisation du savoir est celui de causalité. » (ibid., 500) La conception de l'expérience qu'il développe obéit uniformément à ce principe, qu'il 'démontre' en choisissant des exemples ne concernant que des aspects strictement concrets de l'éducation, comme celui du jeune enfant qui approche la main d'une flamme et, par la douleur ressentie, fait l'"expérience' des propriétés du feu et 'apprend' qu'il est dangereux.

Ma conception de l'expérience est très éloignée de cette vision causaliste et expérimentaliste. Dans l'orientation PH, l'expérience ne se réduit pas à un 'vécu' qu'il serait totalement possible d'observer ou de dire, mais s'inscrit dans une « présence perceptive du monde » (Merleau-Ponty 1964, 48) qui nous touche, nous envahit, sans que l'on puisse totalement l'expliciter ou l'observer :

> Faire une expérience avec quoi que ce soit [...], cela veut dire : le laisser venir sur nous, qu'il nous atteigne, nous tombe dessus, nous renverse et nous rende autre. Dans cette expression, ‹ faire › ne signifie justement pas que nous sommes les opérateurs de l'expérience : faire veut dire ici, comme dans la locution ‹ faire une maladie ›, passer à travers, souffrir de bout en bout, endurer, accueillir ce qui nous atteint en nous soumettant à lui (Heidegger 1976, 143).

Dans cette conception, comme le souligne H. G. Gadamer (1996 [1960]), l'expérience est dotée d'une historicité interne liée à la tradition, on peut tout au plus tenter de l'"interpréter', de lui donner 'sens'. Mais ce sens ne procèdera pas d'une signification transparente, car il ne repose pas uniquement sur des signes décodables et il est à chaque fois redéployé de façon potentiellement différente et non présumable :

> L'expérience que je fais ne m'appartient en rien, elle n'est ni moi ni en moi, elle est plutôt la manière dont le monde s'ouvre pour moi, abrupt, vertical, insoupçonné, déployant la corolle de ses horizons et de ses échappées imprévisibles (Romano 2010, 823).

Dans cette orientation, la 'compétence plurilingue' peut renvoyer à des imaginaires très diversifiés selon notre propre histoire, le(s) projet(s) pour lesquels on y a recours, les situations dans lesquelles on mobilise cette notion, les personnes auxquelles on l'applique, etc. La didactique des langues tierces par exemple, dont les modalités sont étudiées dans ce volume, peut tirer parti de façon intéressante des caractéristiques d'une compétence de communication plurilingue qui valorise les savoir-faire inter- et trans-linguistique. Mais s'inspire-t-elle, de façon plus sous-jacente, des imaginaires de l'altérité qu'elle peut porter ? On peut ainsi observer, dans cet ouvrage même, les façons dont cette notion de compétence plurilingue peut être rapprochée, ou au contraire différenciée d'autres notions qui travaillent avec / sur / dans la diversité linguistique et culturelle, par des chercheuses et chercheurs travaillant dans et influencés par des traditions philosophiques et culturelles différentes, dont les présupposés ne sont le plus souvent que peu explicités ; c'est ce que j'aborderai dans la conclusion de l'ouvrage.

L'incitation à un plurilinguisme, à un *Translanguaging* ou encore à une transculturalité (Erfurt 2016) qui, dans les systèmes éducatifs, se révèlent souvent en partie superficiels et dont la supériorité promue de façon absolue peut aussi contribuer à exclure (voir ci-dessus), amène à s'interroger sur le retournement effectué depuis les années 1990 contre l'idéologie monolingue, en lui substituant une nouvelle forme de doxa. C'est dans ce mouvement de réflexion historicisé, fait à la fois de continuité et de débat critique, que j'ai développé la notion d'appropriation (Castellotti 2017). Elle met en jeu des usages et des imaginaires de diversité et de transformation, certes, mais aussi d'appartenance et de reconnaissance attachés à des entités linguistico-culturelles ancrées dans des histoires, des traditions, y compris pré-linguistiques (Romano 2010), dont héritent les personnes socialisées prioritairement à travers elles et qui, le plus souvent, sont revendiquées comme constitutives de leur être. Elle pose aussi et surtout, avant toute interrogation sur le 'comment' apprendre des langues, celle du 'pourquoi / pour quoi' : avec quelle histoire et pour quel projet se lance-t-on dans l'appropriation d''autres' langues ? En ancrant la recherche et la formation, des enseignants et des élèves, dans une posture altéro-réflexive assumée, il s'agit d'abord de laisser advenir cette appropriation et de permettre aux personnes concernées de choisir le sens à lui donner.

6. Bibliographie

ACEDLE/ASDIFLE/TRANSIT-LINGUA (2017) : *Le projet d'amplification du CECR : une fausse bonne idée du Conseil de l'Europe*, Tribune associative, https://asdifle.com/wp-content/uploads/2019/05/tribune_expansioncecrl_signataires.pdf

Anciaux, Frédéric/ Molinié, Muriel (2017) : Enjeux éthiques d'une démarche éducative plurilingue aux Antilles françaises. *Recherches et applications – Le français dans le monde* 62, 78–92

Auger, Nathalie/ Kervran, Martine (2010) : Construction identitaire et compétence plurilingue/pluriculturelle : des principes à la mise en œuvre de séquences interdisciplinaires, 34–43

Auger, Nathalie (2005) : *Comparons nos langues*. Paris : Sceren (1 DVD).

Baggioni, Daniel (1997) : *Langues et nations en Europe*. Paris : Payot

Beacco, Jean-Claude (2005) : *Le plurilinguisme comme manière d'être en Europe*. Strasbourg : Conseil de l'Europe, Etude de référence

Besse, Henri (1980) : La question fonctionnelle. Dans : Besse, Henri/ Galisson, Robert : *Polémique en didactique. Du renouveau en question*. Paris : CLE international, 30–136

Bono, Mariana (2008) : Influences interlinguistiques dans l'apprentissage d'une L3 : quand les langues secondes l'emportent sur la langue première. Dans : Moore, Danièle/ Castellotti, Véronique (éds.) : *La compétence plurilingue : regards francophones*. Fribourg : Peter Lang, 147–166

Bronckart, Jean-Paul (2011) : La formation aux compétences langagières : pour un réexamen des rapports entre langues et discours. *Bulletin VALS-ASLA* 93, 27–46

Byram, Michael/ Zarate, Geneviève (1997) : *La compétence socioculturelle dans l'apprentissage et l'enseignement des langues*. Strasbourg : Conseil de l'Europe

Candelier, Michel et al. (éds.) (2010 [2007]) : *A travers les langues et les cultures. CARAP / Cadre de référence pour les approches plurielles des langues et des cultures*. Graz : Centre européen des langues vivantes

Candelier, Michel (éd.) (2003) : *L'éveil aux langues à l'école primaire*. Bruxelles : De Boeck

Candelier Michel/ Castellotti, Véronique (2013) : Didactique(s) du (des) plurilinguisme(s). Dans : Simonin, Jacky/ Wharton, Sylvie (éds.) : *Sociolinguistique du contact. Dictionnaire des termes et concepts*. Lyon : ENS Editions, 179–221

Castellotti, Véronique (2017) : *Pour une didactique de l'appropriation. Diversité, compréhension, relation*. Paris : Didier

Castellotti, Véronique (2010) : Attention ! Un plurilinguisme peut en cacher un autre. Enjeux théoriques et didactiques de la notion de pluralité. *Les Cahiers de l'Acedle* 7, 181–207

Castellotti, Véronique (2009) : Construire l'intégration en désintégrant les catégories. *Le français aujourd'hui* 164, 109–114

Castellotti, Véronique/ Cavalli, Marisa/ Coste, Daniel/ Moore, Danièle (2009) : À propos de la notion de compétence plurilingue en relation à quelques concepts sociolinguistiques ou Du rôle de l'implication et de l'intervention dans la construction théorique. Dans : Pierozak, Isabelle/ Eloy, Jean-Michel (éds.) : *Intervenir, appliquer, s'impliquer ?* Paris : L'Harmattan, 95–104

Castellotti, Véronique/ Coste, Daniel/ Duverger, Jean (2008) : *Propositions pour une éducation au plurilinguisme en contexte scolaire*. Tours : ADEB/ Université François Rabelais

Castellotti, Véronique/ Coste, Daniel/ Moore, Danièle/ Tagliante, Christine (2004) : *Portfolio européen des langues : collège*. Paris : Didier/ Conseil de l'Europe

Castellotti, Véronique/ Debono, Marc (2018) : D'une mission « civilisatrice » à une centration « (socio)pragmatique » : une interprétation de l'évolution de la dimension culturelle en didactologie du FLE. *Documents pour l'histoire du français langue étrangère et seconde* 60–61, 41–62. https://journals.openedition.org/dhfles/5127 (dernier accès le 13.06.2024)

Castellotti Véronique/ Moore, Danièle (2014 [2011]) : La compétence plurilingue et pluriculturelle. Genèses et évolutions d'une notion-concept. Dans : Blanchet, Philippe/ Chardenet, Patrick (éds.) : *Guide pour la recherche en didactique des langues et des cultures. Approches contextualisées*. Paris : Editions des Archives contemporaines/AUF, 291–301

Castellotti Véronique/ Moore, Danièle (2005) : Cultures métalinguistiques, répertoires pluriels et usages d'appropriation. Dans : Beacco, Jean-Claude et al. (éds.) : *Les cultures éducatives et linguistiques dans l'enseignement des langues*. Paris : PUF, 107–132

Castellotti Véronique/ Moore, Danièle (1999) : Schémas en coupe du plurilinguisme. *Bulletin Suisse de linguistique appliquée, VALS-ASLA* 70, 27–49. https://www.academia.edu/49764532/Sch%C3%A9mas_en_coupe_du_plurilinguisme (dernier accès le 13.06.2024)

Conseil de l'Europe (2001) : *Cadre européen commun de référence pour les langues*. Strasbourg : Conseil de l'Europe

Conseil de l'Europe (2018) : *Cadre européen commun de référence pour les langues : apprendre, enseigner, évaluer. Volume complémentaire avec de nouveaux descripteurs*, Strasbourg : Conseil de l'Europe https://rm.coe.int/cecr-volume-complementaire-avec-de-nouveaux-descripteurs/16807875d5 (dernier accès le 13.06.2024)

Coste, Daniel (2004) : De quelques déplacements opérés en didactique des langues par la notion de compétence plurilingue. Dans : Auchlin, Antoine et al. (éds.) : *Structures et discours. Mélanges offerts à Eddy Roulet*. Québec : Nota Bene, 67–85

Coste, Daniel (1980) : Pourquoi apprendre des langues étrangères à l'école ? Dans : Bautier, Elisabeth/ Coste, Daniel/ Galisson, Robert/ Hébrard, Jean/ Lehmann, Denis/ Porcher, Louis/ Roulet, Eddy (éds.) : *Lignes de force du renouveau actuel en D.L.E.* Paris : CLE international, 11–48

Coste, Daniel/ Hébrard, Jean (1991) : Ecole et plurilinguisme. *Le français dans le monde – Recherches et applications*, février-mars 1991, 5–17

Coste, Daniel/ Moore, Danièle/ Zarate, Geneviève (1997) : *Compétence plurilingue et pluriculturelle*. Strasbourg : Conseil de l'Europe

Coste, Daniel/ De Pietro, Jean-François/ Moore, Danièle (2012) : Hymes and the Palimpsest of Communicative Competence : A Journey in Language Didactics. *Langage et société* 139 (1), 103–123

Cummins, Jim (1979) : Linguistic interdependence and the educational development of bilingual children. *Review of Educational Research* 49, 222–251

Debono, Marc (2010) : *Construire une didactique interculturelle du français juridique : approche sociolinguistique, historique et épistémologique*. Thèse de doctorat sous la direction de D. de Robillard. Tours : Université François Rabelais

Debono, Marc/ Noûs, Camille (2024) : *Essai sur la pensée technique en didactique des langues et en sociolinguistique francophones*, Limoges : Lambert Lucas

Del Rey, Angélique (2013) : *À l'école des compétences. De l'éducation à la fabrique de l'élève performant*. Paris : La Découverte

Dewey, John (2018 [1916]) : Expérience et éducation. Dans : *Démocratie et éducation*. Paris : Armand Colin, 455–516

Erfurt, Jürgen (2016) : Le concept de transculturalité : un atout pour le débat sur l'éducation plurilingue ? Dans : Hélot, Christine/ Erfurt, Jürgen (éds.) : *L'éducation bilingue en France. Politiques linguistiques, modèles et pratiques*. Limoges : Lambert-Lucas

Escudé, Pierre/ Janin, Pierre (2010) : *L'intercompréhension, clé du plurilinguisme*. Paris : CLE International

Gadamer, Hans Georg (1996 [1960]) : *Vérité et méthode*. Paris : Seuil

Grosjean, François (1982) : *Life with two languages. An introduction to bilingualism*. Cambridge, Mass. : Harvard University Press

Grosser, Pierre (2009) : *1989, l'année où le monde a basculé*. Paris : Perrin

Heidegger, Martin (1976 [1959]) : *Acheminement vers la parole*. Traduit de l'allemand par Jean Beauffret/Wolfang Brokmeier/François Fédier. Paris : Gallimard.

Hélot, Christine (2007) : *Du bilinguisme en famille au plurilinguisme à l'école*, Paris : L'Harmattan

Huver, Emmanuelle (2008) : « Comparons nos langues » et/ou « mobilisons nos ressources » ? Approche par scenario et insertion scolaire et sociale des enfants allophones. *Glottopol* 11, 138–147

Hymes, Dell (1984) : *Vers la compétence de communication*. Paris : Didier/ CREDIF

Lorino, Philippe (2020) : *Pragmatisme et étude des organisations*. Paris : Economica

Lüdi, Georges (2008a) : Politiques linguistiques pour le plurilinguisme : de la recherche à l'intervention. Dans : Candelier, Michel/ Ioannitou, Gina/ Omer, Danielle/ Vasseur, Marie-Thérèse : *Conscience du plurilinguisme*. Rennes : PUR, 17–34

Lüdi, Georges (2008b) : Objectif : des compétences plurilingues mobilisables comme ressource pour gérer des situations de communication plurielles. Dans : Moore Danièle/ Castellotti Véronique (éds.) : *La compétence plurilingue : regards francophones*, Berne : Peter Lang, 207–219

Lüdi, Georges/ Py, Bernard (2002 [1986]) : *Etre bilingue*. Bern : Peter Lang

Merleau-Ponty, Maurice (1964) : *Le visible et l'invisible*. Paris : Gallimard

Moore, Danièle (2006) : *Plurilinguisme et école*. Paris : Didier/CREDIF

Moore, Danièle/ Castellotti, Véronique (éds.) (2008) : *La compétence plurilingue : regards francophones*. Fribourg : Peter Lang

Nussbaum, Luci (2008) : Construire le plurilinguisme à l'école : de la recherche à l'intervention et de l'intervention à la recherche. Dans : Candelier, Michel/ Ioannitou, Gina/ Omer, Danielle/ Vasseur, Marie-Thérèse (éds.) : *Conscience du plurilinguisme*. Rennes : PUR, 125–144

Perdue, Clive (1993) : *Adult Language Acquisition : Cross-linguistic Perspectives*. Cambridge : Cambridge University Press

Perrenoud, Philippe (1999) : D'une métaphore à l'autre : transférer ou mobiliser ses connaissances. Dans : Dolz, Joachim/ Ollagnier, Edmée : *L'énigme de la compétence en éducation, Raisons éducatives*, 1–2 (2). Bruxelles : De Boeck, 45–60

Prudent, Lambert-Félix (1981) : Diglossie et interlecte. *Langages* 61, 13–38

Prudent, Lambert-Félix/ Tupin, Frédéric/ Wharton, Sylvie (éds.) (2005) : *Du plurilinguisme à l'école : vers une gestion coordonnée des langues en contextes éducatifs sensibles*. Bern : Peter Lang

Rivarol (1998 [1783]) : *L'universalité de la langue française*. Paris : Arléa

Robillard, Didier de (2013) : Interlecte. Un outil ou un point de vue autre sur « la » linguistique et les langues ? Sémiotique ou herméneutique ? Dans : Simonin, Jacky/ Wharton, Sylvie (éds.) : *Sociolinguistique du contact. Dictionnaire des termes et concepts*. Lyon : ENS Éditions, 349–374

Robillard, Didier de (2010) : Dylan, un exemple parmi d'autres des coûts et difficultés du travail de la diversité : naît-on ou devient-on divers ? *Recherches en didactique des langues et des cultures* 7–1. DOI : https://doi.org/10.4000/rdlc.1987

Robillard, Didier de (2008) : *Perspectives alterlinguistiques*. Paris : L'Harmattan

Romano, Claude (2010) : *Au cœur de la raison, la phénoménologie*. Paris : Folio Essais

Roulet, Eddy (1980) : « La porte » ou l'irruption de la pragmatique linguistique dans la didactique du français. Dans : Bautier, Elisabeth/ Coste, Daniel/ Galisson, Robert/ Hébrard, Jean/ Lehmann, Denis/ Porcher, Louis/ Roulet, Eddy (éds.) : *Lignes de force du renouveau actuel en D.L.E.* Paris : CLE international, 101–113

Schnapper, Dominique (2007) : *Qu'est-ce que l'intégration*. Paris : Folio Essais

Schneuwly, Bernard (2014) : Pour une conception plurilingue de la notion de « compétence », « competence », « Kompetenz » … *Bulletin Vals-ASLA* 100, 57–65

Simon, Diana-Lee/ Maire-Sandoz, Marie-Odile (2008) : Faire vivre et développer le plurilinguisme à l'école : les biographies langagières au cœur de la construction d'identités plurielles et du lien. *Etudes de linguistique appliquée* 151, 265–276

Stratilaki, Sofia (2011) : *Discours et représentations du plurilinguisme.* Frankfurt/M. : Peter Lang

Trim, John L. M. (1997) : Introduction. Dans : Coste, Daniel/ Moore, Danièle/ Zarate, Geneviève (éds.) : *Compétence plurilingue et pluriculturelle.* Strasbourg : Conseil de l'Europe, vii-viii

Tupin, Frédéric/ Wharton, Sylvie (2009) : Intervenir en contextes sensibles : du fragile équilibre entre implication et distanciation. Dans : Pierozak, Isabelle/ Eloy, Jean-Michel (éds.) : *Intervenir, appliquer, s'impliquer ?* Paris : L'Harmattan, 73–78

Wharton, Sylvie (éds.) (2011) : *Plurilinguisme, identités et stratégies sociolinguistiques résilientes.* Fernelmont : EME Editions

Zarate, Geneviève/ Lévy, Danielle/ Kramsch, Claire (éds.) (2008) : *Précis du plurilinguisme et du pluriculturalisme.* Paris : Editions des Archives contemporaines

Pour une démarche expérientielle de la compétence plurilingue et pluriculturelle à l'école

Malika Pedley

ABSTRACT

The Companion Volume (Council of Europe 2018) intends to update the descriptors defined in the Common European Framework of Reference for Languages (now CEFR, Council of Europe 2001). This evolution announces a possible future assessment of the plurilingual and pluricultural competence by level, but also, thus standardized, to see it integrated into school curricula (Council of Europe 2018, 41). Although this notion may be more and more used in educational contexts, its consideration in third language classes still raises questions. Through the study of a creative writing project, this chapter aims to define what this competence is and what it involves from an educational, expressive and identity point of view. The first contextual part presents a project studied as part of a doctoral thesis. The second part focuses on specific issues related to the mobilization of plurilingual and pluricultural competence in an educational context.

RÉSUMÉ

Le volume complémentaire (Conseil de l'Europe 2018) entend actualiser les descripteurs des compétences définies dans le Cadre Européen Commun de Référence pour les Langues (désormais CECR, Conseil de l'Europe 2001). Cette évolution annonce une possible évaluation de la compétence plurilingue et pluriculturelle par niveau, mais aussi, ainsi normalisée, de la voir intégrée aux curricula scolaires (Conseil de l'Europe 2018, 41). Si le monde éducatif s'ouvre à cette notion, sa prise en compte en classe de langues tierces pose encore question. A travers l'étude d'un projet d'écriture créative, ce chapitre tend à définir ce qu'est et ce qu'implique cette compétence d'un point de vue pédagogique, expressif et identitaire. La première partie contextuelle présente le projet étudié dans le cadre d'une thèse doctorale. La deuxième partie explicite certains points sensibles quant à la mobilisation de la compétence plurilingue et pluriculturelle en contexte éducatif.

1. Promotion du plurilinguisme en Ecosse : contexte contemporain et recherche

1.1 *Mother Tongue Other Tongue* et l'Approche 1+2 : contexte éducatif

Mother Tongue Other Tongue (désormais MTOT)[1] est un concours britannique qui propose aux élèves d'écoles primaires et secondaires d'écrire un poème

[1] Voir la page MTOT sur le site de SCILT : https://www.scilt.org.uk/MTOT/tabid/5841/Default.aspx, consultée le 05.12.2023.

dans une langue autre que l'anglais, apprise en contexte scolaire (catégorie *Other Tongue*) ou par un autre biais (*Mother Tongue*). Chaque participant accompagne son poème d'un texte écrit en anglais visant à expliquer sa démarche. La forme et le contenu de ce texte sont libres. Créé par *Routes into Languages*[2] en Angleterre en 2014 et repris en Écosse dès la rentrée scolaire suivante par *Scotland's National Centre for Languages* (SCILT)[3], MTOT est un projet qui s'inscrit dans une dynamique actuelle de promotion de l'apprentissage des langues à l'école par la valorisation des langues présentes localement.

Image 1. Production soumise au concours en 2015–2016 (Pedley 2018a) : poème en polonais, élève P3.

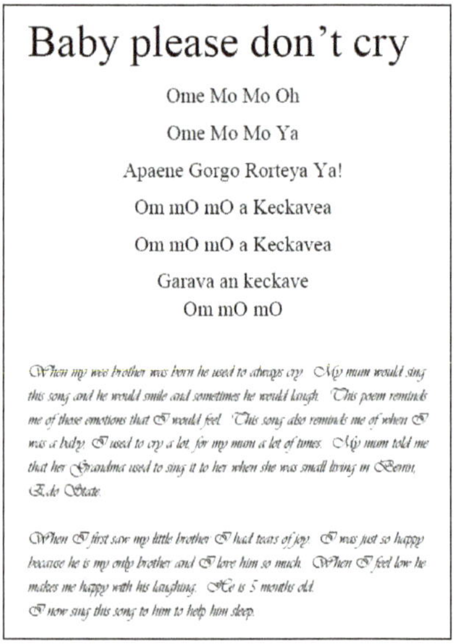

Image 2. Production soumise au concours en 2015–2016 (Pedley 2018a) : poème en edo, élève P7.

2 Consortium d'universités anglaises et galloises réunies pour promouvoir l'apprentissage des langues à l'école (2006–2016).

3 Organisme soutenu par le gouvernement écossais chargé d'assurer la promotion et le suivi de l'enseignement des langues en Écosse, de la petite enfance à l'enseignement supérieur : https://scilt.org.uk/, consultée le 05.12.2023.

En Écosse, MTOT, mené chaque année par le SCILT de 2014 à 2019, a été, à bien des égards, un terrain exploratoire de l'Approche 1+2[4], politique éducative pour l'enseignement des langues qui entrera en vigueur dans tous les établissements scolaires à la rentrée 2021 (Scottish Government 2012). L'Approche 1+2 vise à ce que chaque enfant apprenne au cours de sa scolarité deux langues en plus de sa langue première, qu'il s'agisse de l'anglais ou de toute autre langue. La L2 sera introduite dès la première année de primaire (5–6 ans)[5] et la L3 en cinquième année de primaire (9–10 ans) au plus tard. Jusqu'à la fin du secondaire, chaque enfant devra pouvoir poursuivre ces apprentissages.

Jusqu'à présent, le français et l'espagnol sont les langues les plus couramment enseignées en tant que langues secondes ou tierces, suivies de l'allemand et de l'italien. Le scots et le gaélique sont reconnues comme langues régionales ou minoritaires selon la Charte du Conseil de l'Europe, mais ne bénéficient pas de la même place à l'école. Le scots est principalement étudié pour sa dimension culturelle, mise en valeur par le prisme de la littérature écossaise, alors que le gaélique peut être langue d'enseignement dans des contextes immersifs, ou bien langue seconde selon divers dispositifs. En outre, les derniers recensements de population ont montré une diversité linguistique et culturelle en plein essor, doublant de proportion en dix ans (National Records of Scotland 2013), avec cent-cinquante langues pratiquées à la maison. Les langues familiales ont peu de place à l'école, mais l'Approche 1+2, pendant sa période exploratoire, s'est présentée ouverte quant aux langues qui pourraient être enseignées (Scottish Government Languages Working Group 2012).

Le concours de poésie MTOT a permis de valoriser, au même niveau, des langues apprises en contexte formel ou informel et, ainsi, de mettre en lumière le multilinguisme local à travers l'immense variété de compétences des individus qui le compose. Les enseignants encadrant les élèves participant au projet ont dû faire preuve de grande souplesse, tant la créativité et l'expression de soi de l'élève primaient sur le caractère normatif de la langue choisie, et puisque, pour beaucoup d'entre eux (à l'exclusion des enseignants de langue vivante), la langue choisie pour écrire le poème leur était inconnue.

---

4 Notre traduction de 1+2 Approach

5 A défaut d'être la première langue de l'enfant, l'anglais sera alors la L2 dans le cadre de l'Approche 1+2, présente directement par le biais de l'enseignement en anglais, ou en renforcement, par le biais du dispositif English as an Additional Language.

L'écriture créative « en langues »[6] suscitée par ce projet a été, pour beaucoup d'élèves, une expérience inédite de littéracie, et pour l'ensemble des acteurs (enseignants, élèves, parents, membres du jury), une grande expérience personnelle et collective de la compétence plurilingue et pluriculturelle.

1.2 Approche inclusive des langues : le cas de l'Écosse

1.2.1 Enjeux et méthodes de recherche

La thèse en sociolinguistique (Pedley 2018a) sur laquelle se fonde cet article visait à explorer une approche inclusive des langues en situation minoritaire, le but étant de montrer dans quelle mesure et selon quelles limites, des langues pratiquées et/ou protégées dans un contexte précis participent à une dynamique commune et éclairent ce que signifie aujourd'hui être plurilingue et vivre dans une société multilingue. Il s'agit d'une approche critique du multilinguisme en tant que système, l'enjeu étant de montrer les liens entre des situations et des communautés linguistiques habituellement séparées en sociolinguistique.

Intentionnellement centrée sur le point de vue émique des locuteurs, l'enquête de terrain de cette thèse a porté sur l'édition 2015–2016 de MTOT, qui a révélé la présence de trente-six langues différentes pratiquées ou apprises par les enfants scolarisés en Ecosse. L'enquête visait à comprendre comment la participation à ce concours pouvait affecter les représentations des enfants vis-à-vis de la langue du poème, du plurilinguisme et du multilinguisme, convergeant ou non vers une approche plus inclusive des langues en situation minoritaire.

L'analyse a reposé sur deux types de corpus : le premier recense 96 productions bilingues, chacune étant composé d'un poème en langue autre que l'anglais accompagné, a minima, de son texte explicatif en anglais ; le deuxième rend compte de l'ensemble des transcriptions d'entretiens semi-directifs réalisés auprès de 9 groupes d'élèves participant au concours

[6] Cette expression caractérise le travail de littéracie à l'œuvre dans MTOT : chaque production donne à voir deux textes, certes liés et interdépendants, mais dont le travail correspond à deux temps, deux méthodes, deux approches. Il s'agit ici aussi de faire référence par cette expression à une tradition d'écriture en Écosse, essentiellement à travers la poésie, où l'anglais, le scots, le gaélique et des dialectes de ces langues se côtoient librement, sans glose ni introduction préalable.

dans quatre écoles primaires différentes de Glasgow[7], rassemblés par doubles niveaux (P3-P4, de 7 à 9 ans ; P5-P6, de 9 à 11 ans ; P6-P7, de 10 à 12 ans).

1.2.2 Analyses des données

Les productions des enfants ont été considérées comme œuvres à part entière et aucune échelle évaluative n'a été appliquée dans cette analyse. Toutefois, c'est la notion de médiation émanant du CECR qui a été retenue pour comprendre les choix et les stratégies de transmission des élèves (Conseil de l'Europe 2001 ; Cavalli/Coste 2015). A côté de la traduction, donnée comme exemple d'opération de médiation par le CECR), cinq autres stratégies ont été identifiées : l'illustration, la reformulation, la translittération, l'explicitation et la narration ont ainsi permis aux enfants de transmettre des informations factuelles et émotives au jury et au public. Un article récent présente l'ensemble de ces stratégies (Pedley 2018b) et une discussion au sujet de la médiation est présentée en deuxième partie du présent article.

L'analyse des transcriptions d'entretiens a montré l'importance de l'interaction tant dans la forme que le contenu des énoncés obtenus : interaction entre élèves, interaction entre enseignante et élèves, interaction entre l'intervieweuse et les élèves. Différents types d'échanges et de séquences ont ainsi été identifiés pour produire des récits mettant en avant une expérience éminemment personnelle et intime vécue à travers MTOT, portée par une dynamique collective.

Les récits des élèves ont mis l'accent sur la dimension évolutive de l'expérience de MTOT, qui n'a pas été sans obstacles. Pour comprendre le processus à l'œuvre, l'hypothèse de MTOT en tant que rite de passage (Van Gennep 1909 ; Turner 1969) a alors été étudiée. Trois phases ont été identifiées : la séparation, la liminalité et la réassimilation. En phase de séparation, l'enfant qui quitte sa classe ordinaire est vite déstabilisé par la nature du projet (écriture créative, poésie, valorisation d'une langue parfois ignorée habituellement par l'institution) et par l'insécurité qu'il provoque (isolement, compétences et connaissances variées mises à l'épreuve, adhésion à un nouveau groupe). En phase de liminalité, il prend conscience qu'il doit dépasser ces obstacles pour avancer. Il utilise alors différentes

---

[7] Les deux corpus complets peuvent être consultés en ligne ainsi que le manuscrit de thèse : https://tel.archives-ouvertes.fr/tel-02055796, consultée le 05.12.2023.

stratégies (aide de la famille, recherches documentaires, translittération) pour trouver et écrire son poème. En fin de phase, il gagne la confiance des autres élèves qui participent à MTOT et commence à s'identifier à ce groupe. En phase de réassimilation, l'enfant retourne dans sa classe ordinaire, auprès de ses camarades qui n'ont pas participé au rite et diffuse alors un message positif vis-à-vis du plurilinguisme. L'individu « marginalisé » par son répertoire linguistique revient alors dans sa classe, assumant son double statut et son appartenance à deux groupes, la communauté plurilingue et sa classe ordinaire.

1.2.3 Principaux résultats

A travers l'expérience de MTOT, les enfants créent une nouvelle communauté de pratiques (Lave/Wenger 1998), la communauté plurilingue, constituée de l'ensemble des participants qui partagent le fait d'avoir dans leurs répertoires plusieurs langues. Bien qu'ils ne partagent pas forcément les mêmes langues ni les mêmes compétences, il s'instaure au fur et à mesure des ateliers MTOT une confiance mutuelle qui permet à chacun de se sentir libre de s'exprimer dans et au sujet de la langue du poème. Les participants du groupe font preuve d'admiration, de respect, de solidarité et d'empathie à l'égard de leurs pairs et de leurs langues. Ils prennent conscience de la diversité linguistique environnante et établissent, à travers leurs discours, des ponts entre des situations linguistiques rarement rapprochées[8].

Individuellement, chaque enfant témoigne d'une prise de conscience de sa compétence plurilingue comme une ressource exploitable. Vis-à-vis du poème, on assiste à un processus d'appropriation (Castellotti 2017) de la langue du poème, à travers, notamment un projet d'apprentissage de la langue, une expérience renouvelée d'écriture créative dans cette langue ou en « mélangeant les langues », mais aussi un désir de transmettre la langue à ses camarades par son propre biais ou en faisant venir des intervenants extérieurs à l'école.

En revanche, les enfants ne choisissent pas systématiquement de faire une place à cette langue en contexte formel. Bien qu'ils verbalisent un respect

[8] On se souvient notamment d'une participante qui explique que parler edo à l'école lui semble aussi normal que parler polonais (langue la plus fréquente dans notre corpus de productions) : « It feelsjust normal (...) like speaking Polish (...) I don't know speaking Polish in school like if you are like Polish is ...it just feels normal to me » (Ecole1 Dec2015 LU-SI).

sans équivoque pour l'ensemble des langues représentées dans le groupe, les élèves montrent également une conscience précoce des enjeux de pouvoir qu'elles représentent (Calvet 1999 ; Bourdieu 1982). Ainsi, certains élèves expriment une volonté d'apprendre d'autres langues, par intérêt pratique, économique ou culturel mais aussi par volonté d'accroitre leur répertoire linguistique et de bâtir de nouveaux apprentissages à partir du socle valorisé par l'expérience MTOT.

Une approche inclusive des langues a ainsi pu être observée dans la dynamique du groupe faisant communauté, malgré des langues et des relations avec celles-ci très variées. Cette expérience n'a pas, pour autant, renivelé le capital symbolique des langues pour ces enfants qui ont, déjà, conscience des opportunités diverses que représentent les langues. Si des processus d'appropriation de la langue du poème sont à l'œuvre, on retient également qu'ils ne conduisent pas systématiquement à lui conférer une place au sein de l'école écossaise. Comme le souligne Véronique Castellotti, « [l']appropriation constitue une expérience à chaque fois différente, en fonction de son histoire et de ses projets. » (2017, 51). Quoiqu'il en soit, l'expérience MTOT aura contribué à la valorisation de cette langue en rendant visible la compétence plurilingue et pluriculturelle de chaque élève, aussi partielle, unique et composite soit-elle (Conseil de l'Europe 2001). La seconde partie de cet article met en lumière quelques aspects ressortant de cette recherche à l'égard de la prise en compte de la compétence plurilingue en contexte éducatif.

2. Vers une mobilisation de sa compétence plurilingue et pluriculturelle

Afin d'apporter un éclairage sur ce que représente la compétence plurilingue et pluriculturelle, tant en termes de manifestation qu'en termes d'implications, cette partie met en perspective la notion avec d'autres concepts et cadres théoriques complémentaires. Tout d'abord, le rapport aux langues et entre les langues qu'elle conduit à penser est exploré par le biais de la médiation et du Translanguaging (désormais TL). Ensuite, le cadre pédagogique nécessaire pour autoriser la compétence plurilingue de l'élève à être déployée suppose des paramètres à délimiter. Les pistes offertes par le TL et les *New Literacy Studies* sont alors étudiées. Enfin, instaurer une pratique pédagogique mobilisant la compétence plurilingue ne se fait pas sans transformation et sans perte de repères temporaires. La notion de liminalité nous permet ainsi de comprendre les enjeux et les bénéfices d'une telle prise de risque.

2.1 De la médiation au Translanguaging : mise en contact des langues de son répertoire

Le CECR place la médiation comme activité langagière à côté de la production, la réception et l'interaction. Il s'agit d'une opération qui tend à « réduire l'écart entre deux pôles distants ou en tension » (Cavalli/Coste 2015, 13). Elle peut se manifester sous forme de « reformulation écrite ou orale, à destination d'un ou de plusieurs tiers, d'un texte, oral ou écrit, auquel ces tiers n'ont pas accès direct : compte rendu, résumé, traduction, etc. » (ibid., 28). Relativement ouverte d'un point de vue conceptuel et encore peu cadrée d'un point de vue opérationnel, cette notion s'avérait particulièrement intéressante pour interroger les productions bilingues dans MTOT : qu'est-ce que l'enfant transmet d'un poème écrit dans une langue potentiellement opaque pour son lecteur à un texte écrit dans une langue commune, l'anglais, dont la forme et le contenu sont libres ? quelles stratégies utilise-t-il pour arriver à ses fins de transmission tout en mettant à profit sa compétence plurilingue, aussi partielle soit-elle ? Les stratégies de médiation identifiées dans le corpus sont l'illustration, la translittération, l'explicitation et la narration, auxquelles s'ajoutent la traduction et la reformulation, citées par le CECR. Les recherches menées sur le concours MTOT mettent ainsi en avant des aspects concernant la médiation qui démultiplient les possibilités exprimées par les travaux du Conseil de l'Europe (2001 ; 2018). Il nous semble que cette notion, à travers ce qu'elle invoque et met en œuvre dans la production, la réception et l'interaction, occupe un rôle central pour que chercheurs, enseignants et apprenants prennent conscience de ce qu'est et ce qu'implique la compétence plurilingue et pluriculturelle.

L'analyse du corpus de productions bilingues a très tôt montré que la traduction ne suffisait pas comme seule opération de médiation dans l'exercice MTOT. Des recherches en cours sur l'écriture créative « en langues » montre que cette insuffisance se fait également ressentir chez des auteurs adultes plurilingues. Dans une interview à la *Scottish Poetry Library*[9], l'auteure bri-

[9] Interview de Suzannah V. Evans en octobre 2019 : https://www.scottishpoetrylibrary.org.uk/podcast/tolu-agbelusi/, fichier audio consulté le 05.12.2023.

tannique-nigérienne Tolu Agbelusi fait part de son écriture « en langues » et de l'insuffisance de la traduction dans sa production personnelle[10] :

> I flow in between accents and I flow in between languages so I feel my poetry can and should reflect that so I do have a few more poems these days that have some Yoruba in and some have some French in – It gives it all a little bit more character and texture because language is such a tool of power and we tend to think if it's not in English then it's not correct or right – so for me it's a defiance in I'm gonna say what it is in Yoruba and I'm not going to explain what it is because if you actually wanted to understand the poem you can understand things without understanding the language sometimes.

Cet extrait d'entretien montre aussi l'importance de la médiation comme activité langagière spontanée, bien qu'elle ne soit pas nommée ainsi. L'écriture « en langues » de Tolu Agbelusi prend sens pour son public notamment à travers des énoncés de médiation qu'elle délivre, comme ici en interview, ou par le biais de textes qui ressemblent aux « textes explicatifs » de MTOT qu'elle publie, en accompagnement de ses poèmes, sur Internet pour raconter, contextualiser, sensibiliser aux paramètres nécessaires pour apprécier sa démarche.

Dans l'édition 2015–2016 de MTOT, seules 30 % des productions du corpus ont recours à la traduction, souvent accompagnée d'autres stratégies de médiation. Ce constat nous a amenée à prendre conscience de l'importance dans MTOT de l'énoncé dans sa globalité plurilingue et plurimorphe, pour l'auteur mais aussi pour le lecteur. Réduire l'écart entre deux pôles distants, cela signifie-t-il forcément donner accès au même contenu ? Est-ce que cela ne signifie pas le compléter, le recontextualiser et donc le réactualiser ? En ce sens, la médiation à travers ses différentes manifestations est une activité nécessaire au développement de la compétence à communiquer langagièrement de l'individu, à travers une ou plusieurs langues.

Pour l'auteur, la médiation permet en outre de prendre conscience de ce qu'offre chacune des langues de son répertoire en termes d'expression de soi et de son identité (Dompmartin-Normand 2016), et, par réflexivité, de sa relation avec chacune des langues de son répertoire, toujours unique. Elle favorise ainsi l'appropriation des langues de son répertoire (Castellotti 2017).

---

[10] Notre transcription.

Cette complémentarité entre les langues pour former un tout qui fait sens pour l'auteur et son lecteur rappelle le TL. Parfois perçu à tort comme synonyme d'alternance codique, le TL se présente avant tout comme une approche du plurilinguisme remettant au centre l'individu et « *ce qu'il fait avec* » les langues. Pour Ofelia García, il s'agit fondamentalement de penser le TL comme norme de communication (2009, 101–102) :

> Translanguaging, or engaging in bilingual or multilingual discourse practices, is an approach to bilingualism that is centered, not on languages as has been often the case, but on the practices of bilinguals that are readily observable. These worldwide translanguaging practices are seen here not as marked or unusual, but rather are taken for what they are, namely the normal mode of communication that characterizes communities throughout the world.

Le courant TL envisage le répertoire linguistique de l'individu, non pas comme l'ensemble de ses connaissances acquises dans chacune des langues connues mais, comme constitué de « traits linguistiques » (*linguistic features*), toutes langues confondues, qui sont sélectionnés et combinés spécifiquement en fonction du message, du contexte et du ou des destinataire(s) visé(s). Ainsi, un énoncé fait appel à des traits linguistiques, pertinents en contexte, indépendamment des langues dont ils proviennent. La communication sera réussie si les participants partagent ces traits linguistiques et si le contexte autorise de telles combinaisons. Dans une étude consacrée aux pratiques translangagières dans une école complémentaire associative[11] au Royaume-Uni, Angela Creese et Adrian Blackledge (2010) montrent l'importance de l'ensemble des traits linguistiques déployés et combinés, à travers l'anglais et le gujurati, pour que l'énoncé fasse sens. Les langues sont présentes dans un besoin réciproque pour le locuteur comme son public destinataire (Creese/Blackledge 2010, 108) :

[11] Les *community language schools* ou *complementary schools* sont des structures souvent associatives très peu reconnues par le système scolaire mais qui assurent aux familles une continuité pédagogique quant à l'enseignement formel de la langue, de la culture et parfois de la religion.

> Each language is used to convey a different informational message, but it is in the bilingualism of the text that the full message is conveyed. (…) both languages are "needed" in connection to one another. The meaning of the message is not clear without both languages. (…) The teachers, children, and parents have different levels of proficiency in both Gujarati and English. SB[12] uses her languages to engage her audience. However, her "languages" do not appear separate for her in this social act but rather a resource to negotiate meanings and include as much of the audience as possible.

Dans MTOT, les élèves sont invités à s'exprimer en combinant et célébrant les traits linguistiques dont ils disposent. En somme, ils explorent leur compétence à communiquer langagièrement en réduisant les frontières entre les langues (*named languages*) de manière à explorer leur répertoire et leur relation avec les langues. A travers la prédominance de la médiation comme activité langagière, on saisit alors que « les langues sont interdépendantes et interconnectées en particulier au niveau d'une personne ; les langues et les cultures ne sont pas confinées dans des espaces mentaux cloisonnés » (Conseil de l'Europe 2018, 164), en accord avec la conception de la compétence plurilingue présentée dans le volume complémentaire. A l'égard de ce positionnement adopté par le CECR, le courant TL apporte en outre un cadre pédagogique explicite qui nous semble fondamental pour que de telles observations théoriques puissent être constatées et réellement expérimentées par les élèves et par la communauté éducative.

2.2 Un cadre pour expérimenter la malléabilité de la compétence plurilingue en contexte éducatif

Le courant TL distingue la réalité socioculturelle des langues en tant qu'objets distincts (*named languages*) et ce qu'elles incarnent comme potentiel de communication pour l'individu. L'approche pédagogique du TL n'est donc pas incompatible avec l'apprentissage d'une langue tierce. Il s'agit de mettre à profit le répertoire linguistique de l'élève, afin qu'il prenne conscience de cette ressource, de sa malléabilité et puisse le solliciter pour expérimenter une nouvelle langue tout en l'enrichissant de nouveaux traits linguistiques (Kleyn/García 2019, 79) :

---

12 SB est la forme anonymisée utilisée pour désigner la directrice de l'école en question (notre précision).

> A translanguaging pedagogy thus shifts ideologies about language, positioning named languages in their important sociocultural and sociopolitical plan, while expanding the linguistic capacity of learners to make meaning. The focus of teaching is not the language and its structure per se, but the development of the learner's language repertoire as they add new features that become their own, and as they develop understandings of which features are appropriate for communication.

La pédagogie TL repose tant sur l'implication de l'élève que sur celle de l'enseignant (Li dans le présent ouvrage, p. 153) qui suit trois piliers fondamentaux : *stance, design, shift*. L'enseignant doit, d'une part, adhérer à l'idéologie du TL (*stance*), c'est-à-dire, s'éloigner du paradigme monolingue et de la vision idéalisée d'un bilinguisme parfait en adhérant à cette conception du répertoire linguistique constitué, non pas de langues distinctes, mais de traits linguistiques, sélectionnés et combinés de manière adéquate en situation d'interaction sociale. La bonne sélection des traits s'affine par l'expérience et par le feedback de l'enseignant (Kleyn/García 2019, 73). Il s'agit donc d'autoriser l'enfant à expérimenter en classe la combinaison de ces traits linguistiques.

Avec MTOT, cette expérimentation des pratiques translangagières a lieu dans un but expressif et esthétique. Pour que l'élève s'autorise cette expérimentation, il faut instaurer un cadre d'action (*design*), propice à de telles expérimentations : un contexte précis dans lequel le TL est présenté aux apprenants comme la forme la plus cohérente et légitime d'expression à adopter. MTOT constitue en soi le cadre (*design*) du TL.

L'enseignant a donc fondamentalement un rôle de guide. La pédagogie du TL s'éloigne également d'une vision descendante pour proposer que la construction de l'apprentissage de la langue tierce parte de ce que l'enfant peut faire avec son répertoire linguistique pour aller petit à petit acquérir de nouveaux traits linguistiques et prendre conscience de nouvelles règles pragmatiques. En ce sens, il s'agit donc aussi de décentrer le rôle de l'enseignant pour mettre l'élève au centre du processus d'apprentissage (*shift*) (Kleyn/García 2019, 73). Cela suppose pour l'enseignant une réelle prise de risque, une grande part d'inconnu. Pour l'élève, cela implique d'assumer plus de responsabilité dans ses apprentissages. Dans MTOT, cette inversion des rôles pédagogiques a été remarquée à plusieurs reprises lors des entretiens : l'enseignante assumant son manque de connaissances dans la langue du poème de l'élève se réjouit de pouvoir « en apprendre un peu plus » grâce à lui[13] ; une élève expliquant qu'elle s'est mis à apprécier MTOT quand elle a réalisé qu'il s'agissait d'écrire quelque chose « qui a du sens pour soi »[14].

Ainsi, à travers la posture de l'enseignant, son rôle pédagogique et celui des élèves, et enfin, le cadre proposé, des activités translangagières peuvent avoir lieu dans l'exercice MTOT. Les activités proposées par MTOT se passent principalement à l'écrit. Le champ des *New Literacy Studies* initié par Brian Street (1984) permet, en complément de la pédagogie TL, de comprendre ce qu'il se passe en termes d'évènements et de pratiques de littéracie sollicitant la compétence plurilingue et pluriculturelle dans MTOT.

La littéracie fait référence ici à des pratiques individuelles ou collectives d'écrit, en réception et en production, toujours inscrites dans un contexte socio-culturel (Street 1984 ; 2000 ; Fraenkel/Mbodj-Pouye 2010). Pour comprendre la littéracie en contexte, les *New Literacy Studies* se concentrent sur les évènements et les pratiques de littéracie. Un évènement de littéracie est une activité sociale dans laquelle des pratiques de littéracie ont lieu. Il s'agit d'un ensemble de paramètres minimaux (interactions, agentivité, lieu, équipement, installation…) que l'on peut visualiser et répéter à l'infini (par exemple, l'enfant qui fait ses devoirs dans sa chambre). On entend par pratiques de littéracie tout ce que l'individu met en œuvre pour son écriture ou sa lecture. Elles se situent à l'intérieur d'un évènement de littéracie. Ce sont des comportements chargés d'attitudes et de valeurs culturelles, sociales et identitaires. C'est donc aussi la façon dont l'individu accède à l'écrit dans des circonstances précises et les raisons qui le poussent à le faire. Quatre évènements de littéracie et leurs pratiques spécifiques ont été identifiées dans MTOT (tableau 1) :

---

13 « Oh waow you'll have to teach me some more then » - Ecole3 Dec2015 P5-P6.

14 « Well I learned that we've just got to express ourselves and not like just do a drawing do a poem like that actually meant something » - Ecole2 Dec2015 P6-P7.

Tableau 1. Evènements et pratiques de littéracie dans MTOT

Evènements de littéracie	Pratiques de littéracie
Ateliers MTOT : à l'école, avec l'enseignant.e, les pairs participant au projet	Lecture de poèmes par l'enseignant.e, écriture du poème par l'élève, médiation du poème, lecture de sa production aux autres élèves, réception et intercompréhension des poèmes des autres,
Recherche en famille : à la maison, avec les parents	Lecture de poèmes ensemble (recueil, Internet), partage de poèmes non écrits, transcription, translittération, copie, relectures, correction, feedback, traduction
Travail en autonomie : à la maison ou à l'école	Production (transcription, médiation)
Performance devant un public : au groupe MTOT, à la classe, en assemblée à l'école, cérémonie de remise des prix	Lecture de la production bilingue

Les enfants identifient ces pratiques de littéracie comme étant celles spécifiques à MTOT, distinctes de tout autre cadre de pratiques de littéracie à l'école. Pour reprendre les termes de Charmian Kenner (2000, 144) qui rend compte d'une expérience de pluri-littéracie dans une école londonienne, les enfants ont conscience de qui écrit ou lit certains types de textes, à qui, à quel moment, dans quel lieu et pour quelle raison (« *who writes or reads certain kinds of texts, to whom, where, when and why* »)[15]. Ces repères peuvent être rassurants pour l'enfant qui s'investit alors avec confiance dans le projet et dans ses relations avec les autres membres du groupe partageant ces pratiques.

Le TL et les *New Literacy Studies* montrent l'importance d'une réflexion quant au cadre à délimiter, à l'attitude et aux comportements à adopter de la part de l'enseignant et des élèves pour favoriser la prise de conscience et la mobilisation de la compétence plurilingue et pluriculturelle en contexte scolaire. Toutefois, cette manifestation ne vient pas sans obstacles psycho-émotionnels.

---

[15] A ce sujet, l'auteur explique, non sans humour, la réaction d'une élève lorsqu'elle repère un stylo à paillettes, normalement utilisé seulement lors de la pratique du « chinois » (cadre expérimental de pluri-littéracie étudié). Pour cette élève, la présence de ce stylo est le signal que la classe va passer à ce cadre spécifique de pratiques de littéracie.

2.3 La liminalité : une épreuve incontournable ?

En 1909, avec son ouvrage fondateur, Arnold Van Gennep propose un schéma universel pour expliquer ce que traversent tous les humains, toute culture confondue, à chaque étape de leur vie, de la naissance à la mort. Pour Van Gennep, tout changement d'état ou de position sociale de l'individu constitue un rite qui obéit à un schéma ternaire (séparation, liminalité et agrégation), bien qu'il puisse y avoir prédominance d'une phase, d'un cas à un autre.

Appliquer le concept de rite de passage à l'expérience MTOT peut paraître quelque peu extrême. Pourtant, la participation au concours ne s'est pas faite sans obstacle psycho-émotionnel pour les enfants. L'expérience met l'enfant au défi de créer une production bilingue sollicitant ainsi sa compétence plurilingue et pluriculturelle, ce qui est totalement inhabituel à l'école[16]. Les repères changent (rôles pédagogiques, pratiques et évènements de littéracie, TL, médiation) et créent de l'instabilité. Pour retrouver une certaine stabilité (un « statut »), c'est une réelle transformation de l'individu qui est en jeu : entré dans le rite en tant qu'élève lambda, à l'issue de l'expérience l'enfant assume son identité plurilingue avec fierté.

La phase de liminalité constitue un grand espace de créativité. Il s'agit de la phase intermédiaire, durant laquelle l'individu réalise une série d'actions dans le but de retrouver un statut. Dans les entretiens, les élèves font état d'obstacles, de gênes, qui ont pu être surmontées grâce à des stratégies conscientes (aide des parents, translittération, ressources documentaires) ou par ce qui semble être une forte volonté personnelle, un déclic. Victor Turner (1969) explique ce déclic par le terme d'action réorientée : le moment où le sujet s'engage fermement dans ce que promeut le rite. Dans MTOT, l'action réorientée se traduit par ce moment où l'enfant se saisit (consciemment ou non) des paramètres propres à MTOT en tant qu'évènements et pratiques de littéracie. A partir de ce moment, il s'engage pleinement avec confiance dans les activités de MTOT et dans le groupe de participants qu'il côtoie.

A propos du groupe, bien que le rite de passage soit centré sur le processus transformationnel de l'individu, il peut y avoir une dimension collective

---

[16] Pour plusieurs raisons possibles : la langue du poème est habituellement ignorée à l'école ; la langue du poème est enseignée à l'école mais l'enfant a un rôle d'apprenant vis-à-vis de celle-ci, pas un rôle d'auteur ; la langue du poème est enseignée à l'école (cas du gaélique) mais le jeu entre les langues (avec l'anglais) n'est pas habituellement valorisé.

importante qui fédère et porte les participants du rite. Pour Victor Turner (1969), en phase de liminalité, les participants du rite tendent à se rapprocher et entrer en empathie. Il explique ce phénomène par le terme de *communitas*, donnant lieu à un sentiment d'appartenance. Dans MTOT, les participants s'identifient petit à petit à la communauté qu'ils fondent, la communauté plurilingue.

Toujours d'après Turner (1969), à travers la perte de repères qu'ils induisent, les rites sont l'occasion de remettre en question les normes sociales et d'expérimenter un nouvel ordre des choses. Dans MTOT, on peut estimer que ce sont les rôles pédagogiques qui sont inversés. Soulignons cependant que l'enseignant, bien qu'il soit en retrait, a un rôle fondamental : c'est un guide, un soutien constant tout au long de ce rite. On peut également le voir comme un participant du rite… dans la mesure où son identité, ses idéologies se trouvent également transformées. La langue, le plurilinguisme sont également des normes sociales bousculées : les participants sont invités à créer de manière unique en composant avec les traits linguistiques de leur répertoire.

Enfin, en fin de rite, en phase de réassimilation, l'élève assume son nouveau statut, son identité plurilingue. En outre, conformément au cadre proposé par Van Gennep (1909) puis Turner (1969), il retrouve aussi son statut d'origine, élève lambda de sa classe. Le cadre conceptuel des rites de passage offre donc la possibilité de penser la pluralité[17] des individus et de la favoriser à l'école : en valorisant sa compétence plurilingue et pluriculturelle à travers toute langue et tout mode d'apprentissage, l'appartenance de l'élève à la communauté englobante scolaire n'est pas remise en cause. Il peut, au contraire, ressentir une certaine harmonie entre tout ce qui fait son identité propre.

Lorsqu'il retrouve ses camarades n'ayant pas participé à MTOT, l'élève diffuse un message positif à l'égard du plurilinguisme. Le retour des élèves de la classe est bienveillant à l'égard de la production de l'enfant et de sa compétence plurilingue et pluriculturelle ainsi exposée. Et la communauté

---

[17] Concernant le concept de pluralité, nous nous référons ici à la conception de Valentin Feussi (2014, 13) : « Plus qu'à une simple coexistence des différences, la pluralité telle que travaillée ici, renvoie donc à une implication individuelle à travers une multiplication de rôles (…) Il s'agit alors de se recentrer principalement sur l'individu (dans ses relations avec d'autres), son histoire, ses projets, autant de phénomènes qui constituent le fondement de sa transformation. De ce point de vue, la pluralité renvoie également à une possibilité d'être autrement. »

plurilingue reste ouverte pour que d'autres élèves la rejoignent l'année suivante. Tous les élèves sont invités puisque tous apprennent au moins une langue à l'école, comme l'explique cette élève dans cet extrait d'entretien (Ecole1 Dec2015 LU-SI) :

> They think that it's actually/ hm people in class every time Miss B comes like the first time Miss B came they were like where are you going I told them it's this project about people who speak more than one language and then they were like oh that's cool and I was like why don't you guys join in and they were like oh because I don't speak another language but I was like you do realise we learn Spanish in school you could find a Spanish poem but they're like no I don't wanna do it and they were like well that's great because we've never heard you speaking your language so to get a chance to listen to you saying a poem that's really great.

A travers la transformation de l'individu, c'est finalement toute une mentalité éducative qui peut changer à l'égard de ce qu'est la compétence plurilingue et pluriculturelle, comment et pourquoi la mobiliser.

3. Conclusion

> On désignera par compétence plurilingue et pluriculturelle la compétence à communiquer langagièrement et à interagir culturellement d'un acteur social qui possède, à des degrés divers, la maîtrise de plusieurs langues et l'expérience de plusieurs cultures. On considérera qu'il n'y a pas là superposition ou juxtaposition de compétences distinctes, mais bien existence d'une compétence complexe, voire composite, dans laquelle l'utilisateur peut puiser.

Si la compétence plurilingue, telle que définie ci-dessus (Conseil de l'Europe 2001, 129), prend de l'ampleur dans l'enseignement des langues tierces, il nous semble urgent que les enseignants et élèves puissent l'expérimenter d'abord librement, au moyen de projets créatifs et expressifs, sans qu'elle fasse l'objet d'évaluation ou de tout jugement. Il s'agit jusqu'à présent d'un concept théorique donnant peu d'exemples de réalisations concrètes. En fournissant un cadre d'expérimentation, chacun peut alors prendre conscience de ses propres potentialités, de ses limites, de la nature du lien avec les langues de son répertoire, et, ainsi, bâtir plus consciemment des projets avec celles-ci.

Idéologiquement, la compétence plurilingue et pluriculturelle est attrayante, inclusive et productive. Cependant, dans les faits, l'école est-elle réellement prête à l'accueillir comme la base de tout apprentissage linguistique ? Est-elle prête à concevoir que tous les individus (dont les enseignants) sont dotés de cette compétence partielle, composite, inégale, évolutive ? Pour dépasser le niveau théorique et idéologique de la compétence plurilingue et pluriculturelleet la voir réalisée en pratique, ces questions doivent régulièrement être rappelées. Dans un deuxième temps, et en réponse aux propositions du volume complémentaire (Conseil de l'Europe 2018), évaluer la compétence plurilingue et pluriculturelle, n'est-ce pas contredire la liberté que laissait entendre sa définition initiale (Castellotti dans le présent ouvrage, p. 36) ? Proposer des échelles de compétences reviendrait à ce que l'enseignant puisse se positionner et juger cette compétence unique à chacun. Bien qu'il ne corresponde pas à la même tradition, le cadre pédagogique que propose le TL se présente comme un outil intéressant pour la mise en œuvre de la compétence plurilingue et pluriculturelle, Or, la question du positionnement (à travers *shift* et *stance*) de l'enseignant se trouve mise à mal par l'ajout d'un rôle d'évaluateur. Il nous semble que plafonner la compétence plurilingue et pluriculturelle par des niveaux nuirait aux avancées du CECR en 2001 lorsqu'il reconnaissait la pluralité de possibilités d'être plurilingue. Pour l'heure, il nous semble encore nécessaire de concentrer les efforts sur un changement de mentalités massif afin que la compétence plurilingue et pluriculturelle soit perçue comme caractéristique à tous les individus, tout étant unique et légitime à chacun. En cela, la notion de rite de passage nous semble une piste intéressante.

4. Bibliographie

Bourdieu, Pierre (1982) : *Ce que parler veut dire : l'économie des échanges linguistiques.* Paris : Fayard

Calvet, Louis-Jean (1999) : *Pour une écologie des langues du monde.* Paris : Plon

Castellotti, Véronique (2017) : *Pour une didactique de l'appropriation. Diversité, compréhension, relation.* Paris : Didier

Cavalli, Marisa/ Coste, Daniel (2015) : *Education, mobilité, altérité. Les fonctions de médiation à l'école.* Strasbourg : Conseil de l'Europe

Conseil de l'Europe (2018) : *CECRL. Volume complémentaire avec de nouveaux descripteurs.* Strasbourg : Conseil de l'Europe

Conseil de l'Europe (2001) : *Un cadre européen commun de référence pour les langues : apprendre, enseigner, évaluer.* Paris : Didier

Creese, Angela/ Blackledge, Adrian (2010) : Translanguaging in the bilingual classroom : a pedagogy for learning and teaching ? *The Modern Language Journal* 94, 103–115

Dompmartin-Normand, Chantal (2016) : Ecrivains plurilingues et étudiants de FLE. Carnets : *revue électronique d'études françaises*, série II, 7, 234–250

Feussi, Valentin (2014) : Pluralités linguistiques et culturelles : les tendances actuelles de la recherche en sociolinguistique. *Cahiers internationaux de sociolinguistique* 2014/1 (5), 5–22

Fraenkel, Béatrice/ Mbodj-Pouye, Aïssatou (2010) : Introduction. Les New Literacy Studies, jalons historiques et perspectives actuelles. *Langage et société* 133, 7–24

García, Ofelia (2009) : *Bilingual education in the 21st century. A global perspective.* Chichester : Wiley-Blackwell

Kenner, Charmian (2000) : Children writing in a multilingual nursery. Dans : Martin-Jones, Marilyn/ Jones, Kathryn (éds.) : *Multilingual Literacies. Reading and Writing in Different Worlds.* Amsterdam : John Benjamins Publishing Company, 127–149

Kleyn, Tatiana/ García, Ofelia (2019) : Translanguaging as an act of transformation restructuring teaching and learning for emergent bilingual students. Dans : Oliveira, Luciana C. de (éd.) : *The Handbook of TESOL in K-12*, Hoboken: John Wiley & Sons Ltd., 69–82

Lave, Jean/ Wenger, Etienne (1998) : *Communities of practice : learning, meaning, and identity.* Cambridge : Cambridge University Press

National Records of Scotland (2013) : *Scotland's census 2011.* https://www.scotlandscensus.gov.uk/media/p4ac0tiv/statsbulletin2.pdf (dernier accès le 26.10.2023)

Pedley, Malika (2018a) : *Approche inclusive des langues en situation minoritaire : le cas de l'Ecosse. Thèse de doctorat, Université Bordeaux Montaigne.* https://theses.hal.science/tel-02055796 (dernier accès le 05.12.2023)

Pedley, Malika (2018b) : Mother Tongue Other Tongue : approche créative des langues pour une (ré)appropriation linguistique. *Lidil* [en ligne] 57. https://journals.openedition.org/lidil/4820 (dernier accès le 26.10.2023)

Scottish Government (2012) : *Language Learning in Scotland : a 1+2 Approach.* https://www.gov.scot/publications/language-learning-scotland-12-approach/ (dernier accès le 26.10.2023)

Scottish Government Languages Working Group (2012) : *Language Learning in Scotland. A 1+2 Approach. Report and Recommendations.* https://www.gov.scot/binaries/content/documents/govscot/publications/corporate-report/2012/05/language-learning-scotland-12-approach/documents/00393435-pdf/00393435-pdf/govscot%3Adocument/00393435.pdf (dernier accès le 26.10.2023)

Scottish Poetry Library (2019) : *Tolu Agbelusi. Interviewed by Suzannah V. Evans.* https://www.scottishpoetrylibrary.org.uk/podcast/tolu-agbelusi/ (dernier accès le 26.10.2023)

Street, Brian (2000) : Literacy Events and Literacy Practices. Theory and Practice in the New Literacy Studies. Dans : Martin-Jones, Marilyn/ Jones, Kathryn (éds.) : *Multilingual Literacies. Reading and Writing in Different Worlds*. Amsterdam : John Benjamins Publishing Company, 17–37

Street, Brian (1984) : *Literacy in Theory and Practice*. London : Cambridge University Press

Turner, Victor (1969) : *Le phénomène rituel. Structure et contre-structure*. Paris : Presses Universitaires de France

Van Gennep, Arnold (1981) [1909] : *Les rites de passage*. Paris : Picard

Émergence d'une compétence plurilingue en contexte bilingue – le français comme langue tierce en Irlande

Michael Markey

ABSTRACT

The desire to promote a multilingual perspective in education is often hindered by the practical challenges that students face when trying to harness their contacts with different languages both inside and outside the classroom. In this regard, the 'bilingual approach' adopted in Ireland at a national level to support the acquisition of Irish can hinder the practical implementation of a multilingual perspective that encourages pupils to forge connections between all the languages in their repertoires. This article examines the nature of obstacles identified by pupils in Ireland when learning foreign languages and explores their specific impact on learning French as a third language through quantitative and qualitative data collected from English-medium and Irish-medium schools. We end by reflecting upon the relevance of different multilingual teaching approaches in light of the findings from our research.

RÉSUMÉ

La volonté de promouvoir une perspective plurilingue à l'école se heurte souvent à la difficulté chez les élèves à exploiter leurs contacts avec différentes langues rencontrées à l'école et en dehors. A ce titre, en Irlande, le « parti pris bilingue » pour soutenir l'appropriation de l'irlandais laisse peu de place à une perspective plurilingue favorisant la mise en relation de toutes les langues de l'école. Cet article examine la nature des obstacles identifiés par les élèves à ce processus et explore leur impact sur l'apprentissage du français comme troisième langue à travers des données quantitatives et qualitatives recueillies d'écoles anglophones et irlandophones. Pour finir, nous examinerons la pertinence de différentes démarches didactiques plurilingues à la lumière des constats issus de notre recherche.

1. Introduction

Notre contribution porte sur les tensions qui peuvent exister entre la promotion de la pluralité linguistique à l'école et les obstacles au déploiement de cette pluralité en contexte. Nous commençons par un bref aperçu de l'émergence d'une perspective plurilingue [1] sur l'appropriation des langues chez l'individu,

[1] Même si certains auteurs ne font pas de distinction entre les termes 'plurilingue' et 'multilingue' (comme Cenoz 2013), nous préférons, en suivant la logique du Cadre Européen Commun de Référence en Langues (Conseil de l'Europe 2001), réserver le terme 'multilingue' à la présence de plusieurs langues dans un contexte donné, alors que le terme 'plurilingue' fait référence à la présence de plusieurs langues chez l'individu.

pour ensuite aborder les conséquences de cette évolution dans le système éducatif irlandais et chez ses acteurs. En dépit de la volonté de promouvoir une perspective plurilingue à l'école, il existe diverses sources de résistances à sa mise en pratique didactique, notamment les politiques linguistiques du pays et des pratiques de classe basées sur la séparation entre les langues.

A ce titre, l'apprentissage du français comme langue tierce en Irlande illustre bien ces tensions en contexte. La mise en avant du bilinguisme anglais-irlandais à l'école crée des séparations entre l'expérience bilingue dont bénéficient les élèves et l'apprentissage d'autres langues par la suite, donnant lieu à des divisions « étanches » entre les langues dans le système éducatif. Notre recherche vise à comprendre les principaux phénomènes qui empêcheraient certains élèves de prendre conscience et de profiter pleinement de leur contact avec l'anglais et l'irlandais, notamment leurs expériences avec l'irlandais en dehors de l'école, comme atout ou tremplin vers d'autres langues par la suite, ici le français.

Afin d'enquêter sur ces phénomènes, nous avons mené une recherche auprès d'élèves de deuxième année de cinq écoles secondaires (entre 13 et 15 ans) comportant la distribution de questionnaires auprès de tous les élèves de notre population, suivi par des entretiens individuels avec un échantillon d'élèves de chaque école. Nous cherchons à illustrer la manière dont les élèves eux-mêmes gèrent le contact avec plusieurs langues, proposant ainsi une contribution empirique aux débats autour des questions de pluralité linguistique en Irlande, ainsi qu'à la compréhension des liens entre bilinguisme, appropriation des langues tierces et mise en place d'une compétence plurilingue. Pour finir, nous dégageons différentes réflexions didactiques qui découlent de notre recherche.

2. Vers une perspective plurilingue

La prise en compte de la pluralité linguistique en didactique des langues étrangères s'appuie sur la remise en question d'une perspective monolingue sur l'appropriation[2] d'une deuxième langue (Py 1997). Selon cette perspective,

---

[2] Nous faisons le choix d'utiliser le terme 'appropriation' comme hyperonyme d'apprentissage et d'acquisition lorsque nous parlons de l'irlandais. Nous préférons néanmoins garder le terme 'apprentissage' lorsque nous nous situons en milieu scolaire, ce qui est le cas ici pour le français.

la nouvelle langue est « ajoutée » à la langue première de l'apprenant et la maîtrise de cette nouvelle langue est évaluée par rapport à celle d'un locuteur monolingue idéalisé. Les études s'inscrivant dans cette perspective cherchent à comprendre les lacunes des apprenants par rapport à une maîtrise idéalisée de la nouvelle langue et les étapes nécessaires pour combler ces lacunes (May 2013).

Grosjean (2003) explique que la mise en avant d'une perspective bilingue sur le bilinguisme voit en l'utilisateur d'une nouvelle langue un individu dont le système linguistique se compose d'au moins deux langues et qui se sert de ces langues afin mener à bien des besoins communicatifs précis. Le monolingue idéalisé n'est plus l'étalon selon laquelle la maîtrise d'une nouvelle langue est évaluée, l'accent étant sur la manière dont les différentes langues se combinent chez l'utilisateur et les formes de communication entre les locuteurs de plusieurs langues. Nous voyons ainsi que la compétence de communication d'un bilingue est de nature différente et plus complexe que celle d'un monolingue.

Gajo (2001) propose de partir de la compétence bilingue pour dégager un potentiel atout bilingue qui trouve ses origines dans les différents avantages conférés par le bilinguisme, non seulement à travers le répertoire du bilingue mais aussi et surtout dans ses dimensions métalinguistiques, stratégiques et représentationnelles. Par ailleurs, des études empiriques (e.g. Sanz 2007 ; Bono 2008) et théoriques (e.g. Jessner 2006 ; De Angelis 2007) portant sur l'appropriation d'une langue tierce illustrent la manière dont les bilingues s'appuient sur leur expérience avec deux langues, ainsi que les stratégies qu'ils mettent en place, lors de la rencontre avec de nouvelles langues par la suite.

En contexte éducatif, il s'agit de mieux comprendre la manière dont les élèves intègrent et profitent de cette pluralité et les démarches didactiques à même de soutenir ce processus. Une telle approche nous incite à porter un regard sur les manières de s'approprier ces langues et sur les expériences avec ces dernières dans l'élaboration de stratégies et de passerelles (Cook/Li 2016). L'objectif est de s'éloigner de la séparation entre les langues à l'école qui s'opère à travers les matières scolaires pour aller vers des frontières flexibles où la compétence communicative multilingue est valorisée (Gajo/Steffen 2015).

Divers obstacles s'opposent néanmoins à l'adoption et au déploiement de cette pluralité linguistique. L'expérience plurilingue, que celle-ci soit scolaire ou sociale, ne suffit pas pour que l'individu en question déploie l'étendue de ses compétences lors de l'appropriation d'une nouvelle langue (Castellotti 2017 ; Moore 2019). Nous nous interrogeons ici sur les formes que peuvent prendre ces obstacles ainsi que les conséquences de ces obstacles sur l'appropriation des langues en contexte, en nous appuyant sur le cas d'élèves bilingues en Irlande qui entrent en contact avec le français comme troisième langue à l'école.

3. Du bilinguisme anglais-irlandais vers d'autres langues encore ?

L'Irlande est aujourd'hui officiellement un pays bilingue. Dès la mise en place de l'État Libre en 1922, le gouvernement irlandais a poursuivi une politique visant à rendre bilingue l'école primaire. Cette volonté s'appuyait sur le constat qu'avant 1922, la langue était enseignée dans seulement un quart des écoles primaires (Coady 2001). En effet, la promotion de la langue se heurtait à plusieurs défis, y compris la faible transmission intergénérationnelle dans les régions anglophones, ainsi que la diminution de l'utilisation de la langue dans les régions irlandophones. La volonté de promouvoir la langue s'est traduite par l'instauration de l'irlandais comme matière obligatoire au premier cycle des études secondaires dès 1928, et comme matière scolaire obligatoire au deuxième cycle dès 1934 (Ó Ceallaigh/Ní Dhonnabháin 2017).

En ce qui concerne l'usage des langues en société aujourd'hui, selon le recensement[3] de la population en 2016, à peu près 1,76 millions de personnes (39,8 % de la population) se déclarent capables de parler l'irlandais[4]. En revanche, de ce groupe, 23,8 % déclarent ne jamais parler la langue, 33,3 % disent l'utiliser moins d'une fois par semaine et 31,7 % affirment l'utiliser uniquement dans le cadre de leurs études. Lorsque nous excluons ceux qui étudient la langue, seulement 4,2 % des personnes sondées déclarent la parler tous les jours et 6,3 % la parler une fois par semaine. A contrario, le même recensement montre qu'une personne sur dix en Irlande parle une langue autre

[3] Ce recensement est téléchargeable à l'adresse suivante : http://www.cso.ie/en/census.

[4] Le recensement comporte une première question sur la capacité à parler la langue (« *Can you speak Irish*? ») et une deuxième question sur la fréquence avec laquelle les personnes interrogées parlent la langue (« *How often*? »).

que l'anglais ou l'irlandais, les langues les plus populaires étant le polonais, le français et le lituanien.

Quant à ceux qui déclarent utiliser l'irlandais tous les jours, la plupart vit dans le *Gaeltacht*, ou régions irlandophones, qui se trouvent principalement à l'ouest, au nord-est et au sud-est du pays. Ces régions présentent une forte densité de locuteurs de la langue – la population totale s'élève à 96.090, dont 66,3 % qui déclarent pouvoir parler irlandais et 21,4 % qui déclarent utiliser l'irlandais tous les jours en dehors du système éducatif. En revanche, seulement 6,6 % des habitants l'utilisent au moins une fois par semaine et plus de 38 % l'utilisent moins souvent qu'une fois par semaine ou jamais, nous montrant qu'il existe de fortes variations quant à l'utilisation de la langue au quotidien.

Il existe néanmoins une forte variabilité quant au contact qu'ont les élèves avec l'irlandais, étant donné que la langue est utilisée parfois comme langue d'enseignement à l'école et à des degrés divers en société. La grande majorité des élèves étudie l'irlandais comme matière scolaire dans une école où l'anglais est la langue d'instruction (désormais école non-immersive). Dans ce cas, l'élève consacre à peu près une heure par jour à l'irlandais à l'école primaire et 40 minutes par jour à l'école secondaire pendant tout le cursus scolaire. En revanche, à peu près 5 % des élèves sont scolarisés à travers l'irlandais (désormais école immersive). Ces élèves reçoivent tous leurs cours en irlandais, hormis pour les cours d'anglais. Quant à l'enseignement de l'irlandais comme langue, les élèves suivent un programme scolaire spécifique à l'école primaire et secondaire (voir Ó Laoire 2017 pour une vue d'ensemble).

Concernant la promotion de la pluralité linguistique à l'école en Irlande, malgré une population qui devient de plus en plus multilingue, l'accent est clairement mis sur la promotion du bilinguisme anglais-irlandais – nous pouvons souligner l'importance capitale de l'anglais et de l'irlandais dans les programmes scolaires, au détriment de la promotion d'autres langues à l'école (Markey, 2022a). Cette forte mise en avant du bilinguisme relève de ce que nous pouvons qualifier de *bilingual bias*, phénomène selon lequel les processus d'appropriation des deux langues du bilingue sont pris comme étant applicables à l'appropriation d'autres langues par la suite et les plurilingues sont considérés comme des bilingues qui parlent « d'autres langues » et non des utilisateurs de plusieurs langues (De Angelis 2007).

Ce *bilingual bias* a été notamment souligné par Ó Duibhir and Cummins (2012) qui expliquent que le *Primary School Curriculum* qui avait été conçu en 1999 a été élaboré dans une perspective bilingue où l'anglais et l'irlandais ont été mis en avant - les élèves étaient peu incités à transférer les compétences acquises à travers l'appropriation d'une langue vers d'autres langues par la suite. Un rapport du Conseil de l'Europe (2008) précise que les langues en Irlande étaient généralement enseignées de manière isolée, réduisant le potentiel pour l'élève de faire des liens entre l'anglais, l'irlandais et d'autres langues. Le rapport souligne la nécessité de « décompartementaliser » la réflexion sur les langues, afin de mettre en avant leur interdépendance et les compétences sous-jacentes à l'appropriation des langues en général, au lieu de la transmission d'un ensemble de compétences fragmentaires dans telle ou telle langue.

A ce titre, différents travaux portant sur la pluralité linguistique chez les élèves ont pu montrer que ceux qui sont en immersion ont davantage tendance à avoir des attitudes et des motivations plus favorables envers l'irlandais que les élèves des écoles non-immersives (Ó Ceallaigh/Ní Dhonnabháin 2017), même si ces derniers viennent majoritairement de familles où l'anglais est utilisé plus souvent que l'irlandais (Ní Thuairisg 2018). Ce contact favorable avec l'irlandais semble donner lieu à des attitudes plus favorables envers les langues étrangères par la suite (Dillon 2009), tout en favorisant le transfert de stratégies (Griffin 2003) et la création de liens entre les différentes langues dans les répertoires des élèves (Ó Laoire/Singleton 2009).

D'autres travaux ont pu nuancer ces tendances. Une première étude de Markey (2009) relève qu'un contact initial jugé positif avec l'irlandais n'implique pas que l'élève soit motivé pour apprendre d'autres langues par la suite. Dans cette étude, les élèves de l'école immersive ont relevé une distinction très nette entre la démarche « par expérience » (*trial and error*) de leur appropriation de l'irlandais, alors qu'ils ont insisté sur l'apprentissage de la grammaire et du vocabulaire du français, évoquant très peu l'utilisation de la langue parlée. Ce décalage semble être à l'origine d'avis plutôt défavorables sur l'apprentissage du français[5]. Ó Laoire (2014) montre comment la séparation stricte entre les

---

[5] Cet article n'aborde pas la question du déploiement de compétences langagières et linguistiques dans les différentes langues – sur ce point, Markey (2022b) propose une vue d'ensemble sur la question de la lecture en irlandais et en français chez la même population que celle de l'étude décrite dans cet article.

langues enseignées à l'école réduit le potentiel de transfert entre ces langues à travers les différents contacts avec ces dernières.

Notre contribution se propose donc d'abord d'approfondir les travaux de recherche existants sur la pluralité linguistique chez les élèves en mettant les résultats de ces travaux à l'épreuve d'un grand corpus composé d'élèves d'écoles immersives et non-immersives dans différentes régions du pays. Ensuite, nous nous appuierons sur des entretiens avec un échantillon de cette population afin de proposer des éléments de compréhension de la façon dont l'élève déclare s'appuyer sur ses expériences précédentes avec les langues lorsqu'il aborde le français, et dont il se sert des éléments qu'il identifie comme transférables depuis ces expériences par la suite. Les questions de recherche qui ont guidé notre réflexion sont ainsi :

(i) De quelle manière les élèves s'appuient-ils sur leur contact avec l'anglais et l'irlandais lors de l'apprentissage d'une nouvelle langue ?
(ii) Quels sont les différents éléments de cette expérience bilingue qu'ils estiment utiles lorsqu'ils abordent une nouvelle langue à l'école ?
(iii) Y a-t-il des obstacles qui peuvent freiner le transfert entre les langues avec lesquelles les élèves entre en contact ?

4. Méthodologie

Le corpus sur lequel nous nous appuyons ici a été recueilli auprès de 123 élèves de deuxième année de cinq écoles secondaires, dont deux écoles non-immersives (63 élèves), deux écoles immersives dans des régions anglophones (42 élèves) et une école dans une région irlandophone (18 élèves). Nous présenterons d'abord les différentes caractéristiques de ce corpus, pour ensuite détailler nos outils de collecte de données et la mise en place de ces outils lors du déroulement du dispositif final.

Les élèves étaient âgés de 13 à 15 ans, ils avaient tous l'anglais comme langue maternelle, l'irlandais a été identifié par certains élèves de la région irlandophone comme deuxième langue maternelle. Tous les élèves étudiaient l'anglais et l'irlandais comme matières scolaires depuis le début de leurs études primaires - les élèves des écoles d'immersion, y compris ceux de la région irlandophone, ont tous étaient scolarisés à travers l'irlandais à l'école primaire, les autres avaient été uniquement scolarisés à travers l'anglais. Les élèves des écoles immersives utilisaient d'ailleurs l'irlandais beaucoup plus souvent en dehors de l'école que les élèves des écoles non-immersives. Sauf quelques exceptions, tous les élèves étudiaient le français depuis à peu près deux ans et n'avaient que très rarement de contacts avec le français et des francophones en dehors de l'école.

Le dispositif final a été déployé auprès de deux écoles à Dublin, deux écoles dans la ville de Tralee, ville de 22.000 habitants au sud-ouest du pays à proximité d'une région irlandophone, et une école à Dingle, ville de 1.200 habitants dans d'une région irlandophone. Lors de la collecte de données, tous les élèves des différentes classes de français de deuxième année ont été interrogés par questionnaire. Ce dernier a porté sur la biographie langagière de l'élève, et sur une auto-évaluation de ses compétences, de ses attitudes et motivations envers les langues et leur appropriation, ainsi que l'usage qu'il fait de ses langues. Des questions ouvertes ont ensuite porté sur l'aide apportée par l'appropriation de l'irlandais lors de l'apprentissage du français, la perception de la distance linguistique entre l'anglais, l'irlandais et le français, ainsi que la difficulté relative de l'appropriation de l'irlandais et de l'apprentissage.

La passation des questionnaires a eu lieu lors d'une période de classe habituellement réservée au français. Avant de distribuer le questionnaire, nous avons clairement indiqué à tous les élèves que les résultats individuels des questionnaires ne seraient communiqués ni aux parents, ni aux enseignants. Nous avons insisté sur le respect de l'anonymat, expliquant que les données faisaient partie d'une étude menée par nos soins. Nous avons ensuite choisi un échantillon de 6 élèves par école avec qui mener nos entretiens, en nous basant sur les réponses obtenues lors de la passation des questionnaires. L'élève a ainsi été invité à parler de son expérience avec l'anglais, l'irlandais et le français, les liens qu'il forge (ou non) entre ces dernières, ainsi que sur les éléments de ses expériences précédentes avec les langues qu'il juge utile dans son apprentissage du français à l'école.

Afin de traiter les données recueilles par questionnaire, nous avons opté pour l'analyse de contenu (Krippendorff 2018) afin de catégoriser les réponses des élèves en nous basant sur les items qui avaient étaient soulignés, permettant ainsi l'émergence de thèmes que nous avons pu approfondir en nous basant sur les explications proposées par les élèves. Quant aux entretiens, l'analyse thématique (Braun/Clarke et al. 2019) a permis l'exploration des perspectives subjectives des élèves et le recueil de leurs expériences. Nous avons focalisé notre attention sur le contenu et sur le processus d'énonciation, cherchant à établir un lien entre la surface du discours et les différents éléments qui le caractérisent, tout en mettant en avant les indices de l'émergence des représentations au cours de l'énonciation.

La transcription et lecture détaillée de nos entretiens nous ont permis d'identifier des récurrences et des tendances que nous avons regroupées en thèmes, ces thèmes ayant été ensuite analysés en fonction de nos questions de recherche et les constats issus d'autres recherches similaires. Nous nous proposons ici de nous appuyer sur les constats issus du traitement de nos questionnaires afin de présenter des tendances globales de notre population, tout en citant quelques élèves dont les propos sont représentatifs de l'ensemble des réponses. Nous aurons ensuite l'occasion d'approfondir ces tendances via l'analyse de nos entretiens, pour enfin en faire une synthèse et proposer des perspectives didactiques en guise de conclusion.

5. Résultats

5.1 L'expérience bilingue comme tremplin ?

L'analyse des données issues du traitement de nos questionnaires nous montre clairement que, dans l'ensemble, les élèves ne semblent pas reconnaître l'utilité de leur expérience avec l'irlandais lors de l'apprentissage du français. A ce titre, les élèves des écoles non-immersives répondent majoritairement (48/63) que cette expérience ne les aide pas avec le français. Ils mettent presque tous l'accent sur l'écart important entre les deux langues, estimant que l'irlandais est extrêmement différent du français, alors que certains affirment simplement être plus motivés pour apprendre le français[6] :

AB ENI1:	Not really, the grammar is not similiar. And the verb rules aren't the alike in the two languages
DM ENI1:	It hasn't because I have been doing Irish 11 years and french 2 and I can speak more french than Irish
EM ENI2:	Not really because sometimes I think of saying the things in Irish instead of french

---

[6] Les propos des élèves, qu'ils soient écrits ou oraux, sont présentés ici tels qu'ils ont été formulés, nous n'avons pas cherché à 'corriger' les 'fautes' de grammaire ou de syntaxe.

Pour ceux qui reconnaissent l'utilité de cette expérience, ils estiment avoir une meilleure compréhension de la façon dont une langue est structurée, une bonne vision de ce qu'il faut faire pour apprendre une nouvelle langue, la possibilité de transférer certaines compétences acquises en irlandais vers le français, ainsi que la prise de conscience que l'ordre des mots diffère selon les langues.

Quant aux élèves en immersion hors région irlandophone, seulement 15 élèves sur 42 estiment que leur expérience avec l'irlandais les aide avec le français. Ils mettent l'accent sur l'écart important entre les deux langues, estimant que l'irlandais est très éloigné du français, alors que certains élèves affirment qu'il serait plus facile d'apprendre le français par le biais de l'anglais que par le biais de l'irlandais :

CNB EI1: Well no. I don't think so because Irish has nothing to do with French and I have known Irish for years and it does not have any effect on my French
RNM EI2: Not really. They're not in any way alike
CNM EI2: not really because it kinda makes it harder to learn in Irish I say it would be easier to learn in English

Les autres élèves mettent l'accent sur l'expérience acquise à travers l'appropriation d'une langue autre que l'anglais, des facilités pour apprendre les langues en général et une disposition plus ouverte à l'appropriation des langues en général.

Parmi les élèves de l'école de la région irlandophone, nous notons que 11 élèves (sur 18) estiment que leur expérience avec l'irlandais les aide avec le français, mettant l'accent sur des mots et des verbes similaires en français et en irlandais, l'expérience acquise à travers l'appropriation d'une langue autre que l'anglais et des techniques qui sont transférables de l'appropriation de l'irlandais vers l'apprentissage du français :

INL EIG: Yes. Because some of the tense are the same in a way
GA EIG: I think it has because I'm used to learning a language
LNM EIG: Yes as words are alike. It is said that people with two languages pick up a 3rd quicker I agree.

Afin de mieux comprendre les explications évoquées par les élèves, il est intéressant de se pencher sur leurs conceptions des langues en question. Quant à la difficulté relative du français et de l'irlandais, presque tous les élèves des écoles immersives en dehors de la région irlandophone mettent en avant la facilité de l'irlandais et la difficulté du français :

SMC IM1: I think French is harder to learn because I've been learning Irish for a long time and have gotten used to the way to speak read and write but I've only been learning French for two years and french is compleatlye different irish.

SD IM2: I think learning French is harder, because

- A. We learned irish at a younger age and
- B. Irish is learned by speaking it, which we don't do in French

En revanche, les élèves des écoles non-immersives mettant en avant la difficulté de l'irlandais et de son appropriation :

JZ ENI1: I think French is much easier because I have only been doing French for 2 years and Irish for 10 years and my French is around ¾ as good as my Irish[7]

DM ENI2: French is much easier because the way its taught has more vocab learning, verb learning letter grammar and a bit of listening. Irish is all grammar Little Everything else they expect us to know Everything

Concernant la perception de la distance linguistique entre les langues, les élèves de ces quatre écoles ont majoritairement répondu qu'ils trouvent l'anglais plus proche du français que ne l'est l'irlandais. Les réponses données s'appuient notamment sur des similitudes lexicales entre l'anglais et le français, les élèves relevant que beaucoup de mots ont des équivalences dans les deux langues.

Les élèves de l'école du *Gaeltacht* apportent un certain nombre de nuances à ces tendances – 10 élèves déclarent trouver le français plus proche de l'anglais, 6 élèves estiment que l'irlandais est plus proche du français et 2 ne se prononcent ni en faveur de l'irlandais, ni en faveur de l'anglais. Ceux qui pensent que l'irlandais est plus proche du français s'appuient sur des points de grammaire et des caractéristiques similaires entre l'irlandais et le français. Nous notons chez ces élèves la capacité à retrouver plusieurs points de rencontre précis entre l'irlandais et le français, citant des exemples que nous n'avons pas retrouvés dans les réponses des autres élèves :

---

7 Nous citons textuellement les réponses qu'ont données les élèves aux questions ouvertes, ce qui explique la présence de certaines fautes d'orthographe.

ANM EIG: I think french is like Irish more than english because in french nouns are male or female (un, une) and in irish nous are *baininscneach nó firinscneach*[8]

NNF EIG: Irish mainly because of the grammar with the irregular and regular verbs witch Englihs does not have

Ces questions de distance et de proximité entre les langues et leur appropriation ont été au cœur des discours tenus par les élèves avec qui nous avons pu nous entretenir – les explications qu'ils ont pu donner sur ces points nous permettent de mieux comprendre les raisons qui les empêcheraient de s'appuyer sur leur expérience avec les langues lors de l'apprentissage du français.

5.2 Quels transferts et quels obstacles entre les langues et leur appropriation?

5.2.1 Écoles non-immersives

A l'opposé des constats tirés de l'analyse de nos questionnaires, presque tous les élèves avec qui nous avons pu nous entretenir estiment que leurs contacts précédents avec les langues les aident lors de l'apprentissage du français. Il est néanmoins intéressant de relever que ces élèves mettent quasiment tous l'accent sur les mêmes éléments scolaires lorsqu'il s'agit d'expliquer cette aide – apprentissage par cœur de mots, techniques de rédaction d'écrits ou astuces pour organiser l'apprentissage d'une nouvelle langue à l'école. Ils excluent ainsi tout apport venant d'expérience langagière autre que scolaire, même s'ils sont capables d'imaginer en quoi cette expérience pourrait éventuellement être utile.

Les élèves de la première école non-immersive entretiennent un rapport positif avec l'irlandais, ils insistent sur l'appropriation de la langue à l'école et en dehors de l'école. En revanche, lorsqu'il s'agit d'expliquer en quoi leur expérience avec l'irlandais les aide avec l'apprentissage du français, ces élèves soulignent les aspects scolaires de leur expérience avec l'irlandais, sans parler de leur expérience extra-scolaire avec la langue. De manière générale, les élèves sont en mesure de proposer des ponts entre l'anglais, l'irlandais et le français qui dépassent le cadre scolaire. En revanche, ces ponts ne semblent pas pertinents pour eux lors de leur apprentissage du français, étant donné qu'ils n'ont que très peu l'occasion d'utiliser la langue française en dehors de l'école.

---

[8] Féminin ou masculin.

À l'opposé, les élèves de la deuxième école non-immersive insistent sur la difficulté de l'appropriation de l'irlandais, expliquant avoir très peu de contact avec la langue en dehors de l'école et être très peu motivés à aller vers la langue. Ils parlent d'attentes fortes quant à ce qu'ils « devraient » savoir en irlandais, mettant ainsi l'accent sur le décalage entre la maîtrise qu'ils estiment avoir de la langue et la maîtrise qu'ils pensent être attendue d'eux. Il y a également le souvenir négatif de l'apprentissage de l'irlandais à l'école primaire, estimant dans certains cas avoir appris très peu avant de venir à l'école secondaire. Enfin, les élèves parlent d'un manque de contact avec la langue en dehors de l'école qui s'accompagne du sentiment que l'irlandais est peu utile dans la vie quotidienne.

Les avis sont différents lorsqu'il s'agit de parler du français – chez presque tous les élèves, nous retrouvons de propos très tranchés pour décrire leur affinité avec le français. En somme, il semble s'opérer un véritable schisme entre l'appropriation de l'irlandais et l'apprentissage du français. Lorsque nous demandons aux élèves si leur contact avec l'irlandais les aide avec le français, ils mettent l'accent sur deux ou trois aspects scolaires de leur appropriation de l'irlandais. Lorsque nous poussons les élèves à approfondir, ils soulignent l'écart important pour eux entre les deux langues, écart qui se traduit dans le discours par une motivation plus forte pour apprendre le français et une distinction entre la façon dont ils abordent les deux langues.

5.2.2 Écoles immersives et école dans la région irlandophone

Pour ces élèves, nous avons pu constater l'écart important entre la façon dont ils parlent de leur appropriation de l'irlandais et la façon dont ils parlent de leur apprentissage du français. Nous avons pu également remarquer que ce décalage joue sur la perception de l'aide qu'apporte leur expérience avec l'irlandais ainsi que la façon dont ils s'appuient sur cette expérience lorsqu'ils abordent le français.

Notons d'emblée que presque tous les élèves disent très clairement aimer l'irlandais et aimer se l'approprier. Les élèves affirment tous trouver la langue facile, facteur qui explique leur affinité avec cette dernière – ils déclarent arriver à communiquer facilement en irlandais et se sentir à l'aise face à la langue. Par ailleurs, lors des entretiens avec les élèves de la région irlandophone, nous avons remarqué le rapport particulier que plusieurs élèves entretiennent avec la langue irlandaise : ils considèrent l'irlandais non seulement comme une langue qu'ils s'approprient depuis longtemps, mais également comme une langue qui les accompagne depuis l'enfance.

Étant donné ce rapport positif avec l'irlandais, il est surprenant de constater la façon dont ils parlent du français : leurs représentations positives de l'irlandais et de son appropriation sont clairement en contraste avec les représentations plutôt neutres, voire négatives, du français et de son apprentissage. Presque tous les élèves mettent l'accent sur la complexité des mots et des phrases en français. Ils déclarent également avoir du mal à comprendre les différents temps de la langue, ainsi que la grammaire française en général. Certains élèves disent ouvertement ne pas aimer la langue – ils la trouvent difficile et se sentent peu doués pour cette dernière. Les avis sont moins tranchés chez les élèves de la région irlandophone à propos du français mais traduisent néanmoins un rapport neutre avec la langue.

Quant à la façon dont les élèves s'appuient ou non sur leur expérience avec l'irlandais lorsqu'ils abordent le français, nous notons d'abord que plusieurs élèves mettent en lumière l'écart entre ce qu'ils s'estiment capables de faire en irlandais et ce qu'ils s'estiment capables de faire en français. En revanche, nous avons été surpris de constater que ces élèves, comme les autres élèves de notre population, semblent limiter l'apport de leur expérience avec l'irlandais à l'apprentissage de mots et de verbes en français. Il semblerait que l'écart entre la façon dont les élèves apprennent le français et la façon dont ils se sont appropriés l'irlandais soit à l'origine de ce constat.

6. Discussion et perspectives didactiques

Nous notons d'abord que, lors des entretiens, presque tous les élèves répondent par l'affirmative lorsque nous leur demandons si leur expérience avec l'irlandais les aide avec le français, constat qui est en décalage avec le faible nombre d'élèves ayant répondu dans ce sens à la question ouverte du questionnaire. Nous pouvons effectivement supposer que notre présence, ainsi que la nature même de l'interaction lors de l'entretien, poussent les élèves à formuler une réponse positive à notre ligne de questions. En revanche, nous notons que cette aide se limite principalement aux aspects formels de la langue, tels que l'apprentissage de mots et de verbes, ainsi que des techniques scolaires transférées de l'appropriation de l'irlandais vers l'apprentissage du français.

Nous postulons que les élèves associent l'apprentissage du français à un apprentissage scolaire, impliquant l'apprentissage de mots et un travail formel sur la grammaire. D'ailleurs, les élèves semblent s'appuyer sur leurs compétences scolaires en irlandais, notamment leur vocabulaire et leurs connaissances grammaticales, lorsqu'il s'agit d'expliquer en quoi leur expérience avec l'irlandais les aide avec le français, mais n'évoquent pas d'autres points où leur expérience avec l'irlandais pourrait être pertinente. Les techniques que les élèves disent transférer de leur expérience avec l'irlandais se limitent globalement à des activités telles que la rédaction de lettres ou de cartes postales. Les élèves semblent donc transférer leur expérience scolaire lorsqu'ils abordent le français, laissant ainsi de côté l'expérience extra-scolaire dont ils déclarent bénéficier avec l'irlandais, étant donné que cette expérience ne semble pas être en phase avec ce qu'ils font en cours de français à l'école.

Les élèves de la région irlandophone ont été les seuls à pouvoir nous fournir des exemples concrets de points où l'irlandais et le français se ressemblent. Ils démontrent ainsi une forte capacité à comparer les différents éléments de deux langues, capacité qui se démarque de celles des autres élèves. En revanche, ils déclarent s'appuyer sur les mêmes éléments que les autres élèves lorsqu'il s'agit d'expliquer en quoi leur expérience avec l'irlandais les aide avec le français. Nous avons pu relier ce constat à l'écart qu'ils perçoivent entre la façon dont ils s'approprient les deux langues et la façon dont on les leur enseigne.

Plusieurs obstacles semblent donc s'opposer à la mise à profit de l'atout bilingue dont pourraient bénéficier les élèves ici. Les résultats de notre recherche confirment, comme nous l'avons relevé auparavant, que l'expérience plurilingue scolaire et/ou sociale ne suffit pas pour que l'élève déploie l'étendue de ses compétences lors de l'appropriation d'une nouvelle langue. Nous avons pu constater également, chez ces mêmes élèves, des distinctions étanches entre les langues et leur appropriation, distinctions qui semblent agir comme des freins quant aux possibilités de mise à profit d'expériences et de compétences déjà acquises lors de la rencontre avec une nouvelle langue. L'atout bilingue ne semblent pas jouer ici, contrairement aux études que nous avons pu citer auparavant, ce qui nous conduit à affirmer que le contact avec différentes langues ne suffit pas pour qu'il y ait création de liens et de passerelles entre ces dernières.

Nous avons pu constater que les langues ne sont plus considérées comme des entités 'à séparer' dans les programmes scolaires, mais chez les élèves l'héritage de l'accent mis sur le bilinguisme et des pratiques de séparation entre les matières scolaires restent fortement ancrés. Comment donc donner de la chair, de la substance et du contenu aux préconisations des programmes scolaires ?

Même si les élèves de notre corpus ont tous pu entrer en contact avec plusieurs langues, ils sont peu nombreux à adopter des stratégies de mise en relation de ces dernières. La promotion d'une approche stratégique envers les langues, notamment via l'utilisation de portfolios de langue (Little 2016), où les élèves sont invités à identifier les compétences déjà acquises à travers leurs contacts avec les langues et à réfléchir à leur déploiement à nouveau dans d'autres situations, permettrait de mettre en avant les compétences sous-jacentes à l'appropriation et l'utilisation des langues en général et de prendre conscience du potentiel de transfert qui existe entre l'ensemble des langues et les expériences avec ces dernières.

Du côté des enseignants, étant donné que nous avons focalisé ici notre réflexion sur les élèves, nous ne pouvons pas nous étendre sur leurs pratiques de classe ; nous pouvons néanmoins relever que le nombre conséquent d'élèves qui considère le français et l'irlandais comme très différents nous indique que les liens et les potentiels éléments de transfert entre les langues seraient peu abordés en classe. A ce titre, Dillon (2009) montre que les enseignants de langue étrangère des écoles non-immersives sont peu enclins à signaler des liens entre ces langues et l'irlandais faute de maitrise de cette dernière ; même les enseignants de langue étrangère des écoles immersives ont plus tendance à souligner les liens entre l'anglais et la langue étrangère qu'entre l'irlandais et cette dernière.

Il y a actuellement une grande mutation des pratiques de classe à l'école en Irlande afin de tenir compte de la diversité linguistique au sein de la société. A ce titre, Little/Kirwan (2019) ont pu étudier la manière dont 320 élèves d'une école primaire à Dublin, parlant plus de 50 langues à la maison, créent du sens et partagent des ressources linguistiques et métalinguistiques via des activités scolaires impliquant l'utilisation de toutes les langues présentes dans la classe. Par ailleurs, l'utilisation de l'irlandais dans ces pratiques plurilingues a été mise en avant. Cette diversité linguistique pourrait être valorisée par la suite afin de développer la conscience métalinguistique chez les élèves via la mise en place d'activités formelles de comparaison entre les langues avec lesquelles ils entrent en contact.

Il nous semble donc important de plaider pour la mise en avant de la didactique du plurilinguisme et les pratiques de classe associées à cette dernière, notamment dans la formation des enseignants, afin de concrétiser les préconisations des programmes scolaires. La volonté de promouvoir la pluralité linguistique existe, il s'agit désormais de traduire cette volonté en incitant les enseignants à souligner les liens entre les différentes langues à l'école et en invitant les élèves à réfléchir à toutes les expériences langagières et linguistiques donc ils peuvent profiter en tant que futurs utilisateurs plurilingues de différentes langues tout au long de la vie.

7. Bibliographie

Bono, Mariana (2008) : Influences interlinguistiques dans l'apprentissage d'une L3 : quand les langues secondes l'emportent sur la langue première. Dans : Moore, Danièle/ Castellotti, Veronique (éds.) : *La compétence plurilingue : regards francophones*. Berne : Peter Lang, 147–166

Braun, Virginia/ Clarke, Victoria/ Hayfield, Nikki/ Terry, Gareth (2019) : Thematic analysis. Dans : Liamputtong, Pranee (éds.) : *Handbook of Research Methods in Health Social Sciences*. Singapore : Springer, 843–860

Castellotti, Véronique (2017) : *Pour une didactique de l'appropriation : diversité, compréhension, relation*. Paris : Didier

Cenoz, Jasone (2013) : Defining Multilingualism. *Annual Review of Applied Linguistics* 33, 3–18

Coady, Maria (2001) : Attitudes Toward Bilingualism in Ireland. *Bilingual Research Journal* 25, 39–55

Conseil de l'Europe (2001) : *Cadre européen commun de référence pour les langues. Apprendre, enseigner, évaluer*. Paris : Didier

Cook, Vivian/ Wei, Li (éds.) (2016) : *The Cambridge handbook of linguistic multicompetence*. Cambridge : Cambridge University Press

Council of Europe (2008) : *Language education policy profile : Ireland*. Strasbourg : Language Policy Division

De Angelis, Gessica (2007) : *Third or Additional Language Acquisition*. Clevedon : Multilingual Matters

Dillon, Anna M. (2009) : Metalinguistic awareness and evidence of cross-linguistic influence among bilingual learners in Irish primary schools. *Language awareness* 18 (2), 182–197

Gajo, Laurent (2001) : *Immersion, bilinguisme et interaction en classe*. Paris : Didier

Gajo, Laurent/ Steffen, Gabriela (2015) : Didactique du plurilinguisme et alternance de codes : le cas de l'enseignement bilingue précoce. *Canadian Modern Language Review*, 71 (4), 471–499

Griffin, Corina (2003) : *An investigation of the influence of Irish as an L1 or L2 on Subsequent Instructed Language Acquisition in L3 or L4. Unpublished MA Thesis*. Tralee (Ireland) : Institute of Technology

Grosjean, François (2003) : Le bilinguisme et le biculturalisme. Essai de définition. Dans : Gorouben, Annette/ Virole, Benoît (éds.) : *Le bilinguisme aujourd'hui et demain*. Paris : Éditions du CTNERHI, 17–50

Jessner, Ulrike (2006) : *Linguistic Awareness in Multilinguals: English as a Third Language*. Edinburgh : Edinburgh University Press

Krippendorff, Klaus (2018) : Content analysis : An introduction to its methodology. Thousand Oaks : Sage

Little, David (2016) : The Common European Framework of Reference for Languages, the European Language Portfolio, and language teaching/ learning at university : An argument and some proposals. *Language Learning in Higher Education* 6 (2), 283–296

Little, David/ Kirwan, Deirdre (2019) : *Engaging with Linguistic Diversity : A Study of Educational Inclusion in an Irish Primary School*. London : Bloomsbury Publishing

Markey, Michael (2009) : Rôle de l'appropriation précoce de l'anglais et de l'irlandais dans l'apprentissage scolaire du français en Irlande. Dans : Forlot, Giles (éd.) : *Le Français et l'anglais en contact dans les situations d'apprentissage : perspectives sociolinguistiques et didactiques*. Paris : Editions l'Harmattan, 157–177

Markey, Michael (2022a) : Linguistic plurality in context – Policy, practice and student experiences with multilingualism in Ireland. *European Journal of Language Policy* 14 (1), 3–28

Markey, Michael (2022b) : A Multilingual Perspective on Reading – Investigating Strategies of Irish Students Learning French. *Reading in a Foreign Language* 34 (1), 62–90

May, Stephen (2013) : Introducing the "multilingual turn". Dans : May, Stephen (éd.) : *The multilingual turn: Implications for SLA, TESOL, and bilingual education*. New York : Routledge, 1–7

Moore, Danièle (2019) : Conversations autour du plurilinguisme. Théorisation du pluriel et pouvoir des langues. *OLBI Working Papers* 10, 43–64

Ní Thuairisg, Laoise (2018) : It was two hours […] the same old thing and nothing came of it. *Journal of Immersion and Content-Based Language Education* 6 (2), 295–320. https://doi.org/10.1075/jicb.17005.nit (dernier accès le 07.12.2023)

Ó Ceallaigh, T. J./ Ní Dhonnabháin, Áine (2017) : Reawakening the Irish language through the Irish education system : Challenges and priorities. *International Electronic Journal of Elementary Education* 8 (2), 179–198

Ó Duibhir, Padraig/ Cummins, Jim (2012) : *Towards an integrated language curriculum in early childhood and primary education (3–12 years)*. Dublin : National Council for Curriculum and Assessment

Ó Laoire, Muiris (2017) : Minority and heritage languages in Ireland. Dans : Seals, Corinne C. A./ Shah, Shenna. (éds.) : *Heritage Language Policies around the World*. New York, NY : Routledge, 97–108

Ó Laoire, Muiris (2014) : Learners' Reflections on Their Narratives on L2 and L3 Learning. Dans : Miroslaw, Pawlak/ Aronin, Larissa (éds.) : *Essential Topics in Applied Linguistics and Multilingualism*. Cham : Springer, 235–251

Ó Laoire, Muiris/ Singleton, David (2009) : The role of prior knowledge in L3 learning and use. Dans : Aronin, Larissa/ Hufeisen, Britta (éds.) : *The exploration of multilingualism*. Amsterdam : John Benjamins, 79–102

Py, Bernard (1997) : Pour une perspective bilingue sur l'enseignement et l'apprentissage des langues. *Études de Linguistique Appliquée* 108, 495–503

Sanz, Christina (2007) : The role of bilingual literacy in the acquisition of a third language. Dans : Perez-Vidal, Carmen/ Bel, Aurora/ Juan-Garau, Maria (éds.) : *A portrait of the young in the new multilingual Spain*. Clevedon : Multilingual Matters, 220–240

Intercomprehension between Romance Languages and the development of communicative awareness in multilingual situations: a study on the use of multilingual chats at secondary school level

Sílvia Melo-Pfeifer

ABSTRACT

Intercomprehension between Romance Languages, seen from an interactional perspective, makes use of linguistic proximity to facilitate the collaborative construction of meaning. In this contribution, intercomprehension strategies in plurilingual chatrooms as a specific instance of translanguaging will be analysed. While intercomprehension at the university level has been thoroughly discussed and described, namely in the scope of teacher education, secondary school scenarios have been blindsided and little is known about the impact of intercomprehension in the domain of third language acquisition, in general, and in the development of plurilingual communicative competence, more specifically. Through the analysis of chat excerpts in Romance Languages, we will observe the interactional work around the definition of the parameters of communication and how such collaborative work enhances plurilingual (meta)communicative awareness.

RÉSUMÉ

L'intercompréhension entre langues romanes, vue dans une perspective interactionnelle, utilise la proximité linguistique pour faciliter la construction collaborative du sens. Dans cette contribution, les stratégies d'intercompréhension dans les chats plurilingues seront analysées en tant qu'exemple spécifique de translanguaging. Alors que l'intercompréhension au niveau universitaire a fait l'objet de discussions et de descriptions approfondies, notamment dans le cadre de la formation des enseignants, les scénarios de l'enseignement secondaire ont été peu étudiés et l'on sait encore très peu sur l'impact de l'intercompréhension dans le domaine de l'acquisition d'une troisième langue, en général, et dans le développement d'une compétence communicative plurilingue, plus spécifiquement. A travers l'analyse d'extraits de chat en langues romanes, nous observerons le travail interactionnel autour de la définition des paramètres de communication et comment un tel travail collaboratif améliore la conscience (méta)communicative plurilingue.

1. Introduction

Contemporary Applied Language Studies have been through a "panoply of linguisms" (Marshall/Moore 2018) to make sense of the complexity of linguistic coexistence, hybridisations and meddling. Some of these concepts, such as "plurilanguaging" (Piccardo 2018, quoted in Piccardo/North 2019), "mediation" (Piccardo/North 2019), "intercomprehension" (Dabène 1995; Degache/Garbarino 2017; Ollivier/Strasser 2013), and "translanguaging" (Cenoz/Gorter 2015; García/Li 2014) have been targeted as particularly suited for the field of foreign language education, in general, and for the development of plurilingual competence, in particular. What all these concepts have in common is the embracement of bi/plurilingual (instead of monolingual and monolingualised) communicative practices in foreign language education as a pathway to build an enhanced plurilingual communicative competence (Castellotti in this volume, p. 27; Coste et al. 1997). Above all, intercomprehension has been acknowledged as a path to increased autonomy, awareness and motivation in L3 learning, when students have prior knowledge of a language from the same family as the target language (Bär 2009; Morkötter 2016). In the field of Romance Languages (RL) learning, such an approach is particularly suited for curricular designs including Spanish L3 after French or French L3 after Latin, to give but two examples. And, if we acknowledge that even English shares some commonalities with RL, intercomprehension would also be suited as a multilingual approach to TOLSE (Teaching Other Languages for speakers of English, as suggested by Melo-Pfeifer 2018). In fact, English is currently the privileged first foreign language learnt at school, a language in which students already have some prior knowledge that could serve as a bridge to one or more RL.

In this contribution, I will analyse intercomprehension strategies in multi/plurilingual chatrooms[1] as a specific instance of translanguaging. If translanguaging, from an interactional perspective, could be understood as a plurilingual communicative practice in which actors make use of all their semiotic resources to co-construct meaning (Li in this volume, p. 154), intercomprehension particularly focuses on the interactional management of languages from the same linguistic family. From this perspective, intercomprehension

[1] We distinguish between multilingualism and plurilingualism, the first referring to the social management of linguistic diversity (social multilingualism) and second to the individual repertoires (Moore/Gajo 2009). Our chatrooms are multilingual in the sense that different languages coexist as legitimate languages of the platform and plurilingual, because all participants make use of their full linguistic repertoires to co-construct meaning. We also acknowledge that "multilingualism" is more frequent in research published in English, even when referring to plurilingual repertoires (individual multilingualism). If referring to the chats and the communicative situation, I will tend to use "multilingual" or "multi/pluri" to characterize them.

could be understood as a less heteroglossic perspective of translanguaging: in theory, some languages are used productively and others receptively, but are kept separated. Empirically, however, users frequently move across those linguistic borders and engage in more complex practices (Melo-Pfeifer 2016).

The data analysed in this contribution was collected through the platform Galanet, which, as far as I know, was the only platform creating situations of RL interaction across language learners in different countries, through synchronous and asynchronous communication tools. While the majority of Galanet sessions were addressed to university students (and student teachers of RL), some more specific sessions were organized for secondary school students. This will be the focus of the analysis in order to meet the thematic strand of this volume. While the studies by Bär (2009) and Morkötter (2016) have focused on receptive task design (students' abilities to understand written texts of the same linguistic family) at the secondary level, the aim of the present contribution is to analyse how pupils engage with RL in multilingual interaction. In order to grasp how multilingual interaction fosters plurilingual competence in general, and an enhanced communicative competence, more particularly, I will analyse interactional behaviours specific to multilingual interaction, such as the management of languages of communication, problem solving and reflection on the multilingual communication[2]. The research questions that will guide me throughout this contribution are the following:

- Which strategies do secondary school students adopt to get to know the parameters of the multilingual communicative situation (e.g. plurilingual repertoires in presence, contract of communication)? Do they translanguage afterwards accordingly to these parameters?
- Which situations of focus on form emerge in the multilingual chat communicationin RL and which problems trigger them? How are they collaboratively solved?
- Which signs of a metacommunicative awareness, i.e. interaction about the multilingual communication, emerge during multi/plurilingual chatroom conversations?

---

2 For a revision of relevant literature on flexible communication strategies in multilingual chatrooms and how these impact plurilingual competence and plurilingual identity, in teaching and learning, see Araújo e Sá/Melo-Pfeifer 2022.

This contribution is structured as follows: I begin by discussing the notions of plurilingual competence, intercomprehension and translanguaging. The connections between them are outlined. I then present the context of the empirical study, paying special attention to the conditions surrounding the production of the analysed chat excerpts. The empirical analysis is devoted to the close examination of six purposefully chosen multi/plurilingual chat threads, to answer the research questions mentioned above. The conclusion presents the summary of the findings, the answers to the research questions, and implications for tertiary language learning and teaching.

2. Intercomprehension and translanguaging: two faces of the same coin?

Plurilingual competence has emerged as a key-concept in the field of language education for more than two decades (Castellotti in this volume, p. 33; Coste et al. 1997; Moore 2006; Moore/Gajo 2009; Zarate et al. 2008; see Vallejo/Dooley 2019 for past and current evolutions). Referring specifically to the heterogeneous and composite nature of individual linguistic repertoires, the plurilingual competence was conceptualised in terms of interconnection of different dimensions: socio-affective (encompassing, e.g., attitudes and de/motivations towards languages and cultures), cognitive and verbal (including strategies to deal with unknown linguistic data), linguistic and communicative (comprising subjects' linguistic repertoire) and management of the multilingual communication (Andrade et al. 2003).

A means to foster it could be the development of partial and dissociated competences in several languages at a time, what came to be known as intercomprehension, one of four pluralistic approaches to teaching and learning of (foreign) languages (Candelier et al. 2011). This means, as suggested by Dabène back in 1995, that it could be possible to learn to understand languages of the same linguistic family, both written and orally, because of the linguistic similarities, through an enhanced metalinguistic competence (also Meißner/Burk 2001). Receptive skills could also be learnt separated from productive skills, almost as a propaedeutic for the development of the latter (Meißner 2010). Even if the first systematic studies of intercomprehension focused on understanding strategies across languages, more recent studies focused on intercomprehension from an interactional perspective.

Despite particular attention paid to interlinguistic similarities as a path to foreign language learning, Melo-Pfeifer (2013) claimed that, in the case of learning languages from the same linguistic family, intercomprehension strategies should include, or even promote, attention to contrasts and differences across languages because of their positive impact in plurilingual interaction and learning, by allowing an accentuated focus on form(s) and noticing.

From an interactional perspective, intercomprehension can be defined as the ability to engage in multilingual interaction with speakers of the same linguistic family, being able to use one's own language (it could be a mother tongue or a previously learnt language) and to understand the language(s) of the interlocutor(s). In order to engage in such communicative situations, speakers have to: i) select, adopt and adapt the linguistic, cultural and pragmatic features they wish to use in order to facilitate interlocutors' comprehension (Bono/Melo-Pfeifer 2012) and ii) make an effort to understand their interlocutors' utterances in other languages, thus engaging in multilingual sequences of focus on form in order to co-construct meaning. This means that all interlocutors have to be active in the domains of multilingual reception and production. In terms of reception, the interlocutors may use a myriad of linguistic resources and strategies to collaboratively achieve meaning: linguistic comparison, asking for confirmation of comprehension, signalling situations where repair is needed and participating in the resolution of linguistic and communicative problems (Araújo e Sá/Melo 2007). In terms of production, the so-called mother tongue, as well as other semiotic resources may be activated, leading to translanguaging.

Having said this, intercomprehension fosters plurilingual competence because the plurilingual competence itself "values receptive competence as a stepping stone to autonomous learning", stimulates "curiosity about new languages and cultures, and an ability to see (and to look for) the links between languages", "encourages exploitation of similarities" and increases "awareness of how languages – including one's own mother tongue (s) – operate" (Piccardo/North 2019, 214f).

In previous studies, I tried to bring intercomprehension and translanguaging together, as both concepts display a collaborative and positive disposition towards multilingual communication, violating monolingual assumptions, such as:

> [W]e believe that for communication to be efficient and successful we should employ a common language with shared norms. [...] We also believe that languages have their own unique systems and should be kept free of mixing with other languages for meaningful communication. (Canagarajah 2013, 1)

While intercomprehension commonly reduces the scope of the languages being used to languages of a same linguistic family (RL, in this contribution), translanguaging includes the full range of semiotic resources and actions of plurilinguals (Li in this volume, p. 147).

Participating in multilingual interaction activates and fosters interlocutors' communicative awareness, namely by promoting a positive and creative interdependence among them, leading them to simultaneously become co-learners and co-teachers. This creative interdependence allows us to think of the plurilingual competence from a socioconstructivist and co-actional perspective (Bono/Melo-Pfeifer 2012; Piccardo/North 2019), beyond a merely cognitivist one. Therefore, among other aspects, interlocutors have to be aware of: i) languages and plurilingual repertoires present in the interaction and how they may or may not be shared by the interlocutors; ii) participants' attitudes towards languages and cultures; iii) similarities and differences between the languages constituting the RL's continuum; iv) (inter)cultural references being used which may need further clarification; v) opacity and communication minimalism, if in online environments, in terms of non-verbal and paraverbal features.

In the fields of intercomprehension from an interactional perspective and third language education, the studies are still not abundant. However, the available studies have shown that

> participating in multilingual interaction, when integrated in regular lessons (mother tongue or foreign language), positively impacts students' perceptions of their own linguistic, intercultural competences as well as their language learning and communicative competences. (Melo-Pfeifer 2020, 99f)

In the same study, the author adds that negotiating the rules of multilingual interaction, the collaborative resolution of linguistic problems and the perception of the multilingual communication as a potential language learning situation are key features contributing to the development of both plurilingual and intercultural competences and competences in specific target languages (e.g. Deprez 2014 on the impact of intercomprehension on skills in French).

3. Empirical study

In this contribution, I will address interactional intercomprehension and investigate how foreign language learners and their RL teachers from 4 secondary schools (in Brazil, France, Italy and Spain) engage in the negotiation of the parameters of interaction (languages of the participants and communication contract) and the negotiation of meaning in multi/plurilingual chatrooms (from the Galanet[3] platform). The work on this platform, in format blended learning, takes about four months and is developed in 4 phases (Figure 1), through synchronous and asynchronous communication tools. Chat conversations were saved in the "chat's archive", from where I recovered the chat thread for this contribution.

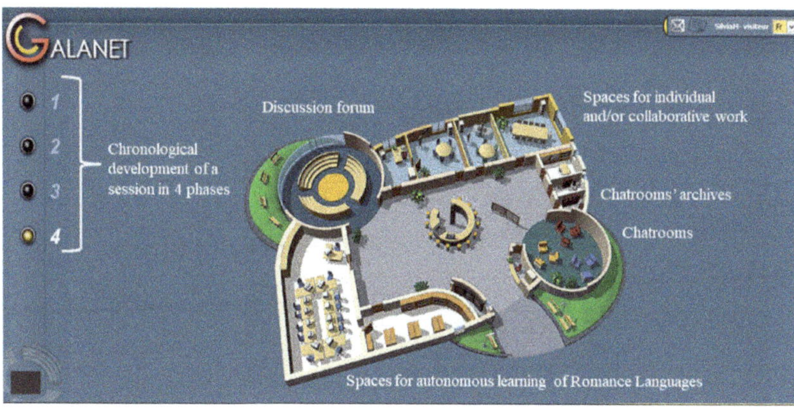

Figure 1. The platform Galanet.

Different from other online exchange projects and platforms, the aim of Galanet was not (only) to develop students' communicative skills in a target language, but mostly to develop their plurilingual communicative skills using a RL (at the beginning of the project, only French, Italian, Portuguese

[3] For more details on the functioning of a session and the structure of the platform, see Araújo e Sá, De Carlo/Melo-Pfeifer 2010 or Melo-Pfeifer/Araújo e Sá 2018. Galanet (*Plateforme pour le développement de l'intercompréhension en Langues Romanes*) was a Socrates/Lingua Project, coordinated by Degache of the University Stendhal, Grenoble 3 (France). The same research group worked on two more recent projects: Galapro (www.galapro.eu) and Miriadi (www.miriadi.net), and was involved in Eval-IC (https://evalic.eu/).

and Spanish were considered; Catalan and Romanian followed). The communicative contract was multi/plurilingual: each participant should try to understand the languages of their partners and use his/her preferred RL productively (this preferred language could correspond to a L1 or a L2 in which s/he felt confident). As we already noticed in different works, participants do not always comply with this communicative contract and make use of the full range of their repertoires (see Melo-Pfeifer 2016 for further details).

The session under analysis occurred between October 2011 and January 2012 and the conversation took place on October 18th, 2011. Following the publication in the Galanet website to organise a special session in the platform for secondary schools[4], interested foreign language teachers appointed their classes to that session, one of the few sessions specifically addressing secondary school learners. Table 1 presents the teams that were present.

Table 1. Teams in the analysed session

Teams' names	Country	Number of students	L1/preferred RL
Els Internautes Catalans	Spain	36	Catalan and Spanish
Rosa Luxemburg	France	26	French
Liceo Falcone	Italy	16	Italian
Colégio Pedro II	Brazil	20	Portuguese

The chat conversation selected includes members (both students and tutors) of all 4 teams, making use of more than two languages, and is complex and long enough – 1050 utterances – to provide data for the empirical analysis. It can be described as a first meeting to "break the ice", where students present themselves and get to know each other: several themes are developed, typically associated to first online *rendez-vous* such as preferences regarding sports and films, pets, and spoken languages, among others. I will then proceed to a microanalysis of purposely chosen multilingual chat excerpts, in order to analyse the *hic et nunc* activation and development of interlocutors' plurilingual communicative awareness. Table 2 briefly presents the six chat sequences that will be analysed.

4 I recall that the mainstream sessions were organized for university students and this session is an exception to that principle. At least one teacher had participated in a previous session for non-secondary public (see chat sequence "Competences in Romance Languages").

Table 2. Presentation of chat sequences

Number of chat sequence	Theme	Number of participants	Languages involved5	Number of utterances
Excerpt 1	Introduction and negotiation of the linguistic repertoires	7	Catalan, Portuguese, Spanish	16
Excerpt 2	Farewell	2	Portuguese, Spanish	8
Excerpt 3	Designation of the chat room	5	Catalan, Portuguese, Spanish	7
Excerpt 4	Pets	4	French, Italian, Portuguese, Spanish	7
Excerpt 5	Competences in RL	4	Catalan, French, Portuguese, Spanish	8
Excerpt 6	Misunderstanding	2	French, Spanish	2

Chat excerpts vary in length, number of participants and number of languages, but they all have in common a multilingual character, ranging from two to four languages. They do not correspond to the exact sequence of production of the conversation – which tend to be multilayered and even to have multiple thematic focuses at a time – but were "distilled" to make the sequences easier to read for the purposes of this contribution.

4. Analysis of chat sequences

In this section, I analyse the chat sequences individually, bringing elements together to answer the three research questions. The analysis follows the mentioned questions.

[5] The assignment of languages to these sequences was made following the linguistic profiles of the participants, i.e. the languages they declared.

4.1 Translanguaging and communicative awareness

The first chat sequence took place at the beginning of the on-line meeting and the participants entering the chatroom share their linguistic repertoires, in order to establish the communicative context. Having in mind that they are taking part in a project on intercomprehension between RL, they list the competences they possess in each language of the platform, stressing their level of competence.

Table 3. Chat sequence "Introduction and negotiation of the linguistic repertoires"

Original version6	English translation
[Ana_D] Olá :) (PT)	Hello :)
[AdrianaL] hoooola =) (SP)	Heeeelo =)
[AdrianaL] de donde eres? (SP)	Where are you from?
[Ana_D] do Brazil, do Rio de Janeiro (PT)	From Brazil, Rio de Janeiro
[Ana_D] E você? (PT)	And you?
[AdrianaL] yo soy de Barcelona, España (SP)	I am from Barcelona, Spain
[AdrianaL] que idiomas hablas? (SP)	Which languages do you speak?
[Ana_D] falo português como língua materna, um pouco de espanhol e um pouquinho de francês. (PT)	I speak Portuguese as mother tongue, a little Spanish and very little French
[Ana_D] te vocês? (PT)	And you?
[AdrianaL] yo hablo catalan, español, frances y ingles :) (SP)	I speak Catalan, Spanish, French and English :)
[AlexiaT] escolteu.. quin idioma parlem? catala castellano français o english? (CAT)	Hey... which language do you speak? Catalan, Castilian, French or English?
[MeritxellS] el que tu vulguis (CAT)	The one you wish
[OleguerLl] tot tot (CAT)	All all
[LauraGE] catala o castella com ens vingui (CAT)	Catalan or Castilian as you want
[AlexiaT] perfectou (CAT)	Perfect
[MeritxellS] i si vols frances (CAT)	And if you want French

6 All excerpts are transcribed with the original form and orthography. In order to facilitate the understanding of the plurilingual tessiture of the chat threads, the following abbreviations are used to indicate the language(s) of production: CAT (Catalan), FR (French), IT (Italian), PT (Portuguese) and SP (Spanish). Despite the current criticisms on "named languages" (Makoni / Pennycook, 2006) this indication has an explanatory potential, as it is in line with the ideology of the Galanet project and with the communicative contract.

This sequence, in which the participants declare their linguistic competencies – also in non-RL, like English – helps to normalize plurilingualism and the co-presence of different plurilingual repertoires. French and Spanish seem to be the most shared linguistic resources. This excerpt constitutes an example of participants' willingness to get to know the ingredients of the context, namely the participants, their origins and their languages. Each participant sticks to what they designate as "mother tongue": Ana_D interacts in Portuguese, Adriana_ in Spanish, AlexiaT in Catalan. So, in this case, participants clearly follow the plurilingual – even if monoglossic – communicative contract of the platform: they establish the language for the productive activities and try to understand the languages of the Other. Some interlocutors do not seem to have established a preferred RL and display their flexibility in the use of their repertoires, which is the case for the participants of Barcelona, with active knowledge of two RL: Spanish and Catalan.

So, translanguaging, in this sequence, is a collective, collaborative accomplishment, intentionally made of the juxtaposition of the linguistic repertoires used productively by all participants. This means that translanguaging, in this case, is not individually conducted and constructed, but, from a socioconstructivist and co-actional stance, the result of everybody making use of different languages, in a communicative situation in which they are mutually dependent. Even if, according to translanguaging viewpoints, languages should be understood as integrated, this chat excerpt still presents languages as separated, named, and attached to productive and receptive skills. Interestingly thus, participants do not share their linguistic repertoires to translanguage according to partners' languages but instead to get to know which languages to expect to emerge in the conversation and, I would claim, regulate their attention to foreignness.

While the previous chat sequence displayed an example of "collective translanguaging" at the very beginning of the encounter, chat sequence "farewell" illustrates an example of what could be called "individual translanguaging", closing the chat session.

Table 4. Chat sequence "Farewell"

Original version	English translation
[Thaispb] iñigo	Iñigo
[Thaispb] gostei de te conhecer (PT)	It was a pleasure to get to know you
[IñigoM] ok	Ok
[Thaispb] boa noite (PT)	Good night
[IñigoM] buenas noches (SP)	Good night
[Thaispb] ^^	^^
[Thaispb] besos : (SP)	Kisses :
[Thaispb] :*	:*

Thaispb from Rio de Janeiro interacts with Iñigo from Barcelona. While Iñigo kept to Spanish, Thaispb makes use of Portuguese, Spanish and smileys to accomplish her communicative intentions: saying goodbye and showing positive emotional dispositions. Addressing her interlocutor in his language is even a "face flattering act", as Thaispb started this "farewell" exchange and politely starts a closure communicative act (she starts by naming her interlocutor; then, in a subsequent turn, acknowledges her pleasure to get to know him). She doesn't want to seem rude by just leaving the chatroom and dismissing her partner. Translanguaging, in this case, depends on the individual repertoire and results from the use of verbal and non-verbal semiotic resources, in what could be called "multimodal translanguaging", and is attached to particular speech acts.

Both chat sequences illustrate the functioning of translanguaging in RL multi/plurilingual interaction: participants keep to the communicative contract or violate it in order to achieve communicative purposes and to display engagement, positive emotional dispositions, and agency. These are signs of "communicative awareness" in a particularly demanding communicative situation: i) the communication is multilingual and participants have to pay equal attention to all resources; and ii) the communication doesn't occur in face-to-face modus which can lead to demotivation and disinvestment, due to lack of contextual clues that could play a facilitating role in the multilingual interaction. As I argued, participants engage in chat sequences about the linguistic repertoires not to adjust their production to the participants, but instead to predict and attune the receptive skills they will be called upon to use. In this case, participants display a high communicative awareness connected to the project and the intercomprehension principles underlying it:

4.2 Focus on form: what for?

Chat sequence "Designation of the chatrooms" occurred parallel to chat sequence "Introduction and negotiation of the linguistic repertoires", already analysed. Participants try to make sense of the name of the chatroom where they are (*Xat verd*).

Table 5. Chat sequence "Designation of the chatroom"

Original version	English translation
[OleguerLl] Per què es diu Xat verd si és de color groc? (CAT)	Why it is said green chat if it is yellow?
[AlexiaT] xat verd? es diu salon jaune no? (CAT / FR)	Green chat? It says yellow chat, doesn't it?
[AdrianaL] se llama chat amarillo! (SP)	It is called yellow chat!
[OleguerLl] en la versió catalana posa xat verd (SP / CAT)	The Catalan version has green chat
[AnnaMA] oleguer jaune es groc (CAT / FR)	Oleguer yellow (jaune) is yellow (groc)
[OleguerLl] no ho saben traduir!!!! (SP)	They don't know how to translate it!!!!
[Ana_D] hehehe aqui é amarelo! Está certo! (PT)	Hehehe here it is yellow! It is correct!

In this case, the attention paid to the name of the chat leads to the translation of its color (which is yellow; see fig. 1 for its location) in four different RL: *jaune* (French), *groc* (Catalan), *amarillo* (Spanish), and *amarelo* (Portuguese). Despite being unexpected, this sequence illustrates the phenomenon of "just-in-time (plurilingual) learning" that occurs when participants collaborate to solve communicative problems. So, the collaborative and plurilingual resolution of communicative problems (in this case, related to a problematic translation of the platform into Catalan) can suddenly and unintentionally lead to plurilingual learning, and this is not exclusive to resolution of lexical opacity (Araújo e Sá/Melo 2007).

Attention to lexical differences can be more beneficial in terms of language learning than attention paid to similitudes. Indeed, it is when vocabulary is opaque that participants engage in sequences of "focus on form", which leads to increased "noticing", a condition important to language learning and integration of new lexical items in the linguistic repertoire. So, interaction leading to explanations of opaque terms should not be analyzed only in terms of "sequences of repair" but also as "sequences of potential plurilingual acquisition", at least in the case of the development of receptive plurilingual skills.

The following chat sequence illustrates how an opaque designation in Portuguese – *animais de estimação* (pets in English) – is signaled and plurilingually solved.

Table 6. Chat sequence "Pets"

Original version	English translation
[Thaispb] vamos falar sobre animais de estimação? (PT)	Let's talk about pets?
[SandrineD] ?	?
[Thaispb] perro, gatto... (SP / IT)	Dog, cat
[SimonI] aaaaa de compañia (SP)	Aaaa ah pets
[SandrineD] Ah.. les animaux de compagnie... (FR)	Af... pets
[SimonI] mmmm tengo un hamster ruso en casa (SP)	Mmmm I have a Russian hamster at home
[Belle_C] eu tenho um cachorro e um pexinho :) (PT)	I have a puppy and a little fish

Thaispb suggests a topic of discussion, *animais de estimação*, that is not fully understood by other participants. SandrineD expresses her puzzlement through a non-verbal sign. Thaispb solves the problem resorting to transparent items that could be identified in Spanish and perhaps Italian (it is unclear, because Thaispb didn't declare knowledge of this RL). In any case, the way she writes *gatto* (with double "tt", cat in English) is transparent in Catalan (*gat*), in Portuguese (*gato*) and Spanish (*gato*). Both SimonI and SandrineD signal that the problem is solved, through a direct translation of *animais de estimação* into Spanish (*de compañía*) and French (*les animaux de compagnie*). It is also interesting that both anticipate their translations through signs of surprise ("*aaaaa*" and "*Ah*"), indicating the success of their guessing following Thaispb hyponyms ("pets" is a hypernym including "cat and dog"). The participants then further engage in the conversation, naming their pets ("hamster", "puppy" and "little fish").

While it is impossible to state if participants acquired the new Portuguese expression or not, we can assert that the resolution of the communicative problem led to the return to the thematic strand being negotiated ("pets"). Again, this is a sign of focus on form related to specific aims of the project – intercomprehension – and I cannot assert if the participants would use these Portuguese terms productively in a subsequent interaction or even be able to recognise them again receptively.

Both sequences in this section show that focus on form in this particular project is connected to communicative awareness, but in a way that serves its specific pedagogical aims: meaning making and communication across RL. Focus on form is strongly connected to focus on – or even merged into it – the content of the multilingual interaction and to the co-construction of meaning through intercomprehension.

4.3 Talking about the talk: metacommunicative (plurilingual) awareness

In the chats in the Galanet platform, perhaps because of the novelty of the situation, participants engage in metacommunicative sequences. More particularly, they reflect on the use of the different RL and the challenges this multilingual character poses to the interaction, in general, and to each participant, in particular. Participants establish a connection between the on-going usage of RL and their own linguistic skills, (re)evaluating them.

In chat sequence "Competences in Romance Languages", participants make exchanges about the perceived proximity of the different RL, according to a starting point that seems to be established by the mother tongue as an only source language ("*et pour les Portugais...*" / "and for Portuguese speakers...") and not by the linguistic repertoire as a whole that can integrate linguistic knowledge of other RL.

Table 7. Chat sequence "Competences in Romance Languages"

Original version	English translation
[SandrineD] Et pour les portugais, vous comprenez mieux le catalan ou l'espagnol ? (FR)	And for Portuguese speakers, do you better understand Catalan or Spanish?
[SimonI] el portugues me resulta mas dificil d entender q el italiano sin duda (SP)	For me, Portuguese is more difficult to understand than Italian, certainly
[Ana_D] Compreendemos melhor o espanhol, Sandrine! Mas estou achando o catalão mais fácil do que lembrava da última sessão que participei! (PT)	We understand Spanish better, Sandrine! But Catalan is being easier this time, in comparison to the previous session I took part in
[SandrineD] Moi, c'est la même chose avec le portugais :-) (FR)	For me, it is the same with Portuguese :-)
[OleguerLl] pk el català és molt fàcil (CAT)	Because Catalan is very easy
[Ana_D] é difícil pra vocês o português, Sandrine? (PT)	Is Portuguese difficult for you (plural form), Sandrine?
[SandrineD] normalement, je comprends, mais certains mots m'échappent, m'escapan… (FR / SP)	Usually, I understand, but I don't understand some words, I don't understand
[Ana_D] acho que para nós o italiano e o francês são mais difíceis! (PT)	I think for us, Italian and French are more difficult

The sequence opens with SandrineD's question: "And for Portuguese speakers, do you understand better Catalan or Spanish?". Simon answers, in Spanish, that Italian is easier to understand than Portuguese, Ana_D, in Portuguese, that Spanish is easier to understand than Catalan despite her progress in this language, and SandrineD agrees with Simon, adding a smiley to manage the face and show her positive emotions (due to the need to remediate the lack of visual and acoustic cues). After these statements, Simon stresses that Catalan is very easy, explaining the progress made by the Brazilian speaker. Following the answer by SandrineD, Ana_D asks her if Portuguese is difficult to understand from a French standpoint, prompting Sandrine's bilingual French and Spanish answer, the second language serving as a partial translation of the previous allegation. In this case, I argue that SandrineD evaluated the verb *échapper* ("to escape" in English) as opaque for the Portuguese interlocutor (it would be "escapar" in Portuguese) and adds a Spanish translation (*escapar*) to facilitate the comprehension and prevent a problem. So, translanguaging here functions as a strategy to solve a foreseen problem. And I would say that the strategy is well calculated because Ana_D acknowledges that Italian and French are perceived as more difficult languages (than Catalan and Spanish).

Establishing linguistic hierarchies in terms of challenges that each language creates is a sign of metacommunicative plurilingual awareness as participants can anticipate communicative problems and thus translanguage to facilitate understanding without interrupting the course of the interaction. And more: it is a sign of awareness of perceived linguistic distance and the way it might influence the interaction.

The last chat sequence, "Misunderstanding", offers a counterpoint to the previous one. In this short sequence, OlehuerL1, after a humorous interaction with other Spanish participants about the film "Star Wars", acknowledges that he and his partner don't understand each other.

Table 8. Chat sequence "Misunderstanding"

Original version	English translation
[OleguerLl] jajajaja, no nos comprendemos (SP)	Jajajaja, we don't understand each other
[SandrineD] et vous parlez pourtant la même langue :-) (FR)	And though you speak the same language

SandrineD, in French, concedes that misunderstanding in this particular multilingual situation is not just a matter of using different languages, as misunderstanding also occurs between people who speak the same language. This statement challenges the common assumption that communicative problems are absent in monolingual interaction and that monolingualising interaction is a way of preventing problems from occurring (see Canagarajah 2013). It is important to note that both participants use typical elements of chat interaction conveying a sense of humour – "jajajaja" and :-) – proving the sensitive aspect of admitting misunderstanding between speakers of the same language in a context where it seems not predicted to occur. So, in this sequence, OleguerL1 and SandrineD together downplay and deconstruct monolingual and monoglossic ideologies attached to multilingual interaction, displaying signs of metacommunicative plurilingual awareness.

The sequences included in this section illustrate how multilingual interaction leads participants to reflect on the conditions surrounding the use of different languages, and the different problems and chances each language has to offer according to individual repertoires. They also make it clear that participating in multilingual interaction leads to reflection on communication in a larger sense, and on the conditions allowing mutual understanding to be co-constructed (I would call it "ethics of communication", regardless of whether communication is multilingual or monolingual). Intercomprehension is not accomplished just using languages but also through the conscious use of smileys, these being non-verbal semiotic sense-makers and sense containers that convey humour and irony more explicitly.

5. Synthesis und perspectives

This contribution challenged the commonly accepted and unquestioned goal of "communicative competence" attached to foreign language education and posits that plurilingual communicative competence can be achieved through intercomprehension, when integrated in mainstream L3 classrooms. It further allows participants to engage in fluid and unpredictable communicative practices that leave space for "incomprehension" or partial comprehension as a multilingual communicative ethos. I argue that plurilingual communicative competence is not the parallel juxtaposition of communicative competences in different languages, and that in order to be able to effectively communicate in multilingual situations, students should develop specific skills: namely, the ability to translanguage purposefully, and the ability to know when, and how, to translanguage, to achieve specific communicative goals (e.g. introducing oneself, saying goodbye, solving communicative problems, etc.). In a previous contribution, it was called the ability of translanguaging to learn and learning to translanguage (Melo-Pfeifer/Araújo e Sá 2018).

According to my analysis of chat sequences, I can argue that communicative awareness depends on the ingredients of the context (in which participants' previous experiences can be included, as a factor shaping the communication) and the principles attached to the (pedagogical) goals of the communication, and is best achieved collaboratively. The same could be argued about translanguaging. I would like to suggest that, in this particular pedagogical and multi/plurilingual project, we can distinguish between individual and collective translanguaging, the first referring to the use of semiotic repertoires by individuals and the second to the sharing of the semiotic resources of all participants in the interaction. The first is visible through the use individuals make of their repertoires and the second through the interplay (and even interdependence) of individual repertoires shared in what I would call a public translanguaging space. This distinction seems to be useful in the particular analysed communicative scenario, as individuals are plurilingual and, at the same time, the communication is expected to occur in different Romance languages (we referred to this in the introduction as a multi/plurilingual communicative situation).

Returning to the relationship between intercomprehension and the plurilingual competence, my analysis points towards several advantages of the use of interactional intercomprehension in tertiary language education (see Araújo e Sá et al. 2011 for advantages at the university level):

- socio-affective dimension: intercomprehension fosters positive attitudes towards languages and cultures and towards their speakers, and favours a positive image of plurilingual repertoires and biographies;
- cognitive and verbal dimension: intercomprehension develops language learning strategies (e.g., interlinguistic comparisons and noticing), language awareness and autonomy, nurturing language learning transversal competences;
- linguistic and communicative dimension: intercomprehension encourages the use of speakers' linguistic repertoire, and enhances the use of communicative strategies to avoid misunderstanding and to explore different layers of meaning;
- management of the communication: intercomprehension fosters the attention paid to the conditions surrounding the multi/plurilingual communication (i.e. languages in presence, participants' repertoires), fostering metacommunicative awareness.

Following on from these positive impacts of multilingual interaction in the different dimensions of the plurilingual competence, I do agree with Kramsch and Huffmaster when they state that "the focus [of foreign language learning] can no longer be merely on formal linguistic systems and their instantiation in monolingual conversations and monolingual texts" (2015, 134). A way forward to develop communicative plurilingual competence could be the inclusion of contact with, and description of, plurilingual communicative strategies in L3 classrooms, and the systematic participation in multilingual interaction including the L3 target language, leading to reflection on that experience, its affordances, challenges and outcomes. Such integration would help to establish plurilingual competence as a goal in (L3) language education, while at the same time encouraging transfer from previous languages to the L3 and from the L3 to other languages.

6. References

Andrade, Ana Isabel/ Araújo e Sá, Maria Helena/ Bartolomeu, Isabel/ Martins, Filomena/ Melo, Sílvia/ Santos, Leonor/ Simões, Ana Raquel (2003): Análise e construção da competência plurilingue – Alguns percursos didácticos. In: Neto, António/ Nico, Bravo/ Chouriço, João/ Costa, Paulo/ Mendes, Paulo (eds.): *Didáctica e metodologias da educação – percursos e desafios*. Évora: Universidade de Évora, 489–506

Araújo e Sá, Maria Helena/ Melo-Pfeifer, Sílvia (2022): Online plurilingual language interaction: identity construction and the development of the plurilingual competence of students and teachers. A focus on intercomprehension. In: Piccardo, Enrica/ Germain-Rutherford, Aline/ Lawrence, Geoff (eds.): *Routledge Handbook of Plurilingual Language Education*. London: Routledge, 276–295

Araújo e Sá, Maria Helena/ De Carlo, Maddalena/ Melo-Pfeifer, Sílvia (2011): L'Intercomprensione nell'interazione plurilingue. In: De Carlo, Maddalena (ed.): *Intercomprensione e educazione al plurilinguismo*. Porto S. Elpidio: Wizarts Editore, 287–301

Araújo e Sá, Maria Helena/ De Carlo, Maddalena/ Melo-Pfeifer, Sílvia (2010): "O que diriam sobre os portugueses?????": Intercultural Curiosity in Multilingual Chat-Rooms. *Journal of Language and Intercultural Communication* 10 (4), 277–298

Araújo e Sá, Maria Helena/ Melo, Sílvia (2007): On-line plurilingual interaction in the development of Language Awareness. *Language Awareness* 16 (1), 7–20

Bär, Markus (2009): *Förderung von Mehrsprachigkeit und Lernkompetenz. Fallstudien zu Interkomprehensionsunterricht mit Schülern der Klassen 8 bis 10.* Tübingen: Narr

Bono, Mariana/ Melo-Pfeifer, Sílvia (2012): La compétence plurilingue dans une perspective socio-constructiviste et (co-)actionnelle. In: Alao,

George/ Derivry, Martine/ Yun-Roger, Soyoung/ Suzuki, Elli (eds.) : *Didactique plurilingue et pluriculturelle: l'acteur en contexte mondialisé.* Paris: Éditions des Archives Contemporaines, 61–72

Canagarajah, Suresh (2013): *Translingual practice. Global Englishes and Cosmopolitan Relations*. London: Routledge

Candelier, Michel (coord.) et al (2011): *FREPA – A Framework of Reference for Pluralistic Approaches to Languages and Cultures – Competences and Resources.* Council of Europe 2012 (Third version)

Cenoz, Jasone/ Gorter, Durk (ed.) (2015): *Multilingual Education. Between language learning and translanguaging.* Cambridge: Cambridge University Press

Coste, Daniel/ Moore, Danièle/ Zarate, Geneviève (1997): *Compétence plurilingue et pluriculturelle.* Strasbourg: Division des politiques linguistiques, Conseil de l'Europe

Dabène, Louise (1995): Apprendre à comprendre une langue voisine, quelles conceptions curriculaires?. *Études de Linguistique Appliquée* 98, 103–112

Degache, Christian/ Garbarino, Sandra (eds.) (2017): *Itinéraires pédagogiques de l'alternance des langues. L'intercompréhension*. Grenoble: UGA Éditions

Deprez, Sandrine (2014): *Incidence d'une formation en intercompréhension sur l'acquisition de compétences en français et autres langues étrangères dans un contexte scolaire (lycée).* PhD: Université Autonome de Barcelone & Université Stendhal – Grenoble 3

García, Ofelia/ Li Wei (2014): *Translanguaging. Language, Bilingualism and Education.* Basingstoke: Palgrave Macmillan

Kramsch, Claire/ Huffmaster, Michael (2015): Multilingual practices in foreign language study. In: Cenoz, Jasone/ Gorter, Durk (eds.): *Multilingual Education. Between language learning and translanguaging.* Cambridge: Cambridge University Press, 114–136

Makoni, Sinfree/ Pennycook, Alastair (eds.) (2006): *Disinventing and Reconstituting Languages*. Clevedon: Multilingual Matters

Marshall, Steve / Moore, Danièle (2018): Plurilingualism amid the panoply of lingualisms: addressing critiques and misconceptions in education. *International Journal of Multilingualism* 5 (1), 19–34

Meißner, Franz-Joseph (2010): Diagnostisches Schreiben? ein Verfahren zur Identifikation und Förderung von Mehrsprachen- und Lernkompetenz. In: Berndt, Annette/ Kleppin, Karin (eds.): *Sprachlehrforschung: Theorie und Empirie*. Frankfurt/M.: Peter Lang, 211–222

Meißner, Franz-Joseph/ Burk, Heike (2001): Hörverstehen in einer unbekannten romanischen Fremdsprache und methodische Implikationen für den Tertiärsprachenerwerb. *Zeitschrift für Fremdsprachenforschung* 12 (1), 63–102

Melo-Pfeifer, Sílvia (2020): Intercomprehension in the mainstream language classroom at secondary school level: how online multilingual interaction fosters foreign language learning. In: Kirsch, Claudine/ Duarte, Joana (eds.): *Multilingual approaches for teaching and learning – From acknowledging to capitalising on multilingualism in European mainstream education*. London: Routledge, 94–113

Melo-Pfeifer, Sílvia (2018): The multilingual turn in language education: facts and fallacies. In: Bonnet, Andreas/ Siemund, Peter (eds.): *Foreign Language Education in Multilingual Classrooms*. New York u. a.: John Benjamins, 191–212

Melo-Pfeifer, Sílvia (2016): Translanguaging in multilingual chat interaction: opportunities for Intercomprehension between Romance Languages. In: Wang, Congcong/ Winstead, Lisa (eds.): *Handbook of Foreign Language Research in the Digital Age*. IGI Global, 189–208

Melo-Pfeifer, Sílvia (2013): *Cross-linguistic similarities in multilingual chats (Romance Languages). Oral communication at CROSSLING Symposium: Language contacts at the crossroads of disciplines, 28th February-1st March*, Joensuu (Finland)

Melo-Pfeifer, Sílvia/ Araújo e Sá, Maria Helena (2018): Multilingual interaction in chatrooms: translanguaging to learn and learning to translanguage. *International Journal of Bilingual Education and Bilingualism* 21 (7), 867–880

Moore, Danièle (2006): *Plurilinguismes et école*. Paris: Didier

Moore, Danièle/ Gajo, Laurent (2009): Introduction. French Voices on Multilingualism and Pluriculturalism: Theory, Significance and Perspectives. *International Journal of Multilingualism* 6 (2), 137–153

Morkötter, Steffi (2016): *Förderung von Sprachlernkompetenz zu Beginn der Sekundarstufe. Untersuchungen zu früher Interkomprehension*. Tübingen: Narr

Ollivier, Chistian/ Strasser, Margareta (2013): *Interkomprehension in Theorie und Praxis*. Wien: Praesens

Piccardo, Enrica/ North, Brian (2019): *The Action-oriented Approach. A Dynamic Vision of Language Education*. Bristol: Multilingual Matters

Vallejo, Claudia/ Dooly, Melinda (2019): Plurilingualism and translanguaging: emergent approaches and shared concerns. Introduction to the special issue. *International Journal of Bilingual Education and Bilingualism*. https://doi.org/10.1080/13670050.2019.1600469 (last access on 28.10.2023)

Zarate, Geneviève/ Lévy, Daniela/ Kramsch, Claire (2008): *Précis du plurilinguisme et du pluriculturalisme*. Paris: Éditions des archives contemporaine

Navigating complexity through and within scenarios: The role of mediation in plurilingual language education

Enrica Piccardo & Le Chen

ABSTRACT

Against the backdrop of the paradigmatic move towards a more fluid view of linguistic plurality and hybridity, this chapter positions mediation as a key to understanding plurilingualism and reconceptualizing language education. We explore the notion of scenario as an educational tool to operationalize mediation and create space for action-oriented plurilingual language education. Drawing on examples of scenarios and qualitative research data, we discuss how mediation can foster a dynamic, plurilingual attitude towards languages within and beyond the classroom, which provides important implications for curriculum innovation. Based on the discussion, we argue that the mediational investment that learners make in the process of plurilanguaging creates opportunities for a new positioning in relation to languages, communication and the world, empowering individuals as social agents to see difference as a nurturing feature of our diverse societies.

RÉSUMÉ

Ce chapitre positionne la médiation comme une clé pour comprendre le plurilinguisme et reconceptualiser l'éducation aux langues. Nous explorons la notion de scénario en tant qu'outil pédagogique pour opérationnaliser la médiation et créer un espace pour une éducation plurilingue orientée vers l'action. En nous appuyant sur des exemples de scénarios et des données de la recherche, nous discutons des manières dont la médiation peut favoriser une attitude dynamique et plurilingue à l'égard des langues au sein et en dehors de la classe, ce qui a des implications importantes pour l'innovation des programmes d'études. Nous soutenons que l'investissement médiatique des apprenants dans le processus de plurilinguisme crée des opportunités pour un nouveau positionnement par rapport aux langues, à la communication et au monde, permettant aux individus/acteurs sociaux de voir la diversité comme une richesse de nos sociétés.

1. Introduction

The accelerated mobility in current societies and exponential increase in linguistic and cultural diversity require us to reconceptualize the role of languages to better understand how individual identities deconstruct and reconstruct, and how cultures deterritorialize and reterritorialize in our postmodern societies. Admittedly, while some geographical, cultural, linguistic, and conceptual boundaries have been blurred and hybridized, other boundaries have nonetheless stratified themselves over time and become indoctrinated in our life and knowledge systems, which leads to mixed responses (oppositions and approvals) to diversity or hybridity. In relation to language education (LE), we should recognize the challenges and opportunities that the ever-increasing diversity brings and consider how we could redesign LE as a potential catalyst of change (Piccardo 2013). However, such a move towards a new paradigm of hybridity that puts the emphasis on the complex web of interconnections of languages and cultures and on flexible thinking – rather than separation, perfection and purity – is taking a long time to emerge.

In this paper, we present an overview of the theoretical foundations of plurilingualism as a move towards language plurality and hybridity and highlight the intersection between the notions of mediation and plurilanguaging. Drawing on scenario examples and selected research data, we then discuss scenarios as practical tools for operationalizing mediation and creating space for action-oriented plurilingual LE.

2. Plurilingualism: A move towards plurality and hybridity in languages and language education

After the long process since the 1960s to prove the cognitive advantages of bilingualism (Peal/Lambert 1962), linguistic plurality started to be seen as a resource rather than as a problem in the 1980s (e.g., Cummins 1984; Lüdi/Py 1986/2013). The 1990s saw the development of notions such as multi-competence (Cook 1991), plurilingualism (Coste et al. 1997/2009; Council of Europe 1996 and 2001), and translanguaging (Williams 1996). Since then, a rich body of research has investigated forms of discourse and pedagogy that break down boundaries between languages and embrace hybridity in the development of personal repertoires, trajectories and identities in various contexts and languages (among others Canagarajah 2013; Cenoz/Gorter 2011; Cummins 2017; García/Wei 2014; Herdina/Jessner 2002; Jacquemet 2005; Jørgensen et al. 2011; May 2014; Meier/Conteh 2014; Otsuji/Pennycook 2010; Piccardo/Capron Puozzo 2015; Piccardo et al. 2022a; Prasad 2014). This research has expanded and deepened our understanding of individuals' fluid, flexible use of holistic plurilingual repertoires.

This turn towards a more fluid view of linguistic plurality has taken place alongside a reconceptualization of language learning and use. For example, the Common European Framework of Reference for Languages (CEFR)

(Council of Europe 2001) perceives language learning as a dynamic action-oriented process, linking modes of communication (reception, production, interaction and mediation) to language competences (linguistic, sociolinguistic and pragmatic) and general competences (e.g., world knowledge, interculturality, *savoir-être*) in a spiraling development towards a higher proficiency level (Council of Europe 2001). Emphasizing the complex, situated nature of language learning and use, this framework opened the door to a vision of plurilingual education and to a shift towards action orientation in classroom practices, focusing on learners' agency (Bourguignon 2010; Piccardo/ North 2019). In fact, the notion of 'social agent' is crucial to capturing how people interact with the linguistic and cultural landscapes that characterize our social environment. Together, the concepts of plurilingualism, social agent and mediation provide a solid springboard for the investigation of the potential of plurilingual and pluricultural competence (PPC) at the educational, social and political levels (e.g., Beacco/Byram 2007; Beacco et al. 2016).

Two decades later, with the dynamic, ever-changing relationship that individuals maintain with language(s) and culture(s) across the course of their life trajectories, the notions of mediation and PPC are at the forefront of research and pedagogy and have been the focus of the new version of the CEFR, the so-called CEFR Companion Volume (Council of Europe 2020), which positions mediation at the core of a reconceptualization of LE (North/ Piccardo 2016) and consequent reshaping of classroom realities, to which we now turn.

3. The notion of mediation and its implications

Briefly, the notion of mediation has evolved from a Hegelian view which perceives thought as a process of mediation, through Marx and Engels' addition of the social dimension by shedding light on the relational essence of mediation in the opposition of social forces, to Vygotsky's (1978) combination of these two dimensions (cognition and social interaction), suggesting that higher mental functions have social origins (Wertsch 1985) and that social interaction precedes the emergence of concepts. According to Lantolf, mediation of thought is perceived as a process of "internalization of socially constructed activity" (2007, 693). In this sense, social interaction is fundamental to language learning, since "language emerges from social and cultural activity and only later becomes an object of reflection" (Kramsch 2000, 134). In other words, language is an emergent phenomenon, constantly created and recreated in individual and collective mediation, in social and cognitive interdependence.

Languages do not consist of sets of interchangeable labels to be applied to objects and concepts. We should see language use/learning as semiotic, non-linear activity in which mediation plays a crucial role. Mediation is not merely a fifth skill to add to the classic four (i.e., listening, reading, speaking, and writing) but a means to acknowledge the complexity of language and language use. In the same way that interaction is not just the sum of reception and production but involves the co-construction of discourse, mediation integrates and goes beyond the social dimension of interaction, stressing the co-construction of meaning and the facilitation of communication. Mediation activities can be categorized into mediating a text, mediating concepts and mediating communication (Figure 1), with a number of mediation strategies (e.g., to explain a new concept or simplify a text) which can be used to provide visibility and scaffolding to the actions that learners undertake.

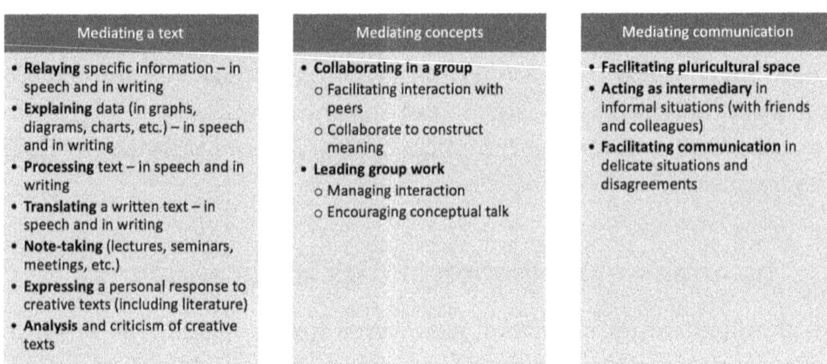

Figure 1. Three Categories of Mediation Activities (adapted from Council of Europe 2020, 106).

Mediating a text may take place across languages or varieties. In a multilingual classroom, people may mediate a text by narrating it in different languages (cross-linguistic mediation) to ensure that everyone is involved (e.g. Creese/Blackledge 2010; Lewis et al. 2012) or by explaining, summarizing, clarifying and expanding a text in another language that is more familiar to the learners (e.g., King/Chetty 2014). People may also mediate concepts by facilitating collaborative work to co-construct meaning. Such collaboration in small groups increases learners' sources of mediation (van Lier 2004), with mediating for others "an opportunity to verbalise, clarify and extend [...] own knowledge" (Walqui, 2006, 168). Learners may also mediate communication by acting as an intermediary when people have difficulty understanding each other. Mediation of communication "instill[s] specific dynamics into third areas as alternatives to linguistic and cultural confrontation. In this plural area difference is pinpointed, negotiated and adapted" (Zarate 2003, 95). Overall, as Piccardo and Aden (2014) argue, it is crucial to note the interdependence of cognitive, relational and emotional dimensions of mediation. Language is not the only reason people have difficulty understanding one another; the difficulty may be caused by different perspectives or expectations, and different interpretations of behaviour, rights and obligations.

4. Mediation and plurilingualism: A synergy

Let us now turn to the intersection between mediation and plurilingualism. In doing so we will discuss the way mediation fosters a dynamic, plurilingual attitude towards languages within and beyond the classroom. We will also explain the concept of plurilanguaging (Piccardo 2017) and the ways that learners/users can build on the mediational process that plurilanguaging inevitably requires.

4.1 Mediation as a key to understanding plurilingualism

A helpful way to visualize the mediational process in relation to plurilingualism is through metaphors. Some 50 years ago, Deleuze proposed "the rhizome in opposition to the tree, a rhizome-thought instead of an arborescent thought" (1968/1994, 4) as a useful metaphor to understand our thought process. More recently, Canagarajah (2018) argued that a rhizomatic model can help overcome the limitations of recent conceptual models (e.g., The Douglas Fir Group 2016) that continue to stress mental interiorization by positioning individual cognition at the core; he pointed out that "the nonlinearity of the rhizome allows for different trajectories of language development [and] can also account for the possibility of someone shuttling between verbal resources identified as Korean and English without the need to have two separate proficiencies symbolized by two separate trees" (Canagarajah 2018, 283). By disassembling and distributing not only linguistic and cultural resources but also mind, body and emotions as well as artifacts and other resources, the rhizomatic model makes space for different combinations and sees "the emergence of meanings as an assemblage of co-constructive resources" (ibid., 285).

Similarly, Larsen-Freeman suggests that "learners/users 'soft-assemble' or cobble their utterances together, a kind of bricolage" (2017, 26) which involves transformation rather than transfer. This transformation is mediated: the learner is engaged in a constant process of co-construction and appropriation of meaning. As such, mediation provides us with an epistemological key to understanding plurilingualism, which embraces a complex, dynamic, and transformative vision of language construction and use. Plurilingualism sees named languages as living phenomena in a constant state of flux: open assemblages, flexible dynamic "polysystems" (Wandruszka 1979, 39) that are constantly developing bottom-up due to collective situated action, while at the same time being influenced top-down by socio-political forces.

Mediation is at the core of plurilingualism. With its focus on the linguistic and cultural repertoires of social agents, plurilingualism fosters the awareness, agency and self-efficacy which are necessary conditions for successful mediation, increasing the chances that the learner perceives affordances as invitations they should act upon. Similarly to the way a prism allows one to see the different colours that make up light, mediation helps us perceive the multiple facets of the complex undertaking of using and learning languages. Mediation is the lens that casts new light onto the nature of plurilingualism, its theoretical underpinning and its implications. In fact, the new CEFR descriptors for mediation and for PPC (Council of Europe 2020) are closely related to each other. Descriptors for building a plurilingual (or pluricultural) repertoire imply mediational competences in the same way that most of the mediation descriptors require some form of PPC. If we recognise the centrality of mediation in all phenomena that involve communication and languaging within and across languages/varieties, we can investigate the fundamental principles of plurilingualism, which are influenced by people's attitude and worldview, situated within and across languages, cultures and identities.

Up to now, mediating texts or conversations across languages (cross-linguistic mediation) has been the main aspect of mediation adopted in the language curriculum, giving rise to a growing body of studies (e.g., Dendrinos 2006; Kolb 2016; Reimann/Rössler 2013; Stathopoulou 2015). This line of research focuses on the individual acting as an informal interpreter in a conversation on the one side, and summarizing in a different language the main content of a short text on the other side. Such activities can foster language awareness and cultural mediation, which is seen as a strategy to acquire metalinguistic knowledge and intercultural competence. However, a limitation in this approach is that the individual learner is required to summarize input rather than (co-)construct new concepts: they have limited agency and the focus is more on the product than on the process. The oversight of learner agency and collaboration in the learning process is problematic because it diminishes space for mediation in the educational sense; there is no focus on languaging, even less on what plurilingual people do, i.e., plurilanguaging, "a dynamic, never-ending process to make meaning using different linguistic and semiotic resources" (Piccardo 2018, 9).

4.2 Plurilanguaging and its implications

The shift from thinking in terms of a product to thinking in terms of a process is marked by the increasing use of the verb languaging (Cowley/Gahrn-Andersen 2018; Maturana 1988; Swain 2006), which aims to capture the dynamic way that language is used as a key mediational tool to support both the thinking process and the ability to make sense of the social and material world. Language development itself is also increasingly seen as a dynamic process with the characteristic of a constant becoming (Larsen-Freeman 2015 and 2017; Ortega/Han 2017; Piccardo 2019) through the ongoing construction of the individuals' idiosyncratic repertoire, shaped by the different intercultural encounters of their personal life trajectory (Busch 2012; Byram et al. 2009). The term plurilanguaging has therefore been proposed to describe the way plurilinguals negotiate linguistic and cultural meaning by exploiting sociocultural schemata and awareness of synergies between partial linguistic resources used as building blocks (Lüdi 2011; Makoni/Makoni 2010). Through plurilanguaging, social agents creatively build on and mobilize their multiple resources to acquire new language which in turn modifies their repertoires and resources in an emergent process of exploration and construction.

Drawing on the concept of complex adaptive systems, Piccardo (2017) articulates five key aspects of plurilanguaging: (1) it enables social agents to build on all available linguistic and cultural resources in order to engage in a cyclical, emergent process of exploration and constructing meaning in a two-way process of interaction with the environment; (2) individuals engage in an agentic process of selecting and (self-)organizing their resources to mediate and (co)construct meaning within their material and symbolic world, undergoing a reorganization that helps them to reach a new stage in the learning process; (3) plurilanguaging is a process of dealing with chaos, where individuals creatively employ linguistic and cultural resources in each transitory phase in order to reach a new state of balance; (4) it is an awareness-raising process that enhances perception of linguistic and cultural features in the learning process; and (5) it is an empowering process in relation to norms, as plurilingual learners are encouraged to take risks and cross boundaries in creative ways.

The concept of plurilanguaging holds important educational implications for today's multilingual societies where learners are increasingly exposed to a wide landscape of affordances (Rietveld/Kiverstein 2014). As plurilanguaging involves perception, exploration and mediation by using all available semiotic resources, it helps to make affordances visible so that learners venture into the exploration of them and construct meaning. This plurilanguaging process involves both mediating and negotiating the ambiguities involved, two fundamental characteristics of plurilingualism. Embracing plurilanguaging in the classroom can initiate a range of changes, from helping learners see the interconnections between language systems and discover their plurilingual repertoires, to enhancing their language and cultural awareness and empowering their exploration of linguistic and cultural diversity and hybridity. However, we should note that mere exposure to different languages does not lead automatically to increased agency, as "agency requires the potential for choice, selection, initiative or decision" (Piccardo 2017, 4).

In a nutshell, plurilingualism and mediation are key notions for reconceptualizing individual identities in a more dynamic and open-ended alignment with a complex vision of society. Plurilingualism embraces linguistic creativity and *métissage* in a flexible, dynamic process of development, becoming and mediation. A plurilingual approach enhances metalinguistic and metacultural ability and nurtures a flexible, critical and creative attitude and a new agentic positioning, while at the same time opening to self-reflection and change. A plurilingual perspective enables one to see ecology of languages, cultures, identities as aspects of a tapestry, in which patterns are constantly being (re) woven, and not to feel threatened by this complexity. However, to nurture learners' perception of identity plurality and hybridity and encourage them to engage in a process of (self-)discovery, simple exposure to a multiplicity of languages and cultures is not sufficient; targeted support through the lens of plurilingualism and mediation is required. One way to do this is by providing action-oriented scenarios that generate space for mediation and plurilanguaging.

5. The scenario as a practical tool to reshape language curriculum

We now present the action-oriented scenario[1] as an educational tool to facilitate students' mediation and plurilingualism through performing action-oriented tasks. The word 'scenario' has two main connotations. By its literal meaning, 'scenario' suggests a (simulated) real-world context with authentic conditions and constraints, rather than a narrow pedagogic task. It also suggests a mental script or schema for a particular situation or task that learners are already familiar with, such as a planning a trip with friends. Thus, scenarios allow activation of scripts or schemata that draw not only on linguistic, pragmatic and sociolinguistic competences but also on general competences such as sociocultural knowledge, experiential competence, etc. Scenarios can be a turnkey to operationalizing mediation in the classroom in order to foster plurilingual and pluricultural competence (PPC) (Bourguignon 2010; Piccardo 2014), because they offer a concrete way to deal with the complexity of the language teaching and learning process.

Hereafter we provide two examples of scenarios from the project Linguistic and Cultural Diversity Reinvented (LINCDIRE) (Piccardo et al. 2022b)[2]. These examples are provided to show how scenarios can connect language and action, that is, the task(s) that students are called on to accomplish are driven by action.

---

1 The term 'scenario' refers to a contextually sound description of situated actions that learners undertake within a project with a precise goal in mind, ending with the creation of an artefact. An action-oriented scenario helps teachers and students identify learning objectives, get an overview of the context/situation, the steps (sub-tasks) and the culminating task to be completed by the learner at the end of the scenario.

2 The LINCDIRE website is available at https://www.lincdireproject.org/.

Scenario 1: Town Hall Environment Meeting

Your municipality leaders have organized an upcoming Town Hall meeting to collect proposals for a new recreational facility that fosters intercultural understanding in your diverse neighbourhood (e.g., a new multilingual library, an international theatre, a garden).

You and your friends decide to do some research and create a proposal for a facility. Create a proposal that you will present at the upcoming Town Hall meeting where other community members will be gathered to discuss and vote for their favourite idea.

Scenario 2: Our family history

Your school has organized a community celebration on Canadian history over the past 60 years. Each class will work on a different aspect (economic development, social trends, lifestyle, etc.) and submit a maximum of three student productions to a final jury. Your class has been assigned the social and historical development of Canada, a major part of which is families and immigration. The goal of the celebration is to inform others of the diversity of Canadian experience.

For this task, you will create your family tree and describe your family's life. With the help of your family, you will create a portrait of your family today (language[s] spoken, traditions, your immigration story). This can be in any form you prefer, mixing visuals and words and using a variety of media tools. A selection of these artifacts will be used for the celebration event. The class will provide a written rationale for the selection.

We will then draw on interview data from teachers (N=25) and student (N=115) who used LINCDIRE action-oriented scenarios for diverse languages (e.g., English, French, Spanish, Arabic) in primary, secondary, and postsecondary settings to show that action-oriented scenarios/tasks can contribute to curriculum innovation in two interrelated ways: (a) increasing agency and motivation through authenticity and action, and (b) supporting mediation and development of PPC with systematic guidance through 'can do' descriptors.[3]

---

[3] The quotes used in this chapter are taken directly from the data set collected during the LINCDIRE project. Pseudonyms have been used to preserve anonymity. NB: these quotes refer to the different scenarios used, not only the two examples of scenarios provided.

5.1 Authenticity and learner agency

The most significant value of scenarios that emerged from teachers' and students' accounts is a greater sense of learner agency and motivation because of the authentic situations, activities and resources involved. Since the learners are regarded as social agents (people exerting their agency in realistic contexts), they take ownership of what needs to be done to reach the goal and act strategically, building on what they have at their disposal. For instance, one teacher said that "moving away from the textbook" to a more authentic scenario made a connection with the students' own environment:

> When I finished introducing something, I would try to do this transfer, that students have the ability to transfer what they have learned to a more freestyle task or exercise, if possible, referring to their own environment...So I would say that the scenario brings it to a higher level, perhaps, that it's a more holistic ... It's not just an exercise, but it's a real task with several steps, and so I think that would be different from what I've done in the past. So I think there is still a difference in quality and, yeah, completeness. (Allison, LINCDIRE Interview, 14.05.2018)

This view was echoed by students[4]:

> We got to choose our own elements to do. Everybody could choose a subject which they like the most. Like if somebody's interested in food, like cooking food, they could do that. If somebody's more interested in the cultural element, they could do that too. We had a lot of [inaudible] to choose what we wanted to do and what interests us the most. (Student, LINCDIRE Interview, Spring, 2018)

As seen from the remarks above, the use of an authentic scenario with embedded tasks ("a real task with several steps") are well connected to students' life and learning trajectories ("students' own environment", "our own elements"), which made the learning process "more holistic" and meaningful ("not just an exercise"). This perspective is shared by other teachers who valued the fact that "task-based allows for more flexibility and hypothetically real-life application rather than just playing with the flashcards" (Thelma and Coral, LINCDIRE Interview, 07.11.2018). Indeed, far from being just a camouflage of the grammar structure that students are expected to acquire, the scenario

4 Students in focus group interviews were anonymized and randomized to avoid connections being made between student comments and their teachers. Thus, they are only referred to as 'Student.'

project becomes a real endeavour and, together with its related artifact(s), the driving force of the learning process. Linguistic components such as grammar and vocabulary are at the service of the accomplishment of the task(s) and not vice versa. As a result of scenarios, many teachers reported an increased level of student motivation and engagement. The students themselves widely used words such as 'fun', 'interesting', and 'useful' when describing their experiences with the tasks implemented in the classroom.

Besides the motivation boost triggered by the authenticity of scenarios, learner agency is also harnessed and enhanced through the conditions and constraints in the scenario design. Just as real-life situations usually involve a compromise between the ideal and the feasible, the learners must consider the conditions and constraints defined in the scenario and handle the complexity and unpredictability in this process; they must leverage their strengths, plan ahead, make necessary adjustments as they go and make choices. For example, another teacher commented on how the scenario allowed her students to develop self-regulation:

> I really liked the aspect of self-direction in the students. The aspect that they were able to choose and the self-organization aspect. Because some of them chose to work in groups, some of them chose to work individually so making all of those choices. (Rosa, LINCDIRE Interview, 25.04.2018)

Importantly, reflection does not take the form of hindsight at the end of the scenario, but occurs as an ongoing, awareness-raising and self-regulatory activity throughout. In this iterative process, scenarios open up space for learners to set situational goals proactively and judge what they lack in order to achieve the goals, which considerably strengthens their self-efficacy. Yet, allowing the learner to take up more responsibility does not diminish the role of the teacher: it is the teacher who creates the landscape of affordances manifested in the scenario; it is also the teacher who helps the learners to perceive the affordances as invitations to action and provide timely constructive feedback and feedforward. They mediate for the learners, as the learners mediate for themselves and each other, as discussed next.

5.2 Fostering mediation and PPC through 'can do' descriptors

While learner agency is promoted through the authenticity of scenario design and the conditions and constraints embedded in the scenario, it is further manifested and supported in the guidance or 'signposting' that teachers and students can find in each scenario in the form of an array of 'can do' descriptors at the proficiency level concerned. These descriptors are not prescriptive but serve as beacons for guiding teachers (who are also regarded as professional social agents). Teachers can adapt them to suit their own teaching context and learners' needs.

The defined aims in terms of both task completion and language-related objectives are shared with learners in the form of 'can do' descriptors so that everybody knows what they are aiming towards. The descriptors for mediation activities (Figure 1), for example, include the subscale for analysis and criticism of creative texts (including literature) in the category of mediating a text. Here teachers who work with students at B1 level will find two descriptors:

- can point out the most important episodes and events in a clearly structured narrative in everyday language and explain the significance of events and the connection between them (Council of Europe 2020, 108)
- can describe the key themes and characters in short narratives involving familiar situations that are written in high frequency everyday language (ibid., 108)

Similarly, for mediating concepts at B1 level, teachers may select from an array of descriptors e.g.,

- can invite other people in a group to contribute their views [in the subscale for facilitating collaborative interaction with peers] (ibid., 226)
- can use questions, comments and simple reformulations to maintain the focus of a discussion [in the collaborating to construct meaning subscale] (ibid., 229)
- can give simple, clear instructions to organize an activity [in the managing interaction subscale] (ibid., 232)
- can ask questions to invite people to clarify their reasoning [in the encouraging conceptual talk subscale] (ibid., 234)

Lastly, a teacher might adapt, for mediating communication, from the subscale for facilitating plurilingual space, e.g.,

- can act in a supportive manner in intercultural encounters, recognizing the feelings and different worldviews of other members of the group (ibid., 117)
- can help to develop a shared communication culture, by exchanging information in a simple way about values and attitudes to language and culture (ibid., 117)

In the LINCDIRE project, teachers and students valued the affordances for mediation and collaborative interaction. Students mentioned that they enjoyed the scenarios, "because this is time to work together … different background people to come together to become a group" (Student, LINCDIRE Interview, Spring, 2018). Students agreed strongly on the connectivity created or promoted by such collaboration that "we were pretty much connecting the entire time, … some of us don't connect with some people, and then we got to learn more about each other" (Student, LINCDIRE Interview, Spring, 2018). In addition, the space opened up by scenarios and facilitated by mediation allows students to navigate their own linguistic repertoires, recognizing their own linguistic trajectories and resources, but also leads to learning from others' trajectories and repertoires, which leads to an increased PPC among the students.

The plurilingual and pluricultural dimension finds in the scenario a natural space to develop in two ways. Firstly, plurilanguaging may be facilitated by the presence of multiple languages and cultures in the classroom. Learners are encouraged to share with their peers their knowledge and experience of other languages and cultures, and build on this knowledge and expertise to make sense of texts, provide insights, and expand their learning experience to facilitate comprehension (Galante 2018; Galante et al. 2019). Take Scenario 1 (Town Hall Environment Meeting) for example: the scenario itself can engage students in exploring different resources and contexts with the goal of creating a proposal for a new recreational facility to present to community members. Secondly, the scenario itself encourages learners to reach out to the community or to resources in multiple languages and cultures that are relevant to the artifacts being created as the final product. This can be observed in Scenario 2

(Our family history), which focuses on families and immigration and thus facilitates the sharing of one's own plurilingual and pluricultural trajectory.

While the two scenarios provide different space for students' development of PPC, it is clear that the distinction is not strict and that all combinations are possible during the different subtasks that enable students to accomplish the culminating task and produce the relevant artifacts. For instance, students working in Scenario 1 may be exposed to and learn about different languages and cultures as they do the research on their topic; students working in Scenario 2 may also draw on a variety of resources and contexts in their sharing of their languages/cultures and life history. In both cases, the work within the scenario facilitates the aha moments when things fall into place. These aha moments are important for students to become more aware of linguistic and cultural diversity as a valuable resource, shift from a deficiency to a proficiency perspective when it comes to engaging in plurilanguaging, and be empowered to venture into a new, broader and more diverse linguistic and cultural space.

6. Conclusion

In this paper, we have briefly reviewed the development of plurilingualism and highlighted the role of mediation in understanding plurilingualism and reconceptualizing language education towards plurilanguaging. We have also proposed the scenario as a turnkey for operationalizing mediation in the classroom and discussed its implications for curriculum innovation. Mediation takes place in many ways: one mediates for oneself and for others, within and across languages/varieties, to give or gain access to knowledge and concepts, to make sense of or explain texts, and to facilitate communication. Recognizing the mediated and mediating nature of language provides the conditions to understand the nature of plurilingualism. Plurilingualism opens pathways to new landscapes of affordances and the mediational investment that learners make in the process of plurilanguaging in response to those affordances brings them an opportunity for a new positioning in relation to languages, communication and the world. Plurilingualism is, above all, a way of being in the world that empowers social agents to see difference as a nurturing feature of our diverse societies. However, while it is relatively easy to discuss the potential of mediation and plurilingualism in academic articles, making space for them in classroom practice can still be challenging for educators. To provide guidance and transparency for plurilingual initiative, we suggest that the 'can do' descriptors for mediation and PPC in the CEFR Companion Volume provide a powerful tool to help teachers move towards a more dynamic and transformative view of languages and learners' plurilingual repertoires and trajectories, and to translate this shift into educational practice.

7. References

Beacco, Jean-Claude/ Byram, Michael (2007): *From linguistic diversity to plurilingual education: Guide for the development of language education policies in Europe*. Strasbourg: Council of Europe. https://www.coe.int/en/web/common-european-framework-reference-languages/documents (last access on 08.03.2022)

Beacco Jean-Claude/ Byram, Michael/ Cavalli, Marisa/ Coste, Daniel/ Egli Cuenat, Mirjam/ Goullier, Francis/ Panthier, Joanna (2016): *Guide for the development and implementation of curricula for plurilingual and intercultural education*. Strasbourg: Council of Europe. http://www.coe.int/en/web/common-european-framework-reference-languages/documents (last access on 08.03.2022)

Bourguignon, Claire (2010): *Pour enseigner les langues avec les CERCL – clés et conseils*. Paris: Delagrave

Busch, Brigitta (2012): The linguistic repertoire revisited. *Applied Linguistics* 33 (5), 503–523. https://doi.org/10.1093/applin/ams056 (last access on 21.07.2022)

Byram, Michael/ Barrett, Martyn/ Ipgrave, Julia/ Jackson, Robert/ Méndez García, Carmen (2009): *Context, concepts and theories of the Autobiography of Intercultural Encounters.* Strasbourg: Council of Europe. https://www.coe.int/t/dg4/autobiography/Source/AIE_en/AIE_context_concepts_and_theories_en.pdf (last access on 21.07.2022)

Canagarajah, Suresh (2018): Materializing 'competence': Perspectives from international STEM scholars. *The Modern Language Journal* 102 (2), 268–291. https://doi.org/10.1111/modl.12464 (last access on 21.07.2022)

Canagarajah, Suresh (2013): *Translingual practice: Global Englishes and cosmopolitan relations*. London u. a.: Routledge

Cenoz, Jasone/ Gorter, Durk (2011): A holistic approach to multilingual education: Introduction. *The Modern Language Journal* 95 (3), 339–343. https://doi.org/10.1111/j.1540-4781.2011.01204.x (last access on 21.07.2022)

Cook, Vivian James (1991): The poverty-of-the-stimulus argument and multi-competence. *Second Language Research* 7 (2), 103–117

Coste, Daniel/ Moore, Daniele/ Zarate, Geneviève (2009): *Compétence plurilingue et pluriculturelle. Vers un Cadre Européen Commun de Référence pour l'enseignement et l'apprentissage des langues vivantes: études préparatoires* [1997]. https://rm.coe.int/168069d29c (last access on 23.07.2022)

Council of Europe (2020): *Common European Framework of Reference for Languages: Learning, teaching, assessment. Companion volume*. https://rm.coe.int/common-european-framework-of-reference-for-languages-learning-teaching/16809ea0d4 (last access on 23.07.2022)

Council of Europe (2001): *Common European Framework of Reference for Languages: Learning, teaching, assessment*. https://rm.coe.int/1680459f97 (last access on 23.07.2022)

Council of Europe (1996): Modern languages: Learning, teaching, assessment. A Common European Framework of Reference. Draft 2 of a Framework Proposal. *CC-LANG* (95) 5 rev. IV. Strasbourg: Council of Europe

Cowley, Stephen John/ Gahrn-Andersen, Rasmus (2018): Simplexity, languages and human languaging. *Language Sciences 71*, 4–7

Creese, Angela/ Blackledge, Adrian (2010): Translanguaging in the bilingual classroom: A pedagogy for learning and teaching? *The Modern Language Journal* 94 (1), 103–115

Cummins, Jim (2017): Teaching minoritized students: Are additive approaches legitimate? *Harvard Educational Review* 87 (3), 404–425

Cummins, Jim (1984): *Bilingual education and special education: Issues in assessment and pedagogy*. San Diego: College Hill

Deleuze, Gilles (1994): *Difference and repetition* [fr.1968]. New York: Columbia University Press

Dendrinos, Bessie (2006): Mediation in communication, language teaching and testing. *Journal of Applied Linguistics* 22, 9–35

Galante, Angelica (2018): *Plurilingual or monolingual? A mixed methods study investigating plurilingual instruction in an EAP program at a Canadian university.* Doctoral dissertation, University of Toronto, Canada. http://hdl.handle.net/1807/91806 (last access on 21.07.2022)

Galante, Angelica/ Okubo, Kerstin/ Cole, Christina/ Abd Elkada, Nermine/ Carozza, Nicola/ Wilkinson, Claire/ Wotton, Charles/ Vasic, Jelena (2019): Plurilingualism in higher education: A collaborative initiative for the implementation of plurilingual tasks in an English for Academic Purposes program at a Canadian university. *TESL Canada Journal* 36 (1), 121–133

García, Ofelia/ Wei, Li (2014): *Translanguaging: Language, bilingualism and education*. Basingstoke: Palgrave Macmillan

Herdina, Phillip/ Jessner, Ulrike (2002): *A dynamic model of multilingualism: Changing the psycholinguistic perspective*. Clevedon: Multilingual Matters

Jacquemet, Marco (2005): Transidiomatic practices: Language and power in the age of globalization. *Language & Communication* 25 (3), 257–277

Jørgensen, Jens Normann/ Karrebaek, Martha Sif/ Madsen, Lian Malai/ Møller, Janus Spindler (2011): Polylanguaging in superdiversity. *Diversities* 13 (2), 2–37

King, James/ Chetty, Rajendra (2014): Codeswitching: Linguistic and literacy understanding of teaching dilemmas in multilingual classrooms. *Linguistics and Education* 25, 40–50

Kolb, Elisabeth (2016): *Sprachmittlung: Studien zur Modellierung einer komplexen Kompetenz.* Münster: Waxmann

Kramsch, Claire (2000): Social discursive construction of self in L2 learning. In: Lantolf, James P. (ed.): *Sociocultural theory and second language learning.* Oxford: Oxford University Press, 133–154

Lantolf, James P. (2007): Sociocultural theory: A unified approach to L2 learning and teaching. In: Cummins, Jim/ Davison, Chris (eds.): *International Handbook of English Language Teaching.* New York: Springer, 692–701

Larsen-Freeman, Diane (2017): Complexity theory: The lessons continue. In: Ortega, Lourdes/ Han, Zaohong (eds.): *Complexity theory and language development: In celebration of Diane Larsen-Freeman*. Amsterdam u. a.: John Benjamins, 11–50

Larsen-Freeman, Diane (2015): Saying what we mean: Making a case for 'language acquisition' to become 'language development'. *Language Teaching* 48 (4), 491–505

Lewis, Gwyn/ Jones, Bryn/ Baker, Colin (2012): Translanguaging: Developing its conceptualisation and contextualisation. *Educational Research and Evaluation* 18 (7), 655–670

Lüdi, Georges (2011): Vers de nouvelles approches théoriques du langage et du plurilinguisme. *Travaux neuchâtelois de linguistique* 53, 47–64

Lüdi, Georges/ Py, Bernard (2013): *Etre bilingue. 4e édition ajoutée d'une postface* [1986]. Bern u. a.: Lang

Makoni, Sinfree/ Makoni, Busi (2010): Multilingual discourses on wheels and public English in Africa: A case for 'vague linguistique'. In: Maybin, Janet/ Swann, Joan (eds.): *The Routledge Companion to English Language Studies*. London u. a.: Routledge, 258–270

Maturana, Humberto R. (1988): Reality: The search for objectivity or the quest for a compelling argument. Irish J. *Psychology* 9 (1), 25–82

May, Stephen (ed.) (2014): *The multilingual turn: Applications for SLA, TESOL and bilingual education*. New York: Routledge

Meier, Gabriela/ Conteh, Jean (eds.) (2014): *The multilingual turn in language education: Opportunities and challenges*. Bristol: Multilingual Matters

North, Brian/ Piccardo, Enrica (2016): *Developing illustrative descriptors of aspects of mediation for the Common European Framework of Reference (CEFR)*. Strasbourg: Council of Europe. https://rm.coe.int/common-european-framework-of-reference-for-languages-learning-teaching/168073ff31 (last access on 21.07.2022)

Ortega, Lourdes/ Han, Zhaohong (eds.) (2017): *Complexity theory and language development: In celebration of Diane Larsen-Freeman*. Amsterdam u. a.: John Benjamins

Otsuji, Emi/ Pennycook, Alistair (2010): Metrolingualism: Fixity, fluidity and language in flux. *International Journal of Multilingualism* 7 (3), 240–254

Peal, Elisabeth/ Lambert, Wallace E. (1962): The relation of bilingualism to intelligence. *Psychological Monographs* 76 (546), 1–23

Piccardo, Enrica (2019): Rethinking plurality in our liquid societies. In: Bangou, Francis/ Waterhouse, Monica/ Fleming, Douglas (eds.): *Deterritorializing language, teaching, and learning: Deleuzo-Guattarian perspectives on second language education*. Leiden u. a.: Brill/Sense, 58–86

Piccardo, Enrica (2018): Plurilingualism: Vision, conceptualization, and practices. In: Trifonas, Peter Pericles/ Aravossitas, Themistoklis (eds.): *Springer International Handbooks of Education. Handbook of Research and Practice in Heritage Language Education*. New York: Springer International Publishing, 1–19

Piccardo, Enrica (2017): Plurilingualism as a catalyst for creativity in superdiverse societies: A systemic analysis. *Frontiers in Psychology* 8, 1–13. https://doi.org/10.3389/fpsyg.2017.02169 (last access on 21.07.2022)

Piccardo, Enrica (2014): Du communicatif à l'actionnel: un cheminement de recherche. *CSC*, 55. https://transformingfsl.ca/fr/components/du-communicatif-a-lactionnel-un-cheminement-de-recherche/ (last access on 21.07.2022)

Piccardo, Enrica (2013): Plurilingualism and curriculum design: Towards a synergic vision. *TESOL Quarterly* 47 (3), 600–614

Piccardo, Enrica/ Aden, Joelle (2014): Plurilingualism and empathy: Beyond instrumental language learning. In: Conteh, Jean/ Meier, Gabriela (eds.): *The multilingual turn in language education. Opportunities and challenges*. Bristol: Multilingual Matters, 240–263

Piccardo, Enrica/ Capron Puozzo, Isabelle (eds.) (2015): From second language pedagogy to the pedagogy of 'plurilingualism': a possible paradigm shift? [Special issue]. *The Canadian Modern Language Review* 71 (4), 317–323

Piccardo, Enrica/ North, Brian (2019): *The action-oriented approach: A dynamic vision of language education.* Bristol: Multilingual Matters

Piccardo, Enrica/ Germain-Rutherford Aline/ Lawrence, Geoff (2022): *The Routledge handbook of plurilingual language education.* London: Routledge

Piccardo, Enrica/ Lawrence, Geoff/ Germain Rutherford, Aline/ Galante, Angelica (2022): *Activating linguistic and cultural diversity in the language classroom*. New York: Springer International Publishing

Prasad, Gail (2014): Portraits of plurilingualism in a French international school in Toronto: Exploring the role of the visual methods to access students' representations of their linguistically diverse identities. *Canadian Journal of Applied Linguistics* 17 (1), 55–71

Reimann, Daniel/ Rössler, Andrea (eds.) (2013): *Sprachmittlung im Fremdsprachenunterricht*. Tübingen: Narr Francke Attempto

Rietveld, Erik/ Kiverstein, Julian (2014): A rich landscape of affordances. *Ecological Psychology* 26 (4), 325–352

Stathopoulou, Maria (2015): *Cross-language mediation in foreign language teaching and testing*. Bristol: Multilingual Matters

Swain, Merrill (2006): Languaging, agency and collaboration in advanced language proficiency. In: Byrnes, Heidi (ed.): *Advanced language learning: The contribution of Halliday and Vygotsky*. London u. a.: Continuum, 95–108

The Douglas Fir Group (2016): A transdisciplinary framework for SLA in a multilingual world. *The Modern Language Journal 100 Supplement* (1), 19–47

van Lier, Leo (2004): *The ecology and semiotics of language earning*. Dordrecht: Kluwer Academic

Vygotsky, Lev Semenovich (1978): *Mind in society: The development of higher psychological processes*. Cambridge, MA: Harvard University Press

Walqui, Aida (2006): Scaffolding instruction for English language learners: A conceptual framework. *The International Journal of Bilingual Education and Bilingualism* 9 (2), 159–180

Wandruszka, Mario (1979): *Die Mehrsprachigkeit des Menschen*. Stuttgart: Kohlhammer

Wertsch, James V. (1985): *Vygotsky and the social formation of mind*. Cambridge, MA: Harvard University Press

Williams, Cen (1996): Secondary education: Teaching in the bilingual situation. In: Williams, Cen/ Lewis, Gwynn/ Baker, Colin (eds.): *The language policy: Taking stock*. Llangefni (Wales): Canolfan Astudiaethau Iaith

Zarate, Geneviève (2003): Identities and plurilingualism: Preconditions for the recognition of jntercultural competences. In: Byram, Michael (ed.): *Intercultural competence*. Strasbourg: Council of Europe, 84–11

Section B

Translanguaging: origins, developments, and future directions

Li Wei

ABSTRACT
This theory driven article provides an overview of the origins, developments and future directions of translanguaging. Translanguaging plays a central role in the field of applied linguistics in particular, but it is also increasingly found in language learning and teaching research and related fields. The contribution of translanguaging to language education, applied linguistics and theoretical models of human language and cognition will be examined. In addition, the added value of translanguaging in comparison to other theoretical concepts and future lines of development in research will be highlighted.

RESÜMEE
Dieses theoriegeleitete Kapitel bietet einen Überblick über die Ursprünge, Entwicklungen und zukünftigen Richtungen von *Translanguaging*. Gerade im Bereich der angewandten Sprachwissenschaft spielt *Translanguaging* eine zentrale Rolle, es ist jedoch zunehmend auch in der Sprachlern- und lehrforschung und in angrenzenden Feldern zu finden. So wird der Beitrag von *Translanguaging* zur Sprachbildung, angewandten Linguistik und zu theoretischen Modellen der menschlichen Sprache und Kognition beleuchtet. Zudem werden der Mehrwert von *Translanguaging* im Vergleich zu anderen theoretischen Konzepten und zukünftige Entwicklungslinien in der Forschung aufgezeigt.

1. Introduction

Ever since Colin Baker coined the word Translanguaging in 2001, it has caught the imagination of researchers and practitioners in the fields of education, language, cognitive science, communication, media and cultural studies, and beyond. A quick Google Scholar search in September 2024 shows some 39,300 listings of publications with the term Translanguaging in either the title or the abstract. Yet, there is still considerable confusion over what Translanguaging is about, why it is necessary amongst a plethora of similar terms such as polylanguaging, heteroglossia, metrolingualism, as well as the traditional concepts such as code-switching, what it means for language teaching and learning, linguistic change, and human communication and cognition, and how to overcome many of the challenges in policy and practice that Translanguaging poses. In this article, I will review the origins and developments of the concept of Translanguaging, and discuss its added values as compared to the other existing concepts. I will also review the existing research evidence supporting the theoretical claims behind Translanguaging as an approach to language and cognition and the impact of the Translanguaging pedagogy in language learning and language education. I will explore future directions of Translanguaging research.

2. Origins of Translanguaging

The current conceptualization of Translanguaging originated from four related but different fields of enquiry: minority language revitalization; bilingual education; second language acquisition; and distributed cognition and language. Cen Williams, an experienced teacher trainer in Wales, observed in the Welsh revitalization programmes in the 1990s a classroom practice where the teacher tried to teach in Welsh but the students tended to respond in English. The students were expected to do their assignments in Welsh but often they referred to English language sources. The policy of the Welsh revitalization programmes was, as it is now, that only Welsh should be used, whereas the reality was that all the teachers and learners knew English and used it in many different contexts. Rather than seeing the alternation between the languages only in a negative way, Williams argued, against the stated policy, that it could be used to the benefits of both the student and the teacher, as it helped to maximise the learner's bilingual capacity in learning. Williams' doctoral thesis (1994) was on this practice which he described as 'trawsieithu', in Welsh. Baker, who was Williams' supervisor, introduced his work to the English-speaking world in the textbook *Foundations of Bilingual Education and Bilingualism* (Baker 2001; latest edition: Baker/Wright 2015), initially with the term 'translingualfying' and later by adding the 'trans' to 'languaging' as Translanguaging.

The term became widely known across the world largely due to Ofelia García's work on bilingual education policy and practice in the United States, especially the education of minoritised children of Latinx background who are labelled 'bilingual'. These children are often assumed to be in need of remedial education because they had incomplete exposure to English and therefore their English proficiency was lower. Their Spanish was assumed to be interfering with their English, which impacted negatively on their content learning and general school attainment. García argued that there was no evidence that the Latinx children's apparent under-achievement was caused by their English language skills. Rather, it was the linguistic and educational ideologies that favoured one-language-only (English in this case) or one-language-at-a-time and the policy that no home language was allowed in the classroom that discriminated against those children and disadvantaged their learning. Translanguaging – 'multiple discursive practices in which bilinguals engage in order to makes sense of their bilingual worlds' (García 2005, 45) – would empower the learner and maximize their potential for learning. It would also empower the instructor and transform the way we teach and support our students in the process of knowledge construction.

When Baker added the 'trans' prefix to 'languaging', he also alluded to the sociocultural theories of second language acquisition where the idea of languaging had existed for some time. In particular, Merrill Swain (2006) used the term to describe the cognitive process of negotiating and producing meaningful, comprehensible output as part of language learning as a 'means to mediate cognition' (ibid., 97), that is to understand and to problem-solve and 'a process of making meaning and shaping knowledge and experience through language' (ibid.). She gave specific examples of advanced second language learners' cognitive and affective engagements through languaging, whereby 'language serves as a vehicle through which thinking is articulated and transformed into an artefactual form' (ibid.). She also mentioned Hall's work on languaging in psychotherapy (Hall 1999) where 'talking-it-through' meant 'coming-to-know-while-speaking' (Swain/Lapkin 2002). The connection Swain and the others made between languaging and thinking is a particularly useful one when it comes to understanding the cognitive capacities of bilingual and multilingual language users. By adding 'trans' to 'languaging', it would capture their 'talking-it-through' in multiple languages, but emphasizing the entirety of the learner's linguistic repertoire rather than knowledge of specific structures of specific named languages separately as other prefixes such as 'multi-' or 'poly-' might be able to do.

Another field where the concept of 'languaging' has been developing for some time is that of distributed cognition and language, sometimes known as 'ecological psychology'. The key argument here is that 'human languaging activity is radically heterogeneous and involves the interaction of processes on many different time-scales, including neural, bodily, situational, social, and cultural processes and events' (Thibault 2017, 76). Language as we ordinarily know it in the form of conventionalised speech and writing is a second-order product of this continuous activity of languaging. Fundamentally, this particular perspective on cognition and language invites us to rethink language not as an organism-centred entity with corresponding formalism such as phonemes, words, sentences, etc., but as 'a multi-scalar organization of processes that enables the bodily and the situated to interact with situation, transcending cultural-historical dynamics and practices' (ibid., 78). It sees the traditional divides between the linguistic, the paralinguistic, and the extralinguistic dimensions of human communication as nonsensical and emphasises what the researchers call the orchestration of the neural-bodily-worldly skills of languaging. In particular, it highlights the importance of feeling, experience, history, memory, subjectivity and culture. Although they do not talk about ideology and power, it is entirely conceivable that these too play important roles in languaging. On language learning, it advocates a radically different view that the novice does not 'acquire' language, but rather 'they adapt their bodies and brains to the languaging activity that surrounds them' (ibid., 77). And in doing so, 'they participate in cultural worlds and learn that they can get things done with others in accordance with the culturally promoted norms and values' (ibid.).

The work of both the sociocultural theorists of second language learning and the distributed cognition and language researchers is connected with Michael Halliday's argument that language is a 'meaning potential', and linguistics is the study of how people exchange meanings by 'languaging' (Halliday 1985). By adding the 'trans' to languaging, the concept of Translanguaging highlights what Vivian Cook calls the 'multi-competence' of language learners and users not only in multiple languages but also in coordinating multiple linguistic, cognitive and semiotic resources in language learning and language use (Cook/Li 2016).

I first started using the term Translanguaging in my 2011 article in the *Journal of Pragmatics*. My main concern there was to develop an analytic framework that would capture the fluid, dynamic and instantaneous creations of linguistic expressions by bilingual and multilingual language users that playfully manipulate the boundaries of named languages as well as boundaries between what is conventionally understood as language and other semiotic cues. To me, the *trans-* prefix emphasizes multilingual language users' capacity to transcend boundaries, and the *-ing* suffix highlights the momentariness of their creative practices. It keeps the term 'language' in it because it is intended to broaden the concept of language not narrowly as a set of code but as a social practice and as an assemblage of meaning-making recourses that goes beyond the linguistic vs non-linguistic, or verbal vs non-verbal dichotomy. It was placed in the *Journal of Pragmatics* as I wanted to develop an approach to 'inferencing' in social interaction, especially by multilingual language users.

3. Added values of Translanguaging

One of the most frequently asked questions regarding Translanguaging is: how is it different from code-switching or other newer terms such as poly-languaging, metrolingualism, etc.? All terminologies have their theoretical and conceptual rationales. Code-switching, for example, pays more attention to the structural differences between named languages, and a code-switching analysis would start by identifying how many languages are involved and what they are. Polylanguaging and other similar terms emphasize the involvement of multiple languages. Translanguaging, on the other hand, regards the concept of named languages such as English, German, Dutch, etc. as primarily socio-political and highlights the human capacity to transcend the boundaries between named languages in meaning making. In fact, it emphasizes human beings' ability to deliberately break the boundaries of named languages to create novel ways of expression and communication, in bilingual puns, literacy and artistic works, as well as in everyday social interaction. There are three senses of the 'trans' prefix that are particularly important:

- Transcending boundaries between named language and between language and other cognitive and semiotic systems
- Transformative potential of the act of Translanguaging for the language user not only with regards to their linguistic capacity but also their identities and worldviews
- Transdisciplinary approach to human communication and learning, breaking the traditional boundaries between linguistics, psychology, sociology, education, etc.

It is important to emphasize that Translanguaging does not deny the existence of named languages as socio-political entities, but challenges the assumption that named languages reflect social or psychological realities. Research on language evolution and in historical linguistics show that all human languages evolved from fairly simple combinations of sounds, gestures, icons, symbols, etc. (Mufwene 2008). Social groups form speech communities by sharing a common set of communicative practices and beliefs. But language contact, borrowing and mixing have always been an important part of evolution and survival process. What is more, the naming of languages is a relatively recent phenomenon. It was the invention of the nation-state that triggered the invention of the notion of monolingualism and the association between one language and one nation (Makoni/Pennycook 2007; Gramling 2016). In the meantime, there is ample research evidence from neuroscience that differently named languages are not represented or controlled by different parts of the brain (Grosjean 1989; 2010). The mixing and switching between named languages by bilingual and multilingual speakers in everyday social interaction is fluid and dynamic. Efforts to identify and location a 'language switch' in the brain proved to be futile. We also fully accept that there are many language users whose environment and experience led them to a heightened awareness of the differences between named languages, who consequently keep their languages separate. Their 'language awareness', however, is not purely of linguistic structures, but includes the sociocultural and political histories and values of the named languages. They will therefore exercise different cognitive control in 'selective language use' (one language at a time) vs fluid language use (as in Translanguaging). Their cognitive representation includes this awareness, is at least in part a result of experience and environment, and is subject to change over time.

Translanguaging stresses that human languaging practices are socio-culturally evolved and are a product of socialization within the community; therefore it is not only the structural features that differentiate named languages but also the historical, political and ideological meanings that became associated with the named languages. A multilingual is then someone who is aware of the existence of the political entities and the socio-cultural meanings of differently named languages and has an ability to make use of the structural features of some of them that they have acquired in context from specific communities.

From the very beginning, Translanguaging was not conceived as an object to identify and analyze, but a practice and a process: a practice that involves different named languages and language varieties but more importantly a process of knowledge construction that makes use of but goes beyond named language (s). It concerns effective communication, function rather than form, cognitive and socio-cultural activities, as well as language production. The prefix 'trans' and the suffix 'ing' together aim to transform our understanding of nature of language from a set of codes to a dynamic process of meaning making (Li 2018). Translanguaging highlights multilingual language users' creativity and criticality:

> Creativity can be defined as the ability to choose between following and flouting the rules and norms of behaviour, including the use of language. It is about pushing and breaking the boundaries between the old and the new, the conventional and the original, and the acceptable and the challenging. Criticality refers to the ability to use available evidence appropriately, systematically and insightfully to inform considered views of cultural, social and linguistic phenomena, to question and problematize received wisdom, and to express views adequately through reasoned responses to situations. These two concepts are intrinsically linked: one cannot push or break boundaries without being critical; and the best expression of one's criticality is one's creativity. Multilingualism by the very nature of the phenomenon is a rich source of creativity and criticality, as it entails tension, conflict, competition, difference, change in a number of spheres, ranging from ideologies, policies and practices to historical and current contexts. Whilst rapid globalization has made everyday life in late modernity look increasingly routinized, repetitive and monotonous, or in the words of the sociologist Ritzer's, The McDonaldization of Society (1993), the enhanced contacts between people of diverse backgrounds and traditions provide new opportunities for innovation, entrepreneurship, and creativity. Individuals are capable of responding to the historical and present conditions critically. They consciously construct and constantly modify their socio-cultural identities and values through social practices such as Translanguaging. (Li 2011, 1223–1224)

4. Translanguaging (Language) Education

Whilst Translanguaging has expanded as a theoretical concept and an analytical framework that has been applied in a number of related fields, its primary concerns remain in language-related education, particularly the education of learners who have multiple languages in their repertoire and who may also be socio-economically and culturally minoritized or disadvantaged. Following García's work with the Latinx communities in the U.S., researchers and practitioners all over the world have explored the use of Translanguaging as a pedagogy in the education of bilingual and multilingual learners where the medium of instruction is officially in English or some other dominant international or national language (e.g. Mazak/Carroll 2016; García/Kleyn 2016; García et al. 2017). Most of the studies use linguistic ethnography and focus on the degree of participation and engagement in learning by bilingual and multilingual learners. The key issue that these studies aim to address is the role of the so-called 'home' or 'community' language in the children's learning. Researchers argue that if we regard education as a process of knowledge construction rather than simply transmission of information, facts and skills, then the language in which knowledge is constructed become highly significant. Language is not simply a set of abstract codes; it carries a specific history and cultural heritage. Knowledge constructed through a specific named language evokes history and culture in particular ways. Restricting or denying access to knowledge in particular languages would amount to discrimination. It is a moral and ethical issue that all educators must consider. Such issues aside, there is no scientific evidence to suggest that the use of home or community language has any detrimental effect on the children's learning. In fact, all available evidence points to the contrary, and that is, home or community languages can be a useful facilitator in learning as it maximises the learner's opportunities to access information and understand concepts (e.g. Genesee, Paradis et al. 2010). As such they can contribute positively to knowledge construction as well as to building confidence and identity. For instance, Chalmers (n.d.) provides a review of the role of the first language in English medium instruction.[1] Furthermore, Genesee (n.d.) offers a practical guide to the use of home language for English as an additional language (EAL) learners.[2]

Research evidence further supports the use of multiple languages simultaneously as in Translanguaging because it maximises the opportunities for the bilingual and multilingual language user to exercise their executive control

1 see https://elt.oup.com/feature/global/expert/emi?cc=de&selLanguage=en

2 see https://www.colorincolorado.org/article/home-language-english-language-learners-most-valuable-resource

and manage their linguistic repertoire for effective communication and learning (e.g. Bialystok et al. 2014; Prior/Gollan 2011). Barac et al. (2014) carried out a systematic review of studies that showed consistent findings that active engagement with two named languages, no matter how short and regardless of the language pairs involved, contributed positively to non-verbal executive control and theory of mind. In a series of studies of social cognition of bilinguals and multilinguals who habitually mix and switch their languages, Dewaele/Li (2012; 2013) and Kharkurin/Li (2015) found language mixing and switching correlated with their scores in standardized empathy, tolerance of ambiguity, and creativity (as assessed by Torrance test of creativity) tests. More evidence is merging that the positive effects of language mixing and switching on executive control and other cognitive capacities occur not only in early bilinguals but also in later learners of additional languages. The reported effects of dynamic multilingual practices apply not only to the use of home or community languages by minoritised learners, but also to second, foreign and additional language learning in general. That includes, of course, English L1 users learning modern foreign languages. We must not forget that the purpose of language learning is to become bilingual or multilingual, not to become another monolingual in a different language. And the most bilingual and multilingual language users mix and switch between named languages for communicative purposes. Yet in modern foreign language education, we rarely consider using the bilingual and multilingual who mix and switch their languages as the model for learning, and instead we use idealised monolingual native-speaker as the model and regard language mixing and switching as examples of incomplete or deficient learning.

Language educators sometimes find it easier to understand and accept the moral, ethical and scientific arguments than to tackle the practical and pedagogical challenges posed by policy and the school and classroom environment. In most parts of the world, the school curricula are designed to serve the interests of the assumed majority and tend to be associated with the dominant national language. Monolingual ideologies of one-language-only or one-language-at-a-time dominate the language-in-education policies. Students get categorised by nationality and ethnicity, with a corresponding language. It is very rare for multiple ownership of multiple languages to be recognised in the school curriculum. Assessment regimes further exacerbate the situation with insistence on monolingual practice. Rarely do we see school examinations conducted in multiple languages simultaneously. Language tests do not test the learners' ability to coordinate their linguistic repertoire in the form of language mixing and switching, nor the higher-level executive controls, but to focus on monolingual standards and completeness-based models of linguistic competence. The latter are those that assume that native speakers have the complete knowledge of their native language and can produce error-free forms and structure, and that is the model for second language learners to aim to achieve. The idea of complete knowledge of a language is a fallacy. Nobody can claim the complete knowledge of a language, whether one is classified as a native speaker or not. And a completeness-based model for teaching and assessing language can only result in learning deficits. A competent language user is one who makes the best of what they know of a language for effective communication, and for a competent bilingual and multilingual language user, that includes the ability to mix and switch between languages as well as the ability to make the appropriate assessment of which language to speak to whom, when, why and how. We need to devise assessment regimes that best demonstrate this multi-competence of the bilingual and multilingual by assessing their abilities to integrate, rather than to separate, features from different named language into meaningful wholes. There are many psychometric and cognitive tests for combination abilities. It is entirely conceivable to design a test with different parts of speech in different languages (say nouns and adverb in English, verbs and adjectives in Spanish) and ask the test takers to make up grammatical sentences with elements from both named languages and see what structural adaptation (e.g. gender and number agreements) they make in order to do so. We also need to challenge the monolingual education policies that neglect or even discriminate against multiple ownerships of multiple named languages to provide the learners with opportunities to maximise their linguistic and cultural potential in schools and in the classroom.

The practical challenges for implementing a Translanguaging pedagogy are usually more serious to the teacher rather than the learner. Although teachers agree in principle it is beneficial to bring more languages into the school and the classroom, they find it hard to manage so many different languages that the teacher themselves do not know. In many parts of the world, and in inner city schools in industrialised countries, this is often the reality. The teachers are concerned that not all languages could be given equal opportunities to be used. Moreover, teachers are given limited class time but challenging targets, often in the form of exam results and league tables. Again these are realities that teachers have to face on a daily basis. The key here is how we see the roles and responsibilities of the teacher. If we continue to see the teacher as the main, if not the sole, source of knowledge in the classroom and their role as the transmitter of knowledge, we would then expect the class time to be mostly spent on teacher-centred teaching. But if we regard the teacher as what Brantmeier (2013) calls 'joint sojourners on the quest for knowledge' (p. 97), the teacher would become a learning facilitator, a scaffolder and a critical reflection enhancer, while the learner becomes an empowered explorer, a meaning-maker and a responsible knowledge constructer. As Brantmeier points out, 'a facilitator doesn't get in the way of learning by imposing information. A facilitator guides the process of student learning. A scaffolder assesses the learner's knowledge and builds scaffolding to extend that knowledge to a broader and deeper understanding. And a critical reflection enhancer asks the learner to reflect on what is being learned and the process of learning (meta-reflection about process)' (ibid.). In the meantime, an empowered explorer is 'an independent or collective explorer of knowledge through disciplined means. And a meaning-maker and responsible knowledge constructer is one who engages in meaningful knowledge construction that promotes relevancy to her/his own life' (ibid.). Adopting such an education philosophy would then open up spaces for the teacher to explore pedagogical alternatives together with the learners, a crucial part of which involves the use of multiple languages in the classroom. A Translanguaging pedagogy requires not the same linguistic and cultural knowledge as the learners but an open mindset and willingness to be a co-learner who believes that they can learn just as much, if not more, from the other learners.

Again, it should be pointed out that a Translanguaging pedagogy does not assume that all the named languages that the learners bring into the classroom are the same or of equal status in society. It in fact encourages the development of critical language awareness which includes not only awareness of the structural features and pragmatics of specific named languages but also the socio-political histories of the differently named languages and their symbolic values. Translanguaging was never coined with the intention to replace terms such as code-switching. It has clearly caught the imagination of lots of people, not least language teachers, with an unintended consequence that more and more people have started using Translanguaging instead of the other terms. Translanguaging is not a thing in itself! As a descriptive label it refers to communicative practices that transcend the boundaries between named languages and between languages and other cognitive and semiotic systems. As an analytical perspective it questions the notion of language as systems of discrete structures (García/Li 2014).

CUNY-NYS Initiative on Emergent Bilinguals is a project of the Research Institute for the Study of Language in Urban Society (RISLUS) and the Ph.D Program in Urban Education at the City University of New York's Graduate Centre. The website contains rich resources for teachers, including practical guides to Translanguaging pedagogies in the classroom, resources for working with particular learner groups, culturally relevant books and other resources, and guides to developing leadership programmes.[3]

5. Translanguaging as a theory of language and cognition

As well as developing a pedagogical principle for a plurilingual approach to equitable education, especially for the minoritied and disadvantaged learners, Translanguaging has emerged as a contender for an alternative theory of language and cognition that grows out of applied linguistic research. For many decades, applied linguistics has been seen as a field that borrows and applies theories and methods from other disciplines, especially from linguistics, but has no theory or method of its own. Its practical concern with real-world problems has made applied linguistics a very relevant field in the social and professional sense for policy and practice. Yet it is often regarded by many, including many applied linguists themselves, as largely atheoretical. I personally find the situation unsatisfactory and I believe that applied linguistics has contributed a great deal in understanding human communication and cognition and can therefore build its own theory and method. My 2018 article in *Applied Linguistics* is thus an attempt of building such a theory through the concept of Translanguaging. It is built on Mao Zedong's brand of the so-called dialectical-materialist approach to knowledge

---

3 see https://www.cuny-nysieb.org/translanguaging-resources/translanguaging-guides/

acquisition: that is, knowledge is wrought through practice. Mao's (1937) *On Practice* emphasized the dependence of theory on practice, that is, theory is based on practice and in turn serves practice. The process of theorization, or knowledge construction, involves a perpetual cycle of practice-theory-practice. My 2018 article argues the following:

> The crucial first step in knowledge construction is descriptive adequacy. Note that it is not accuracy: no one description of an actual practice is necessarily more accurate than another because description is the observer–analyst's subjective understanding and interpretation of the practice or phenomenon that they are observing. Questions are formulated on the basis of the description and, crucially, as part of the observer–analyst's interpretation process. Interpretation is experiential and understanding is dialogic. The questions are therefore ideologically and experientially sensitive. A practical theory goes for holistic descriptions to the observer's best ability and descriptions of all that has been observed, not just selective segments of the data. Whilst descriptive adequacy is a matter of degree, richness and depth, therefore, rather than elegance (cf. Chomsky, 1965) on 'descriptive adequacy' but from a formal rules and elegance perspective) are the key measures. The main objective of a practical theory is not to offer predictions or solutions but interpretations that can be used to observe, interpret, and understand other practices and phenomena. The theory should provide a principled choice between competing interpretations that inform and enhance future practice, and the principles are related to the consequentialities of alternative interpretations. An important assessment of the value of a practical theory is the extent to which it can ask new and different questions on both the practice under investigation and other existing theories about the practice. It is also useful to recognize that practices can be of very diverse natures; for instance, the academic practices of knowledge production which include the purposes of the research articulated in specific socio-historical settings, language practices by the language users being studied, and professional practices such as language teaching. (Li 2018, 11)

Theoretically, Translanguaging extends the Vivian Cook's (2007; 2015) concept 'linguistic multicompetence' which was initially developed with a specific concern of the dominant monolingual perspective on second language acquisition (SLA) that saw the monolingual native speaker as the standard bearer and expected everything that the second language learner did to be measured against the sole language of the monolingual native speaker. In SLA, the notion of language is often taken for granted and equal to culturally conventionalised labels such as Albanian, Malay, or Zulu. Yet, paradoxically it seems, a significant proportion of SLA researchers adopt a theoretical approach to linguistics that sees language as a representation system by human beings and a state of the faculty of the human mind. The generative approach to SLA, for example, asks: to what extent can second language learners access the so-called Universal Grammar to acquire the target language, where the target language is postulated as a specific culturally conventionalised set of surface structures, whilst UG is a mental representation system which is hypothesized as a set of principles governing all human languages. A critique of such an approach to SLA is neither the intention nor within the scope of this chapter. But as Burton-Roberts (2004) points out, there is an inherent problem with the logic of this line of enquiry. That is, if UG is supposed to be about all languages as Chomsky seemed to want it to be, then it cannot be conceptualised as a natural, biological, genetic endowment, since particular languages as we know them are historically evolved social conventions; and if UG is about something entirely natural, biological or genetic, then it cannot be a theory of the actual languages that human beings learn and use in society.

Cook's concept of linguistic multicompetence reconceptualises the concept of language by raising three crucial questions:

1. Is language a separate and discrete module in the human mind in relation to other cognitive system such as memory, attention, emotion etc.?
2. If the multi-competent mind is a whole, where, if at all, it divides into different languages?
3. If the human mind does not divide different languages or between language and other cognitive systems, should bilingualism and multilingualism research be focused on how the language users use the multiple linguistic and cognitive resources available in social interaction rather than which and how many languages they know and use?

The linguistic multicompetence concept urges us to rethink of the 'Modularity of Mind' (MOM) theory (Fodor 1983). According to the MOM theory, the human mind consists of a series of innate neural structures, or modules, which are encapsulated with distinctive information and for distinct functions. Language is but one module of the human mind. Whilst theoretically plausible, there is ample neuroanatomic evidence to suggest that separating language from the rest of the mind is pointless as there is no such thing a language-only brain area. The brain areas that are involved in processing language information are also involved in other nonverbal processes. Furthermore, language processing cannot be wholly independent of auditory and visual processes, just as cognitive processes such as number processing and colour categorization cannot be wholly independent of language. In terms of multilingual language users, there is increasing evidence that their language experience and cognitive capacity are closely interconnected and mutually beneficial. Language, from the MC perspective then, is a multisensory and multimodal semiotic system interconnected with other identifiable but inseparable cognitive systems. In this sense, the MC view of language is compatible to that of social semiotics but with a strong emphasis on the connections and interactions with other human cognitive systems.

Similarly, it seems inconceivable from existing research evidence that the human mind can be divided into different languages. Some earlier experimental data did show that processing later acquired language might involve certain neural networks that are not central to first language processing. But that tells us more about the process of language learning than about the representation of different languages in the human mind. Likewise the findings that certain brain areas may be involved in processing lexical tones and logographic writing systems that some of the world's languages have point to the closer connections between language and other cognitive systems as much as the differences between languages. The MC perspective asks us to explore the human mind as a holistic multi-competence, and not to count the number of languages.

The linguistic multicompetence perspective also challenges the received and uncritical view in some quarters of the applied and socio-linguistics communities that bilingualism and multilingualism are about the protection of individual languages and, since language and socio-cultural identity are postulated to be intrinsically linked, maintaining one's language means maintaining one's identity. If the divide between languages and between language and other cognitive systems has no psychological reality, shouldn't the socio-cultural conventionalization of different languages and the one-to-one relationship between language and identity be reconsidered and reconceptualized too? We know for a fact that the labelling of languages is largely arbitrary and can be politically and ideologically charged. There is often a close relationship between the identity of a language and the nation-state.

But in everyday social interaction, multilingual language users move freely and dynamically between the so-called languages, language varieties, styles, registers, and writing systems, in order to fulfil a variety of strategic and communicative functions. Code-switching, the alternation between languages, spoken, written or signed, between language varieties, and between speech, writing and signing, is a very common feature of human social interaction. It constructs an identity for the speaker that is different from a La identity or a Lb identity. Moreover, language users use semiotic resources such as gesture, facial expression, etc. in conjunction with language to communicate with each other. From a linguistic multicompetence perspective, asking simply which language is being used becomes an uninteresting and insignificant question. Language is a multisensory and multimodal resource that human beings use in conjunction with other cognitive and semiotic resources for thinking and for communicating thought.

Perhaps the most noticeable consequence of the linguistic multicompetence perspective has been in the reconceptualization of the language learner as legitimate, multicompetent language users in their right and not 'in relation to' the so-called monolingual native speaker. Even though the native speaker model in language teaching and learning has been repeatedly critiqued in the applied and socio-linguistics literature not least by the proponent of the linguistic multicompetence concept (e.g. Cook 2007), in practice, the non-native language learner is often put in a position where he or she is expected to produce linguistic forms that are identical to those produced by native speakers. Their own linguistic and socio-cultural knowledge and resources tend to be regarded as irrelevant, even counter-productive. By challenging the traditional views on what language is, the MC perspective argues that, as long as one still uses language, one is forever a language learner, because no one could ever grasp a language, any language, in its entirety, nor will the knowledge of language in one's mind stay static. It therefore is more useful to think of language learners as language users, whose linguistic knowledge will continue to develop and change throughout the life-span (biological and psychological development from birth to death) and life-course (events, transitions and trajectories in experiential and sociological terms).

The process of learning a new language, be it first or second, native or foreign, is always a multisensory and multimodal experience. It involves complex mapping between sounds, objects, actions, and expressions and draws on auditory and articulatory apparatus as well as memory and attentional resources. It is also an acculturation process whereby the language learner is socialized into a culturally specific way of interpreting the intentional meaning and illocutionary force of human behaviour including language use. The MC perspective emphasizes the importance of looking at language learning as a multisensory and multimodal as well as acculturation process where the apparent failure to produce a target linguistic structure may be caused by a variety of factors, most of which are likely to be non-linguistic. It also opens up the possibility that language learners even at the very early stage of acquiring a new language should be able to create novel structures to effectively communicate meaning and achieve understanding. Moreover, from a language socialization perspective, language learning is a multidirectional and multidimensional adaptation process where the learner's agency is equally if not more important than the learning model or target itself.

One of the central premises of linguistic multicompetence is challenging the monolingual native speaker norm that seems to dominate much of the thinking in SLA. It is curious how a notion as ill-defined as Monolingualism became so persistent in an academic research field. It is true that some nation-states have a monolingual language policy and ideology, imposing one language on the whole population despite the fact that there are different languages in co-existence in the community. Such a policy and ideology usual runs against the social reality of the nation-state in question and only serves political purposes, for example, to enforce an official or national language. As far as individual language users are concerned, the notion of monolingualism is simply a myth. A strict definition of monolingualism would have to be that it is a condition where a person has only one language and has no capacity to acquire more than one language. We know from ample linguistic and cognitive science research that human beings are prewired for language learning. At least in theory then, we have the capacity to learn as many languages as we want to. Questions can be asked legitimately if we did find individuals with a monolingual condition what prevented them from acquiring and using other languages. But equally important are questions about what that one language is of the so-called monolingual person – an accent, a set of words and sentence, a particular style or register, or something else, and to what level does one need to know another language in order to be described as to have acquired that language – a few words and phrases, can have a simple and informal conversation, can deliver a formal speech, can read and write in the language?

As has been discussed above, the linguistic multicompetence perspective urges us to rethink language as one of the cognitive systems and semiotic resources that human beings possess and use for communication. It includes what has been culturally conventionalised as different languages including different writing systems, as well as language varieties, styles, and registers. It is also intricately linked to other human cognitive systems such as memory, attention and emotion. A multicompetent language user is one who moves comfortably between registers, styles, varieties, and languages, as well as across modalities – speech, writing, sign, gesture, etc. One can measure the extent to which an individual language user moves between and across linguistic codes and communication modes and ask why some language user may do it more easily than others. But a true monolingual, from this perspective, would have to be someone who simply does not have the capacity to do any of this at all.

As to the proficiency level in a language, linguists of all shapes and forms have struggled over the years to develop commonly acceptable measures. Age of acquisition, frequency of use, structural salience, and functional load have all been found to affect one's language comprehension and production. But the classification of advanced, intermediate and beginner language learner/user remains largely arbitrary. As has been said above, the MC perspective sees the counting of the number of languages in the human mind pointless. By implication, it sees the measuring of proficiency in different languages largely uninteresting and misguided as it perpetuates the monolingual native speaker norm and the myth of monolingualism.

The vast majority of the world's population is born into families and communities where multiple languages co-exist. Unfortunately, not all languages are equally represented in education and the media. And as a result, some people are socialised into using one language only most of the time. But this does not mean that they have lost the capacity to acquire and use other languages. It only raises issues of why not every language gets equal institutional support and what is the process of language attrition in cognitively healthy individuals. So, whilst not everyone may be actively functioning bilingually or multilingually in everyday life, a true monolingual with no or very limited capacity to acquire and use more than one language is a rarity.

Apart from the negative impact the myth of monolingualism has had on society and in the ideological and policy realms, it has also influenced the design of research on bilingual and multilingual language users. It is still very common to see studies that compare bilinguals and multilinguals on the one hand and the so-called monolinguals on the other. And often the latter – the monolinguals – are used as the benchmark by which the bilingual's and multilingual's behaviour is judged to be normal or deviant. The linguistic multicompetence perspective invites us to think about research design afresh, considering different types of language users, all potentially multilingual and multimodal – and asking a new set of questions in ways in which they have not been asked before. These questions could include, for example, when, if ever, does a developing language user (i.e. someone who is in the process of developing knowledge of a specific language and language variety) become aware of the different labels, usage norms and structural differences, and what are the consequences of that awareness, or the lack of it, on language processing? How does a developing language user create new structures and convey meaning with limited resources? How does a multicompetent language user coordinate multiple semiotic resources and cognitive systems in construct and convey meaning? How do the roles of different linguistic and non-linguistic resources in language production and comprehension change over time across the life-span?

The idea that human beings are born with an innate capacity for learning languages seems uncontroversial in very general terms. But the popularization of the idea through the metaphor of the *Language Instinct* (Pinker 1994) has caused a considerable amount of debate both in the scientific community and amongst the general public over the nature of that innate capacity. Part of the controversy is caused by the use of the metaphor 'instinct', which suggests a fixed pattern of behaviour in animals triggered by some external stimuli. If language was an instinct in this sense, it would run against the whole argument that Chomsky put forward for the existence of UG against the behaviourist approaches to language acquisition. Nevertheless, some psychologists and psycholinguists have continued with the instinct metaphor, and argued that child language acquisition is the result of what they call 'Interactional Instinct', a biologically-based drive for infants and children to attach, bond, and affiliate with conspecifics in an attempt to become like them (Lee et al. 2009; Joaquin/Schumann 2013). This biologically-based drive provides neural structures that entrain children acquiring their languages to the faces, voices, and body movements of caregivers. The drive, or the Interactional Instinct, also determines the relative success of older adolescents and adults in learning additional languages later in life due to the variability of individual aptitude and motivation as well as environmental conditions. The notion of language in the Interactional Instinct framework is very similar to that from the linguistic multicompetence perspective in incorporating multiple semiotic and cognitive systems.

Many linguists have argued that interaction – mutual activity which requires the involvement of at least two persons and which causes mutual effect – is the foundation of human sociality (Enfield/Levinson 2006). In the 21st century, much of human social interaction is mediated through multimedia technology. The salience of mediated interaction in everyday life helps to remind us of the multisensory and multimodal process of language learning and language use. It is within this context that the idea of the *Translanguaging Instinct* has been developed (Li 2011; García/Li 2014).

Translanguaging emphasizes the multisensory, multimodal, multi-semiotic and multilingual nature of the meaning making process. In this process a Principle of Abundance is in operation, that is, as many different cues should be produced simultaneously as possible in order to facilitate communication. For example, everyday communication at a very basic level involves traditional linguistic signs (letters), sounds, images, emoticons and pictures. Nicholas/Starks (2014) use the heart image that has become an iconic element in expressions of affection for particular cities, for example, 'I (heart sign in red) NY', to illustrate the interconnectedness of all signs. It can also be seen as a rudimentary example of the process of Translanguaging, where an image of a heart (traditionally understood as a noun) is used in the place in the linguistic construction that is usually occupied by a verb. Yet when the expression is 'read out', most people would say 'I love New York' rather than 'I heart New York', so changing the grammatical status of the word to which the image is linked, unless it is deliberately nominalised for some humorous effect as in Lindsey Kelk's paperbacks. As Nicholas and Starks argue, 'examples such as these reinforce the variation and creativity of speakers as they bring together multiple elements of rich and complex communicative resources.' Research evidence shows that children, even infants, have no problem using their multiple semiotic resources to interpret different forms of symbolic references (Namy/Waxman, 1998; Plester et al. 2011). Human beings have a natural Translanguaging Instinct, an innate capacity to draw on as many different cognitive and semiotic resources as available to them to interpret meaning intentions and to design actions accordingly. This innate capacity drives humans to go beyond narrowly defined linguistic cues and transcend the culturally defined language boundaries to achieve effective communication.

Whilst the natural tendency to combine all available cognitive, semiotic, sensory and modality resources in language learning and language use is innate, one relies on different resources differentially across one's life-span and life-course as not all resources are equally available at all times. In first language acquisition, infants naturally draw meaning from a combination of sound, image, and action and the sound-meaning mapping in word learning crucially involves image and action. The resources needed for literacy acquisition are called upon later. In bilingual first language acquisition where cross-linguistic equivalents are learned, the child additionally learns to associate the target word with specific context or addressee as well as contexts and addressees where either language is acceptable, giving rise to the possibility of code-switching. In second language acquisition in adolescent and adulthood, some resources become less available, for example, resources required for tonal discrimination, while others can be enhanced by experience and become more salient in language learning and use, for example, resources required for analyzing and comparing syntactic structures and pragmatic functions of specific expressions. As people become more involved in complex communicative tasks and demanding environment, the natural tendency to combine multiple resources drives them to look for more cues and exploit different resources. They will also learn to use different resources for different purposes, resulting in functional differentiation of different linguistic resources (e.g. accent, writing) and between linguistic and other cognitive and semiotic resources. Crucially, the innate capacity to exploit multiple resources will not be diminished over time; in fact, it is enhanced with experience. Critical analytic skills are developed in terms of understanding the relationship between the parts (specific sets of skills, such as counting, drawing, singing) and the whole (Multicompetence and the capacity for coordination between the skills subsets) in order to functionally differentiate the different resources required for different tasks.

One consequence of the Translanguaging perspective on bilingualism and multilingualism research is making the comparison between L1 and L2 acquisition purely in terms of attainment insignificant. Instead, questions should be asked as to what resources are needed, available and being exploited for specific learning task throughout the life-span and life-course? Why are some resources not available at certain times, and what do language users do when some resources become difficult to access? How do language users combine the available resources differentially for specific tasks? In seeking answers to these questions, the multisensory, multimodal and multilingual nature of human learning and interaction is at the centre of the Translanguaging Instinct hypothesis.

6. Translanguaging Space and Translanguaging Moment

My 2011 article also advanced two key ideas: one is about Translanguaging Space and the other is Moment Analysis. A Translanguaging Space is a space produced by and for Translanguaging practice. It can be thought of as a kind of clearing house in discourse, converging, exchanging, and trading various social practices and linguistic codes that are otherwise constructed as distinct entities outside this space. A Translanguaging Space pulls together language users and their linguistic repertoires, dovetailing different dimensions of their histories, experiences, environments; their attitudes, beliefs, and ideologies; and their cognitive and physical capacities into a single coordinated performance (Li 2011, 1223; Li 2018, 23). It not only transcends institutionalised language systems and structures, but also transforms these systems and structures as well as the cognitive realm of participants. A Translanguaging Space is therefore more than an intermediate or hybridised space *between* two or more languages; it is also a space *beyond* institutionalised categories that organise our social and linguistic sensibilities. It is a *rhizomatic* space, to borrow Deleuze and Guattari's (1987, 27) term – 'always in the middle, between things, interbeing, intermezzo', where connections are made laterally across nodes instead of being structured top-down. The idea of 'nodes' links with Latour's (1996) Actor-Network Theory, which helps us think of a Translanguaging Space as a relational, productive, and heterogenous space built on weak ties rather than stable points of reference. Translanguaging Spaces are therefore also assemblages. At once deterritorialising and reterritorialising, they 'establish territories as they emerge and hold together but also constantly mutate, transform, and break up' (Žižek et al. 2018, 19).

Social interaction in the 21st century involves dynamic use of multilingual and multimodal semiotic resources and is characterised by the transient, momentary occurrence of creative features. Translanguaging is rather invested in the moment-by-moment unfolding of interaction, not purporting to make systemic predictions about linguistic behaviour, but instead to appreciate the epiphanies of creativity and criticality in multilingual settings. In highlighting the dynamism and instantaneity of communication, Translanguaging brings our attention to the Moment as a new unit of analysis in language study. It attempts to capture the fleetingness, the minuteness, the contingencies of language use, which are largely ignored or suppressed in linguistics where structural thinking has long held sway. Translanguaging is a time-space phenomenon. The notion of Translanguaging Space enables us to think dynamic communicative practices in spatial terms, leaving us with the issue of temporality: what is the nature of time in respect of Translanguaging? This question remains to be fully explored, but preliminary work has highlighted the concept of momentarity and its ancillary methodology: Moment Analysis (Li 2011).

Here, a 'moment' is a point in time, or a period of time, that captures the 'spontaneous, impromptu, and momentary actions and performances of the individual', and marked by a 'distinctiveness and impact on subsequent events or developments' (ibid., 1224). A Translanguaging Moment is thus in part objective, constituted by recordable interactional sequences played out in an empirically observable way and whose duration is measurable in terms of clock time. This includes perceptible linguistic behaviour and the feedback triggered by such behaviour, as in the responses and reactions of interlocutors. Yet there is also a subjective dimension to the Translanguaging Moment, aptly expressed by the phrase 'spur-of-the-moment'. Its duration is not determined by clock time (it makes little sense to speak of minutes or hours here); it must be *experienced* into being through and within all the circumstances of the interactional situation. Methodologically this experiential dimension can only be elicited post-event by metalanguaging data through post-hoc interviews, focus-group discussions, or participants' reflective journals. The purpose of gathering such data is to gain insight into language users' personal understanding of their linguistic behaviour, the motivations behind such behaviour as well as how they articulate or position themselves vis-à-vis others within the interactional discourse (ibid.). Moment Analysis is therefore a 'double hermeneutic': it consists of the process of the analyst methodically tracking spontaneous actions in social interactions *and* of unveiling the subtle flux within the subjective consciousness of language users.

Future research would further elaborate on this last point, with all its implications for the methodological apparatus of Moment Analysis. We advance two views here that are purposefully radical so as to push the envelope on how dynamic language practices may be conceptualised:

- *There is no Translanguaging without the subjective language user.*

Where does the Translanguaging Moment subsist? An obvious answer would be: between multilinguals engaged in social interaction, or, as the case may be, between multilinguals and artefacts with Translanguaging Potential. Translanguaging occurs within the space-between where creative-critical linguistic practices unfold. Yet this view assumes that the parties on each side of the interaction are consciously bouncing off each other on some point of linguistic interest, say a new lexical pun. It precludes the possibility that Translanguaging may come into being as an experience within the subjective consciousness of language users, even if that is not intended by them or anticipated by their interlocutors.

Imagine, for example, that you hear an utterance while walking on the street. Because of some phonetic coincidence, you accidentally misconstrue one word in that utterance as a word belonging to another named language you happen to know. Almost instantly you realise the slippage and arrest it, and although you have technically misheard something (it was a 'mistake', as we would normally say), you nonetheless find this interesting. In this serendipitous event, you have in a fleeting moment produced a conflation of two languages. Notwithstanding that the speaker has completely no idea that his or her utterance was processed by you in such an anomalous way, you have virtually meshed the border of two languages by way of confounding one sound with another. Translanguaging has occurred – not within the signifying patterns of the utterance but as a flux within your cognition. A better view is thus that the Translanguaging Moment takes place within the subjective consciousness of an individual who is co-creating a Translanguaging Space, either with other individuals or with artefactual signs. Translanguaging, therefore, is not wholly 'owned' by individuals; it is an emergent effect arising from the triangulation of the Translanguaging Instinct innate to the language user; the Translanguaging Potential immanent in the semiotic constitution of an utterance or artefact; and the Translanguaging Space (both material and cognitive) co-created by all participants, including inanimate ones.

- *Translanguaging moments, as a complementary construct to Translanguaging Spaces, manifest as transitory movements of creativity.*

Translanguaging is impermanent. As a dynamic practice, it destabilises Language (with a capital L), punctuating its continuity, iterability, and hence predictability. Accordingly, then, Translanguaging manifests not as an ontologically definable entity: it makes absolutely no sense to speak of 'one translanguage'* or 'several translanguages'* (whereas by contrast 'translation' can act as a countable noun when referring to the product, not the process; see Baynham & Lee 2019, 35). Any creative act comes about through interplay between adherence to and experimentation with norms, and Translanguaging exemplifies such interplay. It represents a perennial state of drift, always in the progressive (*–ing*) rather than in the perfective (*–ed*), refusing to settle into lexical or grammatical formations. Once such stable formations occur, Translanguaging becomes normativised into Language, in which case it loses its flux and fossilises. In this sense Translanguaging does not operate outside the box, as it were. Rather, it continually engages with and creatively responds to normative Language, where instances of creativity become conventionalised with the currents of time and usage, at the same time as new instances of creativity are generated within the Trialectics of Translanguaging.

Take, for example, the coinage of a new term or slang expression in a vernacular setting, say, a local market. Prior to the uptake of this term or expression, it goes through a formative discursive process that negotiates, selects, and recombines different features from what we may call the 'market repertoire'. Initially it would be highly marked, and this is a symptom of Translanguaging. As it continues to circulate among participants (such as vendors, shoppers, deliverers, and so on) its markedness gradually fades with use. At some point it crosses the invisible threshold and enters the 'market register' of the language, and this is where Translanguaging ceases. Translanguaging can thus be conceived as a field of creative energy moving along a continuum from markedness on the one pole to unmarkedness on the other. It sets in when different features of a repertoire are spontaneously activated and converged to create temporary forms; sustains itself through the period of the *perceived* creativity of such forms (within the perceptual cognition of the 'persons in the culture'); and terminates when those forms are fully embedded into everyday parlance. There is therefore a momentarity to Translanguaging: as all creative and dynamic linguistic practices must eventually lapse into Language and become static and mundane (to be succeeded by other creative and dynamic practices), any particular instance of Translanguaging is temporally finite. Translanguaging happens in the here-and-now.

7. Future Directions: Towards Transpositioning

As Li Wei and García (2022) point out, translanguaging, especially the notion of 'pedagogical translanguaging', is often misinterpreted through a double monolingual and monoglossic ideology that is present in much of multilingualism scholarship. Whilst recognizing their multilingualism as having multiple named languages is an important first step in supporting learners of diverse linguistic and cultural backgrounds, which can go a long way towards resisting the monolingual ethos that still dominates the schools and education systems in many parts of the world, it leaves intact the raciolinguistic ideologies that are behind the monolingual and monoglossic ethos, policies, and practices. It is essential to acknowledge how these named languages are important for identity and social purposes, but it is also important to understand how reifying them as separate entities will always leave out bilingual students whose lives are led in the entremundos/borderlands (Anzaldúa 1987) that are neither one world nor the other (Li & García 2022, 317). The journeys undertaken by the EAL teacher and the modern foreign language teacher that I have described in Li (2024) are a journey of TRANSPOSITIONING – a process where participants break from their preset or prescribed roles and switch perspectives with others, through communicative practices such as translanguaging and transmodalities and through co-learning, by releasing one's self from conventions and fostering a greater sense of possibility, freeing ourselves from habitual thinking, and building empathy for others involved in the process; or in Hawkins' words (2021: back cover), 'the multiple and interwoven layers of emplacements and positionings that are entailed in communications which cross and transcend the boundaries that have historically shaped our thinking about the world and its inhabitants'. The two exemplar teachers in my study (Li, 2024) have transpositioned from simplistic understandings of translanguaging as allowing the mixing of named languages in the classroom to what García and colleagues have called a 'translanguaging juntos stance', a perspective that views bilingual learners' linguistic practices and their racial/ ethnic identities together (García et al. 2017). They started viewing teaching as co-learning, because the process of teaching and learning are juntos/together. They realized that there would be a lot to learn from viewing the students from their own lived experiences and positionings and not from that of the British state and its schools. And they need to design pedagogy by turning the classroom into transformative translanguaging spaces, to facilitate their students' personal translanguaging journeys, to assemble pieces of their lives, cultures, and languages in creative wholes, and to ensure that all students' languaging lives are included in school and to transform the ways they view each other's languaging practices and experiences.

8. References

Anzaldúa, G. (1987): *Borderlands/La Frontera: The new mestiza*. Santa Fe: Aunt Lute Books

Bak, Thomas H./ Long, Madeleine R./ Vega-Mendoza, Mariana/ Sorace, Antonella (2016): Novelty, challenge, and practice: The impact of intensive language learning on attentional functions. *PloS one*, 11 (4), e0153485. https://doi.org/10.1371/journal.pone.0153485

Baker, Colin (2001): *Foundations of Bilingual Education and Bilingualism* (3rd edition). Clevedon: Multilingual Matters

Baker, Colin and Wright, Wayne E. (2017): *Foundations of Bilingual Education and Bilingualism* (6th edition). Bristol: Multilingual Matters

Barac, Raluca/ Bialystok, Ellen/ Castro, Dina C./ Sanchez, Marta (2014): The cognitive development of young dual language learners: A critical review. *Early childhood research quarterly*, 29 (4), 699–714

Baynham, Mike/ Lee, Tong King (2019): *Translation ans Translanguaging.* Abingdon-on-Thames: Routledge

Bialystok, Ellen/ Poarch, Gregory/ Luo, Lin/ Craik, Fergus I. M. (2014): Effects of bilingualism and aging on executive function and working memory. *Psychology and Aging* 29, 696–705

Brantmeier, Edward J. (2013): Pedagogy of vulnerability: Definitions, assumptions, and applications. In: Lin, Jing/ Oxford, Rebecca L./ Brantmeier, Edward J. (eds.): *Re-envisioning Higher Education: Embodied Pathways to Wisdom and Transformation.* Charlotte, NC: Information Age Publishing, 95–106

Burton-Roberts, Noel (2004): Linguistic diversity in a universalist context: Language thought and culture. In: Talif, Rosli/ Chan, Swee Heng/ Wong, Bee Eng/ Ain Nadzimah, Abdullah/ Noor, Rohimmi (eds.): *Beyond Barriers, Fresh Frontiers: Selected readings on languages, literatures and cultures.* Serdan Selangor: Universiti Putra Malaysia Press, 112–124

Chomsky, Noam (1965): *Aspects of the Theory of Syntax*. Cambridge, MA: MIT Press

Cook, Vivian (2015): Discussing the language and thought of motion in second language speakers. *The Modern Language Journal* 99 (1), 154–164

Cook, Vivian (2007): The nature of the L2 user. In: Roberts, Leah/ Gürel, Ayşe/ Tatar, Sibel/ Martı, Leyla (eds.): *EUROSLA Yearbook* 7, 205–220

Cook, Vivian/ Li, Wei (eds.) (2016): The Cambridge Handbook of Linguistic Multi-Competence. Cambridge, UK: Cambridge University Press

De Bruin, Angela/ Bak, Thomas H./ Della Sala, Sergio (2015): Examining the effects of active versus inactive bilingualism on executive control in a carefully matched non-immigrant sample. *Journal of Memory and Language* 85, 15–26

Deleuze, Gilles/ Guattari, Felix (1987): *A Thousand Plateaus: Capitalism and Schizophrenia*. Minneapolis: University of Minnesota Press

Dewaele, Jean-Marc/ Li, Wei (2013): Is multilingualism linked to a higher tolerance of ambiguity? *Bilingualism: Language and Cognition* 16 (1), 231–240

Dewaele, Jean-Marc/ Li, Wei (2012): Multilingualism, empathy and multicompetence. *International Journal of Multilingualism* 9 (4), 352–366

Enfield, Nicholas J./ Levinson, Stephen C. (2006): *Roots of Human Sociality: Culture, cognition and interaction*. Oxford: Berg

Fodor, Jerry A. (1983): *Modularity of Mind: An Essay on Faculty Psychology*. Cambridge, MA: MIT Press

García, Ofelia (2008): *Bilingual Education in the 21st Century: A Global Perspective*. Oxford: Wiley-Blackwell

García, Ofelia/ Johnson, Susana I./ Seltzer, Kate (2017): *The translanguaging classroom: Leveraging student bilingualism for learning*. Philadelphia, PA: Caslon

García, Ofelia/ Kleyn, Tatyana (eds.) (2016): *Translanguaging with multilingual students: Learning from classroom moments*. Abingdon-on-Thames: Routledge

García, Ofelia/ Li, Wei (2014): *Translanguaging: Language, Bilingualism and Education*. Houndsmill, Basingstoke: Palgrave Macmillan

Genesee, Fred/ Paradis, Johanne/ Crago, Martha B. (eds.) (2010): Dual Language Development and Disorders: A Handbook on Bilingualism and Second Language Learning (2nd Edition). Baltimore, MD: Brookes

Gramling, David (2016): *The invention of monolingualism*. New York: Bloomsbury Academic

Grosjean, François (2010): Bilingual. Cambridge, MA: Harvard University Press

Grosjean, François (1989): Neurolinguists, beware! The bilingual is not two monolinguals in one person. *Brain and language* 36 (1), 3–15

Hall, Louis Michael (1999): *Languaging: The Linguistics of Psychotherapy*. Niagara-on-the-Lake, Ontario: Empowerment Technologies

Halliday, Michael A. K. (1985): Systemic Background. In: Benson, james D./ Greaves, William S. (eds.): *Systemic Perspectives on Discourse, Vol. 1: Selected Theoretical Papers from the Ninth International Systemic Workshop*. Westport, CT: Praeger

Hawkins, Margret R. (Ed.) (2021): *Transmodal communications: Transpositioning semiotics and relations*. Bristol: Multilingual Matters.

Joaquin, Anna Dina L./ Schumann, John H. (eds.) (2013): *Exploring the Interactional Instinct*. Oxford: Oxford University Press

Kharkhurin, Anatoliy V./ Li, Wie (2015): The role of code-switching in bilingual creativity. *International Journal of Bilingual Education and Bilingualism* 18 (2), 153–169

Latour, Bruno (1996): On actor-network theory. A few clarification plus more than a few complications. *Soziale Welt* 47, 369–381

Lee, Namhee/ Mikesee, Lisa/ Joaquin, Anna Dina L./ Mates, Andrea W./ Schumann, John H. (2009): *The interactional instinct: The evolution and acquisition of language*. Oxford: Oxford University Press

Li Wei (2018): Translanguaging as a practical theory of language. *Applied Linguistics* 39 (1), 9–30

Li Wei (2011): Moment analysis and translanguaging space: Discursive construction of identities by multilingual Chinese youth in Britain. *Journal of Pragmatics* 43(5), 1222–1235.

Li Wei (2024). Transformative pedagogy for inclusion and social justice through translanguaging, co-learning, and transpositioning. Language Teaching, 57(2), 203–214.

Li Wei & García, Ofelia (2022): Not a first language but one repertoire: Translanguaging as a decolonizing project. *RELC Journal*, 53 (2), 313–324.

Mazak, Catherine M./ Carroll, Kevin S. (eds.) (2016): *Translanguaging in higher education: Beyond monolingual ideologies.* Bristol: Multilingual Matters

Makoni, Sinfree/ Pennycook, Alastair (eds.) (2007): *Disinventing and Reconstituting Languages*. Clevedon: Multilingual Matters

Mufwene, Salikoko S. (2008): *Language Evolution: Contact, Competition and Change.* London: Bloomsbury

Namy, Laura L./ Waxman, Sandra R. (1998): Words and Gestures: Infants' Interpretations of Different Formsof Symbolic Reference. *Child Development* 69 (2), 295–308

Nicholas, Howard/ Starks, Donna (2014): *Language education and applied linguistics: bridging the two fields*. Abingdon-on-Thames: Routledge.

Pinker, Steven (1994): *The language instinct: The new science of language and mind*. New York: William Morrow & Co.

Plester, Beverly/ Lerkkanen, Marja-Kristiina/ Linjama, L. J./ Rasku-Puttonen, Helena/ Littleton, Karen (2011): Finnish and UK English Pre-Teen Children's Text Message Language and its Relationship with their Literacy Skills. *Journal of Computer Assisted Learning* 27 (1), 37–48

Prior, Anat/ Gollan, Tamar H. (2011): Good language-switchers are good task-switchers: Evidence from Spanish-English and Mandarin-English bilinguals. *Journal of the International Neuropsychological Society* 17, 682–691

Swain, Merril (2006): Languaging, agency and collaboration in advanced second language learning. In: Byrnes, Heidi (ed.): *Advanced Language Learning: The Contributions of Halliday and Vygotsky*. London/New York: Continuum, 95–108

Swain, Merril/ Lapkin, Sharon (2002): Talking it through: Two French immersion learners' response to reformulation. *International Journal of Educational Research* 37, 285–304

Thibault, Paul J. (2017): The reflexivity of human languaging and Nigel Love's two orders of language. *Language Sciences* 61, 74–85

Williams, Cen (1994): Arfarniad o Ddulliau Dysgu ac Addysgu yng Nghyd-destun Addysg Uwchradd Ddwyieithog [An evaluation of teaching and learning methods in the context of bilingual secondary education]. Bangor: University of Wales Press

Zedong, Mao (1937): *On Practice*. https://www.marxists.org/reference/archive/mao/selected-works/volume-1/mswv1_16.htm (last access on 30.9.2024)

Žižek, Slavoj/ Ruda, Frank/ Hamza, Agon (2018): *Reading Marx*, Cambridge, UK: Polity Press

Translanguaging, langues tierces et évaluation : un projet de recherche-action sur les dynamiques en tension et les représentations

Catherine Blons-Pierre & Sonya Maechler-Dent

ABSTRACT

The action-research project presented here aims to clarify the objectives related to translanguaging practices in a primary school with an international profile, in which two foreign languages are taught (English and French) in a context of diglossia (German and Swiss-German), taking into account the perspectives and representations of the various stakeholders (learners, teachers, parents, management) as well as the requirements of national and international assessments. A method of pictorial biographies was adopted in which learners' multilingual and multicultural representations of their personal identity and practices were analysed. It also investigated the dynamics of translanguaging spaces in which multilingual oral expression is actively practised by teachers and learners in order to develop an extended multilingual repertoire.

RÉSUMÉ

Le projet de recherche-action que nous exposons ici vise à clarifier les objectifs relatifs au *translanguaging*/pratiques translangagières dans une école primaire au profil international, où on enseigne deux langues étrangères (l'anglais et le français) dans un contexte de diglossie (allemand et suisse-allemand), en prenant en compte les représentations des différentes parties prenantes (apprenants, enseignants, parents, direction) ainsi que les exigences représentées par les évaluations nationales et internationales. La méthode de biographies illustrées a été adoptée afin d'analyser les représentations multilingues et multiculturelles des apprenants et leur identité ainsi que leurs pratiques translangagières. Il s'agit en particulier d'examiner l'articulation dynamique des espaces translangagiers, dans lesquels le parler plurilingue est pratiqué par les enseignants et les apprenants afin de développer un répertoire plurilingue étendu.

1. Introduction

A la suite de García on peut définir le *translanguaging* comme

> l'expression de pratiques discursives alimentées par un répertoire composite, dépositaire d'appartenances multiples et qui, de ce fait, est constitué en « norme » langagière, affranchie et irréductible à un « prescribed monolingual use » (Serra 2019, 121, qui cite García 2009, 51).

Ces pratiques appliquées dans le dispositif scolaire se trouvent confrontées selon Serra (2019, 124)

> à une double contrainte, celle, d'une part, de poser l'autonomie du parler plurilingue […] en relâchant le lien aux langues mais en se faufilant entre elles pour mieux exister ; et celle, d'autre part, de penser, à des fins éducatives, l'articulation du parler plurilingue à ces mêmes langues qui, prises au piège d'une description systémique […], seraient figées dans un emploi normatif ».

Cette problématique est à l'origine d'un projet de recherche-action, destiné à réfléchir sur les pratiques de l'enseignement des langues mais aussi des disciplines dites non linguistiques, dans une école zurichoise, *l'école T**, qui accueille, dans un environnement plurilingue et pluriculturel, des enfants âgés de 3 à 12 ans. La compétence plurilingue et pluriculturelle, qui sert de soubassement aux pratiques translangagières (désormais PT), peut être abordée sous différents angles selon que l'on se réfère à des approches sociolinguistiques, psycholinguistiques, socio-anthropologiques, socio-constructivistes ou encore pragmatiques. Nous avons privilégié ici une approche pragmatique dans une perspective interactionniste (De Pietro 1988).

Notre travail s'inscrit dans les travaux de recherche appliquée sur le plurilinguisme, à différencier du pluri-monolinguisme en ce qu'il constitue une approche intégrative des langues et non une approche quantitative consistant à additionner des langues distinctes les unes des autres (Castellotti/Moore 2005). Cette approche utilise la notion de compétence plurilingue et pluriculturelle fondée sur des degrés de maîtrise des langues différenciés et l'exploitation d'un répertoire complexe, multiple et évolutif (Coste/Moore et al. 1997 et 2009). Nos recherches s'inscrivent dans le cadre d'une recherche-action en spirale (Lewin 1946 ; Susman 1983 ; Kemmis/McTaggart 1988 ; Verspieren 2000) comportant plusieurs cycles : tout d'abord, l'identification d'une problématique, ensuite l'élaboration d'un plan d'action, son application et enfin l'évaluation de ce plan. C'est à partir de cette dernière étape qu'un nouveau plan d'action est établi et que le cycle complet recommence.

2. Un projet de recherche-action en spirale

L'étude exposée ici s'inscrit dans le cadre d'un projet de recherche-action plus vaste sur la mise en œuvre du *translanguaging* (terminologie utilisée par *l'école T**), à tous les niveaux et dans toutes les classes de *l'école T** à Zurich. Au sein de cette école, ce terme *translanguaging* englobe non seulement les PT de tous les participants, mais aussi, plus spécifiquement, la pédagogie des langues et la méthodologie d'enseignement en classe. Nous nous référons donc aux deux termes.

Ce projet a comporté plusieurs cycles :

- 1er cycle : rééquilibrage des langues via l'encouragement des PT à *l'école T** (2015–2018), facilitant l'utilisation de l'ensemble du répertoire plurilingue des apprenants et le passage progressif d'un bilinguisme (allemand/anglais) en mode *code-switching* à un *translanguaging* actif entre les trois langues enseignées dans l'établissement : allemand, anglais et français.
- 2ème cycle : implémentation d'une pédagogie de projet et du français sur objectif spécifique (préparation au Diplôme d'études en langue française, DELF Prim) visant à rendre l'enseignement/apprentissage du français plus visible et attractif ainsi que de valoriser le français par rapport à l'allemand et l'anglais.
- 3ème cycle : clarification des objectifs relatifs aux PT en prenant en compte les représentations liées aux évaluations linguistiques à enjeux élevés vs celles à enjeux faibles ou du moins considérées comme telles, impliquant les trois langues (Huver 2018).

L'évaluation du 1er cycle du projet a montré un déséquilibre entre les langues d'enseignement, d'un côté l'allemand et l'anglais, et de l'autre, le français. Un plan d'action (2ème cycle) a été mis en place pour valoriser cette dernière langue à travers la préparation à un examen international, le DELF Prim. Lors de l'évaluation du 2ème cycle, il est apparu que les exigences de la préparation à un examen de français risquaient de compromettre les PT à l'intérieur de la classe de français mais aussi l'équilibre entre les répertoires plurilingues à l'échelle plus globale de l'école. Un 3ème cycle de recherche-action a alors été mis en place, qui fait l'objet de la présente publication.

La problématique dégagée dans cette phase est l'articulation en tension à *l'école T** des espaces translangagiers, dans lesquels le parler plurilingue est pratiqué par les enseignants et les élèves pour développer un répertoire plurilingue étendu, avec les espaces langues traditionnels dans lesquels les élèves apprennent à maîtriser les pratiques langagières, langue par langue (García/Li

2014, 74–75 ; Serra 2019, 124). Cela consiste pour nous à examiner dans quelle mesure il est possible et souhaitable de concilier les PT avec la pédagogie de projet orientée sur la passation d'examens nationaux ou internationaux qui mettent le focus sur une langue en particulier.

Cette recherche-action s'appuie sur l'analyse des représentations et des manifestations des identités plurilingues et monolingues des apprenants et ce dans le cadre d'activités de *translanguaging* en classe. Sur le plan méthodologique, nous avons exploité des questionnaires et entretiens (aux enseignants et aux parents) en ayant recours aux techniques d'analyses quantitatives et surtout qualitatives (Demaizière/Narcy-Combes 2007). Les analyses quantitatives s'appuient sur le dépouillement des questionnaires provenant des enseignants et des parents d'élèves de *l'école T**. Les analyses qualitatives sont, elles, nourries par les réponses données aux questions ouvertes figurant dans les questionnaires, par les observations directes ainsi que par les entretiens semi-directifs menés auprès des élèves, enseignants et parents. Pour les entretiens avec les enfants, nous avons adopté la méthode de la biographie langagière imagée (Perregaux 2002 ; Castellotti/Moore 2009) centrée sur les PT et les représentations plurilingues. Pour les parents, nous avons utilisé la démarche sociobiographique langagière permettant d'étudier les problématiques de mobilités des individus plurilingues dans des environnements géopolitiques et des dispositifs socio-éducatifs en jeu dans les conditions de la mondialisation (Molinié 2019).

3. Représentations et pratiques des enseignants

3.1 Analyse du questionnaire aux enseignants

L'enquête a été réalisée en ligne via *Google Forms* et a été proposée aux 27 enseignants de *l'école T**. 100 % des enseignants y ont participé. Le questionnaire, en plus des questions d'information personnelle, comportait 23 questions sur leurs perceptions et leur mise en œuvre du *translanguaging* en classe. Les questions étaient rédigées en anglais ; les enseignants pouvaient répondre en allemand, anglais ou français. 74 % des enseignants, toutes langues confondues, déclarent faire usage du *translanguaging* en classe, chaque jour. L'enquête comportait aussi une question qualitative et ouverte leur demandant de donner leur propre définition du terme *translanguaging*. 100 % des enseignants ont formulé une définition (27/27).

De façon générale, les enseignants se représentent le *translanguaging* comme un processus reliant une langue à d'autres langues et permettant, en classe, de communiquer de manière naturelle. Les représentations des enseignants relatives aux PT s'inscrivent dans un *continuum* qui peut s'apparenter à la représentation que Grosjean (1998) donne des différents modes d'activation des langues chez un locuteur bilingue allant du quasi monolinguisme à une alternance codique très fréquente entre deux langues. S'agissant de PT, on peut étendre le schéma de Grosjean non plus à deux langues mais à l'ensemble du répertoire langagier des enseignants et des élèves. Serra (2019, 126) parle d' « un *continuum* allant d'un pôle exolingue à un pôle bilingue, en fonction des modalités de traitement du contenu disciplinaire ». Dans les définitions données par les enseignants, on passe en effet progressivement d'une conception d'alternance codique stricte (*code-switching*) à un plurilinguisme actif intégré dans la classe (*translanguaging*). Les exemples ci-dessous traduits en français depuis l'allemand ou l'anglais, sont représentatifs à cet égard :

> Le translanguaging a lieu lorsqu'il y a 2 professeurs parlant des langues différentes – l'anglais et l'allemand par exemple. Un enseignant dirige une activité de la leçon et l'autre complète l'activité en expliquant ou en posant des questions dans l'autre langue. Les enfants ont ainsi la possibilité de s'exprimer dans la langue de leur choix.

> Translanguaging va au-delà de la définition rigide de la langue bilingue individuelle. Il ne s'agit pas seulement de répéter en anglais ce qui a été dit en allemand. Cela donne à l'apprenant une nouvelle occasion d'apprendre la langue d'une nouvelle manière, de se forger une identité, de développer de nouvelles valeurs et un espace sûr pour la création et l'esprit critique.

A première vue, ces définitions du *translanguaging* sont proches de la définition de la compétence bilingue (Lüdi/Py 1986) et de celle de la compétence plurilingue et pluriculturelle (Coste/Moore et al. 1997 et 2009). Il nous semble cependant important de mettre l'accent sur le fait que le français n'est jamais mentionné dans les définitions données par les enseignants, relatives aux pratiques et processus translangagiers. Ce qui semble poser problème dans notre contexte est le fait de concevoir et de mettre en œuvre une extension des PT utilisées régulièrement en classe pour deux langues (allemand/anglais) à une troisième langue, ayant le statut de langue tierce, à savoir, le français. La possibilité d'étendre les caractéristiques et les pratiques attachées à la compétence strictement bilingue (deux langues) à une compétence plurilingue (n langues) qui a été mise en avant dans la recherche sur le plurilinguisme (par exemple, Grosjean 1998, 2018), ne paraît pas aller de soi dans la recherche-action qui nous occupe. En effet, pouvoir jongler avec deux balles quasi identiques n'implique pas nécessairement de pouvoir jongler avec trois, quatre ou cinq balles de diamètres et de poids différents. Il en est de même pour l'aménagement d'un espace-temps translangagier dans la classe pour plus de deux langues.

Pour essayer de mieux comprendre ce qui peut faire obstacle à un tel aménagement, il paraît intéressant d'examiner plus en détail les réponses apportées au questionnaire par l'enseignante de français, réponses qui ont été complétées subséquemment dans un entretien semi-directif.

Cette enseignante que nous désignerons par les initiales AA, prend en charge les cours de français langue étrangère (FLE) auprès des élèves de l'école depuis le jardin d'enfants jusqu'à la fin de l'école primaire. Au jardin d'enfants, les cours de français (une journée entière par semaine) sont facultatifs. Dès la 1ère année au primaire, les enfants suivent obligatoirement deux leçons de FLE de 45 minutes par semaine, puis trois leçons dès la 4ème. De plus, les enfants peuvent choisir de fréquenter, le mercredi après-midi, des ateliers en français, en rotation trimestrielle (théâtre, cuisine française et suisse, écriture créative). Dans les leçons de FLE se trouve intégrée, à partir de l'école primaire, la préparation aux examens internationaux du DELF Prim, examens de français, qui requièrent une maîtrise de la langue française aux niveaux A1.1, A1 ou A2 du Cadre Européen Commun de référence pour les langues (Conseil de l'Europe 2001) (CECRL), selon le niveau préparé.

Pour AA, le *translanguaging* apparaît comme un processus naturel et non pas comme une stratégie d'enseignement qu'il serait nécessaire d'implémenter et de traduire sur le plan pédagogique dans l'élaboration et la mise en œuvre d'activités spécifiques. Elle insiste sur la réception naturelle des pratiques spontanées de PT par les enfants qui trouvent normal qu'elle s'exprime en français, espagnol, anglais, allemand, italien …, ce qui facilite, selon elle, l'apprentissage et renforce la mémorisation des nouveaux acquis :

> For them it is normal that Madame AA speaks French, German, English, Spanish, Italian …with the different students because I use the knowledge I have of those languages so that they learn and they do not forget certain new structures.

D'autre part, AA déclare utiliser les PT essentiellement à l'oral ; elle s'interroge également sur les bénéfices potentiels d'activités de PT triangulaires (allemand, anglais, français) dans le cadre de projets de classe qui actuellement concernent l'allemand et l'anglais : elle émet des réserves quant à l'ajout d'une troisième langue, en l'occurrence le français, qui viendrait, selon elle, ajouter à la complexité des projets et de leurs évaluations.

En outre, AA semble considérer que le *translanguaging* triangulaire (allemand, anglais, français) envisagé par la direction de l'école (soutenu par un modèle de collaboration des enseignants, qui travaillent conjointement en classe) présupposent une maîtrise à égalité des trois langues, ce qui lui paraît difficile dans la mesure où l'enseignement/apprentissage du français ne bénéficie pas des mêmes dotations horaires que les deux autres langues :

> I say again that in the end the students cannot control the three languages perfectly it is impossible if they do not speak French at home. [...] The child would be overwhelmed if overnight we use translanguaging between English and French or German and English in Enquiry for example because the student does not have that vocabulary in French.

Apparaît ici un conflit de nature méso-interactionnelle (Gajo et al. 2015, 27–28), qui oppose l'utilisation naturelle des PT à la vision macro de l'institution, qui souhaite encourager et généraliser le *translanguaging* en favorisant les espaces et les configurations pédagogiques qui mettent en présence simultanément deux, voire trois langues. Cela traduit les tensions qui s'expriment à travers les représentations du *translanguaging* et les manifestations des identités plurilingues et monolingues à l'œuvre dans l'enseignement/apprentissage des langues. Les sociolinguistes considèrent que les langues (les dialectes, les accents, les variétés, les parlers bilingues, etc.) servent de marqueurs emblématiques des identités parmi d'autres marqueurs (Moore/Brohy 2013). Les classes dans lesquels AA enseigne le FLE sont constitués de locuteurs (apprenants et enseignant) plurilingues et pluriculturels dans la mesure où chacun possède un répertoire composé de plusieurs langues et cultures en interaction : pour les apprenants, allemand, suisse allemand, anglais, français ou encore d'autres langues selon le contexte familial ; pour AA, espagnol, basque, français, anglais, allemand. Dans cette situation de langues et de cultures en contact, les identités sont fluides, dynamiques et doivent être négociées dans les interactions.

AA, grâce à son répertoire plurilingue, est capable de mettre en place les pratiques du *translanguaging* mais elle considère les pratiques monolingues comme plus efficaces pour ses élèves. D'après la typologie des situations de contacts linguistiques (De Pietro 1998 ; Porquier 1984), l'enseignante, de par le statut de langue tierce du français à *l'école T**, se trouve dans une situation exolingue didactique « caractérisée par l'existence de divergences significatives entre les répertoires respectifs des interlocuteurs » (De Pietro 1998, 86) et par une relation asymétrique enseignante/apprenants de niveau A1/A2 en français. Dans ce contexte, AA juge préférable de communiquer avec ses apprenants sur un mode monolingue en quasi permanence, contrairement à ses collègues qui se trouvent dans un environnement plus endolingue, dans la mesure où leurs apprenants maîtrisent depuis leur plus jeune âge l'allemand et l'anglais. Ces enseignants animent leur classe sur un mode bilingue, propice à la mise en œuvre de pratiques et d'activités communicatives translangagières. Néanmoins, il a été constaté lors des observations de classe que l'enseignante de français, AA, avait, elle aussi, recours aux PT (souvent avec l'anglais, quelquefois avec l'allemand) pour saturer les séquences d'apprentissage afin de stabiliser les savoirs et savoir-faire (Gajo et al. 2015, 40–41) ou encore pour recentrer l'attention des apprenants. On voit ici que les représentations et les déclarations individuelles peuvent différer de la pratique réelle en classe.

3.2 Mise en relation des déclarations issues du questionnaire avec les pratiques de classe

Il existe, à l'école, un serveur informatique comprenant un espace dédié au travail collaboratif et à la mutualisation des productions, où les enseignants peuvent déposer des exemples d'activités ou de leçons destinées notamment à exemplifier et documenter les activités favorisant les PT[1].

On trouve, par exemple, un modèle de leçon pour les enfants de la 4ème à la 6ème année avec l'objectif pédagogique suivant : « To gain a better

[1] Nous avons choisi de parler de PT et non de pratiques bilingues au sens de Grosjean (1982) ou de Lüdi/ Py (1986 - 2002) car, même si les points de contact entre PT et pratiques bilingues peuvent paraître nombreux, les enseignants de *l'école T** ont suivi des formations professionnelles centrées sur le concept anglo-saxon *translanguaging* et les pratiques qui y sont attachées (Cenoz/Gorter 2015; Paulsrud et al. 2017; García/ Kleyn 2016 ; García/Li 2018). Il ne nous appartient pas ici de statuer sur les points de croisement conceptuels entre *translanguaging* et compétence bilingue, compétence plurilingue et pluriculturelle (cela dépasse largement le champ de notre recherche-action).

understanding of the differences and similarities between sayings in German and English ». Il s'agit d'une unité didactique mettant en œuvre un bilinguisme actif allemand/anglais. Dans la rédaction des contenus, l'enseignante, autrice de cette leçon, utilise elle-même des PT. L'unité didactique dans son ensemble fait alterner séquences unilingues (soit entièrement en anglais, soit entièrement en allemand) et séquences bilingues. Les activités sont construites dans une perspective comparatiste et contrastive, permettant aux enfants de s'exprimer dans la langue de leur choix à l'oral comme à l'écrit, comme le montre cette activité de production écrite : « As homework, the student must then write a short text to describe an experience or activity and use a saying to help explain what happened. They can do it in English or German or both languages. » L'utilisation de PT avérées à l'écrit est intéressante dans la mesure où, souvent, les enseignants considèrent le *translanguaging* comme une pratique naturelle, ne nécessitant pas une programmation pédagogique et s'exprimant essentiellement à l'oral, c'est le cas notamment de AA, comme nous l'avons vu *supra*. On notera cependant que cette fiche pédagogique sur les dictons, qui propose une activité de *translanguaging* pour l'expression écrite, n'évoque pas les modalités d'évaluation de cette activité.

Dans l'ensemble des fiches qui se réfèrent clairement au *translanguaging*, on constate des variations allant de l'alternance simple entre allemand et anglais à des pratiques actives de *translanguaging*, c'est-à-dire qui ne se réfèrent pas à une langue en particulier (allemand ou anglais) mais qui permettent aux apprenants de penser et produire à l'aide d'un répertoire langagier dynamique. Les unités didactiques proposées concernent les langues, les cultures cultivées et partagées telles que définies par Galisson (1991) mais également les disciplines dites non linguistiques, telles que les arts plastiques et culinaires ou encore les mathématiques.

Ces exemples de séquences didactiques et la réflexion des enseignants sur la mise en œuvre des PT dans leurs classes semblent montrer que le 3ème cycle du projet de recherche-action fonctionne pour deux langues, soit ici l'allemand et l'anglais, en laissant de côté la langue tierce que représente le français. Il convient de rappeler ici que le canton de Zurich n'est pas un canton bilingue, comme ceux de Fribourg, Berne ou le Valais, ni plurilingue comme les Grisons. Sauf cas exceptionnel, l'enseignement se fait sur un mode unilingue en allemand. L'interaction sociale dans la vie de tous les jours se réalise principalement à travers le dialecte suisse allemand qui est un marqueur identitaire fort. Cette réalité socio-historique, politique (principe de subsidiarité[2]) et géographique (territorialité des langues) fait que le contexte dans lequel s'inscrit notre projet de recherche-action est difficilement comparable, par exemple, à l'expérience d'enseignement bilingue menée au Val d'Aoste (Cavalli 2006). En effet, le Val d'Aoste étant considéré comme une région bilingue, le bilinguisme (français, italien) voire le trilinguisme avec le *walser* (parler germanique), y possèdent un statut officiel d'autonomie, qui a permis aux écoles de s'ouvrir au plurilinguisme. Dans le cas de *l'école T**, il n'existe pas de cadre officiel au niveau cantonal facilitant le plurilinguisme et les PT entre plusieurs langues. Les contextes étant différents, les pratiques pédagogiques le sont tout autant. Le poids de la langue officielle du canton de Zurich, l'allemand, joue un rôle indéniable au niveau des représentations, notamment de celles des parents d'élèves.

A ce stade de notre analyse, il convient d'interroger les représentations et les attentes des parents, qui constituent une partie prenante non négligeable dans les orientations de l'école décidées par la direction.

4. Les représentations des parents et des enfants

4.1 Analyse du questionnaire aux parents

Les représentations des parents relatives au translanguaging ont été recueillies à l'aide d'un questionnaire qualitatif et d'entretiens semi-directifs. Le questionnaire a été rempli en ligne sur la base du volontariat par 34 parents, ce qui représente 21 % des familles de l'école (34 sur 164). L'échantillon de parents ayant répondu à l'enquête est représentatif des niveaux des enfants scolarisés (pré-primaire : 27 enfants soit 54 % ; primaire : 23 enfants soit 46 %). Les durées de scolarisation à *l'école T** vont de quelques mois pour ceux qui ont des enfants en préscolaire à plus de 5 ans pour les parents qui ont des enfants scolarisés en primaire dans cette école. 70.6 % des parents déclarent utiliser eux-mêmes les PT dans le cadre familial, professionnel ou autre. 58.8 % de ceux qui ont recours à ces PT le font dans l'espace familial,

---

2 « La Suisse fédérale assure dans sa Constitution l'existence du quadrilinguisme officiel (allemand, français, italien, romanche), mais aussi le principe de la liberté de la langue individuelle. Les cantons se chargent de l'application concrète de la politique linguistique, notamment en ce qui concerne l'enseignement des langues au niveau scolaire » (Hutterli 2012, 17).

ce qui vient renforcer les PT que leurs enfants ont déjà à l'école. 67.6 % des parents affirment que leurs enfants parlent au moins une langue autre que les langues enseignées à l'école (allemand, anglais et français).

Cependant, il n'en reste pas moins 30 % déclarent ne pas recourir aux PT. Quelles que soient les identités déclarées, monolingues ou plurilingues, 97 % des répondants considèrent le translanguaging comme étant une pratique scolaire importante. Les parents, dans leur grande majorité (92 %), estiment que leur(s) enfant(s) expérimente(nt) des activités de *translanguaging* au moins une fois par jour à l'école. 7.7 % d'entre eux pensent même que cette pratique intervient dans chaque leçon, ce qui est à mettre en relation avec les déclarations faites par les enseignants à ce sujet.

Les parents soulignent le caractère naturel du translanguaging. Il s'agit pour eux de pratiques linguistiques impliquant d'abord les deux langues de l'école que sont l'allemand et l'anglais et permettant un (ré)équilibrage entre les deux langues. Le français n'est jamais évoqué. Les PT sont également vues comme étant liées à la culture. Les avantages que les parents rapportent sont d'ordre transversal telles que la confiance en soi, l'ouverture à la différence, l'adaptabilité et la flexibilité : les enfants seraient très curieux et intéressés par l'apprentissage de nouvelles langues et capables de parler et comprendre lorsqu'ils voyagent.

La plupart des parents mettent en avant les bénéfices qu'ils identifient comme liés aux PT. Certains, cependant, disent ne pas pouvoir se prononcer car leurs enfants sont trop jeunes (crèche, jardin d'enfants) ou font état de réserves et d'inquiétudes par rapport au *translanguaging*. Dans ce dernier cas, il s'agit principalement de parents anglophones, qui souhaiteraient pour leurs enfants une plus grande immersion dans la langue allemande tout en reconnaissant les avantages des PT leur permettant une ouverture sur la diversité des langues et des cultures. Tout est une question d'équilibre entre la nécessité de s'intégrer dans un canton de langue et de culture germanophone et les perspectives à plus long terme d'une insertion réussie dans une société ouverte à la mondialisation :

> I feel that the translanguaging program has enhanced my son's awareness of multiple languages, however I am not sure that it has helped his practical German language skills or not. Specifically, he tends to prefer to speak in English (which is our primary language at home) and is much more fluent in it than in German. I know his German has improved over his years at *T** […], but my husband and I feel that

> he probably would be better at speaking German by now if he was not able to rely so much on English in *Krippe* and in *Kindergarten*. However, I recognize that the benefits of his experience with translanguaging may, in part, be latent and may be increasingly realized and beneficial over time. I think my son is much more aware of multiple languages and cultures as a result of being exposed to greater diversity and multi-lingual emphasis at *T**.

On constate dans cet exemple, une tension entre des aspirations d'ouverture sur les langues et les cultures et les objectifs pragmatiques dictés par la nécessité de vivre, étudier et travailler dans un canton dont la langue officielle est autre que celle parlée dans le cercle familial.

Ces inquiétudes reflètent la pression ressentie par rapport à l'enseignement monolingue en allemand dans la plupart des établissements du secondaire dans le canton de Zurich. Dès leur entrée au *Sekundarschule/Gymnasium*, les élèves issus de *l'école T** vont changer de paradigmes, à l'exception de ceux qui poursuivent leur scolarité dans des établissements bilingues. L'examen pour l'entrée au *Gymnasium*, notamment, est une véritable source d'inquiétude pour les parents.

4.2 Représentations croisées des parents et des enfants

Nous avons croisé les biographies langagières d'un échantillon de parents et d'enfants pour étudier les représentations de *translanguaging* en fonction de l'appartenance à une famille se déclarant monolingue ou plurilingue.

Le premier cas étudié est celui d'une famille dans laquelle, selon les déclarations du père, la langue parlée à la maison est exclusivement l'anglais. L'enfant de cette famille, HB, scolarisé en 2ème année (7–8 ans), a participé en classe de français à une séquence pédagogique de sensibilisation au *translanguaging*, qui comportait une activité de dessin d'un super-héros de *translanguaging*. Il a dessiné un extraterrestre des langues qui avait le pouvoir de se multiplier - chaque nouveau caractère étant identique à l'autre et représentant les trois langues de l'école (figure 1). Le dessin a été montré au père lors de l'entretien semi-directif, qui a déclaré que son fils HB aimait jouer avec les mots (sons, rythme etc.) dans sa L1, l'anglais. Il a cependant été surpris que son fils ait choisi de représenter les trois langues de l'école avec la même force et la même taille. Selon lui, le *translanguaging* serait à l'origine du rééquilibrage entre ces trois langues permettant la création d'une nouvelle identité langagière chez son fils.

Figure 1. Super-héros TL HB.

Deux autres cas concernent des familles dont les parents ont déclaré des pratiques plurilingues familiales lors des entretiens. Deux élèves de 9 ans, LG et MB, plurilingues (l'une avec quatre et l'autre cinq langues en tout au quotidien), mais sans aucun français dans leur contexte familial, ont participé aux entretiens visant à expliciter leurs représentations en s'exprimant presque uniquement en français, L3 de l'école, et en s'aidant d'autres langues si nécessaire (PT). Les parents de ces deux enfants considèrent que le DELF Prim, en ce qu'il permet une évaluation du niveau de français de leur enfant, est un bonus mais non une nécessité. En revanche, le besoin impératif pour leurs enfants respectifs de se préparer aux examens cantonaux en allemand reste leur priorité et leur inquiétude. S'exprime ici la tension existant entre le monolinguisme induit par les examens institutionnels dans l'une des langues nationales suisses et l'ouverture aux langues et au *translanguaging* de l'école. On voit clairement apparaître une priorisation et une hiérarchisation entre les diverses évaluations sommatives dont les enjeux dépassent ceux de l'acquisition d'un diplôme de langue. Les enfants sont situés à la confluence de ces tensions. Ce qui est en jeu ici, c'est la catégorisation mise en avant par Huver (2018) entre les évaluations à enjeu élevé (ici, les examens cantonaux en allemand) et les évaluations à enjeu faible (ici, les examens du DELF Prim), même s'il s'agit, pour ces derniers, d'examens hautement standardisés avec une reconnaissance internationale. Ce sont les usagers qui établissent la valeur de ces enjeux à travers leurs représentations.

Lors de la séquence pédagogique de sensibilisation au *translanguaging* (classe de 4ème année), les deux élèves, LG et MB, ont été invitées à dessiner des terrains de jeux *translanguaging* (évoquant le concept du *translanguaging space*, Li 2011). LG a imaginé/dessiné un espace de jeux de *translanguaging* (figure 2), avec quatre centres de jeux bien séparés, figurant les quatre langues qu'elle parle. Lors d'un entretien semi-directif, elle a expliqué qu'il y avait un petit train « de communication » qui reliait les espaces de jeux, que son petit frère prenait également le petit train mais qu'il y restait, faisant le tour de la place de jeu en observant les langues, qu'il ne pourrait descendre qu'à l'espace de l'anglais (les balançoires) et ce, lorsqu'il aurait suffisamment confiance. Pour l'instant, son frère n'utilise, selon elle, que l'anglais alors que le russe est la langue le plus souvent utilisée dans la famille, selon les déclarations de la mère. En revanche, LG, elle, peut maintenant sauter d'un espace de jeu à l'autre, d'une langue à l'autre, elle n'a plus besoin de prendre le train. Elle déclare, en outre, qu'elle trouve facile de passer d'une langue à l'autre. Elle s'est placée dans l'espace de jeu sur le trampoline de la L3 de l'école, le français. Ce positionnement symbolique a étonné la mère à qui on a présenté le dessin de sa fille. L'explication du choix de LG est peut-être à chercher dans le fait que le français revête un côté plus ludique au sein de l'école que les autres langues, et ce, malgré la préparation à l'examen du DELF Prim. En effet, la pression sur les élèves est moindre car le DELF Prim n'est pas décisif pour leur acceptation au *Gymnasium*. Le côté ludique dans l'apprentissage des langues est mis en avant par la mère de LG bien que tempéré par les exigences des examens cantonaux. Elle reconnaît que les contraintes de ces examens cantonaux les forcent, son mari et elle, à mettre la pression sur LG pour qu'elle améliore son niveau d'allemand, afin d'obtenir des compétences équivalentes à celles d'un enfant germanophone monolingue. Sur le plan métaphorique, le fait que les espaces langues de LG restent nettement séparés dans son dessin peut traduire cette pression et cette catégorisation des langues dues à la présence d'examens monolingues décisifs pour les futures études des élèves.

Figure 2. Espace jeu de translanguaging LG.

La seconde élève, MB, sépare également les espaces réservés aux différentes langues dans son dessin (figure 3). Elle explique que, sur la droite de son dessin, il y a deux enfants qui veulent avoir le drapeau italien et que c'est le garçon qui l'a volé, la fille lui court après, le désirant aussi. On peut s'interroger sur le fait qu'elle associe si précisément une personne à une langue (le drapeau représentant l'italien ne peut pas être partagé, selon elle, par les deux enfants), alors qu'elle-même possède une identité plurilingue riche et développée. Néanmoins, elle s'est placée dans son dessin sur la balançoire, qu'elle décrit comme étant composée de toutes ses langues et de toutes les langues qu'elle aimerait parler et qui sont associées aux différentes couleurs des cordes de la balançoire. MB dit observer, du haut de sa balançoire, les autres qu'elle décrit comme ayant une identité monolingue comme si, elle seule, possédait une identité plurilingue (elle parle cinq langues). Elle dit également pouvoir se déplacer dans son dessin pour aller jouer sur le toboggan plurilingue (en bas du dessin). Elle explique que les langues du toboggan changent continuellement, que l'échelle peut s'allonger à volonté en ajoutant d'autres langues et qu'elle peut décider de glisser rapidement ou lentement au travers de ses langues. MB dit beaucoup aimer toutes ses langues alors que sa mère évoque la peur grandissante selon laquelle sa fille ne serait pas capable d'acquérir des compétences en allemand pour réussir les examens cantonaux, deux ans plus tard. Comme la mère de LG, la mère de MB aimerait bénéficier de tous les avantages d'un plurilinguisme varié permettant une ouverture d'esprit pour sa fille, mais elle parle de systèmes, de moules, de modèles à suivre et à remplir, afin de s'adapter au système éducatif cantonal. Cette conception utilitaire des langues, qui aboutit à des priorisations et à des cloisonnements, se retrouve dans les représentations imagées des enfants, qu'ils vivent dans des familles avec des identités monolingues ou plurilingues.

Figure 3. Espace jeu TL MB.

Un autre élève, HN a créé un monstre à multiples têtes (figure 4), chacune ayant un rôle précis : faire des mots, détruire des mots, connecter des mots, créer des mots d'humour. Tous les pouvoirs de son super-héros combinés aboutissent au « meilleur mot ». HN a expliqué que son super-héros a plusieurs rôles, plusieurs langues ainsi que plusieurs pouvoirs. Il a conclu en disant qu'il n'aimait pas le *translanguaging* et que le français, sa L3, dort la nuit alors que ses L1 et L2 restent en éveil. Il a expliqué qu'il voulait que ses langues soient « parfaites » avant de s'engager dans un *translanguaging* interactif, comme son super-héros qui fait le « meilleur mot ».

Figure 4. Super-héros TL HN.

Cette tension entre plurilinguisme ludique et exigences de niveau de maîtrise élevé des langues est génératrice de stress et d'incertitude auprès des parents et des enfants dès leur plus jeune âge. Les représentations et les craintes des élèves semblent cependant évoluer entre le début et la fin de la Primaire. Ainsi, NB, 12 ans, à la veille des examens nationaux, pour représenter son *translanguaging*, crée une image abstraite de son identité langagière, expliquant que le *translanguaging* est devenu l'ADN de son âme, chaque brin étant une langue. Cet ADN tourne et se tord, il est en mouvement constant, car lui, NB, dit se déplacer aisément d'une langue à l'autre.

5. Conclusion

Dans l'état actuel de notre recherche-action, nous pouvons dire que la problématique de la compatibilité des pratiques translangagières (PT) avec les évaluations sommatives propres à chaque langue se situe à trois niveaux :

- le niveau macro : celui des institutions cantonales et celui des instances qui régissent les examens de langues et sont à l'origine des pratiques monolingues que l'on observe dans la préparation aux examens et certifications nationaux et internationaux ;
- le niveau méso : celui de la direction administrative et pédagogique de *l'école T**, qui encourage le *translanguaging* au niveau des enseignants entre eux et au niveau des enseignants en interaction avec les apprenants, mais qui a également mis en place la préparation aux examens de langues nationaux et internationaux pour répondre aux demandes des parents d'élèves ainsi qu'aux exigences cantonales ;
- le niveau micro : celui de la classe, lieu à la fois de la mise en œuvre du *translanguaging* et de la préparation effective des examens monolingues.

Le 3ème cycle de notre projet de recherche-action ne peut influer que sur les niveaux méso et micro pour tenter d'expliciter auprès de toutes les parties prenantes les aspects apparemment contradictoires entre, d'une part, la mise en place du *translanguaging* dans *l'école T** et, d'autre part, la préparation aux examens et certifications nationaux et internationaux, afin de développer et de faire accepter par tous des espaces et des temps propices aux PT, et ce, pour les trois langues de manière inclusive.

Dans une perspective future, pour la continuité du projet en spirale (4ème cycle), il s'agirait tout d'abord de développer pour le français des activités qui, selon les enseignants eux-mêmes, favorisent le *translanguaging*, comme les *enquiry lessons* ou les *circle times*. Déjà implémentés dans les classes d'allemand et d'anglais, ces deux types d'activités pédagogiques ne sont pas pratiqués de façon régulière dans les classes de français.

Les *enquiry lessons* s'apparentent à une forme d'apprentissage actif qui repose sur un questionnement et une exploration interactive des thématiques enseignées plutôt que sur des vérités et des faits établis. Le *translanguaging* s'associe parfaitement à ce mode d'enseignement/apprentissage, encourageant les enfants à s'exprimer librement et personnellement sur des thèmes très variés, en utilisant tout leur répertoire linguistique. Les *circle times*, quant à eux, sont des moments en début de journée où les enfants sont assis en cercle pour 15 à 20 minutes. Ce sont des moments informels durant lesquels des binômes d'enseignants alternent les langues, offrant aux enfants la possibilité de s'exprimer dans la langue de leur choix. Ces deux formes correspondent aux PT basées sur les contributions thématiques de l'enfant (García/Johnson et al. 2017).

Ensuite, il conviendrait de renforcer la communication auprès des enfants, des parents et des enseignants sur les compétences transversales acquises par les apprenants, quels que soient par ailleurs leur identité langagière et leurs projets futurs, lorsqu'ils préparent et passent les examens en français pour les diplômes du DELF Prim. En effet, il est possible pour ces apprenants de présenter tout au long de leur cursus à l'école primaire successivement trois diplômes (DELF Prim A1.1, A1 et A2), qui les préparent indirectement aux examens cantonaux de la dernière année de Primaire. Parmi ces compétences transversales, on peut mettre en avant la gestion du temps en situation d'examen, la gestion du stress et la confiance en soi.

Le renforcement de la formation continue des enseignants et de l'accompagnement pédagogique en interne permettrait également, via un rééquilibrage raisonné entre incitation aux PT, une préparation aux examens monolingues et évaluation cantonales en allemand à la fin de la Primaire. Un tel renforcement contribuerait aussi à réduire les tensions qui apparaissent entre, d'une part, les contraintes liées aux conceptions disciplinaires des enseignants déterminées par leur formation initiale, continue ou autonome, les outils dont ils disposent et les prescrits (programmes de cours, curricula) et, d'autre part, les pratiques d'enseignement contextualisées (Delcroix et al. 2013).

Enfin, à un autre niveau macro, il conviendrait de mettre en œuvre une évaluation adéquate pour prendre en compte et reconnaître les compétences bilingues, plurilingues et translangagières qui sont « variables, évolutives, complexes, instables et peu standardisées » (Castellotti 2009, 15), et, par conséquent, difficilement compatibles avec des évaluations hautement standardisées, comme les examens de langue traditionnels adossés au CECRL. Cette évaluation pourrait se réaliser à travers des situations de communication interlingue comme des comptes-rendus de productions orales et/ou écrites utilisant les PT, leur observation lors de stages ou de séjour, ou encore la réalisation de portfolios s'appuyant sur des pratiques relevant de la pluralité linguistique et culturelle (ibid. ; Huver 2008).

6. Bibliographie

Castellotti, Véronique (2009) : L'anglais, le français, le chinois et les autres : quelle(s) intégration(s) des apprentissages. Dans : Forlot, Gilles (éd.) : *L'anglais et le plurilinguisme. Pour une didactique des contacts et passerelles linguistiques*. Paris : L'Harmattan, 211–229

Castellotti, Véronique/ Moore, Danièle (2009) : Dessins d'enfants et constructions plurilingues. Territoires imagés et parcours imaginés. Dans : Molinié, Muriel (éd.) : *Le dessin réflexif : éléments pour une herméneutique du sujet plurilingue*. Cergy : CRTF, 45–85

Castellotti, Véronique/ Moore, Danièle (2005) : Cultures métalinguistiques, répertoires pluriels et usages d & apos ; appropriation. Dans : Beacco, Jean-Claude et al. (éds.) : *Les cultures éducatives et linguistiques dans l'enseignement des langues*. Paris : PUF, 107–132

Cavalli, Marisa (2006) : Aménagement linguistique par l'école au Val d'Aoste : profils identitaires et éducation plurilingue. *Education et Francophonie* 34 (1), 21–38

Cavalli, Marisa (2005) : *Éducation bilingue et plurilinguisme – Le cas du Val d'Aoste*. Paris : CREDIF, Didier

Cenoz, Jasone/ Gorter, Durk (éds.) (2015) : *Multilingual education*. Cambridge : Cambridge University Press

Conseil de l'Europe (2001) : *Cadre européen commun de référence pour les langues : apprendre, enseigner, évaluer.* Strasbourg : Unité des politiques linguistiques

Conseil de l'Europe (2018) : *Cadre européen commun de référence pour les langues : apprendre, enseigner, évaluer. Volume complémentaire avec de nouveaux descripteurs.* Strasbourg : Division des politiques linguistiques/ Service de l'Éducation

Coste, Daniel/ Moore, Danièle / Zarate, Geneviève [1997] (2009 ; version révisée) : *Compétence plurilingue et pluriculturelle.* Strasbourg : Division des politiques linguistiques/ Conseil de l'Europe

Delcroix, Antoine/ Forissier, Thomas/ Anciaux, Frédéric (2013) : Vers un cadre d'analyse opérationnel des phénomènes de contextualisation didactique. Dans : Anciaux, Fréderic/ Forissier, Thomas/ Prudent, Lambert-Félix (éds.) : *Contextualisations didactiques : approches théoriques.* Paris : L'Harmattan, 141–185

Demaizière, Françoise/ Narcy-Combes, Jean-Paul (2007) : *Du positionnement épistémologique aux données de terrain. Recherches en didactique des langues et des cultures* 4|2007. http://journals.openedition.org/rdlc/4850 ; DOI : https://doi.org/10.4000/rdlc.4850. (dernier accès le 03.08.2022)

De Pietro, Jean-François (1988) : Vers une typologie des situations de contacts linguistiques. *Langage et société* 43, 65–89

Gajo, Laurent/ Grobet, Anne/ Steffen, Gabriela (2015) : Saisir le niveau méso-interactionnel dans l'interaction didactique : Autour des notions de saturation et de méso-alternance. *Bulletin VALS-ASLA* 101, 27–49

Galisson, Robert (1991) : *De la langue à la culture par les mots.* Paris : CLE international

García, Ofelia (2009) : *Bilingual Education in the 21st Century. A Global Perspective. With contributions by Hugo Baetens Beardsmore.* Oxford : Wiley-Blackwell

García, Ofelia/ Li, Wei (2018) : Translanguaging. The Encyclopedia of Applied Linguistics. Ed. by C. A. Chapelle. Hoboken, NJ : John Wiley & Sons, Ltd.

García, Ofelia/ Li, Wei (2014) : *Translanguaging.* New York : Palgrave MacMillan

García, Ofelia/ Kleyn, Tatyana (2016) : *Translanguaging with Multilingual Students : Learning from Classroom Moments*. New York/Abingdon : Routledge

García, Ofelia/ Johnson, Susana/ Seltzer, Kate (2017) : *The translanguaging classroom : Leveraging student bilingualism for learning*. Philadelphia, PA : Caslon

Grosjean, François (2018) : Être bilingue aujourd'hui. *Revue française de linguistique appliquée* 23, 7–14. https://www.cairn.info/revue-francaise-de-linguistique-appliquee-2018-2-page-7.htm (dernier accès le 24.11.2023)

Grosjean, François (1998) : Studying bilinguals : Methodological and conceptual issues. *Bilingualism : Language and Cognition* 1, 131–149

Grosjean, François (1982) : *Life with two languages. An introduction to bilingualism*. Cambridge : Harvard University Press

Hornberger, Nancy H./ Link, Holly (2012) : Translanguaging in Today & apos ; Classrooms : A Biliteracy Lens. *Theory Into Practice* 51 (4), 239–247

Hutterli, Sandra (éd.) (2012) : *Coordination de l'enseignement des langues en Suisse*. Bern : Conférence Suisse des directeurs cantonaux de l'instruction publique (CDIP)

Huver, Emmanuelle (2018) : « Ce qui fait enjeu » dans les évaluations linguistiques : Définitions, circulations, implications. Dans : Suzuki, Elli/ Potolia, Anthippi/ Cambrone-Lasne, Stella. (éds.) : *Penser la didactique du plurilinguisme et ses mutations : idéologies, politiques, dispositifs*. Rennes : Presses universitaires, 6–7

Huver, Emmanuelle (2008) : Comparons nos langues et/ou Mobilisons nos ressources ? Approche par scénario et insertion scolaire et sociale des enfants allophones. *Glottopol* 11. http://glottopol.univ-rouen.fr/telecharger/numero_11/gpl11_12huver.pdf (dernier accès le 24.11.2023)

Kemmis, Stephen/ McTaggart, Robin (éds.) (1988) : *The Action Research Planner*. Victoria, BC : Deakin University Press

Lewin, Kurt (1946) : Action Research and Minority Problems. *Journal of Social Issues* 2, 34–36

Li, Wei (2011) : Moment Analysis and Translanguaging Space : Discursive Construction of Identities by Multilingual Chinese Youth in Britain. *Journal of Pragmatics* 43, 1222–1235

Lüdi, Georges/ Py, Bernard [1986] (2002) : *Être bilingue*. Bern : Peter Lang

Molinié, Muriel (2019) : Biographie langagière. Dans : Delory-Momberger, Christine (éd.) : *Vocabulaire des histoires de vie et de la recherche biographique*. Toulouse : ERES, 300–303

Moore, Danièle/ Brohy, Claudine (2013) : Identités plurilingues et pluriculturelles. Dans : Simonin, Jacky/ Wharton, Sylvie (éds.) : *Sociolinguistique du contact. Dictionnaire des termes et concepts*. Lyon : ENS Éditions, 289–315

Paulsrud, BethAnne/ Rosen, Jenny/ Straszer, Boglárka/ Wedin, Åsa (2017) : *New perspectives on translanguaging and education*. London : Multilingual Matters

Perregaux, Christiane (2002) : (Auto)biographies langagières en formation et à l'école : pour une autre compréhension du rapport aux langues. *Bulletin suisse de linguistique appliquée* 76, 81–94

Porquier, Rémy (1984) : *Communication exolingue et apprentissage des langues. Acquisition d'une langue étrangère III*. Paris : Presses universitaires de Vincennes ; Neuchâtel : Centre de linguistique appliquée, 17–47

Serra, Cecilia (2019) : Translanguaging : un concept à adopter ou à adapter ? Dans : Gajo, Laurent/ Luscher, Jean-Marc/ Racine, Isabelle/ Zay, Françoise (éds.) : *Variations, plurilinguisme et évaluation en français langue étrangère*. Berlin : Peter Lang, 119–133

Simonin, Jacky/ Wharton, Sylvie (2013) (éds.) : *Sociolinguistique du contact. Dictionnaire des termes et concepts*. Lyon : ENS Éd., coll. Langages, 239–242

Susman, Gerald I. (1983) : Action Research : A Sociotechnical Systems Perspective. Dans : G. Morgan (éd.) : *Beyond Method : Strategies for Social Research*. London : Sage Publications, 95–113

Verspieren, Marie-Renée (2000) : *Recherche-action de type stratégique et science(s) de l'éducation*. Paris : L'Harmattan.

Pedagogical translanguaging in early foreign-language teaching and its effects on minority-language and majority-language students

Sarah Sturm, Jenny Jakisch, Teresa Patzek, Dieter Thoma & Holger Hopp

ABSTRACT

This paper presents preliminary data from a study on pedagogical translanguaging (PTL) among 128 4th-grade students learning English as a foreign language (EFL) in German primary schools. Over a period of 6 months, students experienced EFL classes in which 20 % of lesson time involved students' minority languages and other foreign languages. We interviewed students about their subjective notions of plurilingual competence, metalinguistic awareness, the appreciation of linguistic diversity, and the perceived usefulness of PTL. In addition, we measured effects of PTL on EFL and metalinguistic skills. The findings show differences between minority-language and majority-language students in their views of plurilingual teaching, yet demonstrate that both groups develop comparably in their EFL and metalinguistic skills.

RESÜMEE

In diesem Beitrag werden vorläufige Daten aus einer Studie zum pädagogischen Translanguaging (PTL) von 128 Schüler*innen der vierten Klasse vorgestellt, die Englisch als Fremdsprache (EFL) an deutschen Grundschulen lernen. Über einen Zeitraum von sechs Monaten hatten die Lernenden einen EFL-Unterricht, in dem 20 % der Unterrichtszeit für die Integration von Minderheitensprachen der Schüler und andere Fremdsprachen genutzt wurden. Wir befragten die Schüler*innen zu ihren subjektiven Vorstellungen von mehrsprachiger Kompetenz, metasprachliches Bewusstsein, der Wertschätzung sprachlicher Vielfalt und der wahrgenommenen Nützlichkeit von PTL). Darüber hinaus haben wir die Auswirkungen von PTL) auf die EFL- und metasprachlichen Fähigkeiten gemessen. Die Ergebnisse zeigen Unterschiede zwischen monolingualen und mehrsprachigen Schülern in ihren Ansichten über mehrsprachigen Unterricht, aber auch, dass beide Gruppen sich in ihren englischsprachigen und metasprachlichen Fähigkeiten vergleichbar entwickelt haben.

1. Introduction

In many countries, the number of bilingual foreign-language (FL) learners, i.e., learners who have previous knowledge of more than one language at the outset of foreign language learning, is steadily increasing. As a consequence, many curricular guidelines advocate plurilingual approaches to FL teaching (e.g., Niedersächsisches Kultusministerium 2018). In a European context, the Companion Volume to the Common European Framework of Reference that provides aims and descriptors of foreign language learning promotes the fostering and development of plurilingual competence towards a "linguistic repertory, in which all linguistic abilities have a place" (Council of Europe 2018, 157).

However, there is little guidance and few materials available to aid teachers in implementing plurilingual FL teaching, and we know little as to how students take to plurilingual FL teaching. Therefore, the conceptual turn to plurilingualism has been criticized as having "little operative value in the classroom" (Paquet-Gauthier/Beaulieu 2016, 169). For another thing, we do not know how plurilingual teaching that integrates minority languages affects FL development and whether it impacts monolingual students, who do not speak other languages than the societal majority language, differently compared to bilingual students, who speak a minority language on top of the majority language.

This chapter addresses these two issues in the context of early FL instruction in primary schools in Germany. First, it presents an approach to plurilingual early FL teaching within the frameworks of plurilingual approaches to FL teaching or PTL (Cenoz/Gorter 2017, Cenoz 2019). PTL refers to the instructional strategies designed to include the use of more than one language in the classroom in input and output activities, implicit and explicit language comparisons, the use of cognates or multilingual discursive tasks. We report on a project in which we systematically implemented a multilingual teaching approach to English as a FL in German primary schools. The project focusses on the integration of the students' minority languages in PTL that blends with regular classroom practices. We outline cornerstones of the implementation of the approach in terms of the appreciation of linguistic diversity in the classroom, PTL activities, tasks aiming at the discovery of language contrasts and similarities as well as activities raising metalinguistic, specifically phonological awareness.

In the main part of the paper, we provide a qualitative analysis of students' impressions of PTL. We place a particular emphasis on the question whether plurilingual English teaching has differential impacts on minority-language and majority-language students. In addition, we present initial quantitative findings to assess the impacts of PTL on the development of

FL skills as well as phonological awareness among minority-language and majority-language students.

2. Plurilingual teaching in the FL classroom

In spite of calls for bilingual teaching practices in the FL classroom (e.g. Butzkamm 2011; Levine 2014; Turnbull 2016), there is little systematic empirical research on the effects of plurilingual teaching and, in particular, the use of minority languages in the FL classroom.

A number of studies from bilingual Canadian and Catalonian contexts indicate that plurilingual FL teaching can have positive effects on the development of metalinguistic skills in the FL by activating knowledge of previously acquired languages among learners (e.g. Leonet/Cenoz et al. 2019; Lyster/Quiroga et al. 2013). Moreover, a study on vocabulary learning with 6th-to-8th-grade Spanish- and English-speaking students in the US reported that knowledge of cognate words in Spanish positively correlated with English vocabulary and reading comprehension (Arteagoitia/Howard 2015). Such cross-linguistic correspondences illustrate that learners can tap into L1 knowledge and recruit it in learning the L2. In a European context, a recent study examined effects of plurilingual FL teaching on vocabulary acquisition among 42 German third-grade minority- and majority-language students aged 8 to 10 years (Busse/Cenoz et al. 2019). In an intervention study spanning five 45-minute lessons, half of the students were in the intervention group and participated in several activities involving the use of minority-language words. The remaining students in the control group received regular English-only teaching. At the end of each lesson, the intervention group scored higher than the control group on several productive and receptive vocabulary tests, suggesting that plurilingual teaching can boost the learning of specific vocabulary items. However, the study did not test whether learning gains differed between majority-language and minority-language students, so it remains open whether the intervention tapped into the linguistic resources of the bilingual students or yielded general effects.

Another line of research on plurilingual teaching centres on the impressions of students and examines in particular how minority-language students view the inclusion of their home languages in FL learning (for review, Hu 2018; Ticheloven/Blom et al. 2019). In an early survey, Hu (2003) reports that students assign importance to their plurilingualism in FL learning as it reflects their linguistic and cultural identities. Bilingual students often also view FL learning more positively than monolingual students (e.g. Rück 2009). At a general level, minority-language students consider their multilingualism as a resource in FL learning and, in particular, in the learning of multiple FLs (Binanzer/Jessen 2020; Cutrim-Schmid/Schmidt 2017).

In the context of EFL instruction, German 8th-to-9th graders aged 14 to 16 years who speak a minority language expressed positive views of their heritage languages as a resource for lexical transfer and inferencing on the basis of cross-linguistic similarities (Cutrim-Schmid/Schmidt 2017). They also demonstrate cross-linguistic awareness of language contrasts and argued that they recur to all of their languages as sources of transfer (see also Jessner 2008). However, some of them also point to negative transfer and blocking from previously acquired languages and highlight the potential of their plurilingual repertoire to confuse them in zeroing in on the FL (see also Ticheloven/Blom et al. 2019). In a survey of 308 15-to-20-year-old students at German schools, Binanzer/Jessen (2020) report that both majority-language and minority-language students view the integration of minority languages in classrooms critically. While they all believed that plurilingualism is beneficial for further language learning, especially monolingual students rejected the wider use of minority languages in the classroom and preferred the majority language to be the only medium of communication. These findings highlight that minority-language and majority-language students may have different views regarding the specific implementation of plurilingual teaching.

Finally, among younger primary-school students who speak Russian as a minority language, Portnaia (2014) reports large individual differences in how learners view their minority language in EFL lessons. Not all students thought of it as a resource, and some felt reticent about using their minority language since they perceive their own skills to be very limited. Others accorded little value to Russian in a school context where minority languages have less prestige and their use is discouraged by teachers. In general, FL teachers often express more critical views of plurilingualism as a resource and find it difficult to integrate minority languages in their FL teaching (e.g. Cutrim-Schmid/Schmidt 2017; Hu 2003; Jakisch 2015).

Importantly, all of these findings come from surveys and qualitative studies with students who did not experience FL teaching that systematically integrated other languages or explicitly took a plurilingual approach. In this chapter, we present data from primary-level students who experienced PTL as part of a six-month implementation in their EFL classes.

3. The Study

In four German primary schools, we conducted a six-month longitudinal study in a pre-post-test control-group design.[1] At each school, one intact fourth grade class was randomly designated as the intervention group, and one as the comparison group. Focussing on the learners in the intervention group, the study employed a mixed-method approach combining qualitative and quantitative methods to answer the following research questions:

1) How do students view the cornerstones of PTL after experiencing plurilingual teaching?
   In a semi-structured interview, we asked students in the intervention group about their opinions regarding major elements of PTL, such as the appreciation of linguistic diversity, lexical translanguaging, grammatical language contrasts and metalinguistic awareness. In a qualitative analysis of their responses, we track the scope of positive and critical responses.
2) Does PTL affect FL development differently between majority-language students and minority-language students?
   In a quantitative study, we assess whether majority-language and minority-language students differ in their development in vocabulary and grammar as well as metalinguistic awareness.

[1] The project MEG-SKoRe („Sprachliche und kognitive Ressourcen der Mehrsprachigkeit im Englischerwerb in der Grundschule“) was funded by the German Federal Ministry for Education and Research (BMBF) as part of the research initiative „Sprachliche Bildung und Mehrsprachigkeit“ (FKZ 01JM1401, 2014–2017; FKZ 01JM1702A/B, 2017-2020).

3.1 Participants

All participants were students at one of four state schools in Northern Germany. Across the four schools, a total of 122 students completed all testing sessions. Sixty-seven students were in the intervention classes, and 55 in the comparison classes. Of the 122 participants, 62 grew up with German only, and 60 students had acquired an additional language next to German as a minority language. Students had a mean age of 9 years and 7 months, and bilingual learners had a mean length of exposure to German of 8 years and 10 months at the pre-test (Table 1). The bilingual group comprised a total of 15 different first languages (L1s) other than German.

Table 1. Participant information

	Full sample		Intervention group		Comparison group	
	Majority-language students	Minority-language students	Majority-language students	Minority-language students	Majority-language students	Minority-language students
Age (months)						
n	62	60	32	35	30	25
M	114.85	115.58	114.56	116.69	115.17	114.04
SD	5.66	6.39	5.85	6.60	5.48	5.53
Contact with German (months):						
n		46		28		18
M		99.62		99.46		99.88
SD		22.74		24.35		20.66

Note: Contact information only available for students whose parents returned the background questionnaire.

3.2 Method and Materials

We implemented PTL within a framework of multilingual language (learning) awareness (Hopp/Jakisch et al. 2020). This linguistically grounded framework is based on the empirical findings from Hopp/Vogelbacher et al. (2019) and other research supporting that knowledge in the previous languages, including the minority language, and metalinguistic awareness positively contribute to FL outcomes. The framework captures these two aspects in the distinction between language analysis and language control following the two-component model of language awareness put forth by Bialystok/Ryan (1985). In this model, language analysis refers to knowledge of languages. In contrast, language control indexes the ability to attend to and manipulate linguistic elements and control attention using cognitive and executive skills. The two-component framework brings together linguistic and (meta-)cognitive facets of FL development and accommodates explicit linguistic knowledge, procedural and metalinguistic skills (for details, see Hopp/Jakisch et al. 2020). Figure 1 illustrates the components of the framework and presents the learning goals and linguistic domains associated with the particular components as applied to the context of early FL teaching.

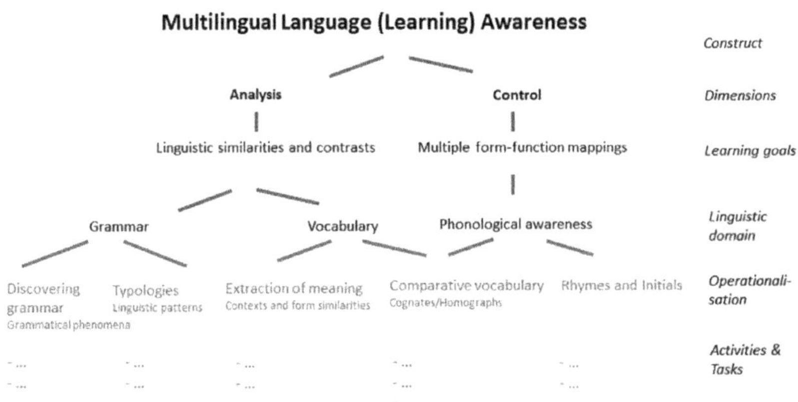

Figure 1. Framework of multilingual language (learning) awareness for early FL instruction (adopted from Hopp/Jakisch et al. 2020).

We applied the framework of plurilingual language (learning) awareness to primary school students learning English as the first FL in fourth grade, i.e. after one year of instruction in two 45-minute lessons a week on average. In the following, we provide an overview of the cornerstones of the activities characterizing the approach.

3.2.1 Appreciation of linguistic diversity and introducing plurilingual rituals

To set the scene for plurilingual English lessons and establish plurilingualism as a continuous theme in FL learning, we used several recurring elements. The first plurilingual lessons focussed on linguistic diversity in the classroom, using language portraits (Krumm/Jenkins 2001). For a language portrait, children fill in the contours of a body with languages they know and illustrate what they mean to them. Most lessons began with a song including greetings in different languages, so that the students encountered language diversity regularly. The song served as the opening theme to lessons containing plurilingual elements. Some schools used multilingual signs or posters to mark different seasons, festivities or events, thus adding context to the plurilingual English lessons. Taken together, these elements aimed at creating an appreciative context for linguistic diversity in FL teaching.

3.2.2 Lexical Translanguaging

Affordances for translanguaging were predominantly realized in the introduction of new vocabulary items. We aimed for these elements to blend in with the textbook (*Playway 4*; Gerngross/Puchta et al. 2013) to ensure a seamless integration of the plurilingual components into regular FL activities. Novel vocabulary items were revised using a poster related to the textbook unit, and key words were shown in English as well as in multiple translations (Fig. 2). We selected items that constituted cognate words either between English and the majority language, German (e.g. *film*), cognates between English and a minority language, e.g. Turkish (*cinema* – *sinema*), or internationalisms (e.g. *orange*) to illustrate form and meaning overlaps between languages.

In order to promote plurilingual output, minority-language students were encouraged to give examples of words and phrases in their respective languages. For each group, we adapted the materials to the minority languages among the students and we added other foreign languages (e.g. French, Spanish) when there were few minority-language students in a group. In addition, the majority language, German, was also used as a language for comparison.

Figure 2. Multilingual vocabulary posters.

3.2.3 Discovery of structural language contrasts and similarities

On top of illustrating linguistic similarities by virtue of cognates, several activities centred on the discovery of structural language contrasts. We created activities focussing on cross-linguistic differences in forms of address, digit ordering in two-digit numbers, capitalization in writing and word order in questions and sentences containing adverbs. Since English differs from the majority language German in these respects, and minority languages share properties with English, students could discover facilitative transfer opportunities from the minority languages. At the same time, all students could realize that German does not equal English, despite typological similarities and substantial lexical overlap in terms of cognates. For instance, in a unit on adverb placement, activities with cards were used to illustrate word order differences between English, German and up to six minority languages present in the classroom (Fig. 3).

Figure 3. Activity cards used to illustrate word order differences.

Students reorganized the order of the cards or stood in different orders to illustrate word order variation. This way, students experienced grammatical differences in a playful manner. These activities were flanked by worksheets in which students noted down sentences and used colours to highlight word order differences. We also used these activities to enhance metalinguistic awarenessof language contrasts and similarities.

3.2.4 Metalinguistic awareness

We focussed all metalinguistic tasks and activities on phonological awareness, since writing is not dominant in primary-school EFL lessons, and minority-language students typically have no or low literacy in their heritage language. Using English words and pseudo-words as examples, we designed activities involving the substitution or identification of word-initial sounds, syllable-based segmentation and the identification or production of rhymes. For instance, the teacher held up a card with a pictured object (e.g. *a supermarket*) and asked "Is this a lupermarket?" and students produced the accurate labels. These activities typically blended in with songs, chants and rhymes presented in the textbook units.

3.3 Implementation

In four schools in Northern Germany, two members of the project team (first and second author), who are trained English teachers, taught in fourth grade for the duration of six months under the supervision of the regular teachers. The same project member taught the intervention and the comparison group at one school, so that any teacher-related effects were held constant across the two groups.

The teaching intervention lasted for 23 weeks from the autumn break in October 2018 until the Easter break in 2019 and encompassed 35 45-minute English lessons on average. As per the school's curricula, the teachers covered four units in the textbook (*Playway 4*; Gerngross/Puchta et al. 2013). In the intervention group, on top of the regular plurilingual elements, such as the opening song, 36 activities on PTL were included in total, with at least one activity per lesson. In total, approximately 20 % of lesson time involved PTL activities. Across schools, the number of lessons and activities varied to some extent due to extra-curricular activities. In the comparison group, the students completed the same activities, yet without any plurilingual aspects, or they completed longer or additional exercises in the respective textbook units. This way, the teaching between the two groups was maximally similar and differed solely by virtue of the inclusion of multilingual activities in the intervention group, while the teaching in the comparison group was in English only.

4. Student perspectives on plurilingual FL teaching

In a semi-structured interview conducted after the end of the six-month intervention, the students in the intervention group reported their impressions about the plurilingual English lessons. The interview started with an open question about the aspects students remembered from the recent English lessons (*What did you do in recent English lessons?*). Fifty-two of 67 participants did not give any answers relating to plurilingual teaching. Instead, they would talk about the lesson content, textbook units or general classroom activities. Only seven students mentioned plurilingual teaching on their own without further prompting. It seems that, generally, the students did not find the plurilingual elements salient or noteworthy. Six out of the seven participants who mentioned other languages were minority-language speakers. In a next step, the interviewer reminded the students of characteristic elements of the intervention phase, e.g. working with a poster or identifying lexical contrasts, and asked whether the students liked the respective activity and whether they thought it aided them in learning English (1–3).

1. When you learned new vocabulary, you also checked what the words mean in other languages. Did you like this activity? Did it help you to understand English?
2. You also pinned word cards in different languages on a poster. Did you like this activity? Did it help you to understand English?
3. You looked at sentences with coloured word cards in different languages. Did you like this activity? Did it help you to understand English?

The responses to these questions were transcribed in full and, then, two members of the project team coded the responses for statements with regard to the four cornerstones of the teaching approach, i.e. the appreciation of linguistic diversity, lexical translanguaging, discovery of structural language contrasts and similarities and metalinguistic awareness. The number of statements assigned to each category differed, as not all students commented on the issues brought up in the interview. The codings were cross-validated by discussing them in project meetings. In total, 130 utterances of the students were extracted from the interviews, which will be described in the following for each of the categories.

4.1 Appreciation of linguistic diversity

We coded statements for the appreciation of linguistic diversity if the students commented on the usefulness and purpose of using languages other than English in the EFL classroom. In total, 50 utterances were classified as such. When asked how they felt about getting to know new vocabulary in English as well as in other languages, most students gave positive answers and regarded it as an opportunity for learning about other languages (4). Majority-language as well as minority-language students spoke positively about the teaching approach. It seems that minority-language students appreciated the linguistic diversity even more than their majority-language peers, since 25 of 41 positive answers came from minority-language students.

(4) a. I think it [the inclusion of other languages] is pretty good because we get to know the other languages a little bit. (student no. 327, minority-language student)
b. Because you can learn about other languages. (636, minority-language student)
c. I liked it because you can learn other languages at the same time. (628, majority-language student)

Some students stressed that integrating their classmates' languages improved group dynamics within the class, and it helped illustrating cross-linguistic differences beyond comparisons of the FL and the majority language (5).

(5) For example, people in our class who do not have the same language, they can then tell us something, what it means and then we also know how English and German differ from other languages. (324, majority-language student)

Other students remarked that the plurilingual teaching approach could foster motivation for further language learning and become a stepping stone for dealing with other languages (6a) and yield future benefits for learning further foreign languages at secondary level from year 5 onwards (6b).

(6) a. I think that it's cool [to deal with other languages]. We had Chinese, Spanish and Italian for example. One could say that one wants to learn another language, for example, and then use this as a starting point. (511, minority-language student)
b. I think it's good for secondary school, in case we have these languages [as school subjects] later. (322, majority-language student)

In contrast to these positive statements, some students reported that they would rather stick to the regular English-only based way of teaching as they did not know any other languages and, therefore, could not sufficiently participate in the plurilingual activities (7a). Some students seemed uncomfortable with other languages in the English classes, as they perceived the presence of other languages as taking up too much time (7b) or distracting (7c).

(7) a. I don't really like this thing with the other languages, because I can't speak them. (412, majority-language student)
b. Because … in English language teaching you learn English and not other languages. Maybe every now and then, but we are doing it so often at the

moment and that's what I don't like as we are supposed to study English. (511, minority-language student)

c. I would prefer to stick to one thing and to one language and to learn this language. (516, majority-language student)

Seven of the nine negative statements were provided by majority-language speakers, which may indicate that students who are not used to dealing with several languages in their everyday lives do not easily see the purpose of plurilingual teaching.

4.2 Translanguaging: Lexical comparisons

Statements were coded for lexical comparisons if they involved comments on the use of languages other than English. In total, only six students mentioned usage-related aspects of translanguaging. One student reflected on how knowing more than one language might help to fill lexical gaps in the FL via the use of cognates (8a). Another student highlighted the productive use of their language in the classroom (8b).

(8) a. Ehm because if there are words in other languages that sound similar and if I don't know a word in English but I know it in other languages, then maybe I could insert it and hope that someone understands me. (501, majority-language student)

b. It [the use of other languages] was cool because I was able to say something in my language. (418, minority-language student)

In all, though, very few students viewed the inclusion of other languages as output opportunities for their minority languages or as exemplifying strategies for communicative practices to fill lexical gaps in English. There was no discernible difference between majority- and minority-language speakers in the statements referring to translanguaging.

4.3 Discovery of structural language contrasts and similarities

We coded 26 statements as illustrating the discovery of language contrasts and similarities. These statements referred to specific activities during the plurilingual teaching phase. Most answers were about the visualization of word order differences between languages using colour cards which students found helpful in illustrating linguistic contrasts (9a) or similarities (9b).

(9) a. I found it [studying other languages with the help of coloured cards] really cool and we learned that not everything is in the same order as English, for example Turkish was a little bit different. (326, minority-language student)
b. So we compared English words and German words. We worked with these cards and there was Arabic as well and it was the other way around. And then we also looked how many words there are in a sentence and how the position is different. (501, majority-language student)

However, four students argued that the comparisons with other languages led to information overload and were confusing (10a&b).

(10) a. Because there were other languages and I got confused. (630, majority-language student)
b. Ehm because there are so many other languages in my head and I want to stick to one, first of all. (516, majority-language student)

All four students stating that contrasting languages led to confusion were majority-language speakers, which suggests that the degree of cross-linguistic activities and the amount of other languages involved needs to be balanced against the students' capacity to engage in multiple comparisons and to relate the insights from such activities to learning the target FL.

4.4 Metalinguistic Awareness

We coded statements for metalinguistic awareness that referred to students' reflections about language and plurilingualism in general. In total, 53 statements fell into this category, and many of them revolved around cross-linguistic similarities (11a&b).

(11) a. It [the inclusion of other languages] is good as well. Because you can see that a lot of things [languages] are related. (513, majority-language student)
b. Good as well... because like that the focus is not only on English but you also start thinking how it is in other languages and then it can be easier for you. (634, minority-language student)

Specifically, minority-language students reported how the similarities between their heritage languages and English helped facilitate their language learning (12a&b). None of the majority-language students explicitly stated that the typological closeness of German and English helped them during the activities of the plurilingual teaching approach.

(12) a. So it [the inclusion of other languages] helped me because with some languages I didn't know how they work but then it was there in Turkish sometimes and it was also there in English and then I could remember it more easily. (507, minority-language student)
b. Because Croatian is a little bit similar to English and then I understand it. (422, minority-language student)

The students independently formulated the idea that metalinguistic insights amount to a learning strategy for language learning. At the same time, a smaller number of students expressed concerns that comparing languages does not help learning English (13a-c), and that languages should be learned separately.

(13) a. No, this hasn't helped me, as English is different from other languages. (322, minority-language student)
b. Looking at other languages hasn't helped me because the words are different and the languages are different and it's not English after all. (325, majority-language student)
c. Because other languages are not like English and well, sometimes they sound similar but not so much and then it doesn't help me. (418, minority-language student)

Although there were critical statements by majority- and minority-language students alike, the majority speakers referred to differences between languages more often (11 : 8). These statements indicate that not all students recognize benefits of a plurilingual teaching approach, and that some students may need more time, practice or explanation to appreciate PTL activities in the FL classroom.

5. Effects of plurilingual FL teaching on minority-language and majority-language students

5.1 Measures and procedure

This longitudinal study assessed English vocabulary and grammar skills and metalinguistic awareness, while controlling for various linguistic, cognitive, and social background variables. We assessed receptive vocabulary in English with the British Picture and Vocabulary Scale

(BPVS3; Dunn/Dunn et al. 2009), and receptive grammar with the Test for Reception of Grammar (TROG-2; Bishop 2003). The Crosslinguistic Lexical Task (CLT; Rinker/Gagarina 2014) measured productive vocabulary skills in English, German and the minority languages of the students. Phonological awareness was tested using a phoneme manipulation task (following Weber/Marx et al. 2007) in which students recombined words ("Say the word 'king', but use the first sound of the word 'ball"), and an odd-one out rhyming task specifically developed for this study ("Which one sounds different: 'house-mouse-loud'"?).

General cognitive abilities were assessed with part 1 of the non-verbal IQ test "Grundintelligenztest Skala 2 – Revision" (CFT 20-R; Weiβ 2006) and, for working memory, the forward digit span task was used (adapted from HAWIK-IV; Petermann/Petermann 2008). A parental questionnaire provided data on parents' SES (HISEI; Ganzeboom/Treiman 1996), years of education, net household income as well as cultural capital (number of books).

All tests except for the BPVS, TROG and CFT-20R were administered as part of 30-to-45-minute individual testing sessions. With the exception of the cognitive and control factors tested once, all measures were assessed at pre-, post-, and delayed-post tests, i.e. before the beginning of the intervention (pre-test), immediately after the 6-month intervention (post-test) and three months after the intervention (delayed post-test).

5.2 Results

In a first step, we compared majority-language and minority-language students in both the intervention and the comparison group in the pre-test. As Table 2 illustrates, independent-samples t-tests revealed no significant differences between majority-language and minority-language students, irrespective of whether they were in the intervention or the comparison group. In other words, the student groups were comparable in terms of linguistic, cognitive, individual and social factors.

Table 2. Descriptive statistics by group for majority- and minority-language speakers. Means (SD), ANOVA for effect of Group

	Intervention group		Comparison group		ANOVA effect group
	Majority-language speakers	Minority-language speakers	Majority-language speakers	Minority-language speakers	
Receptive vocabulary in English	43.59 (6.72)	42.74 (6.19)	40.23 (5.51)	40.84 (7.34)	$F(3,119) = 1.872^{ns}$
Productive vocabulary in English	12.91 (3.41)	12.06 (2.92)	11.94 (2.95)	12.0 (2.50)	$F(3,119) = 0.730^{ns}$
Receptive grammar in English	44.94 (9.64)	43.34 (8.25)	41.10 (7.75)	42.76 (9.30)	$F(3,119) = 1.038^{ns}$
Productive vocabulary in German	30.47 (1.57)	29.20 (1.92)	30.87 (.96)	29.08 (1.68)	$F(3,119) = 9.793^{**}$
Productive vocabulary in the minority language	-	10.54 (6.61)	-	10.68 (6.99)	$F(1,58) = 0.006^{ns}$
Phoneme manipulation	7.90 (3.17)	7.71 (3.74)	7.23 (3.04)	7.54 (4.14)	$F(3,116) = 0.200^{ns}$
Rhyming task	7.24 (1.90)	6.89 (2.01)	6.35 (1.73)	7.16 (1.93)	$F(3,119) = 1.328^{ns}$
Age (months)	114.56 (5.85)	116.69 (6.80)	115.32 (5.46)	114.04 (5.53)	$F(3,119) = 1.155^{ns}$
Basic cognitive skills	104.53 (16.43)	103.40 (17.52)	99.77 (15.71)	97.84 (15.03)	$F(3,119) = 1.060^{ns}$
Working memory	7.0 (1.32)	7.09 (1.48)	6.81 (1.76)	6.92 (0.95)	$F(3,119) = 0.224^{ns}$
Education parents (years)	11.19 (1.62)	11.51 (1.56)	11.25 (1.49)	11.76 (1.43)	$F(3,93) = 0.604^{ns}$
SES parents (HISEI)	52.42 (17.75)	56.35 (14.61)	53.90 (10.57)	49.45 (12.69)	$F(3,93) = 0.838^{ns}$
Net income	3182.32 (1857.49)	3820.38 (1281.21)	3439.42 (1169.72)	3665.60 (1992.36)	$F(3,93) = 0.813^{ns}$
Cultural capital	217.38 (256.11)	113.94 (92.25)	151.03 (149.85)	149.54 (162.97)	$F(3,93) = 1.551^{ns}$

Note: ns = not significant, $^{*}p < .05$, $^{**}p < .01$, $^{***}p < .001$.

In a next step, we considered the development of English skills over time (Table 3). Figure 4 shows the changes in linguistic and metalinguistic skills for majority-language and minority-language students in the intervention group.

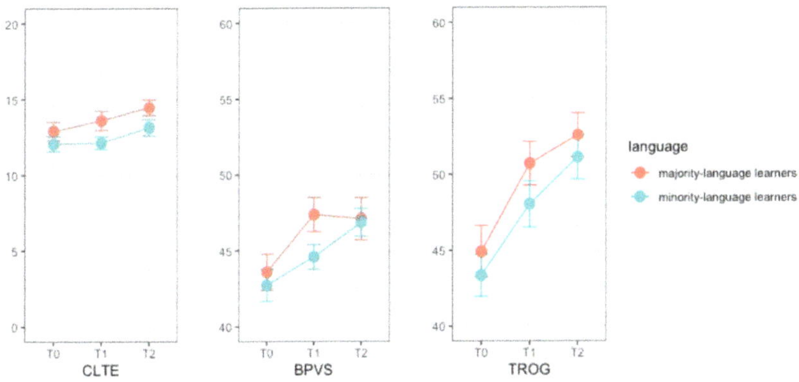

Figure 4. Development of productive (CLTE), receptive (BPVS) vocabulary skills as well as receptive grammar skills (TROG) in English for majority-language and minority-language students in the intervention group.

We conducted repeated-measures ANOVAs comparing FL development at the three testing sessions (pre-test, post-test, delayed post-test) between minority-language and majority-language learners. We used Language (minority vs majority) and Group (intervention vs comparison) as a between-subject factor and Test as a within-subject variable. We found a significant main effect of Test for all skills. As seen in Figure 4, both minority and majority learners equally improved their FL skills. The same pattern can be seen for phonological awareness (Table 3). The results did not show significant effects of or interactions with Language and Group for any skill, suggesting that all students demonstrated comparable development across groups.

Table 3. Development of linguistic skills. Means (SD) for each group at each test. Results of repeated-measures ANOVA for effects of Test and Test*Group, T0 = pre-test, T1 = post-test, T2 = delayed post-test

	Intervention group			Comparison group			ANOVA effect Test	ANOVA effect Test* Group	ANOVA effect Test* Language
	T0	T1	T2	T0	T1	T2			
Receptive vocabulary Majority students	43.59 (6.72)	47.41 (6.33)	47.13 (7.86)	40.27 (5.60)	43.93 (4.32)	45.30 (4.07)	F(2,120) = 15.83***	F(2,120) = 0.61^ns	F(2,238) = 0.615^ns
Receptive vocabulary Minority students	42.74 (6.19)	44.60 (4.86)	46.89 (5.40)	40.58 (7.38)	45.79 (5.10)	46.71 (5.30)	F(2,114) = 26.79***	F(2,114) = 2.76^ns	
Productive vocabulary Majority students	12.91 (3.41)	13.61 (3.56)	14.47 (2.95)	11.87 (2.98)	12.80 (2.82)	14.03 (2.82)	F(2,120) = 30.41***	F(2,120) = 0.79^ns	F(2,240) = 1.19^ns
Productive vocabulary Minority students	12.06 (2.92)	12.14 (2.48)	13.14 (3.20)	12.0 (2.50)	13.08 (2.38)	13.52 (3.02)	F(2,116) = 9.48***	F(2,116) = 1.38^ns	
Receptive vocabulary Majority students	44.94 (9.64)	50.72 (8.13)	52.59 (8.21)	40.93 (7.83)	46.70 (7.02)	47.90 (8.55)	F(2,120) = 35.77***	F(2,120) = 0.09^ns	F(2,240) = 0.70^ns
Receptive grammar Minority students	43.34 (8.25)	48.03 (8.97)	51.11 (8.53)	42.76 (9.30)	47.24 (9.24)	49.40 (10.21)	F(2,116) = 56.18***	F(2,116) = 0.38^ns	
Phoneme manipulation Majority students	7.90 (3.17)	10.06 (2.25)	10.19 (1.62)	7.10 (3.10)	8.57 (3.12)	9.17 (2.53)	F(2,114) = 17.69***	F(2,114) = 0.42^ns	F(2,228) = 0.44^ns
Phoneme manipulation Minority students	7.97 (3.59)	9.91 (2.20)	9.97 (2.11)	7.54 (4.14)	10.08 (2.12)	9.75 (2.40)	F(2,110) = 26.45***	F(2,114) = 0.40^ns	

Note: ns = not significant, *p < .05, **p < .01, ***p < .001.

6. Discussion

This paper outlined the cornerstones and the implementation of an approach to pedagogical translanguaging (PTL) based on a framework of plurilingual language learning awareness for early foreign language (FL) instruction among primary students. By focussing on early FL learners who receive almost only aural instruction and have no prior experience with foreign language learning in instructed contexts, this study differs from most previous research that investigated secondary or tertiary-level students.

With respect to our first research question, the analysis of the students' impressions in the intervention group shows that encouraging students to make frequent language comparisons illustrating lexical and grammatical commonalities even across (psycho-)typologically unrelated languages appears to attenuate the perceptions of hard boundaries between languages for many students. In all, the largely positive views illustrate that students appreciated PTL as a way to increase their knowledge of different languages and relations between languages. Even primary-school students thus see value in their minority languages and recognize their potentials for learning English as a FL and for further language learning. Since the teachers never explained the purpose of the inclusion of other languages or made explicit references to the usefulness of contrastive language activities, the students independently inferred positive impacts of PTL activities and could apply them to their own situation in language learning. At the same time, only few students explicitly regarded the inclusion of other languages as useful for learning the target language, and some students, including minority-language students, labelled the use of languages other than English confusing, overwhelming or unhelpful for learning FL skills.

One reason for these mixed responses may be that the purposes of PTL did not become sufficiently transparent to the learners. In a second phase of the project, the teachers explicitly address the potentials of plurilingualism as a strategy in FL learning. This way, we will be able to assess whether such heightened explicitness of the potential benefits of plurilingualism affects students' assessment of the inclusion of other languages in FL instruction or their FL development.

To answer our second research question, we assessed effects of the implementation on general FL skills as well as metalinguistic awareness. Over the course of the six-month intervention, all learners significantly improved their linguistic and metalinguistic skills. There were no significant differences between minority-language and majority-language students on any measure; further, the intervention and the comparison group demonstrated comparable skills and similar development over time. These findings suggest that PTL does not come at the expense of FL skill development and does not disadvantage majority-language students.

Finally, implementing PTL across different classes and schools showed that the acceptance of plurilingual teaching varied depending on (a) the teaching methods and practices that the students were used to, (b) the class composition and (c) how accepting students were of (linguistic) diversity among their peers. In this regard, the project findings and experiences so far indicate that introducing plurilingual elements as a gateway to plurilingual competence in early FL instruction requires time and effort. Students and teachers take time to get accustomed to the presence of languages other than the target and the majority language in the classroom, and students need time, guidance and encouragement to come forward with examples from their minority languages as well as to engage in systematic language comparisons. Against this backdrop, more extended longitudinal studies that track students' development across several years and across transitions from primary into secondary schooling are required to evaluate the long-term impacts of plurilingual FL teaching.

Note: This chapter was written in 2020. For more comprehensive results from the full sample, see Hopp et al. (2022) and Sturm et al. (2024).

7. References

Arteagoitia, Igone/ Howard, Elizabeth R. (2015): The role of the native language in the literacy development of Latino students in the United States. In: Cenoz, Jasone/ Gorter, Durk (eds.): *Multilingual Education*. Cambridge: Cambridge University Press. 61–83

Bialystok, Ellen/ Ryan, Ellen (1985): Towards a definition of metalinguistic skill. *Merrill-Palmer Quarterly* 31, 13–32

Binanzer, Anja/ Jessen, Sarah (2020): Mehrsprachigkeit in der Schule – aus der Sicht migrationsbedingt mehrsprachiger Jugendlicher. *Zeitschrift für Interkulturellen Fremdsprachenunterricht* 25 (1), 221–252

Bishop, Dorothy (2003): *Test for reception of grammar: TROG-2* (2nd ed.). London: Harcourt Assessment

Busse, Vera/ Cenoz, Jasone/ Dalmann, Nina/ Rogge, Franziska (2019): Addressing Linguistic Diversity in the Language Classroom in a Resource-Oriented Way: An Intervention Study with Primary School Children. *Language Learning* 31 (1), 1–38

Butzkamm, Wolfgang (2011): Why Make Them Crawl If They Can Walk? Teaching with Mother Tongue Support. *RELC Journal* 42 (3), 379–391

Cenoz, Jasone (2019): Translanguaging pedagogies and English as a lingua franca. *Language Teaching* 52 (1), 71–85

Cenoz, Jasone/ Gorter, Durk (2017): Translanguaging as a Pedagogical Tool in Multilingual Education. In: Cenoz, Jasone/ Gorter, Durk/ May, Stephen (eds.): *Language Awareness and Multilingualism*. Cham: Springer International Publishing, 309–321

Council of Europe (2018): *Common European Framework of Reference for Languages: Learning, Teaching, Assessment. Companion Volume with New Descriptors*. Strasbourg

Cutrim-Schmid, Euline/ Schmidt, Thorben (2017): Migration-based multilingualism in the English as a foreign language classroom: Learners' and teachers' perspectives. *Zeitschrift für Fremdsprachenforschung* 28 (1), 29–52

Dunn, Lloyd M./ Dunn, Douglas M./ Styles, Ben (2009): *British Picture Vocabulary Scale: BPVS-III.* (3rd ed.). London: GL Assessment

Ganzeboom, Harry B.G./ Treiman, Donald J. (1996): Internationally Comparable Measures of Occupational Status for the 1988 International Standard Classification of Occupations. *Social Science Research* 25 (3), 201–239

Gerngross, Günter/ Puchta, Herbert/ Becker, Carmen (2013): *Playway 4*. Rum/Innsbruck u. a.: Helbling; Klett

Hopp, Holger/ Jakisch, Jenny/ Sturm, Sarah/ Becker, Carmen/ Thoma, Dieter (2020): Integrating multilingualism into the early foreign language classroom: Empirical and teaching perspectives. *International Multilingual Research Journal* 14 (2), 146–162

Hopp, Holger/Thoma, Dieter/Kieseier, Teresa/Jakisch, Jenny/Sturm, Sarah (2022): Early plurilingual foreign language teaching in mixed classrooms: Linguistic and metalinguistic development of majority-language and minority-language students in EFL classes. *System, 108*, 102828

Hopp, Holger/ Vogelbacher, Markus/ Kieseier, Teresa/ Thoma, Dieter (2019): Bilingual advantages in early foreign language learning: Effects of the minority and the majority language. *Learning and Instruction* 61, 99–110

Hu, Adelheid (2018): Plurilinguale Identitäten? Entwicklungen in der Theoriebildung und empirische Forschungsergebnisse zur Mehrsprachigkeit an Schulen. *Language Education and Multilingualism -The Langscape Journal* 1, 66–84

Hu, Adelheid (2003): *Schulischer Fremdsprachenunterricht und migrationsbedingte Mehrsprachigkeit*. Tübingen: Gunter Narr Verlag.

Jakisch, Jenny (2015): *Mehrsprachigkeit und Englischunterricht: fachdidaktische Perspektiven, schulpraktische Sichtweisen*. Frankfurt: Peter Lang

Jessner, Ulrike (2008): Teaching third languages: Findings, trends and challenges. *Language Teaching* 41 (1), 15–56

Krumm, Hans-Jürgen/ Jenkins, Eva-Maria (eds.) (2001): *Kinder und ihre Sprachen – lebendige Mehrsprachigkeit: Sprachenporträts – gesammelt und kommentiert von Hans-Jürgen Krumm*. Wien: Eviva

Leonet, Oihana/ Cenoz, Jasone/ Groter, Durk (2019): Developing morphological awareness across languages: translanguaging pedagogies in third language acquisition. *Language Awareness* 79 (2), 1–19

Levine, Glenn S. (2014): Principles for code choice in the foreign language classroom: A focus on grammaring. *Language Teaching* 47 (3), 332–348

Lyster, Roy/ Quiroga, Jorge/ Ballinger, Susan (2013): The effects of biliteracy instruction on morphological awareness. *Journal of Immersion and Content-Based Language Education* 1 (2), 169–197

Niedersächsisches Kultusministerium (2018): *Kerncurriculum für die Grundschule Schuljahrgänge 3–4: Englisch*. Hannover

Paquet-Gauthier, Myriam/ Beaulieu, Suzie (2016): Can language classrooms take the multilingual turn? *Journal of Multilingual and Multicultural Development* 37 (2), 167–183

Petermann, Ulrike/ Petermann, Franz (2008): HAWIK-IV. *Kindheit und Entwicklung* 17, 71–75

Portnaia, Natalia (2014): *Sprachlernsituation der Kinder mit migrationsbedingter Zwei-/Mehrsprachigkeit beim Fremdsprachenlernen in der Grundschule: eine qualitative Studie unter besonderer Berücksichtigung der Herkunftssprache Russisch.* Berlin: Logos

Rinker, Tanja/ Gagarina, Natalia (2014): *Cross-Linguistic Lexical Task: German version (CLT-DE)*. Unpublished material

Rück, Nicola (2009): *Auffassungen vom Fremdsprachenlernen monolingualer und plurilingualer Schülerinnen und Schüler.* Kassel: Kassel University Press

Sturm, Sarah/Jakisch, Jenny/Kieseier, Teresa/Hopp, Holger (2024): Plurilingual foreign-language teaching in early EFL: Exploring student perspectives and profiles. *International Journal of Multilingualism, 21*(2), 689–710

Ticheloven, Anouk/ Blom, Elma/ Leseman, Paul/ McMonagle, Sarah (2019): Translanguaging challenges in multilingual classrooms: scholar, teacher and student perspectives. *International Journal of Multilingualism* 10, 1–24

Turnbull, Blake (2016): Reframing foreign language learning as bilingual education: epistemological changes towards the emergent bilingual. *International Journal of Bilingual Education and Bilingualism* 21 (8), 1041–1048

Weber, Jutta/ Marx, Peter/ Schneider, Wolfgang (2007): Die Prävention von Lese-Rechtschreibschwierigkeiten bei Kindern mit nichtdeutscher Herkunftssprache durch ein Training der phonologischen Bewusstheit. *Zeitschrift für Pädagogische Psychologie* 21 (1), 65–75

Weiß, Rudolf H. (2006): CFT 20-R. *Grundintelligenztest Skala 2: Manual.* Göttingen: Hogrefe

Translanguaging und Sprachmittlung – Eine empirische Untersuchung zur Nutzung des lernerseits verfügbaren Repertoires in deutsch-französischen Sprachmittlungsaufgaben

Katharina Wieland

ABSTRACT
The following article focuses on the question of whether and how learners use their multilingual repertoire in the sense of translanguaging in a situation of language mediation, both in their own cognitive engagement with the source and target text and in order to achieve their communicative intentions. For this purpose, language mediation will be embedded in discussions about multilingualism in educational policy and foreign language education. Then, the results of a study with upper secondary school learners of French in Berlin will be presented. Finally, based on this, we will point out some considerations on how language mediation and plurilingual competences can be used even more for learning the second or third foreign language - in this case French - in the sense of tertiary language education.

RESÜMEE
Im Mittelpunkt des folgenden Beitrags steht die Frage, ob und wie Lernende in einer Sprachmittlungssituation sowohl bei der eigenen kognitiven Auseinandersetzung mit Ausgangs- und Zieltext als auch zum Erreichen ihrer kommunikativen Absichten ihr mehrsprachiges Repertoire im Sinne von *translanguaging* einsetzen. Dazu wird Sprachmittlung zunächst in die Diskussion um Mehrsprachigkeit in bildungspolitischen und fremdsprachendidaktischen Diskursen eingebettet, bevor die Ergebnisse einer Studie mit Berliner Französischlernenden der Oberstufe vorgestellt werden. Abschließend werden darauf basierend Überlegungen präsentiert, wie Sprachmittlung und die im Sprachmittlungsprozess erfolgenden Rückgriffe auf sprachliches Vorwissen im Sinne der Tertiärsprachendidaktik noch stärker für das Lernen der zweiten oder dritten Fremdsprache – hier Französisch – genutzt werden können.

1. Sprachmittlung und Mehrsprachigkeit – bildungspolitische Entwicklungen und ihre fremdsprachendidaktische Rezeption

Der Gemeinsame Europäische Referenzrahmen (GER) (Europarat 2001) stellt einen wichtigen Schritt für die Definition von Mehrsprachigkeit und somit auch für die Mehrsprachigkeitsdidaktik dar, da mit ihm die

Wende zu einem funktionalen Begriffsverständnis von Mehrsprachigkeit eingeläutet wird. Spracherwerb und Sprachenlernen sollen nicht mehr als additiv angesehen werden, auch wenn der GER im Hinblick auf mehrsprachige und plurikulturelle Kompetenz noch zu vage bleibt. Viel stärker und sehr früh hat der frankophone Diskurs zu Mehrsprachigkeit für ein integratives Begriffsverständnis plädiert und die kommunikative Perspektive eines Sprechers als *acteur social* betont, welcher mit seinem ihm verfügbaren sprachlichen Repertoire innerhalb einer kulturell bestimmten Umgebung mit anderen Sprechern interagiert (Castellotti in diesem Band, S. 28).

Bei Sprachmittlung als kommunikativer Aktivität geht es im GER darum, Personen, „die aus irgendwelchen Gründen nicht direkt miteinander kommunizieren können“ (Europarat 2001, 89), zu einer Partizipation an der mündlichen oder schriftlichen Kommunikation zu verhelfen. Während nun beispielsweise in Frankreich in Folge des GER Sprachmittlung sehr stark als pädagogische und interkulturelle Mediation aufgefasst wurde, bei der das gemeinsame Aushandeln und Vermitteln von Konzepten und bei Konflikten im Mittelpunkt stand (North/Piccardo 2016, 17; Schädlich 2020, 24f.), wurde im deutschen Bildungskontext stärker die Übermittlung von Kommunikationshandlungen im Sinne eines informellen Übersetzens und Dolmetschens fokussiert, auch wenn hier sehr wohl das Potenzial der Sprachmittlung für die Entwicklung von plurikultureller Kompetenz und Mehrsprachigkeit gesehen wurde. Deutschland hat in puncto Sprachmittlung einen Sonderweg bestritten, denn die Definition des GER wurde in deutschen Bildungsdokumenten nur eingeschränkt übernommen, da intralinguale Kommunikationssituationen ausgeklammert wurden und Sprachmittlung auf eine funktional-kommunikative Teilkompetenz reduziert wurde. Trotz weitreichender Kritik auch aus Reihen der deutschen Fremdsprachendidaktik (u. a. Melo-Pfeifer/Schröder-Sura 2018, 14; dies. 2019, 4; Rössler/Schädlich 2019a, 6) steht im schulischen Kontext bei der Aufgabenentwicklung zur Sprachmittlung der Aspekt der reinen Informationsübertragung klar im Vordergrund.

Im Companion Volume (CV) zum GER wird Sprachmittlung[1] hingegen als Teil der Mehrsprachigkeitskompetenz verstanden (Europarat 2018, 28). Die Autoren des CV betonen, dass zwar bereits im GER von 2001 nicht nur von der Vermittlung zwischen Individuen und den von ihnen produzierten Texten ausgegangen worden sei; der Sprachmittlung lägen aber noch zwei weitere, zentralere Konzepte zu Grunde, nämlich die gemeinsame Bedeutungskonstruktion in der Interaktion sowie die Mittlung auf individueller und sozialer Ebene im Lernprozess (ibid., 33; North/Piccardo 2019). Sprachmittlung wird nun im CV als eine komplexe, häufig mehrsprachige Aktivität gefasst, bei deren Förderung und Evaluation der Prozess des sprachmittlerischen Handelns (statt sein Produkt) und die darin angewendete interkulturelle und interaktionale Kompetenz im Sinne der Adressatenorientierung stärker in den Blick genommen werden. Hierbei tritt insbesondere die Auffassung des Lerners als *social agent* in den Mittelpunkt. Dieser agiert sowohl als Mittler zwischen Individuen und Texten in verschiedenen Sprachen oder Varietäten („mediating texts", Europarat 2018, 107 ff.) als auch im Lernprozess als Vermittler von Konzepten und Wissen in Peer- oder Lehrer-Schüler-Konstellationen („mediating concepts", ibid., 117 ff.) sowie als kultureller und sozialer Vermittler in missverständlichen und evtl. konfliktiven Situationen („mediating communication", ibid., 122ff.).

Gerade auf dieser Prozessebene hat Sprachmittlung das Potenzial, zur Entwicklung einer Mehrsprachigkeitskompetenz (*compétence plurilingue*) der Lernenden beizutragen (Dietrich-Grappin 2017), und zwar sowohl unter Einbeziehung der vorgelernten schulischen Fremdsprachen als auch möglicher Herkunftssprachen der Lernenden. Der CV versteht Sprachmittlung im Rahmen eines umfassenden Sprachlernkonzepts, bei dem sprachliches Lernen und sprachliche Bildung aus Aushandlungsprozessen emergieren, die einsprachig oder mehrsprachig verlaufen können.

---

[1] Im CV wird auch in der deutschen Fassung der Begriff der Mediation dem der Sprachmittlung vorgezogen. Krombach (2021, 119f.) macht deutlich, dass dieser Begriff durch den zentralen Aspekt der „relationalen Mediation" durch einen „social agent" und der Auffassung von Mediation als pädagogischem Prinzip eher gerechtfertigt ist als Sprachmittlung. Aufgrund der Einheitlichkeit und der Tatsache, dass ich auch mit Quellen und Aufgaben arbeite, die vor dem Erscheinen des CV publiziert wurden, nutze ich im Text weiterhin durchgängig den Begriff der Sprachmittlung, verstehe diesen aber grundsätzlich in der weiten Konzeption des CV.

Was die Rezeption der neuen Ausführungen zu Sprachmittlung im CV betrifft, gibt es unterschiedliche Lesarten, die sich in der Tradition der Begriffsbildung zu Sprachmittlung verstehen lassen. Ausgehend von einem einseitigen Blick auf Sprachmittlung als mindestens zweisprachige Vermittlung in einer triadischen Konstellation werten Rössler/Schädlich (2019a und b) und Reimann (2019) zwar als positiv, dass der CV natürliche Mittlungsprozesse sowie Sprachmittlungsstrategien einbeziehe, kritisieren aber, dass das sehr weite Begriffsverständnis zu einem Spezifizitätsverlust von Sprachmittlung beitrage. Castellotti (in diesem Band, S. 34) betont, dass der CV nach wie vor von einer kulturalistischen Repräsentation von Sprachen als getrennte Systeme ausgehe und in den Deskriptoren persönlichkeitsbildende Aspekte und individuelle Erfahrungen keine Berücksichtigung fänden. Sie spricht dem CV somit insgesamt das Potential ab, die monolinguale Ausrichtung in der unterrichtlichen Praxis überwinden zu können. Konkret bezogen auf die Sprachmittlung heben dagegen Melo-Pfeiffer/Schröder-Sura (2019, 6) lobend hervor, dass diese im CV weiter gefasst worden sei und Aspekte der Interaktion sowie die Frage der Strategien einbezogen würden; sie monieren aber, dass die Informationsvermittlung in zweisprachigen Situationen immer noch der zentrale Aspekt sei und damit in Lernsituationen die monolinguale Ausrichtung des FSU nicht überwunden werden könne. Mehrsprachige Situationen oder die Nutzbarmachung von *translanguaging* seien nicht mitgedacht. Der CV sei, so die Autorinnen, aber auch eine Möglichkeit, Sprachmittlung in Zukunft multidimensionaler gestalten zu können.

Ausgehend davon, dass es für die Persönlichkeitsentwicklung, das lebenslange Sprachenlernen und auch die individuelle Entwicklung von Sprachbewusstheit wichtig ist, dass alle Kinder und Jugendlichen – seien sie lebensweltlich mehrsprachig aufgewachsen oder erst durch die Schule mit mehreren Sprachen vertraut geworden – eine positiv konnotierte mehrsprachige Identität haben, stellt sich die Frage, wie es gelingen kann, die *compétence plurilingue* der Lernenden zu stärken. Die unterrichtliche Auseinandersetzung mit Sprachmittlung als eine mehrsprachige Schlüsselkompetenz kann hierzu einen wichtigen Beitrag leisten.

2. *Compétence plurilingue* durch sprachmittelndes *translanguaging*

Auch bei lebensweltlich mehrsprachig aufwachsenden Personen ist eine positiv konnotierte Mehrsprachigkeit nicht selbstverständlich. So weist Volgger (2010, 90) beispielsweise nach, dass Französischlernende am Ende der Sekundarstufe I die eigene Mehrsprachigkeit wenig schätzen bzw. sich ihrer nicht bewusst sind, da ihnen das *native-speaker* Ideal im Wege stehe. Um die *compétence plurilingue* zu fördern bzw. ein Bewusstsein und eine Wertschätzung für die eigene Mehrsprachigkeit zu schaffen, braucht es demnach Erfahrungsräume, in denen Mehrsprachigkeit erprobt sowie Sprachbewusstheit und mehrsprachige Identität ausgebildet werden können (Dietrich-Grappin 2017, 100). Die Autorin verweist zur Ausbildung der *compétence plurilingue* insbesondere auf die Rolle der zweiten Fremdsprachen (im deutschsprachigen Kontext also häufig romanische Sprachen). Die Entwicklung der *compétence plurilingue* hängt dabei eng mit *translanguaging* (TL) zusammen, welches nach Dietrich-Grappin das Vehikel ist, das zur Ausbildung der Kompetenz beiträgt, die sich wiederum in TL manifestiert (ibid., 105). Dem Konzept des TL liegt die pädagogische Absicht zugrunde, dass Lernende von der Lehrperson bewusst dazu angeregt werden, ihre Sprachen für rezeptive und produktive Zwecke flexibel zu alternieren und ihr gesamtes sprachliches Repertoire für die Bewältigung sprachlich-kommunikativer Aufgaben und Situationen einzusetzen (Li in diesem Band, S. 147).[2]

Gallagher/Colohan (2017, 486) verdeutlichen, dass gerade für Lernende in einer Zweitsprachenerwerbssituation das Hinzuziehen der L1 – wichtig sei, z.B. für die Strategieentwicklung, die Lautbewusstheit oder die Entwicklung der Schriftsprache. Turnbull (2018) geht einen Schritt weiter und nutzt auch für Fremdsprachenlernende den von García (2009) geprägten Begriff der *emergent bilinguals*[3]. Diese seien ab Beginn ihres L2-Lernens besondere bilinguale

---

[2] Zu TL als Konzept des bilingualen Lernens García/Li (2014). Weiterhin wird die Bezeichnung TL auch zur Beschreibung von flexiblen Sprachpraktiken bilingualer bzw. plurilingualer Sprecher verwendet (García 2009).

[3] Auch im französischen Diskurs werden Lernende stärker als „bilingue en devenir" gesehen und es wird hervorgehoben, dass die *compétence plurilingue* sich in der Anwendung entwickele (Castellotti in diesem Band, S. 31).

Lernende, die eine L2 beständig weiterentwickeln würden, obwohl diese sich in einer Minderheitensituation befinde. Der Autor eröffnet somit eine (mindestens) bilinguale Perspektive für einen FSU, in dem die Lernenden nicht als defizitäre L2-Sprecher betrachtet werden, sondern als Lernende, deren L2 zusammen mit der L1 funktioniert. Neben individuellen und pädagogischen Aspekten) spielt in einem Unterricht, der TL aktiv nutzt, die Ebene der sozialen Interaktion und der gemeinsamen Bedeutungsaushandlung durch TL eine zentrale Rolle, ganz im Sinne von *mediating concepts*, gerade weil soziale Räume in den Unterrichts- und Lernprozess einbezogen werden können, welche in einem monolingual geprägten Unterricht außen vor blieben (Li 2011, 1234).

Die Förderung der *compétence plurilingue* durch TL stellt für die Lehrenden im FSU eine große Herausforderung dar, da Sprachen viel stärker als soziale Praktiken und weniger als normative Systeme – welche sie auch, aber längst nicht ausschließlich sind – betrachtet werden müssten. Weiterhin fühlen Lehrende sich häufig überfordert, mit Sprachen umgehen zu müssen, welche sie nicht oder kaum beherrschen (Li in diesem Band, S. 152; García/Otheguy 2020, 27). Auch Sprachmittlungsaufgaben können dazu genutzt werden (Dietrich-Grappin 2020, 235f.). Damit Sprachmittlungsaufgaben aber tatsächlich zu einem zwei- oder mehrsprachigen Erfahrungsraum werden können, erscheint es wichtig, dass nicht nur Lernende, welche laut Aufgabenstellung die Sprachmittlerrolle einnehmen, diese Erfahrungen machen, sondern alle Beteiligten über gemeinsame Mittlungs- und Aushandlungsprozesse einbezogen werden.

In welchen Manifestationen und Funktionen sprachmittelndes TL bei fortgeschrittenen Französischlernenden auftreten kann und wie sie es wahrnehmen, soll folgend gezeigt werden.

3. Translinguistic Markers und translanguaging im Sprachmittlungsprozess von Französischlernenden

Im Forschungsprojekt „Dokumentation und Analyse von Sprachmittlungskompetenz im Französischen“ wurden in den Jahren 2013 bis 2015 zunächst 83 schriftliche Sprachmittlungsprodukte von Lernenden der gymnasialen Oberstufe in Berlin erhoben. In einem weiteren Schritt wurden in den Jahren 2014 bzw. 2015 sechs Probandenpaare bei der gemeinsamen

Bewältigung einer Sprachmittlungsaufgabe videographiert und retrospektiv mit der Methode des Lauten Erinnerns befragt. Die Ausgangstexte waren – in Analogie zu üblichen Sprachmittlungstexten der Abiturprüfung – deutschsprachige Pressetexte, aus denen Informationen an einen gleichaltrigen französischen Freund in einer E-Mail gemittelt werden mussten. Außerdem kamen Metafragebögen zum Einsatz, welche vorhandene schulische und außerschulische Sprachkenntnisse der Lernenden sowie deren alltägliche Nutzung erfassten, um in der Triangulation der Daten einen mehrperspektiven Blick auf Sprachmittlungsprozesse zu liefern. Die linguistisch orientierte Analyse der insgesamt 83 Texte zeigt zahlreiche „Fehler"[4] der Probanden in Bezug auf eine monolinguale fremdsprachliche Norm. Manche dieser Normverstöße erweisen sich als „translinguistic markers"[5] (Lüdi 2020, 45), von denen wiederum einige bewusst eingesetzt zu sein scheinen, um Wortschatzlücken produktiv auszugleichen.

Da die produktorientierten Daten nur unzureichend über Manifestationen, Funktionen und Wahrnehmungen von sprachmittelndem TL informieren, wird im Folgenden auf die Video- und Retrospektionsdaten fokussiert.

Eine Nutzung des gesamten sprachlichen Repertoires bei mehrsprachigen Personen führt nicht zwangsläufig zu einem Sprachwechsel oder zu sprachlichen Neuschöpfungen, sondern kann sich auch durch monolinguale Phasen äußern (Abendroth-Timmer/Schneider 2021, 19). Dies hängt mit den verschiedenen Funktionen zusammen, welche TL für mehrsprachige Personen einnehmen kann. Betrachtet man über Sprache geäußerte Denkprozesse mit Blick auf TL, dann rücken vor allem seine kontextabhängige soziale und kommunikative Funktion in den Mittelpunkt. Die Interaktion der Lernenden bei der Bearbeitung einer Sprachmittlungsaufgabe kann somit als ein sozialer Raum von Individuen angesehen werden, in den beide Interaktanten ihre jeweiligen sprachlichen und außersprachlichen Bezüge einbringen. Um diese – soweit wie möglich – aus den Forschungsdaten der

---

4 Die Fehlerkorrektur wurde als Minimalkorrektur anhand der sog. Zieltexthypothesen des Falko-Korpus (Fehlerannotierte Lernertexte DaF) vorgenommen, siehe: https://hu-berlin.de/falko.

5 Hier verwendet als Sammelbegriff für Sprachkontaktphänomene aller Art im Diskurs; Lüdi (2020) erachtet *translinguistic markers* genauso wie *plurilingual speech* als wertvoll für die Entwicklung eines mehrsprachigen Repertoires und spricht ihnen verschiedene kommunikative und diskursive Funktionen zu.

Französischlernenden herauszuarbeiten, werden im Folgenden die videographierten Bearbeitungsprozesse sowie anschließend die retrospektiven Befragungen der sechs Probandenpaare ausgewertet.

3.1 Methodisches Vorgehen

Der Fokus der Analyse liegt auf Äußerungen der Probanden, in denen *translinguistic markers* auftreten, sowie auf den von ihnen verbalisierten Reflexionen zu diesen Äußerungen bzw. generell zu ihrer Sprachenwahl.[6] Für die Analyse und Interpretation der Daten wurde das Auswertungsverfahren der qualitativen Inhaltsanalyse herangezogen. Als zentrale Kategorien wurden für die Interaktions- und Retrospektionsdaten zunächst induktiv die mit der Interaktion verfolgten kommunikativen Ziele der Probanden gewählt, die durch die Zwischenüberschriften abgebildet werden. Es wird schnell ersichtlich, dass die mehrsprachigen Interaktionen der Lernenden vordergründig *scaffolding*-Funktionen zur Bewältigung der Aufgabe und zur Organisation des eigenen Vorgehens haben. Diese *scaffolding*-Funktion von TL wurde bereits aus spracherwerbstheoretischer Sicht umfassend untersucht (Li 2018, 15f.; Abendroth-Timmer/Schneider 2021, 18), aus pädagogischer Perspektive interessiert aber auch, welche weiteren Funktionen TL mit sich bringen kann, z.B. für die individuelle und emotionale Seite der Sprachenwahl. Für die Interpretation der Daten wurden dann weiterhin auf das Modell von Abendroth-Timmer/Schneider zurückgegriffen. Die Autorinnen differenzieren die Funktionen von TL bisher am weitesten aus und setzen insgesamt vier Funktionen zueinander in Bezug: die kognitive, die soziokulturelle (beide häufig als *scaffolds* genutzt), die emotionale und die individuelle Funktion. Diese wurden als deduktive Subkategorien herangezogen, um zu untersuchen, welche Funktionen die Lernenden in der gemeinsamen Aushandlung der Sprachmittlungsaufgabe nutzen.

---

6 Li (2011, 1223) macht deutlich, dass eine Zuordnung von Phänomenen zu einzelnen Sprachsystemen bei der Beschäftigung mit *translanguaging*-Prozessen widersprüchlich erscheint, gleichzeitig ist ein deskriptives Erfassen der Phänomene ohne die Nutzung vorhandener sprachlicher Kategorien kaum möglich. Hierbei ist mit Li (in diesem Band, S. 148) auch anzumerken, dass TL nicht die Existenz von eindeutig benennbaren Sprachen negiert, sondern die immer noch vorherrschende Annahme in Frage stellt, dass diese Sprachen die soziale Realität bzw. die individuell-psychologische Realität der Sprecher abbilden.

Die kognitive Funktion von TL beinhaltet die Auseinandersetzung mit dem eigenen Sprachkönnen und die Entscheidung, welche Konzepte man in welcher Sprache besser erfassen, verarbeiten und evtl. auch verbalisieren kann. Auf soziokultureller Ebene wird die Funktion von TL in der Kommunikation mit anderen in Mittelpunkt gerückt und es werden seine Auswirkungen auf die Gruppeninteraktion und -identität betrachtet. Die im Modell erstmals aufgeführte emotionale Funktion von TL sehen die Autorinnen gegeben, wenn Sprechende z.B. TL spielerisch oder humoristisch nutzen, ihre eigene sprachliche Sicherheit dadurch erhöhen oder umgekehrt aus Verunsicherung heraus, Sprachen vermeiden. Die davon sehr schwer abgrenzbare individuelle Funktion, die sich besser über reflexive Verfahren als durch die Analyse von sprachlicher Interaktion erfassen lässt, ist mit dem Nachdenken darüber verbunden, wie sich TL auf die eigene Persönlichkeit auswirkt, wie man sich selbst, evtl. auch in Abgrenzung zu anderen, einschätzt.

Das TL der Probanden wird in einem weiteren Analyseschritt auf eine oder mehrerer dieser vier Funktionen zurückgeführt, um daran aufzuzeigen, welche Rolle es im Sprachmittlungsprozess spielen kann.

3.2 Analyse der Videodaten

3.2.1 Lautes Lesen, Übersetzen und Kommentieren der Aufgabenstellung oder des eigenen Zieltextes

Eine Probandin[7] liest einzelne Sätze oder Satzteile der Aufgabenstellung ab und kommentiert diese auf Deutsch. Es treten aber auch Übersetzungen der Aufgabenstellung mit dem Belassen von Vokabular auf:

(1) S3: Wie verwenden die jungen Leute die *réseaux*
S2: Also die sozialen Mittel würde ich jetzt sagen.
S3: sozialen Mittel…*pour gérer cette pression*.
S2: *gérer* (…)
S3: (…) gegen ankämpfen oder so? (TK3)

7 Da die meisten Probanden weiblichen Geschlechts waren, wird bei der Referenz auf einzelne von ihnen die weibliche Form verwendet, ansonsten aus Gründen der Lesbarkeit das generische Maskulinum.

Der Sprachwechsel hat für S3 vordergründig eine kognitive Funktion: Sie verwendet zielsprachliche Ausdrücke der Aufgabenstellung, die ohne Übersetzung verstanden werden. In den Reaktionen von S2 kommt hingegen die soziokulturelle und auch die emotionale Funktion stärker zum Tragen. Durch das Übersetzen bzw. Aufgreifen der Elemente jeweils mit einer Einschränkung („würde ich jetzt sagen") bzw. einem Zögern signalisiert sie Unsicherheit und bittet die andere Person um Hilfe.

Die Aufgabenstellung und die eigene Arbeitsweise werden zwar durchgängig von den Probanden kommentiert, hierbei wird bis auf wenige Fälle aber ausschließlich auf das Deutsche zurückgegriffen. Eine Probandin nimmt mit „pour la deuxième question" (TK2) die zweite Fragestellung in Angriff und leitet ihr erneutes Nachschauen der Aufgabenstellung mit „regardons" ein; eine weitere denkt über den Anfang ihres Briefes laut nach: „Wie heißt der ami? Ach so: Salut Alex." (TK5). Nach einem Abschweifen über den Bezug des Textinhalts zum eigenen Leben geht eine weitere Probandin mit der Aufforderung „back to work" wieder ans Verfassen des Zieltextes (TK3). Zur metasprachlichen und emotionalen Kommentierung der Aufgaben und der eigenen Arbeitsweise werden zudem auch diatopische Varietäten des Deutschen wie das Berlinerische „wa" (TK6) oder ein „Oh gott, wat isn dette!" neben Vulgärausdrücken (TK2) genutzt.

Die Formulierungen sind stark emotional geprägt, da sie spontane Reaktionen auf die Aufgabenstellung widerspiegeln, die gegenüber der Gesprächspartnerin auch durchaus humorvoll wirken sollen. Sie haben auch die eindeutige soziokulturelle Funktion, sich mit der anderen Person auf die Bearbeitung der Aufgabe einzustimmen und gemeinsam jetzt auf Französisch („regardons", „pour la deuxième question") daran zu arbeiten.

3.2.2 Unsicherheiten über die sprachliche Form

Das häufigste Muster ist – neben Fragen zur Orthographie – die von einer Probandin initiierte konkrete Frage nach einem Lexem:

(2) S1: Gefühl heißt doch *impression*, oder?
S3: Eindruck. Gefühl ist
S1: [*sentiment*]
S3: *Sentiment*. Genau! (TK2)

Die Partnerin liefert hier eine direkte Übersetzung. Bei anderen Probanden erfolgt dies ähnlich, manche drücken dabei aber auch ein bisschen eigene Unsicherheit aus („Pression na ist denk ich mal so Stress oder Druck" (TK1)). Bisweilen bieten Wortschatzfragen auch Anlass zur Nachfrage und zum Weiterdenken:

(3) S3: Um zu antworten. *Pour répondre*. Oder? *Pour réponder*. Heißt das *répondre* oder *réponder*?
S1: *Répondre*. Würd ich sagen.
S3: *Répondre*? Hä? Ich schau mal nach. Scheiße, dass ich so ein einfaches Wort nicht mehr weiß (TK2)

Wie man an dem Beispiel sehen kann, mündet die ungeklärte Unsicherheit in das Nachschlagen eines Begriffes im einsprachigen Wörterbuch, dann in ein Vorlesen des dort gefundenen Vorschlags sowie einer Übersetzung ins Deutsche (TK2, TK4). Durch die Interlingualität der Sprachmittlungsaufgabe und das immer noch verbreitete Phänomen, im FSU mit Wortgleichungen zu agieren, liegt es nahe, dass die Probanden bei Wortschatzfragen sprachkontrastiv vorgehen. Allerdings geschieht dies fast ausschließlich Deutsch-Französisch, nur zwei Paare greifen auf das Englische und nur eines davon noch auf weitere romanische Sprachen zurück. Die Belege weisen darauf hin, dass die Probanden versuchen, ihr gesamtes sprachliches Repertoire einzubeziehen, um eine Lösung zu finden:

(4) S3: Was heißt Art und Weise?
S2: Ich hab einmal *mentalité* geschrieben, aber ich weiß nicht.
S3: Wieso?
S2: Wegen *mentality* und so aber ich weiß nicht obs das Wort gibt. (TK3)

(5) S2: weißt du was der Halt ist?
S3: Mh, der Halt. (Kopf schütteln) Ich hab auch überlegt *tenire* heißt auf Latein festzuhalten.
S2: Dann *tenir*.
S3: Ja vielleicht.
S2: In Spanisch heißt das auch so.
S3: Echt?
S2: Da heißt das *yo tengo*, das, also wahrscheinlich schon. (TK4)

An den Beispielen wird die kognitive Funktion von TL sichtbar: Die Probanden machen deutlich, welche Lexeme und dahinterliegende Konzepte sie in welcher Sprache verstehen und produzieren können und welche nicht. Dabei spielen aber immer wieder emotionale und soziokulturelle Faktoren eine Rolle. Durch die Äußerungen mit den *translinguistic markers*, in denen meist die eigene Unsicherheit bzw. das eigene Unwissen offenbart wird, geschieht ein Beziehungsaufbau zur Partnerin, welche nicht nur in die Interaktion einbezogen wird, sondern auch als potenziell Wissende angesprochen wird.

Das Tandem TK3 nimmt insgesamt in seinen Interaktionen eine relativ klare Rollenverteilung ein. S3 stellt Fragen, S2 antwortet oder gibt Anweisungen zum Arbeitsprozess und wirkt somit stärker strukturierend. Auch bei zwei anderen Tandems stellt sich eine Unausgeglichenheit in der Kommunikationsstruktur heraus. Im Tandem TK1 nutzt S2 die Partnerin insbesondere für Sprachfragen und Orthographiefragen und nimmt alle – auch falsche – Vorschläge an:[8]

(6) S2: Die Werte? Oh, ich habe doch was gelernt! *Bourgeois, b – o –u – r – g ious*
S3: *Gois*
S3: *Gois* ohne u glaube ich
S2: *Bourgois,*[...] *par exemple, par exemple*? Oder *example*? (TK1)

Auch bei der Aushandlung von morphosyntaktischen Problemen werden *translinguistic markers* in kognitiver Funktion, aber immer auch sozial und emotional geprägt, zur Rückversicherung eingesetzt, um die jeweils andere zu bestätigen oder in die eigenen Gedankengänge einzubeziehen (TK3, TK1).

3.2.3 Formulierung für den Zieltext

Zunächst ist bei den Formulierungen ein lautes Verbalisieren von Teilen des eigenen Schreibens auch ohne direkte Ansprache der anderen Person zu beobachten. TL dient hier der Strukturierung der eigenen Gedanken und der Auseinandersetzung mit der eigenen Kognition, dem individuellen

---

[8] Ähnlich verhält es sich im Tandem TK4. Die Interaktionen bei den anderen drei Tandems (TK2, 5 und 6) sind hingegen in ihrer Interaktionsstruktur in der gemeinsamen Bearbeitung und gegenseitigen Unterstützung ausgeglichener.

Aushandeln von sprachlichen Formulierungen.[9] Eine Bestätigung bzw. Ergänzung der Partnerin ist nicht zwingend, kann aber vorkommen, z.B.:

(7) S2: *Parce qu'ils* halten für, was war denn das nochmal? Halten für, etwas für wichtig halten, *parce qu'ils pensent que*, die bürgerlichen Tugenden *sont patent. Parce qu'ils ont avis*, sie sind der Meinung
S3: Ja, *ils sont d'avis que* (TK1)

Daneben werden Fragen mit Formulierungsvorschlägen an die Partnerin gestellt, die der Rückversicherung des selbst Geschriebenen dienen und eine Antwort einfordern, z.B.

(8) S2: *veulent* Ordnung oder?
S3: joa
S2: *Veulent*. Ich fühle mich voll dumm, wenn ich sowas frage. *Veulent la structure*, vielleicht? (TK1)

Neben der soziokulturellen Funktion wird gerade am Einschub „ich fühle mich voll dumm, wenn ich sowas frage" der emotionale Aspekt von TL deutlich. Es wird eine sprachliche Formulierung erfragt, von der S2 selbst weiß, dass sie ihr eigentlich bekannt sein müsste. Durch Verbalisierung auf Französisch wird dieses Wissen zwar angedeutet, gleichzeitig durch den Einschub und das „vielleicht" aber die eigene Unsicherheit unterstrichen.

Ein weiteres mehrsprachiges Interaktionsmuster ist das Auffordern zum Vorlesen einer Formulierung. Dabei geht es um die Versprachlichung eines Inhaltes oder Konzeptes (kognitive Funktion), verbunden mit dem Wunsch nach sozialer Interaktion, um zu einer gemeinsamen Lösung zu kommen oder um die eigene Unsicherheit bei der Formulierung durch die Bestätigung der Partnerin zu überwinden (soziokulturelle und emotionale Funktion):

(9) S2: Was hast du geschrieben?
S3: *Maintenant après que j'ai lu ta lettre et l'article je peux te dire* das ist total sinnvoll und super für ihn ist (TK2)

---

[9] Die Nutzung des Deutschen (meist L1 bzw. sehr gut beherrschte L2 der Lernenden) hat hier häufig auch eine metakommunikative und regulierende Funktion (Dietrich-Grappin 2020).

3.3 Analyse der Retrospektionsdaten

Die Beispiele verdeutlichen, wie die beiden verbalisierten Sprachen innerhalb einer Person beim Formulieren im besten Sinne von *(trans)languaging* interagieren. Dies steht im völligen Gegensatz zur individuellen Wahrnehmung der Probanden (TK1, TK2, TK3), die bei der Beschreibung ihrer Vorgehensweise angeben, direkt auf Französisch zu denken und nicht auf Deutsch vorzuformulieren. Sie sind sich also ihres eigenen TL kaum bewusst. Ob diese Einschätzung eher aus einer Vorstellung von sozialer Erwünschtheit gegenüber der Interviewpartnerin entspringt oder der tatsächlichen Wahrnehmung der Probanden entspricht, kann anhand der Daten nicht herausgefunden werden. Etwas differenzierter formuliert ein anderes Probandenpaar seine Sprachwahl:

> (10) S2: Wir wussten den Grundgedanken, was wir sagen wollen aber nicht so, dass wir so richtig formuliert, nachdem wir die Zeit (…)
> S1: Also wenn ihr die Zeit gehabt hättet, dann hättet ihr das so gemacht?
> S2: Mh (verneinend).
> S3: Ich glaube, man formuliert das im Kopf erst mal auf Deutsch, und zwar auf Deutsch möglichst einfach mit Wörtern, die man auch ins Französische übersetzen kann, aber formuliert das dann direkt im Kopf auf Französisch um und schreibt's dann halt auch nur auf Französisch auf (…) (TK5)

Alle Probanden kommen beim Erinnern ihrer Vorgehensweise immer wieder darauf zurück, dass ihnen die Verfügbarkeit einer Partnerin zum gegenseitigen Befragen und Austauschen geholfen habe. Mehrere Probanden sehen darin einen Zeitgewinn gegenüber der Einzelarbeit (TK3, TK1). Hierbei denken alle an den Austausch zu unbekanntem Wortschatz bzw. zu Unsicherheiten bei der Zieltextformulierung. Eine Probandin formuliert überdies die Vorteile des Austausches zum Verständnis der im Ausgangstext aufgeworfenen Inhalte und Konzepte:

> (11) S1: […] dass man sich wirklich austauschen kann. Und es kann ja auch sein, dass man halt den Text anders versteht und dann kann man sich halt da ein bisschen austauschen und dann irgendwie zu einer Einigung zu kommen oder dazu…ja, sicherstellen, dass man den Text richtig verstanden hat. (TK3)

3.4 Zusammenfassung der Ergebnisse

Zusammenfassend lässt sich festhalten, dass die Probanden bei der Auseinandersetzung mit der französischsprachigen Aufgabenstellung, der deutschen Textvorlage und dem französischsprachigen Zieltext zwar das

Deutsche am stärksten zur Auseinandersetzung mit dem Ausgangstext und für Vorüberlegungen zur Zieltextformulierung heranziehen, aber auch weitere *translinguistic markers* in den Äußerungen zu erkennen sind, vor allem beim gemeinsamen Besprechen und Aushandeln von lexikalischen Bedeutungen.

Es ist deutlich geworden, dass die Sprachmittlungssituation den Lernenden Potenzial bietet, TL in verschiedenen Funktionen einzusetzen, welche nicht nur der kognitiven Sprachverarbeitung und dem Aushandeln von sprachlich-inhaltlichen Konzepten dienen. Im Rahmen von TL wird auch die Zusammenarbeit im Team ausgehandelt und Interaktion initiiert bzw. aufrechterhalten. Es erfüllt somit eine soziale Funktion. Darüber hinaus dient es einzelnen zum Umgang mit der eigenen Unsicherheit (emotionale Funktion), was wiederum Auswirkungen auf die soziale Interaktion im Team hat, da z.B. durch die wiederholte Äußerung von sprachlichen Unsicherheiten mit Hilfe von *translinguistic markers* auch die Rollenverteilung zwischen den Probanden geklärt wird, indem einer von ihnen eine Art Expertinnenstatus zugewiesen wird.

Um dieses Potenzial von TL auszuschöpfen, ist es wichtig, den Blick nicht nur auf die Sprachmittlungsprodukte zu lenken, welche insbesondere im schulischen Kontext im Rahmen einer zielsprachlichen Norm funktionierende Texte sein sollen. Die in den Produkten zu beobachtenden *translinguistic markers* dienen den Lernenden allenfalls als eine Kompensationsstrategie, ansonsten werden sie – was angesichts der „Sanktionierung“ in Form von Fehlerkorrektur bzw. Benotung im schulischen Alltag nicht erstaunt – vermieden. Betrachtet man darüber hinaus aber Sprachmittlung als einen Prozess, dem ein Aushandeln von Bedeutung mit sich selbst und vor allem mit anderen zu Grunde liegt (im Sinne von *mediating concepts*) kann es vielleicht besser gelingen, die dann stattfindenden TL-Prozesse mit ihren verschiedenen Funktionen für die Entwicklung einer *compétence plurilingue* zu nutzen.

4. Sprachmittelndes *translanguaging* – Implikationen für den Fremdsprachenunterricht

Agiert man als Sprachmittler außerhalb einer unterrichtlichen Situation, so erscheint es häufig völlig selbstverständlich, mit allen sprachlichen Mitteln zu wuchern. Lüdi (2020, 40) hält solche Kommunikationssituationen mit ihren „translinguistic formulations" auch für ein potenzielles Lernwerkzeug. Sprachmittlung – so verstanden und mit Reflexion verbunden – hätte das Potenzial, ein mehrsprachiger Erfahrungsraum auch in der Unterrichtssituation zu sein. Bislang wird dieses Potenzial noch nicht ausgeschöpft: Lernende sind durch die engen monolingualen Normvorgaben des Sprachmittlungsprodukts, die sich auch auf die Sprachmittlungssituation auswirken, eher gehemmt, ihr gesamtsprachliches Repertoire heranzuziehen. Damit sie lernen, Bezüge zu anderen Sprachen herzustellen und davon in ihrem Textverstehen und in ihrer Produktion zu profitieren, müssten sie gemeinsam mit den Lehrpersonen viel stärker die Vorteile von *translanguaging* (TL) im Prozess und dessen Zusammenwirken mit einem gelungenen zielsprachlichen Produkt reflektieren.

Als Grundvoraussetzung gilt es, den Lehrpersonen die Bedenken des Kontrollverlustes zu nehmen, wenn im Unterricht lernerseits auf weitere Sprachen zurückgegriffen werden soll, welche die Lehrpersonen selbst nicht beherrschen. Auch sollten sie die Frage der (aufgeklärten) Einsprachigkeit vor dem Hintergrund der möglichen positiven Effekte der Aktivierung mehrsprachiger Ressourcen der Lernenden abwägen. Fremdsprachenlehrpersonen sind im bestehenden Verständnis unseres Schulsystems Lehrpersonen für eine bestimmte Sprache, die sie separat vermitteln sollen. Da die meisten Sprachen außer Englisch in der lebensweltlichen Realität der Lernenden selten vorkommen, bevorzugen Lehrpersonen eine möglichst hohe Exposition der Lernenden in der Zielsprache vor Mehrsprachigkeitsansätzen (Abendroth-Timmer/Wieland 2019, 95). Dietrich-Grappin (2020, 167ff.) zeigt allerdings auf, dass gerade die von ihr untersuchten Lernenden, die ihre sprachliche Produktion monolingual ausrichten, durchschnittlich weniger zielsprachlichen Text kreieren und eine äußerst negative Selbsteinschätzung ihres sprachlichen Könnens haben, da sie ihm das Ideal eines *native speakers* als Bezugsnorm zugrunde legen. Dieses Denken aufzubrechen, kann nur gelingen, wenn Lehrpersonen anerkennen, dass plurilinguale kommunikative Ressourcen und Kompetenzen im Klassenzimmer vorhanden sind, die ihre eigenen Kompetenzen überschreiten (Dooly/Vallejo 2020, 94). Erst dann kann darüber nachgedacht werden, wie diesem Kompetenzgefälle begegnet werden kann und wie die Lehrpersonen ihre Rolle als Experten für Sprachlern- und Kommunikationsstrategien ausgestalten können.

Wie müssten nun also Aufgaben zur Sprachmittlung im FSU beschaffen sein, um den Einsatz des mehrsprachigen Repertoires der Lernenden zu ermöglichen und zu fördern?

Ein erster Schritt im Rahmen von Sprachmittlungssituationen könnte darin bestehen, Lernende systematisch auf das ihnen verfügbare gesamtsprachliche Repertoire hinzuweisen und dessen Nutzung mit ihnen zu üben. Gemeinsam können z.B. zu unbekannten Wörtern der Aufgabenstellung oder des Ausgangstextes mehrsprachige Glossare angelegt werden oder versucht werden, zu einzelnen Wörtern Wortdefinitionen in den verschiedenen in der Klasse vorhandenen Sprachen zu finden. Zum Üben der Sprachmittlungssituation können Lernende auch in verschiedenen Sprachen Anweisungen bekommen, dann aber in der Zielsprache Antworten geben oder umgekehrt.

Ein zweiter Schritt kann darin liegen, Sprachmittlung stärker als Prozess der mehrsprachigen Produktion zu betrachten, bei der die Lernenden ihr mentales Lexikon und damit ihr Vorwissen aus anderen Sprachen durch die Produktionsvorgänge aktivieren (Dietrich-Grappin/Hufeisen in diesem Band, Tab. 1, S. 402). Das kollaborative Agieren der Berliner Lernenden zeigt, dass selbst bei den in der Studie zielsprachlich eng gefassten Sprachmittlungssituationen die gemeinsame mehrsprachige Bedeutungsaushandlung angeregt werden kann und die Lernenden durch mehrsprachige diskursive Praktiken ihre kognitiven wie sozialen Kommunikationsabsichten bewältigen. Das geäußerte metasprachliche Wissen hat zudem das Potenzial, im Sinne einer Kognitivierung zu fremdsprachlichem Kompetenzaufbau bei den Lernenden beizutragen.

Ein mehrsprachiger Textinput würde die Produktionsvorgänge auf mehrsprachiger Basis zusätzlich anregen. Sprachmittlung könnte ausgehend von mehrsprachigen Ausgangstexten oder aus der mehrsprachigen Beschäftigung mit diskontinuierlichen Texten oder Bildern stattfinden, aus denen die Lernenden selbständig im Rahmen der Aufgabenstellung auswählen. Zu einer vertieften sprachlichen Auseinandersetzung in diesem Rahmen regt zudem der Sprachwechsel beim Wechsel der Repräsentationsformen an, der in Sprachmittlungsaufgaben, die ohnehin häufig einen Textsortenwechsel vorsehen, leicht integrierbar wäre. Die Ausgangstexte könnten auch durch selbständige mehrsprachige Recherche der Lernenden ausgewählt werden.

Auch die reflektierte Nutzung digitaler Übersetzungsprogramme – die häufig brauchbare, aber bei weitem nicht perfekte Texte liefern – wäre denkbar. Sie einzubeziehen bietet ein großes Potenzial für eine kognitive Auseinandersetzung mit sprachlichen Strukturen und Funktionsweisen (Knospe/Malmqvist 2020). Aus den Aussagen der Probanden bei der Nutzung der einsprachigen Wörterbücher wird deutlich, dass den Lernenden diese Übung im Umgang mit Wörterbüchern und auch Übersetzungsprogrammen bisher noch fehlt (TK1).

Ein dritter Schritt könnte dann darin liegen, Sprachmittlung über die vorherrschende monolinguale Norm hinaus zu öffnen, und den Adressaten gerade eines mündlichen Zieltextes als mehrsprachige Person einzuführen. In vielen realen Sprachmittlungssituationen und auch in vielen Aufgabenstellungen verfügt der Adressat über weitere Sprachkenntnisse (Englisch, Deutsch oder weitere). Die Sprachmittlung kann ein idealer Moment sein, um diese soziale Komponente von TL auszuprobieren, nämlich einschätzen zu lernen, mit welchen Teilen des eigenen sprachlichen Repertoires man in solchen Kommunikationssituationen agieren kann und mit welchen nicht. Die soziokulturelle Funktion von TL käme entsprechend auch in Bezug auf den Adressaten zum Tragen und würde den Mittler zu einem echten *social agent* werden lassen. Gleiches gilt für Situationen, in denen der Adressat sich bereits digitaler Hilfsmittel bedient und somit Textteile eines Ausgangstextes verstanden hat und evtl. nur eine Erklärung eines kulturell aufgeladenen Konzepts benötigt oder selbst zu sprachlichen Transferleistungen in der Lage ist. Ob derartige Aufgabenformate prüf- bzw. nach dem GER skalierbar wären und es überhaupt sein sollten, ist fraglich. Sie bieten meines Erachtens den Lernenden aber eine sehr gute Möglichkeit, sich ihres eigenen sprachlichen Repertoires auf dem Weg zu einer *compétence plurilingue* bewusster zu werden und gleichzeitig zu lernen, dieses Repertoire kontext- und adressatenbezogen einzusetzen.

5. Literatur

Abendroth-Timmer, Dagmar/ Wieland, Katharina (2019): Sprachmittlungsaufgaben zwischen Scaffolding und Emergenz im bilingualen Sachfachunterricht Französisch. *Fremdsprachen lehren und lernen* 48 (2), 88–101

Abendroth-Timmer, Dagmar/ Schneider, Ramona (2021): Virtuelle Projekte in der Fremdsprachenlehrer*innenbildung: Empirische Analysen zu *Translanguaging*-Prozessen. *Language Education and Multilingualism – The Langscape Journal* 4, 15–34. https://edoc.hu-berlin.de/handle/18452/24156 (letzter Zugriff am 06.07.2025)

Dietrich-Grappin, Sarah (2020): *Mehrsprachigkeitskompetenz als Bildungsziel im schulischen Tertiärsprachenunterricht – Transferbasierte Kommunikationsstrategien im Kontext von spontaner Mündlichkeit und Zwei-Sprachen-Aufgaben*. Trier: WVT

Dietrich-Grappin, Sarah (2017): Compétence plurilingue durch Translanguaging im schulischen Französischunterricht. Ein Beitrag zur produktiven Mehrsprachigkeitsdidaktik. *Zeitschrift für Romanische Sprachen und ihre Didaktik* 11 (1), 95–111

Dooly, Melinda/ Vallejo, Claudia (2020): Bringing plurilingualism into teaching practice: a quixotic quest? *International Journal of Bilingual Education and Bilingualism* 23 (1), 81–97

Europarat (2018): *Common European Framework of Reference for Languages: Learning, Teaching, Assessment. Companion volume with new descriptors*. https://rm.coe.int/cefr-companion-volume-with-new-descriptors-2018/1680787989 (letzter Zugriff am 06.07.2025)

Europarat (2001): *Gemeinsamer Europäischer Referenzrahmen für Sprachen: lernen, lehren, beurteilen*. Berlin u. a.: Langenscheidt

Gallagher, Fiona/ Colohan, Gerry (2017): T(w)o and fro: using the L1 as a language teaching tool in the CLIL classroom. *The Language Learning Journal* 45 (4), 485–498

García, Ofelia (2009): *Bilingual education in the 21st century: A global perspective*. Malden/Oxford: Wiley/Blackwell

García, Ofelia/ Li, Wei (2014): *Translanguaging: Language, Bilingualism and Education*. Basingstoke, UK: Palgrave Macmillan

García, Ofelia/ Otheguy, Ricardo (2020): Plurilingualism and translanguaging: commonalities and divergences. *International Journal of Bilingual Education and Bilingualism* 23 (1), 17–35

Knospe, Yvonne/ Malmqvist, Anita (2020): Schreiben mit digitalen Hilfsmitteln. Suchstrategien und Anwendungsmuster einiger schwedischer Deutschlernender. *Zeitschrift für Interkulturellen Fremdsprachenunterricht* 25 (2), 157–179

Krombach, Leonhard (2021): Wegweisende Expansion oder unscharfes Konstrukt? Zu Konzeption und Umsetzungsmöglichkeiten von Mediation im Begleitband zum Gemeinsamen europäischen Referenzrahmen für Sprachen. In: Vogt, Karin/ Quetz, Jürgen (Hg.): *Der neue Begleitband zum Gemeinsamen europäischen Referenzrahmen für Sprachen*. Frankfurt/M.: Peter Lang, 114–135

Li, Wei (2018): Translanguaging as a Practical Theory of Language. *Applied Linguistics* 39 (1), 9–30

Li, Wei (2011): Moment analysis and translanguaging space: Discursive construction of identities by multilingual Chinese youth in Britain. *Journal of Pragmatics* 43, 1222–1235

Lüdi, Georges (2020): Plurilingual speech as legitimate and efficient communication strategy. *International Journal of Bilingual Education and Bilingualism* 23 (1), 36–48

Melo-Pfeiffer, Silvia/ Schröder-Sura, Anna (2019): Sprachmittlung. Zum didaktischen Nutzen der neuen Deskriptoren im Bereich der Mediation. *Praxis Fremdsprachenunterricht Französisch* 4, 4–6

Melo-Pfeifer, Sílvia/ Schröder-Sura, Anna (2018): Les tâches de médiation dans les manuels de Français Langue Étrangère pour le secondaire en Allemagne. *Recherches en didactique des langues et des cultures* 15 (3). https://journals.openedition.org/rdlc/pdf/3589 (letzter Zugriff am 06.07.2023)

North, Brian/ Piccardo, Enrica (2019): Developing new CEFR descriptor scales and expanding the existing ones: constructs, approaches and methodologies. *Zeitschrift für Fremdsprachenforschung* 30 (2), 143–162

North, Brian/ Piccardo, Enrica (2016): *Developing Illustrative Descriptors of Aspects of Mediation for the Common European Framework of Reference (CEFR)*. Strasbourg: Council of Europe

Reimann, Daniel (2019): Mediation in den neuen Skalen und Deskriptoren des CEFR Companion Volume. *Zeitschrift für Fremdsprachenforschung* 30 (2), 163–180

Rössler, Andrea/ Schädlich, Birgit (2019a): Zur Einführung in den Themenschwerpunkt. *Fremdsprachen lehren und lernen* 48 (2), 6–9

Rössler, Andrea/ Schädlich, Birgit (2019b): Sprachmittlung revisited – Neue Perspektiven und Herausforderungen in Zeiten des Companion Volume zum GER. *Fremdsprachen lehren und lernen 48* (2), 10–28

Schädlich, Birgit (2020): Ist das denn noch Sprachmittlung? Das neue Konzept der ,Mediation' im *Companion Volume* zum *Gemeinsamen Europäischen Referenzrahmen für Sprachen* des Europarats. *Zeitschrift für Romanische Sprachen und ihre Didaktik* 14 (2), 9–29

Turnbull, Blake (2018): Reframing foreign language learning as bilingual education: epistemological changes towards the emergent bilingual. *International Journal of Bilingual Education and Bilingualism* 21 (8), 1041–1048

Volgger, Marie-Luise (2010): Wenn man mehrere Sprachen spricht, ist es leichter, eine weitere zu lernen – Einblicke in die Mehrsprachigkeitsbewusstheit lebensweltlich mehrsprachiger FranzösischlernerInnen. *Zeitschrift für Interkulturellen Fremdsprachenunterricht* 15 (2), 169–198

Mehrsprachige Aufgabenorientierung als Instrument für eine Translanguaging-Didaktik im (Fremd-)Sprachenunterricht

Gisela Mayr

ABSTRACT

The following contribution attempts to explain how multilingual literary learning can be operationalised in the classroom in terms of translanguaging didactics. First, the basic assumptions of translanguaging will be explained, and then the concept of mediation will be discussed in more detail in this context. Here, mediation is understood as mediating between texts in different languages and from different cultural backgrounds, which is intended to promote a critical discussion of current topics relevant to the learners. This is followed by the presentation of the multilingual competence task. Examples of multilingual literary learning and its potential for critical literacy will be presented. This is done by analysing conversations between multilingual pupils that were recorded during the lessons in the course of completing different tasks.

RESÜMEE

Der nachstehende Beitrag versucht zu erläutern, wie mehrsprachiges literarisches Lernen im Sinne einer *Translanguaging*-Didaktik im Unterricht operationalisierbar ist. Zunächst werden grundlegende Annahmen des *Translanguagings* erläutert, des Weiteren wird in diesem Zusammenhang auf den Begriff der Mediation näher eingegangen. Mediation versteht sich hier insbesondere als Mittlung zwischen Texten in verschiedenen Sprachen und aus unterschiedlichen Kulturkreisen, die eine kritische Auseinandersetzung mit aktuellen und für die Lernenden relevanten Themen fördern soll. Daraufhin wird die mehrsprachige Kompetenzaufgabe vorgestellt. Es werden Beispiele eines mehrsprachigen literarischen Lernens und dessen Potential für eine *Critical Literacy* aufgezeigt. Dies erfolgt anhand der Analyse von Gesprächen zwischen mehrsprachigen Schüler*innen, die während des Unterrichts im Zuge der Aufgabenabwicklung aufgezeichnet wurden.

1. Einleitung

Das Prinzip des einsprachig-zielsprachlich gestalteten Fremdsprachenunterrichts, dessen Fundament u. a. das Gebot einer strikten Sprachentrennung ist, erfreut sich nicht nur in Europa einer langen Tradition. Zum einen liegt dem die Annahme zugrunde, Sprachen müssten getrennt voneinander erlernt werden, um den Spracherwerb in einer Zweit- oder Fremdsprache zu optimieren, indem sog. Interferenzen zwischen den Sprachen so gering wie möglich gehalten werden (García et al. 2016; Sánchez et al. 2018). Zum anderen schwingen hier Ideologien mit, die an ein nationalstaatliches Zugehörigkeitsverständnis gebunden sind und mit einem hierarchischen Verständnis von Sprachen einhergehen (Bourdieu 1991). Genau hier will eine *Translanguaging* (TL)-Didaktik eingreifen, indem sie versucht, dem einsprachigen nationalstaatlichen Verständnis von Bildung Formen des Lernens entgegenzustellen, in denen der alltägliche Sprachengebrauch aller vorhandenen Sprachgruppen und aller ganz individuell gestalteten Sprachenkonstellationen der Sprechenden Raum gegeben wird und diese konstituierender Teil des Bildungsprozesses werden (Li/Martin 2009; García/Li 2014, 70; Otheguy et al. 2015).

Dies impliziert, Synergien zwischen Sprachen und Kulturen zu nutzen und auch Herkunftssprachen in ihrer Wichtigkeit für den Lernprozess zu erkennen und fruchtbar zu machen (García/Li 2014, 14; Cummins 2017, 112). Alle Sprachen des Repertoires stellen ein einziges dynamisches Ganzes dar, in dem es keine klaren Grenzen gibt und Sprechen Teil der alltäglichen sozialen Interaktion ist, in der Kulturen und kulturelle Zugehörigkeit kein Fixum sind, sondern immer wieder neu ausgehandelt werden können. Dies impliziert für den Lernprozess, dass er sprachumfassende Eigenschaften gewinnt und sprachenübergreifend erfolgt (Baker 2011; García/Flores 2012). So zeigen Studien von Gort (2007) dass Lernende sprachenübergreifende Hypothesenbildungen, Transfers und Vorwissensbestände nutzen, um Texte in unterschiedlichen Sprachen zu verfassen. Ebenso werden auch in der Tertiärsprachendidaktik die Transfermöglichkeiten innerhalb bestimmter Sprachenkonstellationen für die Didaktik nutzbar gemacht (Hufeisen/Lindemann 1998; Hufeisen 2003; 2010). Die in diesem Band vorgestellte Tertiärsprachendidaktik 2.0 ist offen auch für Ansätze, die sich nicht an einer festgesetzten Sprachenfolge orientieren, sondern vielmehr heterogene sprachliche Repertoires voraussetzen. Dies impliziert eine gesteigerte Flexibilität im Umgang mit zum Teil sehr unterschiedlichen Lernvoraussetzungen (Dietrich-Grappin/Hufeisen in diesem Band, S. 300).

Li betont wiederholt, dass eine TL-Didaktik jedoch viel tiefgreifendere Konsequenzen mit sich führt, denn es werden Sprachgrenzen aufgehoben einhergehend mit Abgrenzungen zwischen anderen semiotischen und kognitiven Systemen. Es werden die Identitäten der Lernenden neu ausgehandelt und dadurch neue Weltbilder entworfen. Schließlich wird die Annahme widerlegt, dass benannte Sprachen eine klar umrissene soziale und psychologische Realität darstellen (Li in diesem Band, S. 148). So wird ein

Wissenskonstruktionsprozess ermöglicht, der sich jenseits der benannten Sprachen entfalten kann (ibid., 5).

Diese theoretischen Ansätze für den schulischen Alltag zu konkretisieren, ist jedoch kein Leichtes. Konkrete Didaktisierungsmöglichkeiten zu finden, stellt Lehrende vor völlig neue Herausforderungen, denn TL soll einen Raum schaffen, in welchen Lernende ihre Mehrsprachigkeit einbringen können und stellt an sie die Anforderung, durch die Verwendung von mehr als einer Sprache im Unterricht das Erreichen bestimmter didaktischer Zielsetzungen zu optimieren (García/Flores 2012, 238–239). Es müssen Unterrichtsdesigns gefunden werden, die innerhalb einer dominant monolingualen Institution wie der Schule Mehrsprachigkeit und TL zulassen. So muss auch in Südtirol ein Weg gefunden werden, eine TL-Didaktik zu implementieren, ohne die im Prinzip der sprachlichen Trennung verankerten Grundfeste des Minderheitenschutzes zu sprengen. Dieser darf aufgrund der geschichtlichen Entwicklung des Landes nämlich nicht infrage gestellt werden. Deutsch gilt als eine Minderheitensprache und wird durch ein besonderes Abkommen mit dem italienischen Staat geschützt. Dies bedeutet u. a. auch, dass es ein eigenständiges deutschsprachiges Schulsystem gibt, in dem die Schulsprache Deutsch ist und nicht durch andere Sprachen ersetzt werden darf (Mayr 2020, 121–122). Schulischer Monolingualismus wird in diesem Kontext mit Spracherhalt und Identitätssicherung gleichgesetzt, weshalb es sehr schwierig ist, für neue Formen des Unterrichts Verständnis zu wecken, welche die Sprachentrennung aufzuheben versuchen (García 2011, 7).

Es handelt sich also darum, TL nicht mit dem einsprachigen (Fremd-) Sprachenunterricht in Konkurrenz zu setzen. Die modulare aufgabenorientierte Anlage des hier vorgestellten Projektes an einer Südtiroler Schule erscheint deshalb als die geeignetste Form, eine TL-Didaktik auf Schulebene zu implementieren. Indem mehrsprachige aufgabenorientierte Unterrichtsmodule, die alle schulisch vermittelten Sprachen sowie Herkunftssprachen berücksichtigen, von LehrerInnenteams entwickelt und in den curricularen Sprachenunterricht eingebaut werden (4 Module pro Schuljahr), erfährt dieser keine Reduzierung seiner Lernziele. Gleichzeitig können die didaktischen Prinzipien des TL größtenteils, wenn auch zeitlich beschränkt, umgesetzt werden. Es handelt sich hierbei also um einen Kompromiss, der die Umsetzung einer TL-Didaktik an die örtlichen

Gegebenheiten anpasst und so erst möglich macht (Li 2011). Außerdem wird der Notwendigkeit nachgekommen, in einem Kontext, in dem die zunehmend heterolinguale und interkulturelle Realität der Lernenden einer immer noch in einsprachigen Ideologien verhafteten Lehrerschaft und deren Unterrichtsmethoden gegenübersteht, didaktische Modelle zu entwickeln, die den Anforderungen einer immer mehr durch Diversität gekennzeichneten Gesellschaft Rechnung tragen (Li/Lin 2019).

2. Theoretische Prämissen

2.1 *Translanguaging* und Mediation

Wenn man davon ausgeht, dass Sprachen sich gegenseitig dank der Interaktion innerhalb eines bestimmten sozialen Kontextes in ihrer Entwicklung unterstützen, sollten jene kommunikativen Kompetenzen gefördert werden, die eine dynamische Entwicklung des Sprachenrepertoires des Einzelnen fördern (García/Li 2014, 72). Auf diese Weise können sich in der Mehrsprachigkeit auch komplexe Sprachpraktiken entfalten, durch die Bedeutung dynamisch wahrgenommen, rekontextualisiert und dadurch neu definiert werden kann (Pennycook 2010; Hawkins 2018). Dieser kreative Umgang mit Bedeutung setzt ein vertieftes und kritisches Verständnis voraus, das sich am besten in der Mehrsprachigkeit entfaltet. Wenn Lernende dazu befähigt werden, ihre kritische Denkfähigkeit mittels ihres gesamten sprachlichen Repertoires zu entfalten, so wie sie es im lebensweltlichen Raum bereits tun, und dies auf die Ebene der wissenschaftlichen Bedeutungskonstruktion verlegt wird, wird auch hier der Prozess der Bedeutungskonstruktion komplexer und somit umfassender und vertiefter (García/Li 2014, 73). Wie Palmer (2008) bemerkt, können mehrsprachige Lernende durch TL-Praktiken zu Agenten der Wissenskonstruktion werden, da sie in die Lage versetzt werden, ihre ganz individuellen Wissensformen weiterzugeben und als *Language Brokers* zu fungieren (Lee et al. 2011). Das individuelle Sprachenrepertoire wird so zu einem Instrument der Erkenntnis, das sich je nach Individuum unterscheidet und in der sozialen Interaktion herausbildet. Umgekehrt ist es dem mehrsprachigen Individuum erst dann möglich, sich umfassend für andere verständlich zu machen, also die persönliche Wissenskonstruktion an andere weiterzugeben, wenn das gesamte sprachliche Repertoire aktiviert werden kann, also TL ermöglicht wird. In diesem Sinne bedeutet TL auch Mediation, nämlich die Fähigkeit, zwischen Bedeutungen, Sprachen, Kulturen und dem jeweiligen Gegenüber zu vermitteln.

Die Definition von Mediation im neuen Companion Volume (Europarat 2018) (CEFR/CV) wird diesem holistischen Verständnis von Lernen nur teilweise gerecht. Die Lernenden werden einerseits als soziale Aktanten gesehen, die als Brückenbauer Bedeutung vermitteln können und dazu beitragen, gemeinsam und kooperativ neue Bedeutungen zu konstruieren, indem Bedeutungen in angemessener Form übermittelt werden. Mediation versteht sich hier allerdings innerhalb einer Sprache bzw. *from one language to another*, was als *cross linguistic mediation* definiert wird (ibid., 103)[1]. Was nicht explizit vorgesehen ist, ist sprachenübergreifende Mediation, eine Mediation also, die das gesamte Sprachenrepertoire der Lernenden aktiv in den Prozess der Wissenskonstruktion einbezieht. Es soll aber hier aufgezeigt werden, dass Mediation und TL nicht nur zweisprachig, sondern auch mehrsprachig und multimodal sein können und dass Lernende alle ihnen zur Verfügung stehenden Mittel einsetzen, um gemeinsam Bedeutung zu konstruieren bzw. auszuhandeln.

2.2 Die mehrsprachige Kompetenzorientierung

Die mehrsprachige Kompetenzaufgabe der vorgelegten Studie wurde nach dem Vorbild der für den zielsprachlichen Fremdsprachenunterricht entworfenen komplexen Kompetenzaufgabe nach Hallet (2012) ausgearbeitet. Diese stellt problemorientierte, lebensweltlich relevante und aktuelle Aufgabenstellungen in den Fokus und versucht so, dem anspruchsvollen Konzept der sprachlichen Bildung gerecht zu werden. Durch gezielte Aufgabenstellungen sollen komplexe Interaktionssituationen im Unterricht hergestellt werden, durch die den Lernenden eine aktive Teilhabe am kulturellen und sozialen Diskurs ermöglicht wird. So wird lebensweltliches Handeln auch im Klassenzimmer imitiert, und es werden sowohl auf kognitiver als auch auf sprachlich-diskursiver und interaktionaler Ebene Lernprozesse ermöglicht, deren übergeordnetes Ziel die fremdsprachliche Diskursfähigkeit ist (ibid., 12). Die Lernenden sollen eigenverantwortlich und selbstgesteuert

---

[1] Aus den Deskriptoren geht diese Annahme klarer hervor, da immer von *Language* A und *Language* B die Rede ist (siehe diesbezüglich z.B. CEFR/CV, 107, 108, 109).

Problemlösungsstrategien entwickeln, wobei organisatorische und sprachliche Hilfestellungen, sog. *Scaffoldings*, die Arbeit erleichtern.

Die mehrsprachige Kompetenzaufgabe übernimmt diese didaktischen Voraussetzungen und bettet sie in einen Kontext sprachlicher und kultureller Diversität ein. An die Stelle einsprachiger multimodaler Inputs treten mehrsprachige, an plurikulturelle Themen gebundene. So werden die Lernenden einer sprachlichen und inhaltlichen Vielstimmigkeit ausgesetzt, deren Vernetzung vielfältige Wahrnehmungsräume eröffnet und gleichzeitig eine wissenschaftliche Perspektivenvielfalt ermöglicht (Hufeisen 2010). Die Aufgabenstellungen sind so konzipiert, dass die Lernenden veranlasst werden, ständig von einer Sprache in die andere zu wechseln (Cenoz/Gorter 2020 sprechen diesbezüglich von *planned pedagogical translanguaging*).[2] Es entstehen Aushandlungsprozesse, die durch multilinguale Formen der Kommunikation wie *Code Mixing*, *Code Switching* und *Translanguaging* gekennzeichnet sind und deren Endprodukt mehrsprachige Outputs sind. Es ist wichtig, dass alle Lernenden ihre Mehrsprachigkeit als *Empowerment* erfahren und nicht als ein Defizit, das es aufzuholen gilt (Cook 2008, 18). Die durch das plurilinguale Lernsetting ausgelöste Aktivierung eines bi- oder plurilingualen *Language Mode* (Grosjean 2001; 2007) als individuellem Interpretationsvorgang führt dazu, dass Sprachen leichter und schneller abrufbar sind (Mayr 2020). Die eng damit verbundene sog. *Multilinguality*, nämlich die durch die Mehrsprachigkeit geformte Persönlichkeit und Identität der Lernenden, kann eingesetzt werden, um den Lernprozess bereichernd mitzugestalten (siehe Aronin/ÓLaoire 2004; Aronin 2016). Dadurch erst erfährt die individuelle *Multicompetence* aller Lernenden die ihr gebührende Anerkennung und Daseinsberechtigung im Unterricht und kann in den Lernprozess fruchtbringend eingebracht werden (Cook 1991).

Es werden in einem solchen Aufgabenformat Formen des TL zugelassen, die dem sog. *Pupil Directed* TL zugeordnet werden können (Lewis et al. 2012), d.h. TL wird nicht von der Lehrperson als didaktisch-pädagogisches Instrument eingesetzt, um z. B. das Verständnis zu erleichtern, sondern die

---

[2] So werden z.B. Textverständnisübungen (Lückentexte, Zuordnungsübungen usw.) in unterschiedlichen Sprachen ausgearbeitet, die aber nicht die Sprache des Textes sind, oder Lernende müssen über einen Text in einer anderen Sprache referieren und dazu Verständnisfragen beantworten.

Aufgabenstellungen werden so formuliert, dass sie die Lernenden veranlassen, spontan TL zu verwenden, um in den Aushandlungsprozessen ihre ganz persönlichen Kommunikationsformen zu realisieren. In Anlehnung an die *Multicompetence*-Theorie handelt es sich dabei um eine sprachliche Praxis, die das herkömmliche Verständnis sozial konstruierter Sprachen überwindet und bei der sich Lernende neue Denkmodelle erschließen. TL impliziert für Li immer auch kritische Reflexion und Kreativität (Li 2018, 22). Erfolgreiches soziales Lernen, so wie es durch die Kompetenzaufgabe initiiert werden soll, bedarf in einem mehrsprachigen Kontext andauernder Mediation auf unterschiedlichen Ebenen, d.h. – im Sinne von TL – zwischen verschiedenen Welten, Anschauungen, Ideen und Kulturen. Es wird klar, dass Mediation, nicht nur so wie sie im CEFR/CV (104) verstanden wird, sondern auch als Zusammenwirken des gesamten Sprachenrepertoires vor allem dank der in der mehrsprachigen Kompetenzaufgabe anvisierten tatsächlichen mehrsprachigen Unterrichtspraxis und den TL-Praktiken der Lernenden erfolgreich in den Lernprozess eingebaut und konstituierender Bestandteil desselben wird. Von einem solchen „mehrsprachigen Diskurs" ist allerdings im CEFR/CV nicht die Rede.

3. Empirische Studie

3.1 Ziele und Konzeption

Die vorliegende empirische Studie ist Teil einer umfangreicheren Promotionsstudie, die am Gymnasium Bozen in Südtirol durchgeführt wurde. 22 Lernende im Alter zwischen 15 und 16 Jahren nahmen daran teil. Sie sind SchülerInnen der neusprachlichen Fachrichtung, weshalb die Sprachenkenntnisse in den involvierten Sprachen als durchschnittlich sehr gut bezeichnet werden können: Deutsch (Standardsprache, Dialekt), Italienisch, Englisch, Französisch und Ladinisch. In der Klasse befinden sich einige Lernende, die aus einem zweisprachigen deutsch-italienischen bzw. aus einem italienischen Umfeld kommen, eine Lernende kommt aus Gröden und spricht Ladinisch. Außerdem ist es in der Region üblich, dass die meisten Lernenden aus einer Situation der Diglossie (Deutsch/Dialekt) kommen und diese in den schulischen Alltag hineintragen.

Die Studie soll einen Einblick in die TL-Praktiken der Lernenden und deren Funktionen im mehrsprachigen Aushandlungsprozess zu verschiedenen thematisch sortierten literarischen Themenbereichen (Metaphern der Liebe, politisches Handeln und Literatur, Literarische Genres und ihre Funktion) verschaffen. Insbesondere soll hier aufgezeigt werden, welcher Kompetenzzuwachs durch TL im Bereich der Mediation festzustellen ist. Da der Kompetenzbereich Mediation im CEFR/CV sehr umfassend ist, sind hier drei Kompetenzbereiche ausgewählt worden, die über den lebensweltlichen Sprachgebrauch hinausgehen und in den bildungssprachlichen Bereich hineinreichen und aufzeigen, wie die Lernenden bei der Analyse von literarischen und Sachtexten durch TL einen vertieften Wissenskonstruktionsprozess durchlaufen und diesen im Diskurs vermitteln. Dazu wurden folgende Bereiche ausgewählt:

- *Processing text in speech* (CEFR/CV, 111)
- *Expressing personal response to creative texts, also literature* (CEFR/CV, 116)
- *Analysis and criticism of creative texts* (CEFR/CV, 117)

Die Audio- und Videoaufzeichnungen der im Zuge der Aufgabenlösung entstandenen mehrsprachigen Aushandlungsprozesse wurden anhand der dokumentarischen Methode (Bohnsack 2013) analysiert. Sechs Lernende konnten in *Stimulated recalls* und retrospektiven Interviews ihren persönlichen Wahrnehmungen bezüglich dieser Form des Lernens Ausdruck verleihen. Die Kodierung der Daten erfolgte anhand der GTM (*Grounded Theory Methodology*) (Glaser/Strauss 1968), aus den erhaltenen Kodes konnten in einem Abstraktionsprozess die oben genannten Kompetenzbereiche identifiziert werden, jedoch unterscheiden sich die beobachteten Lernprozesse wesentlich von den im CEFR/CV formulierten Deskriptoren. Im Folgenden sollen die TL-Prozesse in diesen Kompetenzbereichen anhand einiger Beispiele analysiert und veranschaulicht werden. Dabei wird folgenden Forschungsfragen nachgegangen:

- Welche Formen von TL mit Mediationsfunktion können beobachtet werden?
- Verändert die mehrsprachige Mediation den Verstehensprozess? Wenn ja, wie?
- Wie wirkt sich das auf den Lernprozess der Einzelnen aus?

3.2 Processing Text in Speech

Die nachstehenden Auszüge entstammen einem Modul, in dem politische Reden in verschiedenen Sprachen und aus unterschiedlichen Epochen behandelt wurden. In einem ersten Schritt wurden Videoaufzeichnungen der Reden vorgeführt sowie deren Transkriptionen ausgehändigt. Die Reden wurden hinsichtlich ihres Aufbaus, Stils, Inhaltes und Adressatenbezuges kritisch hinterfragt. Dazu wurden den Lernenden mehrsprachige Arbeitsaufträge zu jeder Rede ausgehändigt (Mayr 2022). Diese wurden zunächst alleine bearbeitet und anschließend in der Gruppe vorgestellt und besprochen. Die Gruppen waren so zusammengestellt, dass je vier Reden in verschiedenen Sprachen behandelt wurden. Die Ergebnisse der einzelnen Gruppen wurden mehrsprachig in der Klasse vorgestellt.

Im ersten Auszug erläutert S1 für die Gruppe einen Text. Es handelt sich um eine politische Rede auf Englisch, die sie auch auf Englisch der Gruppe vorstellt und erklärt. Es fällt hier auf, dass S1 Englisch als Arbeitssprache wählt; die Arbeitssprachen standen den SuS frei zur Wahl.

Beispiel 1:
1. S1: he also talks about the values in the British nation.
2. S3: what's a values?
3. S1: values ist valore, Werte, values.
4. S2: wiederholen bitte
5. S1: he talks about the values. the British.
6. S2: V-a-l-u-e-s?
7. S1: Ja

(…)

8. S4: what are values?
9. S1: valore, values, v-a-l-u-e-s, hem ja, said that especially for young people who are attracted by the IS and then they go to Syria, Iraq and so on and he said, if they walk our streets, if they go to our schools, if they lean in our schools, if they live in our country, they should respect our values and then he said there are four values he mentioned.
10. S3. I have una domanda se le persone vanno in Siria per aiutare loro o vengon…
11. S1: non o per combattere per l'IS
12. S4: les personnes jeunes?
13. S1: oui.
14. S4: Qui vont au IS devraient respecter the values.
15. S1. The British values.
16. S2: combattere per l'inglese.

17. S1: for example, if a British teen or a British man for example lives in Great Britain, walks there in the streets of Great Britain, learn in their schools and lives in this nation, he should respect these four values of the British nation.
18. S4: ah maintenant j'ai compris.

Gleich zu Beginn des Vortrages ergibt sich ein Verständigungsproblem (Z.2). Die Bedeutung des Wortes *values* ist den ZuhörerInnen nicht klar. In der Folge greift S1 zu einer Reihe von TL-Strategien, die das Verständnis ermöglichen sollen. Zunächst gibt sie zwei Übersetzungen (Italienisch/Deutsch) und versucht so allen ZuhörerInnen, insbesondere S3, deren Herkunftssprachen Ladinisch/Italienisch sind, behilflich zu sein (Z.3). Sie übersetzt also zunächst von Englisch nach Italienisch, weil sie annimmt, dass S3 sie so besser versteht, anschließend übersetzt sie für die anderen Gruppenmitglieder nach Deutsch, um auch diesen das Verständnis zu erleichtern. Italienisch wird hier als Brückensprache hinzugezogen und die Tatsache, dass sie mehr als eine Sprache verwendet, bezeugt, dass der Verstehensprozess am besten auf mehrsprachiger Basis erfolgt. Im Folgenden trifft S1 die Entscheidung, das Wort zu buchstabieren, und spiegelt hiermit das Verhalten von S2 (Z.6). Es folgt eine Erklärung des Begriffes auf Englisch durch S2. Indem die Schülerin Englisch wählt, gibt sie dem Wort einen bestimmten Kontext, indem sie die spezifische Bedeutung des Begriffes innerhalb der Rede zu umreißen versucht (Z.14–15). Dies gelingt ihr nicht zuletzt auch durch die Wahl der Sprache.

S2 greift also auf vier TL-Strategien zurück, um den Inhalt des Textes zu vermitteln, und verwendet dabei drei Sprachen. Das ermöglicht ihr einerseits, allen ZuhörerInnen auf unterschiedlichen Ebenen spezifische, besonders für sie relevante Informationen zu geben. Andererseits kristallisiert sich das englische *values* in seiner Bedeutung in diesem Kontext als etwas ganz spezifisch Britisches heraus, dass es so in den anderen Ländern nicht zu geben scheint. Bezeichnenderweise wird es durch S4 nicht ins Französische übersetzt: „Qui vont au IS devraient respecter the values" (Z.14). Sie antwortet zwar Französisch, belässt „the values" aber auf Englisch, wofür unterschiedliche Gründe angeführt werden können, z.B. dass das Französische in diesem Moment nicht abrufbar ist oder sie die englische Bezeichnung beibehält, da es hier um ganz besondere Werte geht, die für Großbritannien gelten, aber nicht eins zu eins auf Frankreich übertragen werden können. Sie erkennt somit, dass die Bedeutung von gleichen Wörtern kulturbedingt ganz unterschiedlich ausfallen kann und dass dies auch etwas mit der Geschichte eines

Landes zu tun hat. S1 bekräftigt sie in dieser Erkenntnis durch die Aussage „the British values“ (Z. 15).

Beispiel 2:
1. S1: freedom, tolerance, responsibility and loyalty are the other.
2. S1: freedom, tolerance, then responsibility,
3. S2: responsabilità
4. S1: and loyalty.
5. S2: loyalty
6. S3: what's loyalty?
7. S1: Loyalität.
8. S3: ja aber aber was isch sel loyalität?
9. S2: loyalty, oder loyality
10. S1: loyal is for example in a marriage, when, when a man and a woman are…
11. S3: ah
12. S1: don't have like affairs and so on ok
13. S3: ah.
14. S1: to be loyal to, to your country means that you don't go to the IS to fight against your own land to be loyal, you fight for your land you stay.
15. S4: you fight for your country.
16. S1: yes
17. S2: la cosa anche volere fare parte di una comunità si?

Im zweiten Auszug geht es ähnlich wie im ersten zunächst um eine Begriffsdefinition. Die Bedeutung des Wortes Loyalität ist nicht allen in der Gruppe klar. Auf die Frage, was das denn sei, antwortet S1 zunächst, indem sie es ins Deutsche übersetzt. Daraufhin wechselt S3 in den Dialekt und fragt, was das denn bedeute. Durch den Sprachwechsel Deutsch/Dialekt signalisiert sie, dass ihr das deutsche Wort in seiner Bedeutung nicht geläufig ist, und versucht nun im Dialekt einen Zugang zu finden. Für sie ist es also wichtig, Bedeutungen durch ihre Herkunftssprache (in diesem Fall Dialekt) zu filtern, um einen Bezug zu dem Wort und seiner Bedeutung herstellen und davon ausgehend die anderen Sprachen des Repertoires in den Bedeutungskonstruktionsprozess miteinbeziehen zu können.

S1 geht darauf ein, nicht indem sie selbst in den Dialekt wechselt, sondern indem sie auf Englisch antwortet, aber gleichzeitig eine Erklärung liefert, die aus einem alltäglicheren, nicht rein politisch definierten Sprachgebrauch kommt. So versucht sie, ohne zu sehr ins Saloppe zu verfallen, zwischen Dialekt, Standardsprache und Englisch zu vermitteln.

Dann erst rekontextualisiert sie die Bedeutung und bezieht sich auf das, was in der Rede damit gemeint ist. S4 bringt es auf den Punkt, indem sie sagt, dass man loyal ist, wenn man für das eigene Land kämpft. Loyalität impliziert in der Rede also die Bereitschaft, das eigene Leben für sein Land zu riskieren.

S2 verleiht daraufhin allerdings dem Gesagten eine ganz neue Dimension, sie wählt dafür Italienisch. Loyalität bedeutet für sie (die Italienisch als L1 hat) auch einer bestimmten Gemeinschaft anzugehören. Indem sie aber das italienische Wort *communità* wählt, tritt eine Bedeutung in den Vordergrund, die in den anderen Sprachen nicht so ausgeprägt ist, denn das italienische Wort *communità* hat eine sehr stark religiöse Färbung. Die Begriffe Loyalität und Gemeinschaft werden dadurch hier in Verbindung zueinander gebracht und gewinnen für diejenigen, die es verstehen können, eine neue Bedeutung. S2 zieht dies Wörtern wie *stato* oder *paese* vor, die der im englischen Ausgangstext vertretenen Idee vom Nationalstaat viel näher wären. Indem sie *communità* wählt, entschärft sie die vorhergehende Aussage und fügt eine Bedeutungsnuance hinzu, die sich klar von der im Text unterscheidet. Das Wort Loyalität wird also in drei unterschiedlichen Kontexten erläutert, und es werden zwei Sprachen dazu herangezogen. Dies ist nur möglich, weil die Sprache selbst neue Aspekte zur Verfügung stellt.

Interessanterweise wird keine Erklärung des Wortes auf Deutsch geliefert, was auch daher rühren kann, dass dies es nötig machen würde, auf die besondere geschichtsbedingte Konnotation des deutschen Wortes einzugehen. Die Wahl der Sprache kann, wie es in diesem Fall geschieht, als Vermeidungsstrategie genutzt werden. Insgesamt kann auch hier erkannt werden, wie mit Bedeutungen flexibel umgegangen wird und wie ein streng einsprachiges Verständnis von Bedeutung zugunsten eines viel größeren Facettenreichtums an möglichen Bedeutungen aufgebrochen wird. Jeder/jede Lernende kann dank der Aktivierung des gesamten sprachlichen Repertoires die im eigenen Idiolekt vorhandenen Bedeutungen mit in den Aushandlungsprozess einbringen und somit den Lernprozess artikulierter und vielschichtiger gestalten, um zwischen den unterschiedlichen Texten und der Gruppe zu vermitteln.

3.3 Expressing personal response to creative texts, also literature

In den nachstehenden Auszügen haben die Lernenden in einem Modul Literatur, literarische Prosa und Lyrik zum Thema „Die Rose“ in vier Sprachen gelesen und anhand der Aufgabenstellungen in mehreren Sprachen bearbeitet. Sie besprechen nun die unterschiedlichen Bedeutungen des Wortes „Rose", wie sie aus den plurilingualen Unterlagen hervorgehen[3]. Zunächst versuchen die Lernenden zu verstehen, was die Autoren wohl mit ihren Texten meinen und welche besondere Bedeutung sie der Rose beimessen. Es werden unterschiedliche Hypothesen aufgestellt. Bereits hier zeichnet sich ab, dass „Rose" eine Metapher für vielerlei sein und je nach Intention der Autoren unterschiedlich ausgelegt werden kann und dass diese Metapher in der Mehrsprachigkeit eine Bedeutungsverdichtung erfährt. Dabei entsteht ein mehrsprachiges Gespräch, bei dem es nicht mehr nur darum geht, plurilinguale Unterlagen zu verstehen und deren Inhalt für andere nachvollziehbar und deutlich darzustellen, sondern auch um die persönlichen Reaktionen zum Text und deren Vermittlung.

Beispiel 3:
1. S2: non amo che le rose (liest Gedicht vor). Perché l'autore ama solo le rose che non é riuscito a cogliere? Perché liu ama l'idea della loro existenza e il pensiero, l'immaginazione forse perché ehm io ho scritto se avesse colso? colso le rose?
2. S1: raccolte
3. S2: raccolto, se avesse raccolto le rose forse fosse stato ferito o non le avrebbe apprezzato, perché le avrebbe ehm... lui avrebbe raccolto le ehm rose e dopo non si la peché la rosa non è per sempre no? Perché perde il colore e poi quando non riceve abbastanza acqua e poi diciamo muore.
4. S1: didn't you think, hem I think that maybe the rose is a metaphor for a woman and he does want the woman.
5. S2: oh yes.
6. S1: he wants the woman he can't get and so that kind of men that just wants girls he can't ever get and then he just loves the things he just could have had but he did not.
7. S2: but yes, but he also doesn't want to get hurt and so he loves her, maybe she doesn't know that he loves her
8. S1: vielleicht hat er sich nie in eine Liebe eingelassen. Aus genau demselben Grund aus dem du es gemeint hast, wegen den Dornen.

---

[3] Es wurden folgende literarische Texte verwendet: William Shakespeare „Romeo and Juliet" (*balcony scene*); Antoine de Saint Exupéry „Der kleine Prinz" (Auszug); J.W. v. Goethe „Das Heidenröslein"; Hilde Domin „Nur eine Rose als Stütze"; Dante Alighieri „Il Paradiso"; Gertrude Stein „A rose is a rose, is a rose; Pierre de Ronsard „Mignon, alons voire si la rose" F. De Andrè „La canzone dell'amore perduto".

9. S2: maybe he also wants to be free. He doesn't want to stick to a woman to be there for her and he just loves the idea that he she is here that she is beautiful she lives her life.
10. S1: ma la può vedere da lontano.
11. S2: maybe she doesn't know him.
12. S1. sie sagt wahrscheinlich den Anblick genießen von weitem, aber trotzdem Angst hat also von ihr verletzt zu werden oder?
13. S2: kann ja auch ist sicher auch eine aber, non amo le cose ... spielt da vielleicht mehr die Angst oder mehr die Liebe.
14. S2: jo I woass schun wos es hoaßt.
15. S1: si
16. S2: will er sie net also seine (Lachen)... hot er Angst vor des, vor der Zukunft will er nix von der Zukunft, hat er gerne no a Zukunft.

Das Symbol der Rose wird hier als literarischer Topos erkannt und in seiner Bedeutungsvielfalt sprachenübergreifend ausgelegt. Es wird so möglich, die Ergebnisse der eigenen Interpretationen mit denen anderer in anderen Sprachen zu vergleichen. Es fällt dabei die Vielfalt an Möglichkeiten auf, die nicht zuletzt durch die Mehrsprachigkeit gegeben werden. Ästhetisch-literarisches Lernen mit plurilingualen Unterlagen bedeutet hier also, dass die hermeneutische Herangehensweise an die mehrsprachigen Texte es den Lernenden ermöglicht, ausgehend von mehrkulturellen Prämissen unterschiedliche Bedeutungen in den literarischen Texten zu finden. Es kommt so zu einem mehrsprachigen *World Making*.

Die Metapher als Instrument der Vermittlung emotionaler Inhalte und Bedeutungsfeinheiten spielt insbesondere im literarischen Lernen eine besondere Rolle (Gibbs 2002, 103). Dieser symbolische Sprachgebrauch erlangt durch die Mehrsprachigkeit eine besondere Bedeutungsdichte, die in der Einsprachigkeit nicht möglich wäre, da sich Bedeutungen teils überlappen und teils neu konstituiert werden. So werden Lernprozesse eingeleitet, die das Bewusstsein für das Potenzial mehrsprachiger Bedeutungsfindung und mehrsprachiger emotionaler (Selbst)-Darstellung wecken und ansatzweise neue Räume für den symbolischen Ausdruck von Gefühlen und Emotionen schaffen.

Die intensive Auseinandersetzung mit der Bedeutung des Wortes „Rose" führt letztendlich zu keinem zufriedenstellenden Ergebnis. Die Tatsache, dass eine Vielzahl von Interpretationen und möglichen persönlichen Reaktionen hervorgerufen wird, ist möglich, weil durch die unterschiedlichen Sprachen auch an eigene Erinnerungen und Emotionen angeknüpft werden kann. Interessanterweise erachten die Lernenden keine davon für ausreichend zutreffend. Die Lernenden stellen sich so der Ambiguität des mehrsprachigen literarischen Diskurses, indem sie versuchen, unterschiedliche Auslegungsmöglichkeiten für die anderen aufzuschlüsseln, und gelangen dabei an ihre ganz persönlichen sprachlichen und Verstehensgrenzen. Die Lernenden gehen mit den Leerstellen im literarischen Text um und stellen fest, dass Bedeutung oft undefiniert bleibt und dass sich insbesondere in einem mehrsprachigen Kontext eine Vielzahl von Interpretationsmöglichkeiten eröffnet und die Rezipienten ganz individuelle Bedeutungskonstruktionen vornehmen können. Es wird hier eine erhöhte Ambiguitätstoleranz von den Lernenden im Diskurs gefordert und die Fähigkeit, neue Erfahrungswelten zu erkunden und diese im Wechselspiel zwischen den unterschiedlichen bedeutungskonstituierenden Referenzsystemen der einzelnen Sprachen abzugleichen und den anderen zu vermitteln.

3.4 Analysis and criticism of creative texts

Dieser Auszug enthält die abschließende kritische Auseinandersetzung mit der Bedeutung des Wortes „Rose" am Ende des Moduls. Es wird hier die Beziehung zwischen Wort und Bedeutung eingehend durchleuchtet und die Lernenden kommen zu erstaunlichen Einsichten.

> Beispiel 4:
> 1. S2: I think of a rose, there lots of things come in mind to you and hem and there but it's the big contract that hem auf einmal können so viele Worte also so viele Sache was mit der Rose zu tun haben oder auch gar nix, weil es so viele Dinge gibt.
> 2. S3: und jeder verbindet etwas Anderes damit. Zum Beispiel jemand sagt Rose Blume.
> 3. S2; ja
> 4. S3: und jemand sagt Rose und hundert
> 5. S2: Symbole der Liebe.
> 6. S3: die Farbe, die Dorne, die Blüte alle haben alle.
> 7. S1: kann es auch nicht so bedeuten also, zum Beispiel du hasch an Wort, du hasch an Streit und für die ich der keine Ahnung Rose bedeutet für die Liebe für den einen Tisch die Liebe des, für den anderen des, und deswegen sich eine Rose, aber sie kann auch eine Rose eine Rose eine Rose sein. So volle viele Sachen in einer. [S1 bringt hier zum Ausdruck, dass Rose für jeden etwas anderes darstellt: ein Wort oder ein Begriff für Streit, Liebe, Tisch oder einfach nur Rose.]
> 8. S2: and also I think and with repeats rose rose rose he gives us the ability think about three things that we assozieren?

9. S1: associate
10. S2: associate with rose maybe, first of all you think about love, then about color and then about the rose you have at home.
11. S3: someone said for me it's nothing just a paar Worte and it means to me nothing and someone can say that hem mit de por Wörter interpretieren.

Die Polysemie des Wortes veranlasst die Lernenden festzustellen, dass das Wort Rose alles und gar nichts heißen könne, sie erkennen, dass die Rose ein neutrales Zeichen innerhalb eines semiotischen Systems ist und als Symbol für die Darstellung von Objekten und Gegebenheiten dient (Eco 2002). Es wird ihnen klar, dass Wörter, verstanden als Zeichen, nur ein vorübergehendes Ergebnis von Kodierungsprozessen darstellen und nur flüchtige Korrelationen bilden. Kommen zudem Kulturen und Sprachen miteinander in Kontakt, so treffen unterschiedliche diskursive Welten und generische Formen aufeinander, wodurch das bekannte semantische Feld umgestoßen wird und ein neues entsteht, was zu einer Umstrukturierung des gesamten konnotativen Spektrums führt (Eco 2002, 89). In diesem Prozess lernen die SchülerInnen, dass Bedeutungsgebung und Konnotation kulturell bedingt sind, dass sie ständiger Veränderung unterliegen, dass das Wort als Zeichen neutral ist, aber auch eine symbolische Ablichtung der Realität, wie sie in den verschiedenen Kulturen und Epochen wahrgenommen wird.

4. Fazit

Mehrsprachige Aufgabenorientierung ermöglicht unterschiedliche Formen des *translanguaging* (TL), die Lernprozesse im Kompetenzbereich der Mediation initiieren. Durch das TL erfährt der Lernprozess eine Komplexitätssteigerung, da sowohl Meinungsbildungs- als auch Entscheidungsprozesse aus mehrsprachigen Prämissen hervorgehen und immer einer Vermittlung bedürfen. Im Prozess der Mediation werden nicht, wie im CEFR/CV angegeben, zwei Sprachen in den Lernprozess involviert, sondern das gesamte mehrsprachige Repertoire der Lernenden und Lehrkräfte sowie ihre Gestik und Mimik (Lemke 2018). Dadurch erst werden vertiefte Verstehensprozesse ermöglicht, da Inputs durch das gesamte Sprachenrepertoire gefiltert werden und so wie in einem Kaleidoskop eine Vervielfältigung durchlaufen.

Durch mehrsprachiges Lernen werden bereits im Alltag übliche TL-Praktiken, welche die lebensweltliche Komplexität der Lernenden spiegeln, auf ein bildungssprachliches Niveau verlagert (Ferguson 2009). So werden das kreative Potenzial und der Zugang zu neuen Vorstellungswelten ermöglicht. In einem solchen TL-Unterricht erhalten die Lernenden bislang unbekannte Möglichkeiten, spielerische ästhetische Erfahrungen zu machen, denn in einem Lernsetting, in dem die Sprachproduktivität ein zentrales Anliegen ist, erweitert sich die Realitätswahrnehmung, und es eröffnen sich neue Bedeutungsräume. Durch mehrsprachiges aufgabenorientiertes literarisches Lernen anhand unterschiedlicher literarischer Textsorten können die Lernenden ihre kreativen Fähigkeiten entfalten, indem sie unterschiedliche kulturelle und sprachliche Referenzsysteme miteinander in Verbindung bringen und literarische Diskurswelten kreuzen. So können hybride Bedeutungsräume entstehen.

Die Erkenntnis, dass Sprache emotionsgebunden ist und so die Persönlichkeit einer Person mitgestaltet, findet hier Anerkennung und wird von unterrichtsstrategischer Wichtigkeit (Creese/Blackledge 2010, 112). Das mehrsprachige Lernen gibt den Einzelnen die Möglichkeit, die eigene Persönlichkeit im Schein der Mehrsprachigkeit neu zu umreißen und als ein Ganzes zu sehen, denn es werden die persönlichkeitsgebundenen Kompetenzen „als Summe der individuellen Eigenschaften, die Persönlichkeitsmerkmale und Einstellungen" (Burwitz-Melzer 2005, 23) in einem mehrsprachigen Setting aktiviert. In diesem Sinne wäre es wünschenswert, mehrsprachige Aufgabenformate wie das hier vorgestellte vermehrt in den Regelunterricht einzubauen, sicherlich nicht mit der Absicht, diesen zu ersetzen, vielmehr komplementär dazu, um die Entwicklung von Kompetenzbereichen zu ermöglichen, die von besonderer Bedeutung sind, allerdings in traditionellen Unterrichtsformen kaum Raum finden.

5. Bibliographie

Aronin, Larissa (2016): Multicompetence and dominant language constellation. In: Cook, Vivian/ Li, Wei (Hg.): *The Cambridge Handbook of Linguistic Multicompetence*. Cambridge: Cambridge University Press, 142–163

Aronin, Larissa/ Ó Laoire, Muiris (2004): Exploring multilingualism in cultural contexts: Towards a notion of multilinguality. In: Hoffmann, Charlotte/ Ytsma, Jehannes (Hg.): *Trilingualism in Family, School and Community.* Clevedon: Multilingual Matters, 11–29

Baker, Colin (2011): *Foundations of Bilingual Education and Bilingualism* (Vol. 79). Bristol: Multilingual Matters

Bourdieu, Pierre (1991): *Language and Symbolic Power.* Cambridge: Polity Press

Bohnsack, Ralf (2013): *Die dokumentarische Methode und ihre Forschungspraxis*. Wiesbaden: Springer VS

Cenoz, Jasone/ Gorter, Durk (2020): Teaching English through pedagogical translanguaging. *World Englishes* 39 (2), 300–311. https://doi.org/10.1111/weng.12462 (letzter Zugriff am 07.09.2021)

Cook, Vivian (2008): *Second language learning and language teaching.* London: Hodder

Cook, Vivian (1991): The poverty of the stimulus argument and multicompetence. *Second Language Research* 7 (2), 103–117

Council of Europe (2018): *Common European Framework of Reference for Languages: Learning, Teaching, Assessment. Companion Volume with New Descriptors*. www.coe.int/lang-cefr (letzter Zugriff am 22.08.2018)

Creese, Angela/ Blackledge, Adrian (2010): Translanguaging in the Bilingual Classroom: A Pedagogy for Learning and Teaching? *The Modern Language Journal* 94 (1), 103–115. https://doi.org/10.1111/j.1540-4781.2009.00986.x (letzter Zugriff am 07.09.2021)

Cummins (2017): Teaching for Transfer in Multilingual Schools. In: García, Ophelia/ Lin, Angel M.Y./ May, Stephen (Hg.): *Bilingual and Multilingual Education*. Cham: Springer, 103–115

Eco, Umberto (2002): *Sulla letteratura*. Milano: Bompiani

Ferguson, Gibson (2009): What Next? Towards an Agenda for Classroom Teaching Research. *International Journal of Bilingual Education and Bilingualism* 12 (2), 231–241

García, Ofelia/ Ibarra Johnson, Susana/ Seltzer, Kate (2016): *The Translanguaging Classroom: Leveraging Student Bilingualism for Learning.* Philadelphia: Caslon

García, Ofelia /Li, Wei (2014): *Translanguaging. language, bilingualism and education*. Basingstoke u. a.: Palgrave Macmillan

García, Ofelia/ Flores, Nelson (2012): Multilingual Pedagogies. In: Martin-Jones, Marilyn/ Blackledge, Adrian/ Creese, Anne (Hg.): *The Routledge Handbook of Multilingualism*. London: Routledge, 232–246

García, Ofelia (2011): From Language Garden to Sustainable Languaging: Bilingual Education in a Global World. *Perspectives* 34 (1), 5–9

Gibbs, Raymond W. (2002): Identifying and appreciating poetic metaphor. *Journal of Literary Semantics* 31 (2), 101–112

Glaser, Barney G./ Strauss, Anselm L. (1967): *The discovery of grounded theory. Strategies of qualitative research*. New York: de Gruyter.

Gort, Mileidis (2015): Transforming literacy learning, and teaching through translanguaging and other typical practices associated with "doing being bilingual". *International Multilingual Research Journal* 9 (1), 1–6

Grosjean, François (2007): Bilingual Language Mode. In: Li, Wei (Hg.): *The Bilingual Reader*. London: Routledge, 428–449

Grosjean, François (2001): *The bilingual's language modes*. https://pdfs.semanticscholar.org/371a/80bcdd2538df8ef999c1216fd87aa8742562.pdf (letzter Zugriff am 28.08.2018)

Hallet, Wolfgang (2012): Die komplexe Kompetenzaufgabe. Fremdsprachige Diskursfähigkeit als kulturelle Teilhabe und Unterrichtspraxis. In: Hallet, Wolfgang/ Krämer, Ulrich (Hg.): *Kompetenzaufgaben im Englischunterricht*. Seelze: Kallmeyer-Klett, 8–19

Hawkins, Margaret R. (2018): Transmodalities and Transnational Encounters: Fostering Critical Cosmopolitan Relations. *Applied Linguistics* 39 (1), 55–77. https://doi.org/10.1093/applin/amx048 (letzter Zugriff am 07.09.2021)

Hufeisen, Britta (2010): Theoretische Fundierung multiplen Sprachenlernens – Faktorenmodell 2.0. *Jahrbuch Deutsch als Fremdsprache* 36, 200–207

Hufeisen, Britta (2003): Muttersprache Französisch – Erste Fremdsprache Englisch, zweite Fremdsprache Deutsch. Sprachenlernen gegeneinander – oder besser miteinander? In: Meißner, Franz Joseph/ Picaper, Ilse (Hg.):

Mehrsprachigkeitsdidaktik zwischen Frankreich, Belgien und Deutschland. Tübingen: Narr, 49–61

Hufeisen, Britta/ Lindemann, Beate (1998): *Tertiärsprachen Theorien, Modelle, Methoden*. Tübingen: Stauffenberg

Lee, Jin Sook/ Hill-Bonnet, Laura/ Raley, Jason (2011): Examining the effects of language brokering on student identities and learning opportunities in dual immersion classrooms. *Journal of Language Identity and Education* 10 (5), 306–326

Lemke, Jay [Blogeintrag] (2018): *Feelings in Places that Used to Be Churches*. http://www.jaylemke.com/imported-20110501025959/2018/7/15/feelings-in-places-that-used-to-be-churches.html, (letzter Zugriff am 07.09.2021)

Lewis, Gwyn/ Jones, Bryn/ Baker, Colin (2012): Translanguaging: Developing its conceptualization and contextualization. *Educational Research and Education* 18 (7), 1–16

Li, Wei/ Lin, Angel M. Y. (2019): Translanguaging classroom discourse, pushing limits breaking boundaries. *Classroom Discourse* 10 (3–4), 209–215. https://doi.org/10.1080/19463014.2019.1635032 (letzter Zugriff am 07.09.2021)

Li, Wei (2018): Translanguaging as a Practical Theory of Language. *Applied Linguistics* 39 (2), 9–30. https://doi.org/10.1093/applin/amx044, (letzter Zugriff am 07.09.2021)

Li, Wei (2011): Moment analysis and translanguaging space: Discursive construction of identities by multilingual Chinese youth in Britain. *Journal of Pragmatics* 43, 1222–1235

Li, Wei/ Martin, Peter (2009): Conflicts and Tensions in Classroom Codeswitching. *International Journal of Bilingual Education and Bilingualism* 12 (2), 117–122

Mayr, Gisela (2020): *Kompetenzentwicklung und Mehrsprachigkeit. Eine unterrichtsempirische Studie zur Entwicklung mehrsprachiger kommunikativer Kompetenz in der Sekundarstufe II*. Tübingen: Narr

Mayr, Gisela (2022): *Translanguaging for critical literacy. A framework of descriptors and lesson plans for teachers and practitioners*. Berlin: Peter Lang

Otheguy, Ricardo/ García, Ofelia/ Reid, Wallis (2015): Clarifying Translanguaging and Deconstructing Named Languages: A Perspective from Linguistics. *Applied Linguistics Review* 6 (3), 281–307. https://doi.org/10.1515/applirev-2015-0014 (letzter Zugriff am 07.09.2021)

Palmer, Deborah (2008): Building and destroying students' "academic identities": The power of discourse in a two-way immersion classroom. *International Journal of Qualitative Studies in Education* 21 (6), 647–667

Pennycook, Alastair (2010): *Language as a Local Practice*. London: Routledge

Sánchez, María/ García, Ofelia/ Solorza, Cristian (2018): Reframing Language Allocation Policy in Dual Language Bilingual Education. *Bilingual Research Journal* 41 (1), 37–51

Section C

Ursprung, Genese und Weiterentwicklung der Tertiärsprachendidaktik im Zeichen der Tertiärsprachenforschung des deutschsprachigen Raums[1]

Sarah Dietrich-Grappin & Britta Hufeisen

ABSTRACT

The paper presents Tertiary Language Didactics (TLD) as a multilingual didactics approach which has emerged in the 1990s in the field of 'German as a foreign language after English' and depicts a remodeling against the backdrop of empirical findings from German-speaking areas in second (or further) foreign language (L3) research from 1980 onwards. With its overarching principle of cognitive learning and teaching, initial TLD stressed the importance of reception, especially in written comprehension, and contrastive grammar teaching using an inductive approach. Our remodeling highlights the importance of transfer in reception and production (focus on cognates as perceived or assumed cross-linguistic similarities) and of an L3 specific practice (parallel exercises, deduction with interlingual differentiation, mono- or multilingual differentiation offer and self-directed practice).

RESÜMEE

Der Beitrag stellt die Tertiärsprachendidaktik (TSD) als einen Ansatz der Mehrsprachigkeitsdidaktik vor, welcher in den 1990er Jahren im Bereich 'Deutsch als Fremdsprache nach Englisch' (DaFnE) entstanden ist. Darüber hinaus wird eine Neumodellierung diskutiert, die auf der empirischen Fremdsprachenforschung aus dem deutschsprachigen Raum in Tertiär- bzw. nachgelernten Fremdsprachen seit 1980 basiert. Aufgrund des übergeordneten Prinzips kognitiven Lernens und Lehrens legte die ursprüngliche TSD ihr Augenmerk vor allem auf schriftliche Rezeptionsprozesse und eine kontrastive Grammatikvermittlung mittels Induktion. Unsere Neumodellierung betont die Bedeutung von Transfer in der Rezeption und Produktion (Fokus auf Kognaten als wahr- oder angenommene sprachliche Ähnlichkeit) und L3-spezifischem Üben (Parallel-Übungen, Deduktion mit interlingualer Differenzierung, ein- oder mehrsprachiges Differenzierungsangebot und selbstgesteuertes Üben).

---

1 Mit Dietrich-Grappin/Hufeisen 2023 liegt eine englische Übersetzung der Erstversion dieses Kapitels vor, das im Laufe der Herausgeberschaft für diese Veröffentlichung erweitert und aktualisiert wurde.

1. Einleitung

Mit dem Begriff des „Tertiären" (lat. *tertius*, 'die dritte Stelle in einer Reihe einnehmend') wird gemeinhin auf das tertiäre Bildungssystem bzw. einen (Aus)bildungs- und Lebensabschnitt referiert, der durch eine gewisse Reife und Bewusstheit über die eigene Persönlichkeit geprägt ist. In der Tertiärsprachenforschung und -didaktik deutschsprachiger Prägung verbindet sich mit dem Tertiären jedoch die Vorstellung von Expertise in Bezug auf die Aneignung einer zweiten (oder weiteren) Fremdsprache, und dies bereits in der grundständigen – sekundären – Bildung. Dieser Bedeutungsunterschied im Vergleich zum angloamerikanischen Verständnis von *tertiary (language) education* erklärt sich vor dem Hintergrund sprachenpolitischer Entscheidungen auf europäischer Ebene, wo seit den 1990er Jahren auf ein Schul- und Bildungssystem hingearbeitet wurde, das durch die Vermittlung von mindestens zwei Fremdsprachen und festgelegten Sprachenfolgen eine institutionell fundierte Mehrsprachigkeit zur Leitvorstellung hatte. In diesem historischen, sprachen- und bildungspolitischen Kontext entfaltete sich der tertiärsprachliche Diskursbeitrag deutschsprachiger Prägung, der früh die Spezifik der Lernvoraussetzungen artikulierte, die bei der Aneignung einer Tertiärsprache greifen, und der zu Einsichten gelangte, die auch für den Einbezug von Zweit- und Herkunftssprachen bei der institutionellen Fremdsprachenvermittlung von Bedeutung sind. So verfügen Tertiärsprachen- oder L3-Lernende über verschiedene, für das L3-Lernen relevante Vorwissensdomänen in mindestens zwei Sprachen: Neben dem prozeduralen Vorwissen in ihrer oder ihren L1 (Erst- bzw. Herkunfts - und Zweitsprachen, durch Sozialisation erworben) und in ihrer ersten Fremdsprache (schulisch erlernt) haben sie auch deklarative Wissensbestände aufgebaut: Neben dem metasprachlichen ist hier auch das – in Bezug auf die erste Fremdsprache (L2) – lernstrategische Vorwissen zu nennen. Darüber hinaus verfügen sie im Hinblick auf ihr kognitives Alter über mehr Weltwissen, vertiefte kognitive und sprachkritisch-analytische Fähigkeiten und eine größere Risikobereitschaft und Kreativität im Umgang mit Sprache:

> [S]ie schätzen formale Richtigkeit im kommunikativen Kontext als weniger bedeutsam ein als L2-Lernende […] [und] können zur Lösung kommunikativer Unklarheiten gezielt sprachenübergreifend agieren und bereits erworbenes Wissen aus anderen Sprachen nutzen […] (Marx 2016, 297).

Im Folgenden leiten wir zunächst den tertiärsprachendidaktischen Diskurs anhand der ersten Textbelege her und gehen auf die ursprüngliche Modellierung der Tertiärsprachendidaktik als 'Deutsch als Fremdsprache (DaF) nach Englisch' (DaFnE) aus den 1990er Jahren ein. Wir zeigen auf, wie sich im Diskurs die Definition von Tertiärsprache als zweite oder weitere Fremdsprache durchsetzen konnte (2.). Im dritten Abschnitt stellen wir wichtige deutschsprachige Beiträge der Tertiärsprachenforschung vor. Der vierte Abschnitt ist unserer Neumodellierung der Tertiärsprachendidaktik (TSD) 2.0 anhand der zuvor dargelegten Forschungsbeiträge gewidmet. Zum Schluss gehen wir auf gängige Kritikpunkte und ihre Relativierung ein: Unserer Auffassung nach vereint der tertiärsprachendidaktische Diskurs die Ausgangs- und Zielsprachenperspektive auf eine Art und Weise, die sich auch künftig als produktiv erweisen wird (5.).

2. Tertiärsprachendidaktik – Ursprung und Genese eines Begriffs

2.1 Tertiärsprache

Der Begriff der Tertiärsprache war in deutschsprachigen Veröffentlichungen zunächst bildungspolitisch geprägt (Strathmann 2019, 415). Das Hamburger Abkommen (KMK 1971, zuerst 1964) machte die Einführung einer 3. Fremdsprache (ab Klasse 9) in die Lehrpläne der Bundesrepublik möglich (ibid., 5). Diese 3. Fremdsprache konnte in der reformierten gymnasialen Oberstufe (KMK 1972) bis zum Abitur fortgeführt werden. Im Diskurs wird der Begriff kurze Zeit später aufgegriffen, so bei Schröder (1976, 5), der von der „Tertiärsprachen-Problematik"[2] spricht, und Christ (1982), die in ihren Beitrag den Tertiärsprachen als „Schulfächer ohne Lehrtradition" widmet. Die ersten empirischen Forschungsarbeiten zu Tertiärsprachen in diesem Sinne wurden im Bochumer Tertiärsprachenprojekt (Bausch 1984;

[2] In seiner Einleitung zum Themenheft „Fremdsprachenpolitik" nimmt Schröder (1976, 242) mit diesem Begriff Bezug auf einzelne Beiträge des Hefts.

Bausch et al. 1986; Kleppin/Königs 1991; Bahr et al. 1996)[3] für Spanisch und Italienisch als 3. Fremdsprachen verfolgt (3.1). Die Ergebnisse des Projekts, die auf eine Theorie des Fremdsprachenunterrichts jenseits „von früh erworbenen Fremdsprachen (ganz überwiegend Englisch)“ (Bausch 1984, 8) abzielten, leiteten eine Bedeutungsverschiebung des Begriffs Tertiärsprache ein:

> In diesem Forschungskontext ist gleichzeitig versucht worden, die Spezifika zu explizieren, durch die sich das Lehren und Lernen einer ersten Fremdsprache von denjenigen der zweiten bzw. weiteren Fremdsprachen auszeichnet ([...]) (Bausch 1996, 10).

Die Bedeutung von Tertiärsprache als 2. (und weitere) Fremdsprache verbreitete sich in den 1990er und 2000er Jahren im Bereich der DaF-Didaktik sowie durch Publikationen im Namen der TSD und wurde auch durch die dann aufkommende internationale Tertiärsprachenforschung bzw. *Tertiary or Multiple language learning / L3 Research* perpetuiert:

> Mit Tertiärsprache wird jede Sprache bezeichnet, die nach der erstgelernten (gesteuerten) Fremdsprache (L2) gelernt wird. Sie wird oft wegen der chronologischen Reihenfolge als L3 (dritte Sprache) oder $L2_2$ spezifiziert, die Termini L4 (vierte Sprache) bzw. $L2_3$ etc. sind weniger gebräuchlich. Mit Tertiärsprachenlernen, L3-Lernen oder multiplem Sprachenlernen wird diese besondere Lernsituation bezeichnet. Die Tertiärsprachenforschung geht dieser besonderen Situation und deren Auswirkungen auf das Sprachenlernen nach (Marx 2016, 295).

2.2 Tertiärsprachendidaktik

Innerhalb der DaF-Didaktik wurden Anfang der 1990er Jahre Forderungen laut, der international gängigen Sprachenfolge des Deutschen als zweiter bzw. weiterer Fremdsprache nach Englisch mehr Beachtung in Forschung und Lehre zu schenken (Bausch/Heid 1990; Hufeisen 1991; Hufeisen 1994; Neuner 1996). Im Thesenpapier des Kolloquiums „Lehren und Lernen von Deutsch als zweiter und weiterer Fremdsprache“ (Bausch/Heid 1990, 11–18)

---

3 Das Projekt war am deutschlandweit ersten Lehrstuhl für Sprachlehrforschung (*Applied Linguistics, Second Language Acquisition Research*) angesiedelt und forschungsmethodisch dem DFG-Forschungsschwerpunkt „Sprachlehrforschung“ verpflichtet (Bausch 1984, 8).

wurde das Desiderat einer eigenständigen Didaktik aufgrund der Faktoren kognitives Alter, L2-Vorkenntnisse und einer verkürzten Lernzeit in der L3 aufgestellt.[4] Hufeisen (1991) untersuchte die Rolle von Vorkenntnissen in der L2 Englisch zur Erklärung typischer Fehlermuster in der L3 Deutsch bei Lernenden mit nicht-indoeuropäischen Erstsprachen; 1994 legte sie Empfehlungen für die Wortschatzarbeit im DaF-Anfangsunterricht unter Einbezug des Englischen vor. Das didaktisch-methodische Konzept 'Deutsch (L3) nach Englisch (L2)' (DaFnE) wurde erstmals von Neuner (1996) definiert und war Modell für spätere Publikationen im Namen der TSD, d.h. losgelöst von einer bestimmten Sprachenfolge (Neuner 2003; Neuner 2006). Besonders diskursprägend waren die Sammelbände „Mehrsprachigkeitskonzept – Tertiärsprachen – Deutsch nach Englisch" des ECML (2000–2003[5], Hufeisen/Neuner 2003) sowie die in Kooperation mit dem Goethe-Institut entstandene Fernstudieneinheit „Deutsch als zweite Fremdsprache" (Neuner et al. 2009, Probefassung 2004). Auch das Faktorenmodell (Hufeisen 2020, zuerst 1998), das die besondere Stellung der nachgelernten Fremdsprache im Hinblick auf ihre Lernvoraussetzungen herausarbeitet (3.2), verhalf der TSD zu einer Konsolidierung in den 2000er Jahren. Zwar ist das Interesse an ihrer weiteren Modellierung seit den 2010er Jahren abgeflaut, doch sind bis in die jüngste Zeit empirische Studien zu verzeichnen, die sich bei ihr verorten (3.3).

Die Zielgruppe des Ursprungskonzepts DaFnE sind laut Neuner (1996, 213) jugendliche L3-Lernende auf Anfangsniveau mit fortgeschrittener intellektuell-kognitiver Entwicklung. Als Zielsetzung wird formuliert, „pragmatisch-kommunikative[] Kompetenz (Deutsch für den Alltagsgebrauch) unter Zuhilfenahme vorgängiger Englischkenntnisse" und in einer grundsätzlich steileren Progression zu entwickeln (ibid., 213); in späteren Publikationen erfährt diese Zielsetzung eine Differenzierung in „Erweiterung des Sprachwissens und Sprachbewusstseins" sowie „Entfaltung des Sprachlernbewusstseins" (Neuner et al. 2009, 24; Neuner

---

4 Diese Faktoren waren bereits in der Antragstellung des Bochumer Tertiärsprachenprojekts bedeutsam (Bausch 1984, 7; Bausch et al. 1986, 91).

5 Das Europarat-Projekt umfasste fünf Tagungen mit Teilnehmenden aus 30 Ländern (Neuner 2006, 135), die sich grundlegend mit der Modellierung der TSD sowie mit regionalen Aspekten von Tertiärsprachenunterricht befassten (Neuner 2003, 5–6).

2003, 28; Neuner 2006, 137–141).[6] Die bei Neuner (1996) aufgeführten zehn Prinzipien von DaFnE werden in den Folgepublikationen zu fünf Prinzipien gebündelt und firmieren dann unter dem Namen TSD (Abb. 1).

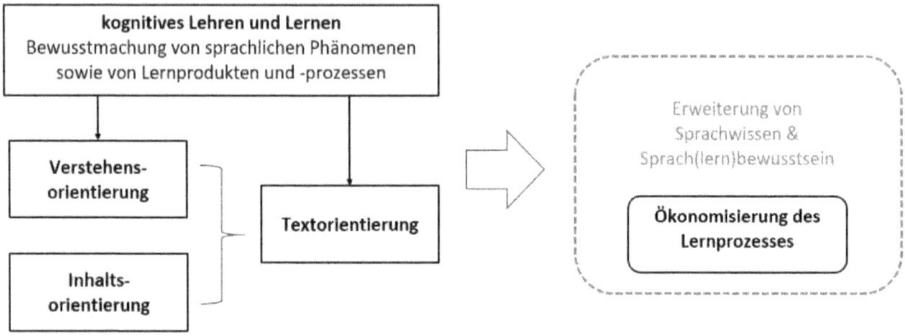

Abb. 1: Prinzipien der Tertiärsprachendidaktik als 'DaF nach Englisch' (Neuner 2003, 28–32; Neuner 2006, 141–145; Neuner et al. 2009, 39–45) (Darstellung SDG und Hfn).

Während die links angeordneten Prinzipien der Unterrichtsplanung und -durchführung zuzuordnen sind, handelt es sich beim **Prinzip der Ökonomisierung des Lernprozesses** um ein Prinzip, das der Legitimation dient.[7] Das übergeordnete **Prinzip des kognitiven Lehrens und Lernens** bezieht sich auf die drei Gegenstände Sprachen (des Repertoires), Lernprodukte und Lernprozess. Es geht um die Bewusstmachung

---

[6] Während bei Neuner 1996 noch kulturdidaktische Überlegungen und Zielsetzungen eine Rolle spielten („intersoziokulturelle Kompetenz" „unter Zuhilfenahme der ‚Mittlerwelt' des englischsprachigen Raums", ibid., 43), so gerieten diese Aspekte in den Folgepublikationen mehr und mehr in den Hintergrund.

[7] Mit diesem Prinzip sind „zeitsparende und effiziente Lehr- und Lernverfahren" (Neuner et al. 2009, 44) angesprochen, wobei die ausgeführten didaktisch-methodischen Hinweise bereits von den anderen Prinzipien abgedeckt werden (Einsatz eines zwei- oder dreisprachigen Bildwörterbuchs für Parallelwortschatz; Parallelisierung und Kontrastierung von Grammatikthemen und Einübung von „interferenzanfälligen Strukturen"; Erproben und Besprechen von Lerntechniken und -strategien, Neuner et al. 2009, 44; Neuner 2006, 144–145).

- von sprachlichen Phänomenen L1-L2-L3 durch „bewusste Aktivierung der gemeinsamen sprachlichen Basis“ (Neuner et al. 2009, 41) und die „Wahrnehmung und Besprechung von Unterschieden, um Interferenzen zu vermeiden“ (ibid., 42), sowie
- „von Lernergebnis und Lernerfahrungen“ (ibid.) bzw. von Lernprodukten sowie des Lernprozesses (Neuner 2006, 142).

Das **Prinzip der Verstehensorientierung** adressiert erneut den Gegenstand Sprachen (des Repertoires), aber auch die priorisierte Ausbildung rezeptiver Fertigkeiten. Es gehe darum,

- „vorhandenes sprachliches Wissen zu aktivieren, Analogien bzw. Unterscheide zu erkennen, einzuordnen und auszuwerten, und neuen sprachlichen Elementen, Einheiten und Strukturen im Gedächtnis Halt zu geben“ (Neuner et al. 2009, 42–43), und
- zu Anfang des Lernprozesses auf rezeptive Fertigkeiten zu fokussieren, d.h. „sich intensiv und häufig mit Texten, vor allem Lesetexten, auseinanderzusetzen“ (ibid., 43).

So wird dem diskursiven, sachbezogenen Sprechen „über einen sprachlichen/landeskundlichen Aspekt, mit dem man sich anhand von Texten auseinandersetzt“ (ibid.), hohe Bedeutung beigemessen; es könne im Anfangsunterricht in der Schulsprache erfolgen (ibid., 29).[8] Mit dem **Prinzip der Inhaltsorientierung** ist eine zielgruppenspezifische Themenauswahl angesprochen. Neuner (1996, 214) empfiehlt eine inhaltsorientierte Progression und eine „eigenkulturelle“ und „englische Brille“ als Auswahlkriterien. Es sollen anspruchsvolle Themen zum Zuge kommen, für die Jugendliche „aus ihrer eigenen Welt Erfahrung mitbringen“, um sie „in der fremden Welt zu erkunden“ (alle Zitate aus Neuner 2003, 30). Aus den beiden zuvor genannten Prinzipien wird jenes der **Textorientierung** hergeleitet, denn für die

---

[8] Hier lässt sich das zuvor separat aufgeführte Prinzip der Entwicklung einer Verstehensgrammatik zuordnen (Neuner 1996, 213), das durch die „Analyse formalsprachlicher Phänomene relevanter Textsorten“ unter Einbezug des Englischen umgesetzt werden soll.

vorgeschlagene Progression „vom Verstehen zur Äußerung“ (Neuner et al. 2009, 43) und das Prinzip der Inhaltsorientierung sind Medien wie „Lese- und Hörtexte, Bilder, Videos“ (ibid.) bedeutsam: „Textarbeit - vor allem aber die Arbeit mit Lesetexten - hat deshalb von Anfang an einen wichtigen Platz im Tertiärsprachenunterricht“ (Neuner 2006, 143). Dabei wird der Aktivierung und Kognitivierung von „Verstehensbrücken“ (Neuner 2003, 29) und der Vermittlung von Autosemantisierungs- und Lesestrategien hohe Bedeutung beigemessen (Neuner 1996, 213; Neuner et al. 2009, 44). Neben authentischen Texten kommen auch didaktisierte Paralleltexte in der Schul- oder ersten Fremdsprache im Rahmen von sprachenvergleichender induktiver Grammatikvermittlung zum Einsatz (Neuner 2003, 31).

2.3 Fazit

Im deutschsprachigen Diskurs ist der Begriff der Tertiärsprache fest mit einer zweiten (oder weiteren) institutionell vermittelten Fremdsprache assoziiert. Die konkurrierenden Lesarten von Tertiärsprache als Sprache des tertiären Bildungsbereichs oder 1. Fremdsprache (bei lebensweltlicher Zweisprachigkeit) waren nicht bedeutsam für die Anfänge und Genese des Diskurses. Darüber hinaus wurde deutlich, dass die Begrifflichkeit einen gewissen Autonomieanspruch konnotiert, dies sowohl im Hinblick auf Fragen der unterrichtlichen Vermittlung (spezifisches Profil von L3-Lernenden, Implementierung eines Schulfachs mit eigenständigen Lehr-/Lernzielen) als auch in Bezug auf dessen Erforschung (Begründung einer eigenständigen wissenschaftlichen (Teil)disziplin).

Zuvor angeeignete Sprachen bzw. die 1. Fremdsprache sind somit nicht als Zielsprache, wohl aber als potenzielle Transferbasen in die ursprüngliche Modellierung der TSD eingeflossen. Ihre Prinzipien basieren wesentlich auf Aspekten kognitiver lerntheoretischer Konzepte und der Prämisse, dass deklarative Wissensbestände in prozedurale umwandelbar sind. In Anlehnung an Zimmermanns (1988) Lehrphasenmodell ist die Aktivierung von Vorwissen in anderen Sprachen vor allem bei der Textarbeit vorgesehen: Beim Lesen und Verstehen (Präsentationsphase) sowie bei der textbasierten Grammatikvermittlung (Kognitivierungsphase). Das so aktivierte Vorwissen umfasst prozedurales (lexikalischer Rezeptionstransfer), lernstrategisches (Lese- und Autosemantisierungsstrategien) sowie metasprachliches Vorwissen.

3. Beiträge zur Tertiärsprachenforschung des deutschsprachigen Raums

Folgend besprechen wir wichtige Beiträge zur Tertiärsprachenforschung aus dem deutschsprachigen Raum. Während beim Bochumer Tertiärsprachenprojekt die Lehrperspektive im Vordergrund stand, fokussieren das Faktorenmodell und die ab 2000 für diese Zusammenstellung erfassten Studien den Lernprozess und die Perspektive der Lernenden.[9] Bei der Auswahl der Studien war maßgeblich, dass sie sich dem Titel nach oder in Fragestellung, Zielgruppe und Schlussfolgerungen im tertiärsprachendidaktischen Diskurs verorten und Sprachdaten untersuchen; rein einstellungsbezogene Studien blieben unberücksichtigt.

3.1 Das Bochumer Tertiärsprachenprojekt: Die Lehrperspektive

Ausgangspunkt für das von der DFG ab 1985 geförderte Projekt „Besonderheiten des Tertiärsprachenunterrichts auf der gymnasialen Oberstufe am Beispiel des Italienischen und Spanischen" (Bausch et al. 1986, 91) war das neu eingeführte Schulfach einer 3. Fremdsprache, für das es noch keine Unterrichts- und Forschungspraxis gab, weshalb man einen Schwerpunkt auf die Vermittlungsperspektive legte (Bahr et al. 1996, 23) und das qualitative Forschungsparadigma wählte (ibid., 24).[10] Im Projekt wurden vier als besonders relevant eingestufte Faktoren und diesbezügliche subjektive Theorien der Lehrkräfte untersucht: Anlässe für aufgeklärte Einsprachigkeit (d.h. Wechsel in die Schulsprache), Verfahren der Semantisierung, Verfahren der Kognitivierung sowie Handlungsabfolgen der mündlichen Fehlerkorrektur (Bahr et al. 1996, 19–22; Bausch et al. 1986, 93).[11]

---

[9] Für eine Zusammenschau internationaler Beiträge seit den 1970er Jahren siehe De Angelis 2007, Jessner 2008 oder Hammarberg 2013. Zudem kann das *International Journal of Multilingualism* herangezogen werden, das seit 2003 als Publikationsorgan der *International Association of Multilingualism* besteht.

[10] Aus den bildungspolitischen Vorgaben (i. d. R. Oberstufenunterricht, 3. Fremdsprache als Wahlfach) ließen sich lediglich Vorannahmen in Bezug auf die Untersuchungsteilnehmenden ableiten (fortgeschrittene bzw. voll entwickelte kognitive Fähigkeiten, Vorhandensein von „sich addierenden und potenzierenden Kenntnissen" in den vorgelernten Fremdsprachen) (Bausch 1984, 7–8; Bausch et al. 1986, 91–92; Bahr et al. 1996, 15–16).

[11] Bahr et al. (1996, 19) weisen darauf hin, „daß eine strikte Trennung einzelner Faktoren voneinander in praxi nicht gegeben ist, jedoch aus analytischen Gründen ebenso geboten ist wie aus Gründen der Darstellungsökonomie".

Tab. 1 gibt einen Überblick über die Methoden, die bei der Datenerhebung 1986 und 1987 zum Einsatz kamen. Mithilfe der eingangs geführten problemzentrierten Interviews (1) sollten alle lehrseitig als relevant eingestuften Merkmale von Tertiärsprachenunterricht erfasst sowie Hintergrundinformationen für die Datenanalyse und -interpretation bereitgestellt werden (Bahr et al. 1996, 29).

Tab.1: Erhebungsverfahren im Bochumer Tertiärsprachenprojekt (Bahr et al. 1996, 19–33; Kleppin/Königs 1991, 104–117; LP = Lehrperson)

	Daten	Instrument	Stichprobe
(1)	persönliche und einstellungsbezogene Daten (lehrseitig)	- problemzentriertes Interview (offen und flexibel, zu sprachen- und berufsbiographischen Aspekten und unterrichtlichen Rahmenbedingungen)	- 12 LP (5 für Spanisch, 7 für Italienisch), tätig an 9 verschiedenen Gymnasien im Ruhrgebiet
(2)	unterrichtliche Videodaten	- Intervallaufzeichnung (alle 1–2 Wochen eine Unterrichtsstunde) oder Sequenzaufzeichnung (5–6h desselben Unterrichts) nach dem Zwei-Kamera-PrinzipP13F12	- 187 Unterrichts-stunden (97 für Spanisch, 90 für Italienisch) aus 26 Grund- oder Leistungskursen
(3)	unterrichtskommentierende Daten (lehrseitig)	- nachträgliches lautes Denken (offen und flexibel), ggfs. Elizitation von Aussagen zu den Untersuchungsbereichen	- 8 LP (je 4 für Spanisch und Italienisch), die je 3-4h Unterricht kommentieren
(4)	einstellungsbezogene Daten (lehrseitig)	- fokussiertes, standardisiertes Interview	- 12 LP, identisch mit 1)
(5)	persönliche und einstellungsbezogene Daten (lernseitig)	- anonymisierter Fragebogen (Lernbiographie, Präferenzen bzgl. der Untersuchungsbereiche)	- 198 Lernende aus 13 verschiedenen Kursen

[12] Bausch et al. (1986, 92) erläutern das Zwei-Kamera-Prinzip folgendermaßen: „Dabei wird jede Unterrichtsstunde gleichzeitig von zwei Videokameras aufgezeichnet, von denen eine im hinteren Teil des Klassenraumes stationiert und vorwiegend auf den Lehrer gerichtet ist, während die zweite Kamera in der Nähe des Lehrers steht und vorwiegend auf die Schüler gerichtet ist.“

Die Unterrichtsaufzeichnungen (2) und -kommentierungen (3) sollten einen Einblick in die Motive des lehrseitigen Handelns und die subjektiven Theorien der Lehrpersonen ermöglichen. Dabei wurde das Verfahren des nachträglichen lauten Denkens so eingesetzt,

> daß die Lehrer im Anschluss an eine Stunde gebeten wurden, sich diese unter der Maßgabe anzuschauen, den Unterrichtsmitschnitt an jeder von ihnen gewünschten Stelle zu unterbrechen, um insbesondere das eigene, aber auch das schülerseitige Verhalten und darüber hinaus das Unterrichtsgeschehen nachträglich zu kommentieren (Bahr et al. 1996, 30).

Die Lehrpersonen waren in ihren Kommentaren frei; Aussagen zu den vier Untersuchungsfakoren wurden nur elizitiert, wenn sie in den Kommentaren fehlten (ibid.). Nach einer ersten Datenanalyse wurden fokussierte Interviews (4) mit dem Ziel durchgeführt, subjektive Theorien der Lehrpersonen losgelöst vom konkreten Einzelfall zu ermitteln (ibid., 32). Die lernseitigen Daten (5) erfüllten die Funktion, „wenigstens ausgewählten Zusammenhängen zwischen Lehr- und Lernprozessen nachgehen zu können", wobei sie den Status von Hintergrundinformationen für die Datenanalyse und -interpretation hatten (ibid., 33). Je zwei Untersuchungsfaktoren wurden für das Spanisch- und Italienischkorpus getrennt voneinander ausgewertet; Tab. 2 fasst die wichtigsten Ergebnisse zusammen.[13] Es wird deutlich, dass der Untersuchungsfaktor der aufgeklärten Einsprachigkeit auch die anderen drei tangiert, da auch sie mit einem Wechsel in die Schulsprache einhergehen können.

---

[13] Für den Untersuchungsfaktor der mündlichen Fehlerkorrektur legen Kleppin/Königs (1991, 270–301) zudem Ergebnisse zu beiden Datensätzen vor; im Folgenden beziehen wir uns nur auf die in Bahr et al. 1996 diskutierten Ergebnisse.

Tab. 2: Ergebnisse (in Auswahl) des Bochumer Tertiärsprachenprojekts (Bahr et al. 1996, 42–65, 81–113, 120–155, 168–193; LP = Lehrperson, SuS = Schülerinnen und Schüler)

	einstellungsbezogene und unterrichtskommentierende Daten	**unterrichtliche Videodaten**
Einsprachigkeit (Italienisch)	- Befürwortung einer aufgeklärten Einsprachigkeit zugunsten der Schulsprache auf Anfangsniveau zwecks Bewusstmachung und Unterrichtsorganisation, seitens der SuS zwecks Bewusstmachung (85%) - Skepsis aller LP, andere Sprachen systematisch mit einzubeziehen	- vier Anlässe für Sprachenwechsel in Schulsprache: a) sprachbezogene Kognitivierung, b) Semantisierung, c) Unterrichtsorganisation (Prüfung, HA, AA), d) Sonstiges (Gruppen- oder Partnerarbeit, Ausdrucksschwierigkeiten der SuS) - ungeplanter Einbezug anderer Sprachen, meist infolge von wiederholten Interferenzen - höhere SuS-Beteiligung bei aufgeklärter Einsprachigkeit zwecks Bewusstmachung
Semantisierung (Spanisch)	- LP sind der Ansicht, keine Präferenzen in Bezug auf bestimmte Verfahren zu haben	- Varianz LP-abhängig (einsprachig-objektsprachliches vs. mehrsprachig-kognitivierendes Muster)
sprachbezogene Kognitivierung (Italienisch)	- Befürwortung von Induktion und der Schulsprache seitens der LP - unreflektierter Umgang mit spontanen Kognitivierungen (SuS-initiiert, fehlerinduziert)	- Kognitivierungsgegenstände nur im morphologisch-syntaktischen Bereich; Pragmatik, Varietäten und Nonverbales außen vor - Schulsprache eher zur Kontrastierung, Fremdsprache eher zur Parallelisierung genutzt
mündliche Fehlerkorrektur (Spanisch)	- konsequente Korrekturen, allerdings in Kombination mit Bewusstmachung und Selbstkorrektur seitens der SuS gewünscht - Ablehnung der LP, mit Verweisen auf andere Sprachen zu arbeiten, zwei Präferenzmuster (direkte vs. Selbstkorrektur)	- am häufigsten treten morphosyntaktische und Aussprachefehler auf, Tendenz der LP, nur morphosyntaktische Fehler zu korrigieren - direkte LP-Korrektur häufiger als Initiierung von Selbstkorrekturen oder Überformung - Korrelation von direkter und unterbrechender Korrektur sowie von Selbstkorrekturen und anschließender Kognitivierung

Trotz der Dominanz des kommunikativen Ansatzes in den 1980er Jahren spiegeln sich in den Daten verschiedene Anlässe für einen Wechsel in die Schulsprache,

> das traditionelle Prinzip, den gesamten Unterrichtsverlauf einsprachig durchführen zu wollen, entspricht grundsätzlich weder der von uns in den Blick genommenen Realität noch der systematischen Unterrichtsplanung und -kommentierung seitens der in unser Projekt eingebundenen Lehrer (Bahr et al. 1996, 67).

Die dokumentierten Ausnahmen vom Einsprachigkeitsprinzip weisen jedoch einen spontan-unsystematischen Charakter und einen Hang zur Schulsprache auf, woraus Bahr et al. die Notwendigkeit ableiten, Entscheidungen zum Sprachenwechsel bereits auf der Ebene der Unterrichtsplanung zu treffen und lernerorientiert – auch unter Berücksichtigung der vorgelernten Fremdsprachen (ibid., 71) – zu begründen (ibid., 68). Aus den Ergebnissen werden folgende Handlungsempfehlungen für die Aus- und Weiterbildung von L3-Lehrkräften hergeleitet:

(a) Semantisierung (ibid., 111–113)
  - Sensibilisierung für die Bedeutung von Niveau (Immersion im Anfangsunterricht, Vernetzung mit Fortgeschrittenen) und L3-Spezifik (geringerer Anteil an lehrgesteuerter Semantisierung, erweiterte Möglichkeiten im Bereich der lernerseitigen S. und Autosemantisierung)

(b) sprachbezogene Kognitivierung (ibid., 156–159)
  - stärkere Berücksichtigung von Gegenständen „im diskursstrukturellen und pragmatischen Bereich"; „bewusste unterrichtliche Auseinandersetzung mit der Frage, welche Formen, Funktionen und Verfahren des Diskurses sprach- und kontextspezifisch sind" (ibid., 121)
  - gestraffte induktive Regelerarbeitung
  - Sensibilisierung für reflektierten Umgang mit ungeplanten Kognitivierungen; Integration eines Metalerndiskurses im Anschluss an sprachbezogene Fragen der Schüler*innen (SuS)
  - stärkere Berücksichtigung intra- und interlingualer Verfahren je nach Sprachbesitz, „dabei sind ausdrücklich auch Sprachwissensbestände aus bereits gelernten bzw. auf der gymnasialen Oberstufe

fortgeführten Fremdsprachen zu berücksichtigen" (ibid., 159), bei der Lexik Einbezug von falschen Freunden[14]

(c) mündliche Fehlerkorrektur (ibid., 194–197)
   - Sensibilisierung für die lern- und kommunikationsförderliche Bedeutung von Fehlern (u.U. Vorhandensein gegensätzlicher Unterrichtserfahrungen und Überzeugungen) und die Notwendigkeit, Korrekturen informativ zu gestalten (auch unter Berücksichtigung des Vorwissens in vorgelernten Fremdsprachen, ibid., 187)
   - systematisches Aufgreifen von Selbstkorrekturen (ibid., 196): Bedeutung von non-verbaler Initiierung, Gestaltung komplexer Korrektursequenzen unter Beteiligung der SuS, Integration eines Metalerndiskurses

3.2 Hufeisens Faktorenmodell: Die Lern(er)perspektive

Hufeisens Faktorenmodell als prototypisches Modell formal-institutionellen Sprachenlernens wurde zu Beginn der 1990er Jahre entwickelt, da bis dato vorliegende Modelle ausschließlich auf die eine L1 und die eine zu lernende L2 ausgerichtet waren und man innerhalb der Gemeinschaft der im Bereich der Mehrsprachigkeit Forschenden der Ansicht war, dass es eigene Modelle brauche, die auch die Tertiärsprachen eigens abbildeten. Im Modell werden die Sprachen im Repertoire als L1 = Erst- bzw. Herkunfts- und Zweitsprache, L2 = erste Fremdsprache, L3 = zweite Fremdsprache bzw. Tertiärsprache, L4 bzw. Ln = weitere Tertiärsprache gekennzeichnet, wobei mit dieser Zählweise „weder eine Wertung noch eine Kompetenzzuschreibung" (Hufeisen 2020, 75) einhergehen sollte. Bis heute wurden zahlreiche weitere Modelle multiplen Sprachenlernens vorgestellt[15], die aufgrund der Vielzahl an Variablen und der unterschiedlichen Perspektivierungen kaum miteinander vergleichbar sind, sich jedoch in ihren jeweiligen Arbeitsfeldern und für bestimmte Forschungszusammenhänge nachhaltig und passgenau einsetzen lassen. Das Faktorenmodell war eines der ersten, das der kritischen Forschungsöffentlichkeit vorgestellt wurde.

---

[14] Die Autoren (ibid., 146) verweisen auf Zapp 1983, der die Heranziehung von Kognaten als Lernstrategie, aber auch die Bedeutung von Kontrastierungen diskutiert, um Verschiebungen im semantischen Feld zu verdeutlichen.

[15] Für eine eingehende Betrachtung der hier nur erwähnten Modelle multiplen Sprachenlernens verweisen wir auf Hufeisen 2018.

Es ist zahlreichen Studien zugrunde gelegt worden und hat immer wieder Revisionen durch empirische Forschungsergebnisse erfahren, indem Erweiterungen bzw. Ergänzungen innerhalb der Faktorenbündel aufgenommen wurden.

In dem hier diskutierten Zusammenhang soll das im Original vierteilige Faktorenmodell (Phase 1: L1-Erwerb, Phase 2: L2-Lernen, Phase 3: L3-Lernen, Phase 4: L4- bzw. Ln-Lernen ($n \geq 3$)) ausschließlich in den Phasen 2 und 3 erläutert werden. Die Phasen sind charakterisiert durch die Faktoren, die beim Lernen einer L2 bzw. später bei einer L3 wirkmächtig sind. Für das Lernen einer L2, also einer ersten institutionell gelernten Fremdsprache (zwei oder mehrere Erstsprachen werden in diesem Modell alle als L1 gezählt), wären dies die folgenden:

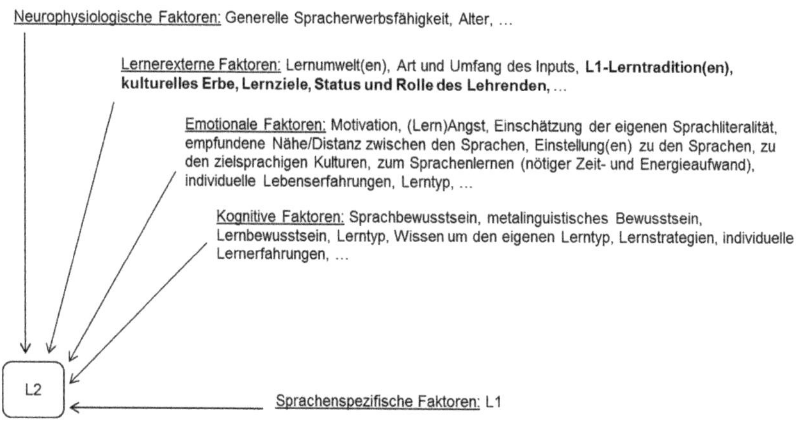

Abb. 2: L2-Lernen nach dem Faktorenmodell 2.2 (Hufeisen 2020, 78).

Dabei ist es wichtig, insbesondere die lernerexternen Faktoren zu beachten, denn die schulische und die lebensweltliche Sozialisation der Lernenden entscheidet mit darüber, wie die erste Fremdsprache gelernt wird. Aber auch emotionale Faktoren oder kognitive Faktoren können wirkmächtig Einfluss auf den Sprachenlernprozess nehmen. Dass bereits jetzt mit der L1 und der L2 auch linguistische Faktoren ins Spiel kommen, ist so evident, dass diese Tatsache kaum noch eigens erwähnt wird. Der entscheidende Unterschied zu konventionellen L2-Modellen wird erst mit Phase 3 deutlich:

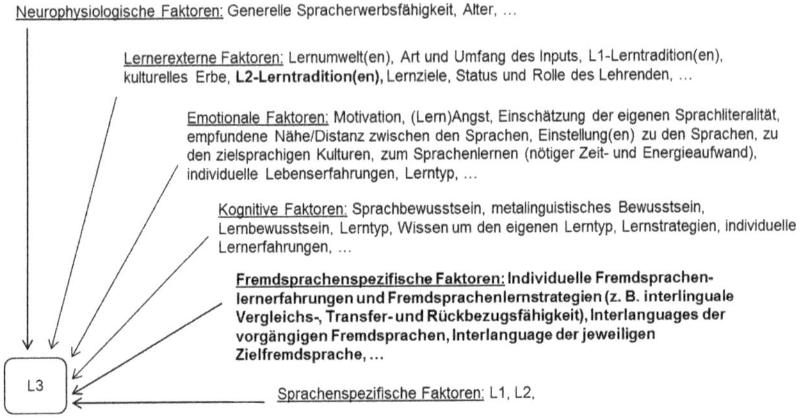

Abb. 3: L3-Lernen nach dem Faktorenmodell 2.2 (Hufeisen 2020, 78).

Der fremdsprachenspezifische Faktorenkomplex wird erst beim L3-Lernen wirksam und greift dann auch beim Erlernen einer L4 bzw. Ln. Er subsumiert zum einen die Erfahrungen, die Lernende während des L2-Lernprozesses machen und die sich in Form von Einstellungen positiv oder auch negativ auf den L3-Lernprozess auswirken können. Auf der anderen Seite sind hierunter metakognitive (Lernstrategien, eigener Lerntyp) sowie sprachliche (vorgelernte Lernersprache(n) und metalinguistische Wissensbestände) als mögliche Einflussfaktoren angesprochen. Das Faktorenmodell verdeutlicht somit nicht nur einen quantitativen Unterschied in der Menge der gelernten Sprachen, wozu gängige L2-Modelle u.U. auch in der Lage wären, sondern es postuliert und veranschaulicht einen qualitativen Unterschied zwischen dem L2- und L3-Lernen.

3.3 Ausgewählte Studien 2000–2020: Die Lern(er)perspektive

Müller-Lancé ([2]2006, zuerst 2003) kombiniert eine Breiten- (N=174) und Tiefenstudie (N=21) mit erwachsenen L3-Lernenden (Spanisch, Italienisch, in der Breitenstudie auch Katalanisch) und verschiedenen Sprachenprofilen (ibid., 227, 278). In der Breitenstudie werden Erschließungsstrategien sowie lexikalische Performanzen (per Wortübersetzung, Vokabeltest und Introspektionsfragebogen) untersucht (ibid., 229–244). Für die Tiefenstudie werden Erschließungs- sowie Produktionsstrategien (per Textübersetzungen in die Erst- bzw. Umgebungssprache Deutsch sowie eine romanische Sprache und Lautdenkprotokoll, ibid., 289–297) und Wortassoziationen (mündlicher Assoziationstest) analysiert (ibid., 355–370). Müller-Lancé (^{2}2006) gelangt zu folgenden Ergebnissen:

(a) Breitenstudie
- Erschließungsstrategien: vorrangiger Rückgriff auf wortgestützte statt auf kontextuelle Strategien; Relevanz von produktiv verfügbarem Wortschatz, um inferieren zu können[16] (ibid., 434–435);
- lexikalische Performanzen: interlinguale Erschließungsmöglichkeiten als wichtigste Voraussetzung für Memorieren genannt, gefolgt von intralingualen (ibid., 435);

(b) Tiefenstudie
- Textübersetzungen: Nutzung einer Fremdsprache als häufigste Strategie (53 %); Kompetenzgrad bzw. kürzliche Aktivierung (Auslandsaufenthalt, Unterricht) wichtigster Prädiktor für Nutzung (nicht typologische Verwandtschaft);
- Assoziationstest: a) zu fremdsprachlichen Stimuli meist erstsprachliche Übersetzung genannt (häufig in Kombination mit Übersetzung in weitere Fremdsprachen); b) zu erst-, herkunfts- oder zweitsprachlichen Stimuli meist Antonym oder fremdsprachliche Übersetzung genannt; bei semantisch nicht zugänglichen Stimuli lautliches Assoziieren (meist Wort aus einer anderen Fremdsprache, das im Wortanfang mit Stimulus übereinstimmte, ibid., 438)

Die Daten bestätigen Modelle der interaktiven Aktivierung bei der Sprachenproduktion bzw. einen nicht-selektiven, sprachenübergreifenden Zugriff auf vorhandene Einträge im mentalen Lexikon (ibid., 444). Lernende, die ihr Repertoire breit für das Inferieren aktiviert hatten, taten dies auch beim Assoziieren (ibid., 440). Aus den beobachteten Unterschieden beim

---

16 Dies leitet Müller-Lancé aus Introspektionsdaten von Teilnehmenden her, die eine weitere romanische Sprache nur rezeptiv gelernt hatten (N=70) (ibid., 203+435), sowie im Hinblick auf den Umgang mit dem lateinischen Wortschatz: In der Breitenstudie griffen nur Lernende darauf zurück, die gerade einen universitären oder schulischen Lateinkurs besuchten (N=27) (ibid., 203+435), in der Tiefenstudie wurde das Lateinische in der Rezeption fast doppelt so häufig genutzt wie in der Produktion (ibid., 436).

Assoziationsverhalten[17] schlussfolgert der Autor, dass die Frequenz in der Aktivierung der verschiedenen neuronalen Netze ausschlaggebend sei und dies wiederum mit bestimmten Lernerfahrungen und -strategien zusammenhänge (ibid., 458).

Marx (2005) untersucht in ihrer experimentellen Studie (N=18 Studierende mit nicht-germanischer L1, Englisch als L2, keine Vorkenntnisse in der L3 Deutsch)[18] über sechs Wochen hinweg einen systematischen Rückgriff auf Vorwissen in der L2 bei L3-Hörvorgängen. Sie stellt folgende Hypothesen auf (ibid., 203–204):

1. DaFnE-sensibilisierte Lernende (Experimentalgruppe) wissen ihr L2-Vorwissen bei der Rezeption von L3-Hörtexten, die ihrem Niveau entsprechen und viele Kognaten enthalten, besser zu nutzen.
2. Dies gilt auch für die Rezeption von L3-Hörtexten, die über ihrem Niveau liegen und viele Kognaten enthalten.
3. Mit fortschreitender Zeit werden die Unterschiede zwischen der Kontroll- und Experimentalgruppe deutlicher.
4. Die Experimentalgruppe ist sich bewusst, welche Vorteile sie aus vorgelernten Fremdsprachen und vorherigen Lernerfahrungen mitbringt.

Verglichen wurden zwei Intensivkurse (16h/Woche), für die mithilfe von Eingangstests und Fragebogen ein Matching stattfand; in der Experimentalgruppe kamen DaFnE-Sensibilisierungseinheiten zum Einsatz (4x pro Woche, 15–25 % der Unterrichtszeit) (ibid., 127–137). Für Hypothese 1 wurde jede Woche ein Test durchgeführt, für Hypothese 2 erfolgten

---

[17] Es werden drei Typisierungen vorgenommen: Teilnehmende, die hauptsächlich mit der Erstsprache assoziieren, jene, die zur Erstsprache und bestbeherrschten bzw. kürzlich aktivierten Fremdsprache tendieren, und das „multilinguoide Profil", in dem alle Sprachen im Repertoire genutzt werden (ibid., 439, 457–459).

[18] Die Versuchspersonen waren 18–25 Jahre alt, in einen englischsprachigen naturwissenschaftlichen Studiengang an einer deutschen Hochschule eingeschrieben und zu Beginn der Datenerhebung erst seit Kurzem in Deutschland wohnhaft; insgesamt konnten nur 14 Versuchspersonen in die Auswertung mit einbezogen werden (ibid., 204–205).

alle zwei Wochen zwei Tests (kognatenreicher vs. -armer Hörtext). Für Hypothese 3 wurden sechs Wochen nach Kursende nochmals Daten zu allen Testarten erhoben. Hypothesen 1 und 2 konnten aufgrund eines signifikant besseren Abschneidens der Experimentalgruppe bestätigt werden, im ersten Fall bei vier Erhebungszeitpunkten (alle zu Kursbeginn), im letzten Fall lediglich in Bezug auf den kognatenreichen Hörtext und hier mit einer zunehmend größeren Kluft zwischen beiden Gruppen. Vor diesem Hintergrund überrascht es, dass sich Hypothese 3 nicht bestätigte, sodass hier die Vermutung naheliegt, dass ein Effekt bei einer größeren Stichprobe nachweisbar wäre; Hypothese 4 wurde partiell bestätigt, da sich signifikante Unterschiede nur in Bezug auf den Sprachbesitz zeigten, nicht jedoch bei anderen Aspekten des lernrelevanten Vorwissens (ibid., 243–245). So konnte Marx zeigen,

> dass der Sensibilisierungskurs in mehrfacher Hinsicht eine positive Auswirkung auf die tatsächlichen Leistungen seiner Studierenden hatte […] und dass sich Lernende erst dann bewusst werden, was für (konkrete, meist lexikalische) Hilfeleistungen sie aus dem Englischen holen können, wenn sie an einer solchen Sensibilisierung teilgenommen haben (ibid., 245).

Im vom Schweizerischen Nationalfonds geförderten Verbundforschungsprojekt „Schulischer Mehrsprachenerwerb am Übergang zwischen Primarstufe und Sekundarstufe I" wird die Ausbildung von Textkompetenz (Lesen, Schreiben und Sprechen) in der Schulsprache Deutsch und den Fremdsprachen Englisch und Französisch am Stufenübergang untersucht (6. und 7. Klasse, 12–14 Jahre). Neben Tests (Lesen, Schreiben, Sprechen) in allen drei Sprachen kamen Fragebogen zur Erfassung von individuellen Lernvoraussetzungen und Überzeugungen zum Einsatz (Brühwiler et al. 2020, 30–31). Die Datenerhebung erfolgte am Ende des 6. (N= 609) und 7. (N=723) Schuljahrs, wobei für 316 Lernende Daten zu beiden Messzeitpunkten vorlagen. Aufgrund einer Bildungsreform (Vorverlegung des Englischunterrichts) konnte diese Hauptstudie (Frühbeginn Englisch im 3. vor Französisch im 5. Schuljahr, Modell 3/5) um Vergleichsdaten des vorigen Modells (Französisch im 5. vor Englisch im 7. Schuljahr, Modell 5/7) am Ende des 6. (N=216) und 7. (N=259) Schuljahrs ergänzt werden, wobei für 74 SuS Daten im Längsschnitt vorliegen. Folgend sind Ergebnisse in Auswahl zusammengefasst.

(a) Hauptstudie
  - Evidenz für sprachenübergreifenden Aufbau von Textkompetenz: Kognatenerkennung zu beiden Messzeitpunkten und in beiden Fremdsprachen Prädiktor für Lese- bzw. Detailverstehen (Manno 2020, 67); z.T. sprachenübergreifende Nutzung von Textstrukturierungsressourcen, z.B. Textlänge beim Schreiben, Textlänge und Konnektorentokens beim Sprechen, sowie ein (leicht) positiver Effekt bzgl. der Konnektorenhäufigkeit beim Sprechen für Lernende mit Herkunftssprachen (Egli Cuenat/Brühwiler 2020, 97–98);
  - Evidenz für sprachen- und modalitätenübergreifenden Aufbau von Textkompetenz: starke interlinguale Zusammenhänge innerhalb einer Modalität, modalitätenübergreifend zwischen Nomendiversität in französischer Produktion und Lese- bzw. Detailverstehen in den anderen beiden Sprachen (Egli Cuenat/Manno 2020, 201)

(b) Haupt- und Vergleichsstudie
  - Produktive Textkompetenz nach zwei Lernjahren Französisch: signifikant höher für Französisch als L3 (Modell 3/5), wobei dieser Vorteil nach dem Stufenübergang (7. Klasse) nicht mehr nachweisbar war (Egli Cuenat/Bleichenbacher 2020, 125–127)

Die Autorengruppe folgert für die L3 Französisch, dass tertiärsprachendidaktische Maßnahmen zur Bewusstmachung vorhandener Ressourcen umso wichtiger seien, als Französisch einen schwierigeren Stand habe und sich die beobachteten Spuren transversaler Nutzung nicht bei allen Lernenden, automatisch einstellen würden (Egli Cuenat et al. 2020, 327).

Dietrich-Grappin 2020 (N=40 SuS) untersucht transferbasierte Kommunikationsstrategien (Produktionstransfer als lexikalische Kompensationsstrategie sowie Code-Switching zur Kontextualisierung von Äußerungen) in der L3 Deutsch oder Französisch (2. Lernjahr) unter Rückgriff auf die L2 (Englisch) und L1 (Französisch oder Deutsch). Im Rahmen eines qualitativen Experiments führte die Hälfte der SuS spontane Gesprächsaufgaben in der L3 durch („Reduktion" des Felds, keine Vorentlastung sprachlicher Mittel), während die andere Hälfte die Aufgaben zuerst auf Englisch und erst dann in der L3 bewältigte („Adjektion" einer ungewohnten Praxis, Zwei-Sprachen-Aufgabe) (ibid., 107–112). In einer anschließenden Gruppendiskussion wurden zudem Retrospektionsdaten erhoben. Bei der L2 bestand eine Tendenz zum *lexical supplier* (ibid., 163, 172), wobei sich hier lautlich-semantische, aber auch lautlich-orthographische interaktive Aktivierung beobachten ließ (ibid., 167–168). Die Vorannahme, dass sich durch Zwei-Sprachen-Aufgaben mehr L2-Produktionstransfer in L3-Gesprächen elizitieren und nachträglich leichter benennen ließe, bestätigte sich nicht.[19] Im Gegenteil veranlasste dieses Aufgabenformat in einer Klasse alle Teilnehmenden dazu, die in Abb. 4 links angeordneten Profile ihrer plurilingualen Kompetenz zu aktualisieren.[20]

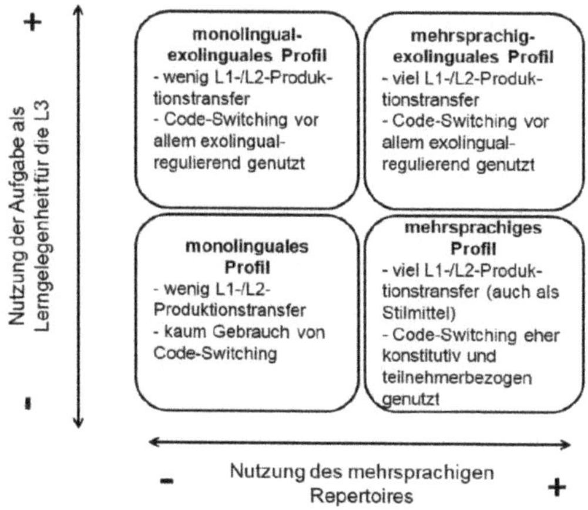

Abb. 4: Profile von plurilingualer Kompetenz (Dietrich-Grappin 2020, 192).

[19] In absoluten Zahlen trat L2-Produktionstransfer in beiden Gruppen etwa gleich häufig auf; allerdings bestand bei Zwei-Sprachen-Aufgaben in den L3-Gesprächen die Tendenz, auf L2- statt L1-Produktionstransfer zu rekurrieren und L2-Code-Switching über mehrere Lexeme hinweg zu meiden (ibid., 178, 183).

[20] Lernende im monolingualen Profil produzierten die kürzesten L3-Texte im Korpus, da sie weder auf Produktionstransfer noch Code-Switching rekurrierten; im monolingual-exolingualen Profil kam zumindest exolinguales (sprachbezogenes) Code-Switching bei Formulierungsschwierigkeiten zum Einsatz. Weiterhin war eine äußerst negative Selbsteinschätzung dieser SuS in der Retrospektion auffällig, was sich möglicherweise mit dem *native speaker*-Ideal als Bezugsnorm der von ihnen realisierten Gespräche erklären lässt.

Dagegen ging mit den spontanen Gesprächsaufgaben bei fast allen Lernenden eine Aktualisierung der beiden anderen Profile einher. Als besonders lernförderlich im L3-Unterricht darf der Studie nach das mehrsprachig-exolinguale Profil gelten (überdurchschnittlich lange L3-Texte, modifizierter Output, Aufrechterhalten der L3 als Interaktionssprache), insbesondere in Kombination mit bewusstmachender Wortschatzarbeit.

Eibensteiner (2021) untersucht den Einfluss der L1 Deutsch und der L2 Englisch, Latein oder Französisch auf den Erwerb des perfektiven und imperfektiven Aspekts bei monolingual sozialisierten L3-Lernenden des Spanischen. Die Gesamtstichprobe (N=109) wurde im Hinblick auf verschiedene Gruppierungsvariablen untersucht: je nach Sprachenfolge waren dies Gruppe A (nur Englischkenntnisse), B (Französisch- und Englischkenntnisse) und C (Latein- und Englischkenntnisse) (ibid., 140) sowie zwei Untergruppen je nach Umfang des L2-Aspektwissens in Englisch oder Französisch, das für beide Sprachen mithilfe einer Interpretationsaufgabe ermittelt wurde (ibid., 176–178, 183). Zur Bestimmung des L3-Aspektwissens im Spanischen und möglicher Einflussfaktoren kamen verschiedene Forschungsinstrumente zum Einsatz: Neben einem C-Test in der L3 waren dies durch *prompts* gesteuerte Bildgeschichten, semantische Interpretationsaufgaben (bei denen Übersetzungen von in der L1 geschilderten Kontexten zu bewerten waren), ein Fragebogen sowie – als qualitatives Forschungsinstrument – Reflexionsaufgaben, die Daten lauten Denkens beim Lösen der bereits erwähnten Interpretationsaufgaben erhoben (ibid., 148–175). Sofern ein hohes Aspektwissen vorhanden ist, kann Eibensteiner für die L2 Englisch einen positiven Effekt für die Progressivperiphrase *estar + gerundio* feststellen, während sich für das *imperfecto* ein positiver Einfluss der L2 Französisch zeigt; auch für das *perfecto simple* können positive Einflüsse durch die L2 Französisch festgestellt werden (ibid., 293–294). Es lässt sich folgern, dass die Koinzidenz von formaler und funktionaler Ähnlichkeit des *present progressive* bzw. *imparfait* besonders lernerleichternd ist und auch, dass der L2-Status einen nicht unerheblichen Einfluss nimmt (*Extended Default Past Tense Hypothesis*, ibid., 298–306). Mithilfe des qualitativen Untersuchungsteils kann Eibensteiner zudem folgern, dass sich Lernende mit niedrigem L2-Aspektwissen beim Transfer überfordert fühlen und der L3-Unterricht mehr bei der Bewusstmachung der Form- und Funktionsvergleiche unterstützen muss (ibid., 204).

In der FRANZIMO-Studie („Französischunterricht interkulturell und mehrsprachigkeitsorientiert") wurden in einem mehrstufigen Verfahren Aufgaben zur Aktivierung lexikalischer Transferbasen entwickelt und in einer quasi-experimentellen Kontrollgruppenstudie mit Prä-Post-Design[21] auf ihre Wirksamkeit hin untersucht. Die Daten stammen aus 20 Französischklassen der Jahrgangsstufe 7 (2. Lernjahr, N=394 SuS, davon N=193 in der Experimentalgruppe) von 12 Gymnasien im Nordwesten Deutschlands (Schmelter et al. 2023, 429). Der Aufgabenapparat folgte weitestgehend den in 2.2 dargelegten Prinzipien, indem v.a. textlicher Input zur Elizitierung von Rezeptionstransfer zum Einsatz kam (ibid., 419–420), wobei auch Herkunftssprachen und die Perspektive von Lehrpersonen als Expert*innen mit einbezogen wurden. Er umfasste 12 Einheiten, die 10–14 Wochen lang für 10–15 Min. pro Woche in den regulären Französischunterricht der Experimentalgruppen-Klassen integriert werden sollten (ibid., 422), um folgende abhängige Variablen untersuchen zu können (Göbel et al. 2021, 13–14):

- Sprachkompetenz Französisch (C-Test)
- Sprachbewusstheit (LAT)
- Wertschätzung von Mehrsprachigkeit (Items aus verschiedenen Instrumenten)
- Interkulturelle Kompetenz (Items aus verschiedenen Instrumenten)
- Motivation im Fach Französisch (Items aus verschiedenen Instrumenten)

Aus verschiedenen Gründen wurden nicht immer alle vorgesehenen Einheiten umgesetzt (Schmelter et al. 2023, 430), weshalb die Experimentalgruppe im Hinblick auf die Wirksamkeit des Aufgabenapparats nun in zwei Gruppen ausgewertet werden soll, je nach Umfang (<10 vs. 10–12) und Art der eingesetzten Aufgaben (einfach vs. komplex) (Göbel et al. 2021, 17). Erste Ergebnisse zeigen eine größere Wertschätzung von Mehrsprachigkeit durch monolingual aufwachsende Lernende der Experimentalgruppe (ibid.) und eine größere

[21] Zu diesem Zweck wurden umfangreiche Kovariablen erhoben: Geschlecht, Migrationshintergrund, sozioökonomische Herkunft, kognitiver Leistungstest (KFT), Sprachkompetenz Englisch und Französisch (C-Test), Selbsteinschätzung der Herkunftssprachenkompetenzen, akademisches Selbstkonzept und leistungsbezogenes Selbstkonzept im Fach Französisch sowie Sprachlernstrategien (Göbel et al. 2021, 8, 14).

Bereitschaft zur Nutzung interlingualer Lernstrategien bei den mehrsprachig aufwachsenden SuS an (ibid., 16).

3.4 Fazit

Das Bochumer Tertiärsprachenprojekt und das Faktorenmodell legen es nahe, im L3-Unterricht mit eigenen methodischen Schwerpunktsetzungen unter Einbezug des fremdsprachenspezifischen Faktorenkomplexes und seiner prozeduralen und deklarativen Bestandteile zu arbeiten. Die Problematik der vollumfänglichen Datenerhebung bei Schmelter et al. (2023) weist überdies darauf hin, dass für die Weiterentwicklung der Tertiärsprachendidaktik Fragen der Progression im schulischen Lehrgang, der in weiten Teilen durch das Lehrwerk geprägt ist, nicht außer Acht zu lassen sind. Im Hinblick auf Inputphasen (in der Regel zu Anfang einer Lektion) wurde deutlich, dass die Bewusstmachung von Rezeptionstransfer, wie bereits bei Neuner (1996) angedacht, weiterhin bedeutsam bleiben sollte, damit er überhaupt effektiv genutzt wird: in Form von selbstgesteuerten (Auto)semantisierungsverfahren unter Einbezug falscher Freunde (Bahr et al. 1996; Manno 2020) und bei Hörtexten (Marx 2005), aber auch, um L3-Lernende mit Herkunfts- und Zweitsprachen für interlinguale Lernstrategien zu sensibilisieren (Göbel et al. 2021). Mit Müller-Lancé ([2]2006), Dietrich-Grappin (2020) und Egli Cuenat et al. (2020) lässt sich ein ähnlicher Zusammenhang auch für das Inferieren in der Produktion annehmen. Im Unterrichtsdiskurs, aber auch beim spontanen Kommunizieren in der L3 ist Produktionstransfer entscheidend, damit L3-Lernende lernförderliche Profile ihrer plurilingualen Kompetenz aktualisieren und ein Metalerndiskurs greifen kann (Bahr et al. 1996). Auch die in Bezug auf Textkompetenz festgestellten Spuren transversaler Nutzung über alle schulisch vermittelten Sprachen hinweg wandeln sich erst durch unterrichtliche Kognitivierung hin zu einer effektiven Lernstrategie. Darüber hinaus empfiehlt sich für die Grammatikvermittlung ein Mehr an auch deduktiver Regelvermittlung (Bahr et al. 1996) und die Parallelisierung von sprachlichen Phänomenen mit formal-funktionaler Ähnlichkeit (Eibensteiner 2021).

4. Modellierung der Tertiärsprachendidaktik 2.0

Mithilfe der vorigen Ausführungen sollen nun Prinzipien für eine Tertiärsprachendidaktik 2.0 aufgestellt werden, wofür wir verschiedene

Vorwissensarten und Aktivierungszeitpunkte betrachten. Die Weiterentwicklung knüpft im Vergleich zum Ursprungkonzept (2.2) stärker an die soziokognitivistische und konstruktivistische Lerntheorie an, denn es werden verschiedene Lernwege (Weltwissen, deklaratives und prozedurales Wissen) und individuelles *noticing* als lernwirksam eingestuft. Sie soll ebenfalls für das L3-Anfangsniveau mit der Zielsetzung aufgestellt werden, dem Aufbau sprachlicher Mittel und kommunikativer Kompetenzen in der L3 zu dienen. Bei den Prinzipien übernehmen wir – mit leichten Bedeutungsnuancen – die Prinzipien der Inhalts- und Kognitionsorientierung; alle anderen Prinzipien Neuners treten neu bzw. umbenannt hinzu, denn wir legen einen sprachpraktischen (Rezeption und Produktion) und übungsspezifischen Schwerpunkt (Abb. 5).

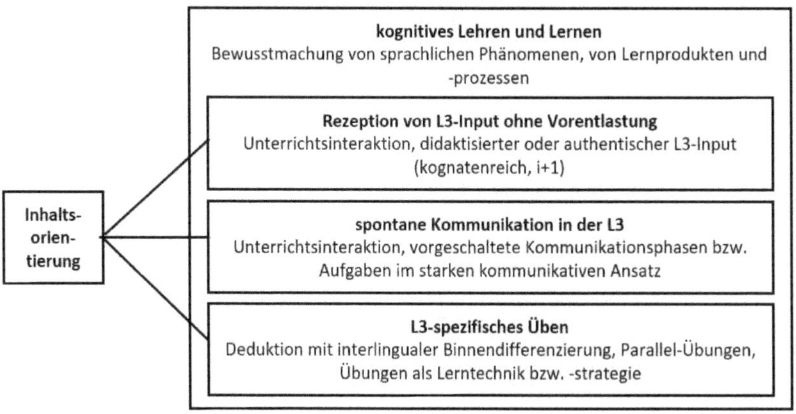

Abb. 5: Methodisch-didaktische Prinzipien der Tertiärsprachendidaktik 2.0.

Unter dem **Prinzip der Inhaltsorientierung** verstehen wir eine lernerorientierte Themen- und Materialauswahl, die L3-Lernenden eine authentische sprachpraktische Erfahrung ermöglicht. Dies bedeutet, dass Input interessen- und bedürfnisgeleitet ausgewählt und Aufgaben gestellt werden, für die Lernende eigene Mitteilungsabsichten realisieren (Inhaltsprimat), wobei Weltwissen entweder abgerufen oder erweitert wird (zu wissensabrufenden vs. -generierenden Aufgaben, Küster 2009).

Neuners Prinzipien der Verstehens- und Textorientierung fließen in das **Prinzip der Rezeption von L3-Input ohne Vorentlastung** ein. Es greift in der Unterrichtsinteraktion, aber auch in der Rezeption von didaktisierten oder authentischen Texten und Medien, sofern der jeweilige L3-Input Wortfelder mit vielen Kognaten (L1, L2) abdeckt und den aktuellen Kompetenzgrad der Lernenden überschreitet (i+1) (Göbel et al. 2021; Manno 2020; Marx 2005). Lehrpersonen sollten von Anfang an verstärkt Lernerautonomie im Bereich (Auto)semantisierung und Rezeptionsstrategien fördern (Bahr et al. 1996) (Abb. 6).

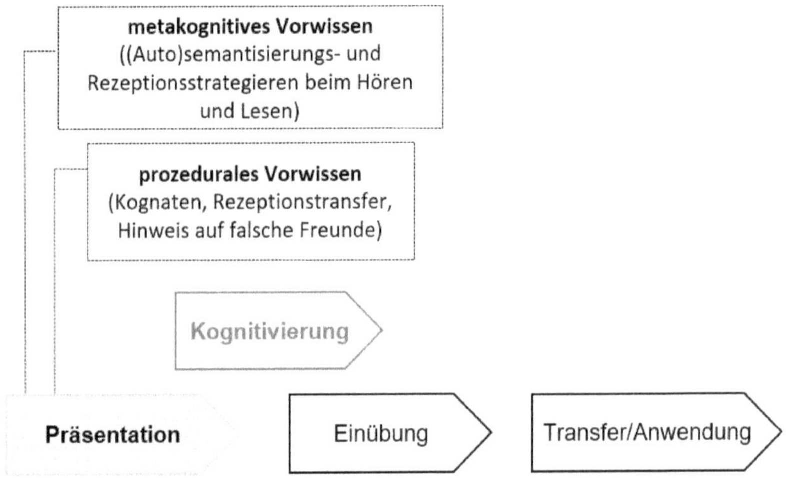

Abb. 6: Phase und Art des aktivierbaren Vorwissens für das **Prinzip der Rezeption von L3-Input ohne Vorentlastung** (eigene Darstellung SDG und Hfn, in Anlehnung an Zimmermann 1988).

Mit dem **Prinzip des spontanen Kommunizierens in der L3** lässt sich an *bottom up*-Prozesse bei der interaktiven Aktivierung des mentalen Lexikons in der L3-Produktion anknüpfen (Müller-Lancé 2006; Dietrich-Grappin 2020; Egli Cuenat et al. 2020).[22] Lexiktransfer ist auch als Produktionstransfer, der auf einer angenommenen (statt wahrgenommenen)

[22] Auch bei Neuner (1996) beziehen sich zwei Prinzipien auf L3-Produktionsprozesse, allerdings im schwachen kommunikativen Ansatz: die „Angabe sinnvoller Aufgabenstellungen […] zu den einzelnen Fertigkeitsbereichen" sowie die „Entwicklung der Fähigkeit, sprechend/schreibend in der Fremdsprache Deutsch aus einem breiten Verstehenskontext heraus zu kommunizieren" (ibid., 215, Hervorhebung im Original).

interlingualen Ähnlichkeit basiert[23], für die Lernstufe hoch interessant: Als Kommunikationsstrategie auf Anfangsniveau ermöglicht er die Erfahrung einer Lücke, an die die Wortschatzarbeit und die Besprechung entsprechender Lernstrategien anknüpfen können. Das Prinzip lässt sich zum einen in der Unterrichtsinteraktion verfolgen, indem Fehler, die auf *intelligent guessing* mithilfe des Repertoires basieren, bei der mündlichen Fehlerkorrektur als Kommunikationsstrategie wertgeschätzt und als lernförderlich kontextualisiert werden (Metalerndiskurs, Bahr et al. 1996). Auf der anderen Seite können auch Kommunikationsphasen und Aufgaben eingeplant werden, die dem L3-Input vorgeschaltet bzw. nicht vorentlastet sind (Abb. 7). Durch die so überhaupt erst hervorgerufenen Kommunikationsprobleme und ihre Überwindung werden L3-Lernende für das spracherwerbstheoretische Potential des mehrsprachig-exolingualen Profils ihrer plurilingualen Kompetenz (Dietrich-Grappin 2020) bzw. für vorhandene, transversal nutzbare Ressourcen im Bereich der Textkompetenz sensibilisiert (Egli Cuenat/Brühwiler 2020; Egli Cuenat/Manno 2020; Egli Cuenat et al. 2020).

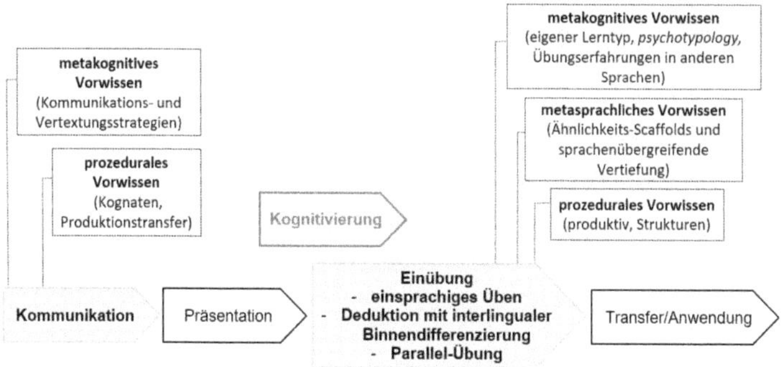

Abb. 7: Phasen und Art des aktivierbaren Vorwissens für die **Prinzipien des spontanen Kommunizierens in der L3 und des L3-spezifischen Übens** (eigene Darstellung SDG und Hfn, in Anlehnung an Zimmermann 1988).

[23] Neuner (2003, 26) hielt am Prinzip der Verstehensorientierung fest, um Fossilierung von Interferenzen zu vermeiden. Der aktuelle Forschungsstand verdeutlicht jedoch die Lernwirksamkeit von Lexiktransfer auf Anfangsniveau, für den die L2 maßgeblich ist, während in den bei Neuner aufgeführten Bereichen (Syntax, Aussprache und Rechtschreibung) per se die L1 größeren Einfluss hat (Marx 2016, 296).

L3-spezifisches Üben bedeutet einerseits, die Kognitivierung grammatischer Gegenstände mit Übungsphasen zu kombinieren, um induktive Regelvermittlung zu ersetzen oder zu straffen (Bahr et al. 1996) (Abb. 7). Dies ist vor allem dann sinnvoll, wenn zwar ein Kontrast zur Schulsprache, aber Parallelen zu einer weiteren Sprache im Klassenrepertoire bestehen, wobei ein solches Üben besonders lohnenswert ist, wenn formale und funktionale Ähnlichkeiten koinzidieren (Eibensteiner 2021). Zum einen bieten sich hierfür deduktive Verfahren mit interlingualer Differenzierung an, bei denen vor allem metasprachliches Vorwissen aktiviert wird: Eine vorgegebene Regel wird von L3-Lernenden direkt geübt, wobei sie bei Bedarf auf Scaffolds zurückgreifen (Differenzierung nach unten: Hinweise zu Parallelen in der Herkunftssprache oder L2) oder die Übung abkürzen und ihr metasprachliches Wissen vertiefen können (Differenzierung nach oben: Reflexionsimpulse zum Vergleich aller Sprachen im Repertoire, auch der Schulsprache als Zweitsprache) (Dietrich-Grappin 2022). Zweitens können Parallel-Übungen als offene sprachproduktive Übung in zwei Sprachen zum Einsatz kommen, bei denen Lernende auf prozedurales Vorwissen zurückgreifen (ibid.; Eibensteiner 2021; Leitzke-Ungerer 2005). Neben der Grammatikarbeit bieten sich hier auch wortschatzbezogene Übungen an, bei denen Kognaten zugeordnet oder ergänzt werden, wobei auch auf Bedeutungsverschiebungen und falsche Freunde einzugehen ist (ibid.). Auf der anderen Seite bedeutet L3-spezifisches Üben, Übungen unterrichtlich als Lerntechnik oder -strategie zu thematisieren und Lernerautonomie durch binnendifferenzierte Angebote zu initiieren. Es geht darum, metakognitives Vorwissen aus der Aneignung von Fremd-, Herkunfts- oder Zweitsprachen zu adressieren, wobei gerade auch der digitale Raum reflektiert werden kann. Durch Erprobung bestimmter Übungstypen und Sprachen sollten L3-Lernende zu Einsichten in den eigenen Lerntyp gelangen und zunehmend selbstgesteuert in der L3 üben, was auch bedeuten kann, dass einsprachige Übungstypen bevorzugt werden.

Als übergeordnetem Prinzip halten auch wir am **kognitiven Lehren und Lernen** fest, das sich wie bei Neuner auf sprachliche Phänomene, Lernprodukte oder -prozesse beziehen kann. Es geht mit einer aufgeklärten Einsprachigkeit bzw. Mehrsprachigkeit (Reimann 2016) einher, d.h. die Verbalisierung von metasprachlichem und metakognitivem Vorwissen erfolgt i. d. R. schulsprachlich, die von prozeduralem Vorwissen zweit- oder fremdsprachlich. Unsere Neumodellierung relativiert die traditionelle Kognitivierungsphase

(Zimmermann 1988) für den L3-Unterricht: Bahr et al. (1996) zeigen auf, dass textbezogene induktive Verfahren im L3-Unterricht zu straffen sind[24] und auch kommunikativ-pragmatische Verwendungszusammenhänge Anlass zur Kognitivierung geben sollten: bei nicht vorentlasteter Textarbeit, bei der spontanen Kommunikation in der L3 und beim Üben. Wir betonen die Bedeutung sprach- und übungspraktischer Erfahrungen als Auslöser der Vorwissensaktivierung und Bezugspunkt der kognitiven Auseinandersetzung. In diesem Sinne erscheinen auch eine vorgeschaltete Kommunikations- sowie die Übungsphase (als Erweiterung zur Präsentationsphase) und die Aktivierung weiterer Vorwissensbestände interessant.

5. Zukunftsperspektive der Terminologie

Die wichtigste terminologische Schwäche des tertiärsprachendidaktischen Diskurses ist zugleich seine Stärke. Sie besteht im inhärent linearen Blick (L1, L2, L3) auf das L3-Repertoire. Zwei Aspekte sind zunächst kritisch anzumerken. Erstens mag dieser Blick die Tatsache verdecken, dass Sprachen i. d. R. simultan angeeignet und im Kopf verarbeitet werden (bi- oder plurilingual aufwachsende L3-Lernende, curriculare Verankerung der L2 und L3 in denselben Lernjahren, Modelle interaktiver Aktivierung im mentalen Lexikon). Zweitens suggeriert der lineare Blick (L1, L2, L3) eine analoge Kompetenzhierarchie, die der sprachen- und bildungsbiographischen Realität der Lernenden nicht gerecht wird (Herkunfts- und Zweitsprache als L1, lebensweltliches Aufwachsen mit der im Bildungssystem verankerten L2 oder L3, Schulneuzugänge aus Bildungssystemen mit anderer Sprachenfolge etc.). Auf der Stärkeseite fällt jedoch ins Gewicht, dass gerade diese Linearität daran erinnert, das Repertoire der Lernenden in seiner Entstehung und seinen lernrelevanten Vorwissensdomänen zu betrachten: In welchen Kontexten wurden welche Arten von Vorwissen ausgebildet? Sind für Transfer neben objektivierbaren Ähnlichkeitsbeziehungen auch

---

24 So ist auch die bei Neuner empfohlene Arbeit mit didaktisierten Paralleltexten zur induktiven Grammatikeinführung mit Bahr et al. (1996) eher kritisch zu hinterfragen, auch wenn mehrsprachige Inputs in vorgeschalteten Kommunikationsphasen Produktionstransfer begünstigen können und natürlich auch im Hinblick auf das Bildungsziel plurilinguale Kompetenz von Interesse sind (Dietrich-Grappin/Hufeisen in diesem Band, S. 403).

die Bereitschaft zur Arbeit mit einer bestimmten Sprache (emotionale Faktoren) und ausreichend Sprachbesitz und Sprachbewusstheit in ihr vorhanden (kognitive Faktoren)? Wie lassen sich die fremdsprachenspezifische Lernerfahrung in der L2, aber auch herkunfts- und zweitsprachliche Metakognition auf das L3-Lernen übertragen?

Der Vorteil der Begrifflichkeit, auf eine bildungsbiographisch verankerte L2 sowie eine oder mehrere sprachenbiographisch bedingte L1 und die jeweils mit ihnen einhergehenden Vorwissensdomänen zu verweisen, fungiert auf unterrichtspraktischer Ebene als Einladung zur Binnendifferenzierung. Für die Unterrichtsinteraktion empfahlen schon Bahr et al. (1996, 187) Kognitivierungen, die sich auf individuelle Beiträge beziehen:

> Dieses Informationsangebot sollte allerdings mit der Schülergruppe abgesprochen werden, vor allem auch um zu verdeutlichen, dass nicht jeder jede Information gleichermaßen verarbeiten muss, sondern dass er sich die Informationen herausfiltern kann, die er für seinen eigenen Lernprozess für sinnvoll hält und die seinem Lernstand angemessen sind (Bahr et al. 1996, 187).

Unsere Neumodellierung zeigt darüber hinaus weitere Momente für die Aktivierung von Vorwissen und binnendifferenzierende Maßnahmen im Rahmen des lehrwerksbasierten L3-Unterrichts auf. Bislang standen v.a. das prozedurale (Rezeptionstransfer), metasprachliche und lernstrategische L2-Vorwissen Vorwissen in der Präsentations- und Kognitivierungsphase im Fokus. Wir plädieren hingegen dafür, neben der Präsentationsphase auch eine vorgeschaltete Kommunikations- und die Übungsphase sowie umfassender prozedurales Vorwissen in der L2 oder einer Herkunftssprache (Produktionstransfer, Parallel-Übungen), metasprachliches Vorwissen auch in Herkunfts- und Zweitsprachen (Deduktion mit interlingualer Differenzierung) und auch herkunfts- und zweitsprachliches metakognitives Vorwissen (Rezeptions- und Produktionsstrategien) in den Blick zu nehmen. Unser Vorschlag bedarf weiterer empirischer Überprüfung im Rahmen der Tertiärsprachenforschung, für die psycho- und soziolinguistische Forschungstraditionen sowie ihre jeweiligen Methoden und Datensätze zusammengeführt werden sollten. Nur so lässt sich untersuchen, ob und inwiefern unterrichtliche Angebote im Zusammenspiel mit individuellen Lernvoraussetzungen auch tatsächlich zur Aktivierung von Vorwissen und davon abhängigen Lernzuwächsen führen.

Für die Zukunft wäre es wünschenswert, dass sich die Tertiärsprachendidaktik (wieder) stärker im schulischen Anwendungsfeld verortet und stärker auch herkunfts- und zweitsprachliches Vorwissen berücksichtigt, denn so kann sie nachhaltige Grundlagen für selbstgesteuertes Sprachenlernen legen. Des Weiteren empfiehlt sich eine Öffnung für den Lerngegenstand Kultur und die anderen beiden in diesem Band diskutierten Konzepte (Dietrich-Grappin/Hufeisen, S. 404). Mit den neuen Bildungsstandards wird erstmals eine „plurilinguale und interkulturelle Diskurskompetenz" (Kultusministerkonferenz 2023, 6)[25] als übergeordnete Zielvorstellung und Legitimationsprinzip von Fremdsprachenunterricht ausgewiesen, für die sich der tertiärsprachendidaktische Diskurs als genauso anschlussfähig erweisen muss wie im Fall der Sprachbewusstheit und Sprachlernkompetenz (Abb. 1 und Dietrich-Grappin/Hufeisen in diesem Band, Fig. 1, S. 404).

6. Bibliographie

Bahr, Andreas/ Bausch, Karl-Richard/ Helbig, Beate/ Kleppin, Karin/ Königs, Frank G./ Tönshoff, Wolfgang (1996): *Forschungsgegenstand Tertiärsprachenunterricht. Ergebnisse eines empirischen Projekts.* Bochum: Brockmeyer

Bausch, Karl-Richard (1996): Sprachlehrforschung: Eine Zwischenbilanz. In: Bausch, Karl-Richard (Hg.): *Erforschung des Lehrens und Lernens fremder Sprachen. Zwischenbilanz und Perspektiven; Arbeitspapiere der 16. Frühjahrskonferenz zur Erforschung des Fremdsprachenunterrichts.* Tübingen: Narr, 9–18

[25] Das Dokument präzisiert, dass am Begriff der interkulturellen Kompetenz nur aus Kohärenzgründen zu vorigen Lehrplänen festgehalten wurde, jedoch das Konzept der plurikulturellen Kompetenz des *Companion volume to the CEFR* (Council of Europe 2018) gemeint sei (KMK 2023, 6, Fußnote 2). Im Hinblick auf plurilinguale Kompetenz ist dieser Bezug eindeutig, denn der *Companion* legt erstmals Deskriptoren für diesen Kompetenzbereich vor.

Bausch, Karl-Richard (1984): Besonderheiten des Tertiärsprachenunterrichts auf der gymnasialen Oberstufe am Beispiel des Italienischen und Spanischen. In: Bausch, Karl-Richard/ Christ, Herbert/ Hüllen, Werner/ Krumm, Hans-Jürgen (Hg.): *Empirie und Fremdsprachenunterricht. Arbeitspapiere d. 4. Frühjahrskonferenz [Gießen, 23. - 25. Febr. 1984] zur Erforschung d. Fremdsprachenunterrichts*. Tübingen: Narr, 7–12

Bausch, Karl-Richard/ Heid, Manfred (Hg.) (1990): *Das Lehren und Lernen von Deutsch als zweiter oder weiterer Fremdsprache: Spezifika, Probleme, Perspektiven. Europäisches Expertenkolloquium*. Bochum: Brockmeyer

Bausch, Karl-Richard/ Kleppin, Karin/ Königs, Frank G./ Krings, Hans P. (1986): Das Bochumer Tertiärsprachenprojekt. *Italienisch* 15, 91–94

Brühwiler, Christian/ Gebhardt, Anja/ Manno, Giuseppe/ Egli Cuenat, Mirjam/ Le Pape Racine, Christine (2020): Untersuchungsanlage und methodisches Vorgehen. In: *Manno et al. 2020*, 29–41

Christ, Ingeborg (1982): Richtlinien in Tertiärsprachen. Probleme und Möglichkeiten der Innovation bei der Erstellung von Richtlinien für Schulfächer ohne Lehrtradition. *Die neueren Sprachen* 81, 88–106

Council of Europe (Hg.) (2018): *Common European framework of reference for languages: Learning, teaching, assessment. Companion volume with new descriptors.* https://rm.coe.int/cefr-companion-volume-with-new-descriptors-2018/1680787989 (letzter Zugriff am 11.06.2024)

De Angelis, Gessica (2007): *Third or additional language acquisition*. Clevedon, Buffalo: Multilingual Matters

Dietrich-Grappin, Sarah (2022): Anders Üben in der Tertiärsprache Spanisch: Ein Mehr an echter Lernzeit durch herkunfts- und fremdsprachliches Vorwissen. *Hispanorama* 178, 79–84

Dietrich-Grappin, Sarah (2020): *Mehrsprachigkeitskompetenz als Bildungsziel im schulischen Tertiärsprachenunterricht. Transferbasierte Kommunikationsstrategien im Kontext von spontaner Mündlichkeit und Zwei-Sprachen-Aufgaben*. Trier: WVT Wissenschaftlicher Verlag Trier

Dietrich-Grappin, Sarah/ Hufeisen, Britta (2023): Tertiary language didactics 2.0. A review of a multilingual didactics approach and its remodeling in the light of empirical research, translanguaging and compétence plurilingue. In: Sebestyén, Krisztina/ Jagielska, Katarzyna/ Comes, Nadine (Hg.): Multilingualism in Europe. *Hungarian Educational Research Journal* (2023; 13.2), 328–357

Egli Cuenat, Mirjam/ Brühwiler, Christian (2020): Transversale und longitudinale Kontinuität in der schriftlichen und mündlichen Textproduktion in drei Sprachen am Übergang zwischen Primarstufe und Sekundarstufe I. In: *Manno et al. 2020*, 73–107

Egli Cuenat, Mirjam/ Manno, Giuseppe (2020): Zusammenhänge und mögliche Wechselwirkungen zwischen schriftlicher Textrezeption und -produktion in Schulsprache, 1. und 2. Fremdsprache. In: *Manno et al. 2020*, 179–207

Egli Cuenat, Mirjam/ Manno, Giuseppe/ Brühwiler, Christian/ Le Pape Racine, Christine (2020): Schulischer Mehrsprachenerwerb am Übergang zwischen Primarstufe und Sekundarstufe I: Synthese der Ergebnisse, Schlussfolgerungen und Desiderate. In: *Manno et al. 2020*, 278–311

Eibensteiner, Lukas (2021): *Transfer im schulischen Drittspracherwerb des Spanischen. Wie L2-Kenntnisse des Englischen, Französischen und Lateinischen den L3-Erwerb von perfektivem und imperfektivem Aspekt im Spanischen beeinflussen.* Tübingen: Narr Francke Attempto

Göbel, Karin/ Schmelter, Lars/ Buret, Julie/ Frede, Georgia/ Neuber, Katharina/ Struck, Linda (2021): *„Franzimo – Französisch als 2. Fremdsprache: interkulturell und mehrsprachigkeitsorientiert": Aktualisierter Projektbericht: Zielstellung, Projektkonzeption und Projektumsetzung.* Duisburg-Essen: Universität Duisburg-Essen. https://doi.org/10.17185/duepublico/74417 (letzter Zugriff am 11.06.2024)

Hammarberg, Björn (2013): Third language acquisition. In: Robinson, P. Jake (Hg.): *The Routledge encyclopedia of second language acquisition*. New York: Routledge, 644–648

Hufeisen, Britta (2020): Faktorenmodell: Eine angewandt linguistische Perspektive auf das Mehrsprachenlernen. In: Gogolin, Ingrid/ Hansen, Antje/ McMonagle, Sarah/ Rauch, Dominique (Hg.): *Handbuch Mehrsprachigkeit und Bildung*. Wiesbaden: Springer Fachmedien Wiesbaden, 65–75

Hufeisen, Britta (2018): Models of multilingual competence. In: Siemund, Peter/ Bonnet, Andreas (Hg.): *Foreign Language Education in Multilingual Classrooms*. Amsterdam: John Benjamins, 173–189

Hufeisen, Britta (1994): *Englisch im Unterricht Deutsch als Fremdsprache*. Stuttgart: Klett

Hufeisen, Britta (1991): *Englisch als erste und Deutsch als zweite Fremdsprache. Empirische Untersuchung zur fremdsprachlichen Interaktion*. Frankfurt/ M.: Lang

Hufeisen, Britta/ Neuner, Gerhard (Hg.) (2003): *Mehrsprachigkeitskonzept – Tertiärsprachen – Deutsch nach Englisch*. Strasbourg: Council of Europe.

Jessner, Ulrike (2008): Teaching third languages: Findings, trends and challenges. *Language Teaching* 41 (1), 15–56

Kleppin, Karin/ Königs, Frank G. (1991): *Der Korrektur auf der Spur. Untersuchungen zum mündlichen Korrekturverhalten von Fremdsprachenlehrern.* Bochum: Brockmeyer

Kultusministerkonferenz (2023): *Bildungsstandards für die erste Fremdsprache (Englisch/Französisch) für den Ersten Schulabschluss und den Mittleren Schulabschluss.* https://www.kmk.org/fileadmin/veroeffentlichungen_beschluesse/2023/2023_06_22-Bista-ESA-MSA-ErsteFremdsprache.pdf (letzter Zugriff am 11.06.2024)

Kultusministerkonferenz (Hg.) (1972): *Vereinbarung zur Neugestaltung der gymnasialen Oberstufe in der Sekundarstufe II vom 7. Juli 1972.* https://www.gew.de/index.php?eID=dumpFile&t=f&f=23166&token=7a5bb5d644a69ca917bb71bfb93cf6da9e890e09&sdownload=&n=KMK_Vereinbarung_1972.pdf (letzter Zugriff am 12.10.2024)

Kultusministerkonferenz (Hg.) (1971, zuerst 1964): *Abkommen zwischen den Ländern der Bundesrepublik zur Vereinheitlichung auf dem Gebiete des Schulwesens. Vom 28.10.1964 in der Fassung vom 14.10.1971.* KMK Erg.-Lfg. 31 vom 22. August 1978.

Küster, Lutz (2009): Lernaufgaben zur Förderung von Multiliteralität. In: Abendroth-Timmer, Dagmar/ Elsner, Daniela/ Lütge, Christiane/ Viebrock, Britta (Hg.): *Handlungsorientierung im Fokus. Impulse und Perspektiven für den Fremdsprachenunterricht im 21. Jahrhundert.* Frankfurt/M. u. a.: Peter Lang Internationaler Verlag der Wissenschaften, 55–86

Leitzke-Ungerer, Eva (2005): Mehrsprachigkeitsdidaktik und Grammatikunterricht in den modernen Fremdsprachen. Transferprofile, empirische Überprüfung, Unterrichtsvorschläge. *Zeitschrift für angewandte Linguistik* 43, 32–59

Manno, Giuseppe (2020): Kognatenerkennung und Detailverständnis in den schulisch geförderten Fremdsprachen Französisch und Englisch am Ende der 6. und der 7. Klasse. In: *Manno et al. 2020*, 41–73

Manno, Giuseppe/ Egli Cuenat, Mirjam/ Le Pape Racine, Christine/ Brühwiler, Christian (Hg.) (2020): *Schulischer Mehrsprachenerwerb am Übergang zwischen Primarstufe und Sekundarstufe I*. Münster/New York: Waxmann

Marx, Nicole (2016): Lernen von zweiten und weiteren Fremdsprachen im Sekundarschulalter. In: Burwitz-Melzer, Eva/ Mehlhorn, Grit/ Riemer, Claudia/ Bausch, Karl-Richard/ Krumm, Hans-Jürgen (Hg.): *Handbuch Fremdsprachenunterricht. 6., völlig überarbeitete und erweiterte Auflage*. Tübingen: A. Francke Verlag, 295–300

Marx, Nicole (2005): *Hörverstehensleistungen im Deutschen als Tertiärsprache. Zum Nutzen eines Sensibilisierungsunterrichts in „DaFnE"*. Baltmannsweiler: Schneider Hohengehren

Müller-Lancé, Johannes (2006): *Der Wortschatz romanischer Sprachen im Tertiärsprachenerwerb. Lernerstrategien am Beispiel des Spanischen, Italienischen und Katalanischen*. 2. Auflage, unv. Nachdruck der 1. Auflage 2003. Tübingen: Stauffenburg-Verl.

Neuner, Gerhard (2006): Mehrsprachigkeitskonzept und Tertiärsprachendidaktik. Beispiel: Englisch als erste und Deutsch als zweite Fremdsprache. In: Krumm, Hans Jürgen/ Portmann-Tselikas. Paul R. (Hg.): *Begegnungssprache Deutsch. Motivation, Herausforderung, Perspektiven; Schwerpunkt: Sprachenpolitik und fachbezogene Grundsatzfragen; Plenarvorträge der XIII. Internationalen Tagung der Deutschlehrerinnen und Deutschlehrer, Graz 2005*. Innsbruck: Studien-Verl., 135–146

Neuner, Gerhard (2003): Mehrsprachigkeitskonzept und Tertiärsprachendidaktik. In: *Hufeisen, Britta/ Neuner, Gerhard 2003*, 13–35

Neuner, Gerhard (1996): Deutsch als zweite Fremdsprache nach Englisch. Überlegungen zur Didaktik und Methodik und zur Lehrmaterialentwicklung für die „Drittsprache Deutsch". *Deutsch als Fremdsprache* 33 (4), 211–217

Neuner, Gerhard/ Hufeisen, Britta/ Kursisa, Anita/ Marx, Nicole/ Koithan, Ute/ Erlenwein, Sabine (Hg.) (2009): *Deutsch als zweite Fremdsprache*. Berlin: Langenscheidt

Reimann, Daniel (2016): Aufgeklärte Mehrsprachigkeit – Sieben Forschungs- und Handlungsfelder zur (Re)Modellierung der Mehrsprachigkeitsdidaktik. In: Rückl, Michaela (Hg.): *Sprachen und Kulturen: vermitteln und vernetzen. Beiträge zu Mehrsprachigkeit und Inter-/Transkulturalität im Unterricht, in Lehrwerken und in der Lehrer/innen/bildung*. Münster/New York: Waxmann, 15–33

Schmelter, Lars/ Göbel, Kerstin/ Buret, Julie (2023): Aufgabenkonzept zur Unterstützung von Mehrsprachigkeitsorientierung im schulischen Französischunterricht. *Zeitschrift für Interkulturellen Fremdsprachenunterricht* 28 (1), 409–442

Schröder, Konrad (1976): Fremdsprachenpolitik und Fremdsprachendidaktik. Bemerkungen zum Versuch eines neuen Themenheftes. *Die neueren Sprachen* 75 (3/4), 238–244

Strathmann, Jochen (2019): Tertiärsprachen. In Fäcke, Christiane/ Meißner, Franz-Joseph (Hg.): *Handbuch Mehrsprachigkeits- und Mehrkulturalitätsdidaktik*. Tübingen: Narr Francke Attempto, 415–417

Zapp, Franz Joseph (1983): Sprachbetrachtung im lexikalisch-semantischen Bereich: eine Hilfe beim Zweit- und Drittspracherwerb. *Der fremdsprachliche Unterricht* 67 (17), 193–199

Zimmermann, Günther (1988): Lehrphasenmodell für den fremdsprachlichen Grammatikunterricht. In: Dahl, Johannes (Hg.): *Grammatik im Unterricht. Expertisen und Gutachten zum Projekt „Grammatik im Unterricht“ des Goethe-Instituts München*. München: Goethe-Institut, 160–176

Multilinguales Scaffolding: eine Verbindung von Zielsprachenorientierung und Mehrsprachigkeitskompetenz im schulischen Sprachenunterricht

Stefanie Bredthauer

ABSTRACT

Language school subjects are always oriented towards a target language - this is the case for foreign, second and heritage language teaching. In all of these subjects, there are also students for whom the target language is at least their third language. Sometimes this applies to some of the learners and sometimes to the entire group. Therefore, the question arises as to how target language orientation and multilingual competence can be successfully combined in these subjects. In this paper, the use of language comparisons as multilingual scaffolding is presented as a possible answer to this question. The findings are derived from interviews with lower secondary school teachers from various school types who regularly use language comparisons in their language lessons. They focus their teaching on a target language and use comparisons with languages brought into the classroom by the students to facilitate learning. This creates a link between target language orientation and multilingual competence.

RESÜMEE

Sprachliche Schulfächer orientieren sich stets an einer Zielsprache – das gilt für Fremd-, Zweit- und Herkunftssprachenunterricht. In all diesen Fächern nehmen auch Schüler*innen am Unterricht teil, für die es sich bei der Zielsprache um mindestens ihre dritte Sprache handelt. Manchmal betrifft dies einen Teil der Lernenden und manchmal die gesamte Gruppe. Es stellt sich deshalb die Frage, wie in diesen Fächern eine Verbindung von Zielsprachenorientierung und Mehrsprachigkeitskompetenz gelingen kann. In diesem Beitrag wird der Einsatz von Sprachvergleichen als multilinguales Scaffolding als eine mögliche Antwort auf diese Frage vorgestellt. Die Erkenntnisse stammen aus Interviews mit Lehrer*innen der Sekundarstufe I verschiedener Schulformen, die regelmäßig Sprachvergleiche in ihrem Sprachunterricht einsetzen. Sie orientieren sich an einer Zielsprache und nutzen Vergleiche zu von den Schüler*innen mitgebrachten Sprachen als Lernerleichterung. So entsteht eine Verzahnung von Zielsprachenorientierung und Mehrsprachigkeitskompetenz.

1. Einleitung

Ob Fremd-, Zweit- oder Herkunftssprachenunterricht, sprachliche Schulfächer orientieren sich stets an einer Zielsprache. Ausnahmen hiervon bilden lediglich Projekte o. Ä., die sich der Entwicklung von Mehrsprachigkeitskompetenz generell widmen und außerhalb des curricular verankerten Unterrichts stattfinden. In allen Sprachenfächern nehmen auch Schüler*innen am Unterricht teil, für die es sich bei der Zielsprache um mindestens ihre dritte Sprache handelt. Manchmal betrifft dies einen Teil der Schülerschaft, z.B. im Unterricht der ersten Fremdsprache die Herkunftssprachen sprechenden Schüler*innen. Im Unterricht von Folgefremdsprachen trifft dies auf die gesamte Lerngruppe zu, da alle mindestens über Kompetenzen in zwei Sprachen verfügen. Es stellt sich somit für alle Sprachenfächer die Frage, wie eine Verbindung von Zielsprachenorientierung und Mehrsprachigkeitskompetenz gelingen kann.

In den letzten Jahrzehnten wurden verschiedene mehrsprachige Ansätze für den Sprachenunterricht entwickelt, die zum Ziel haben, die multilingualen Ressourcen der Lernenden zu nutzen (z.B. die Tertiärsprachendidaktik). Sie zielen auf den Aufbau einer integrativen Sprachkompetenz ab, zu der alle Sprachen und Sprachlernerfahrungen einer Person beitragen und miteinander interagieren (Europarat 2001). Indem an die sprachlichen Vorerfahrungen angeknüpft wird, sollen Synergieeffekte erreicht werden.

In vielen bildungspolitischen Dokumenten wird eine Berücksichtigung solcher Ansätze in der Unterrichtspraxis gefordert. Des Weiteren liegen erste empirische Studien zu ihren Wirkweisen mit vielversprechenden Ergebnissen vor. Offen bleibt jedoch, wie eine Verbindung von Zielsprachenorientierung und Mehrsprachigkeitskompetenz hergestellt werden kann. In diesem Beitrag wird der Einsatz von Sprachvergleichen als multilinguales Scaffolding als eine mögliche Antwort auf diese Frage vorgestellt. Die Erkenntnisse stammen aus Experteninterviews mit sechs Lehrer*innen, die regelmäßig Sprachvergleiche in ihrem Fremd-, Zweit- und Herkunftssprachenunterricht einsetzen. Sie alle unterrichten Lernende, für die die jeweilige Zielsprache mindestens ihre dritte Sprache darstellt. Sie orientieren sich an einer Zielsprache und nutzen Vergleiche zu von den Schüler*innen mitgebrachten Sprachen als Lernerleichterung. Parallelen zum Scaffolding-Ansatz lassen sich auf den Ebenen der Definition und Kernmerkmale, der didaktischen Zielsetzungen sowie der Umsetzungsstrategien feststellen (Bredthauer 2019). Da die Schüler*innen über Kompetenzen in Sprachen verfügen, die die Lehrpersonen selbst nicht beherrschen, beziehen sie die Expertisen der Lernenden ein. Dabei lassen sich offene, gelenkte und modellierte Verfahren des Sprachvergleichs unterscheiden, die die Lehrpersonen moderieren (Bredthauer 2020).

In diesem Beitrag wird der Forschungsstand zu Sprachvergleichen als didaktischem Element und zum Scaffolding-Ansatz skizziert sowie das Design der empirischen Studie vorgestellt. Anschließend wird anhand der Untersuchungsergebnisse das multilinguale Scaffolding durch Sprachvergleiche erläutert, wodurch eine Verzahnung von Zielsprachenorientierung und Mehrsprachigkeitskompetenz entsteht.

2. Forschungsstand

Der Vergleich von Sprachen wird im Kontext von Unterricht als „kontinuierliches Vermittlungsprinzip und angeleitete Lernstrategie" (Mehlhorn 2013, 112f.) verstanden, wodurch eine „Bewusstmachung struktureller, systemhafter Eigenschaften von Sprachen" (ibid.) erreicht werden soll, so dass „der Sprachlernprozess ökonomisiert und das sprachliche Wissen erweitert" wird (ibid.). Sprachvergleiche sind Kernelement vieler mehrsprachigkeitsdidaktischer Konzepte wie z.B. der Interkomprehensionsdidaktik (Reich/Krumm 2013). Neben den Konzepten existieren einige Unterrichtsmaterialien zu deren Umsetzung. In Lehrwerken hingegen werden Sprachvergleiche bislang selten und nur unsystematisch genutzt. Ebenso finden Sprachvergleiche in bildungspolitischen Dokumenten wie Lehrplänen verschiedener Sprachfächer Berücksichtigung. Auch im Referenzrahmen für Plurale Ansätze zu Sprachen und Kulturen (RePA) des Europarats sind sie integriert. Zum Bereich „Fertigkeiten und prozedurales Wissen" zählt dort die Kategorie „Vergleichen können", der z.B. diese Unterkategorien angehören: „Methoden des Vergleichs beherrschen", „lautliche Nähe und Distanz wahrnehmen können (beim Hören unterscheiden können)", „lexikalische Nähe wahrnehmen können", „Das Funktionieren von Grammatik verschiedener Sprachen vergleichen können" (Candelier/Camilleri Grima et al. 2009, 93f.).

In der Forschungsliteratur zu Sprachvergleichen finden sich strukturlinguistische Taxonomien – d.h. Kategorisierungen, auf welche sprachlichen Ebenen und Phänomene sich Vergleiche beziehen können. Des Weiteren liegen erste empirische Studien zu Wirkweisen mehrsprachigkeitsdidaktischer Konzepte vor. Hier zeigen sich Einflüsse auf die Lernenden (z.B. Lernerleichterungen), die Lehrenden (z.B. größeres Bewusstsein für Synergieeffekte) und das Unterrichtsgeschehen (z.B. höhere Beteiligung und Freude der Lernenden am Unterricht) (Bredthauer 2018). Auf der anderen Seite ergeben zahlreiche Untersuchungen, dass viele Lehrkräfte den Einsatz von Sprachvergleichen in ihrem Unterricht für sinnvoll halten, sie jedoch wegen vielfältiger Umsetzungshemmnisse nur selten nutzen. Die

Lehrkräfte führen als Begründungen an, dass dies nicht Bestandteil ihrer Aus- und Fortbildung war, dass die Lehrwerke sie nicht unterstützen, dass sie keine Zeit im Unterricht haben, dass zu viele Sprachen in ihren Klassen vertreten sind und dass sie die Sprachen ihrer Schüler*innen nicht sprechen (Bredthauer/Engfer 2016). Die Hemmnisse beziehen sich somit vor allem auf die Rollen von Lehrkraft und Lernenden bei Sprachvergleichen und das mit den Rollen jeweils verbundene erforderliche Wissen oder Können. Hier können empirische Studien zu Sprachvergleichen als Unterrichtselement helfen, diese stellten jedoch bislang ein Desiderat dar (Reich/Krumm 2013).

In diesem Beitrag werden Ergebnisse vorgestellt, die zeigen, wie Lehrkräfte Sprachvergleiche als Scaffolding einsetzen. Generell gilt Scaffolding als bekannteste Methode für den Sprachsensiblen Unterricht (Leisen 2010) und wird auch als Unterstützungssystem bezeichnet. Es herrscht kein Konsens in der Fachliteratur hinsichtlich der Definition von Scaffolding, jedoch wird es grundsätzlich als „support given by a teacher to a student when performing a task that the student might otherwise not be able to accomplish" (van de Pol/Volman et al. 2010, 274) konstruiert. Somit wird der Unterschied fokussiert zwischen dem, was Lernende alleine bewältigen können, und dem, was sie mit Unterstützung schaffen können.

Auch wenn bislang keine einheitliche Definition für Scaffolding existiert, so weisen fast alle Konzeptualisierungen drei generelle Merkmale auf (van de Pol/Volman et al. 2010):

1. *Contingency*: Die Unterstützung der Lehrkraft muss auf den Lernstand der Lernenden angepasst sein.
2. *Fading*: Die Unterstützung wird sukzessive abgebaut, ihr Umfang reduziert. Es handelt sich somit um eine zeitlich begrenzte Unterstützung, die den Lernenden hilft, sich Neues zu erschließen.
3. *Transfer of responsibility*: Mit dem *Fading* geht eine immer stärkere Übertragung der Verantwortung für das Lernen auf die Lernenden einher. Sie erfahren nicht nur, was sie machen sollen, sondern auch, wie sie etwas machen können, so dass sie ähnliche Aufgaben später alleine bewältigen können.

Wichtig ist, dass nicht jede Form von Unterstützung einer Lehrkraft als Scaffolding bezeichnet werden kann, sondern nur diejenigen, die diese drei Kernmerkmale erfüllen. Während der Begriff Scaffolding den gesamten Zyklus, einschließlich des Abbaus der Unterstützung und der Verantwortungsübertragung, meint, wird er oft auch verwendet, um nur die Scaffolding-Strategien, also die Unterstützung durch die Lehrkraft, zu bezeichnen. Hierbei können sechs Strategien unterschieden werden: Feedback geben, Hinweise geben, anleiten, erklären, modellieren und erfragen. Als didaktische Zielsetzungen von Scaffolding werden die Unterstützung metakognitiver und kognitiver Aktivitäten der Lernenden sowie die Unterstützung von Lerneremotionen angeführt (ibid.).

3. Methodik

In den letzten Jahren werden die Vorteile des Zusammenspiels von Wissenschaft und Praxis bei der Entwicklung und Beforschung didaktischer Konzepte stark betont, so auch in Bezug auf mehrsprachige Konzepte (Sierens/van Avermaet 2014). Um das spezifische didaktische Wissen von Lehrkräften zu erfassen, die regelmäßig mit Sprachvergleichen arbeiten, fiel die Wahl der Erhebungsmethode deshalb auf Experteninterviews. Diese werden insbesondere dazu genutzt, spezifisches Wissen ausgewählter Personen zu einem Themenbereich zu erheben (Meuser/Nagel 2013).

Bei der Probandengewinnung für diese Studie fungierten Lehrkräfte, zu denen bereits Kontakte bestanden, als sog. Türöffner. Sie stellten Verbindungen zu Kolleg*innen her, von denen sie annahmen, dass diese regelmäßig mit Sprachvergleichen arbeiten. Bei der Kontaktaufnahme mit diesen Lehrkräften wurde dann geklärt, ob dies tatsächlich der Fall ist. Da Sprachvergleiche wie beschrieben bislang nur von wenigen Lehrenden eingesetzt werden, war klar, dass sich die Probandengewinnung für Experteninterviews schwierig gestalten könnte. Dennoch wurde versucht, anhand von theoretischen Einflussfaktoren auf die didaktische Umsetzung der Sprachvergleiche unterschiedliche Fälle einzubeziehen. Berücksichtigt wurden verschiedene Sprachfächer und Schulformen der Sekundarstufe, Lehrkräfte mit unterschiedlich umfangreicher Unterrichtserfahrung sowie variierenden Sprachprofilen. Insgesamt wurden sechs Interviews geführt (Tab. 1): Die befragten Lehrkräfte unterrichten an Hauptschulen oder Gymnasien in NRW und sind 33–58 Jahre alt. Bei ihren Fächern handelt es sich um verschiedene Fremdsprachen, Deutsch als Zweitsprache sowie Türkisch als Herkunftssprache. Sie alle sind mehrsprachig, entweder durch familiäre Bilingualität (Deutsch oder Englisch als Zweitsprache) und/oder durch Fremdsprachenunterricht.

Tab. 1: Proband*innen

	Geb.	Fächer	Schule1	Sprachkompetenzen2
P1	1976	Spanisch, Französisch	Gym	D (L1), Sp, F, E
P2	1968	Deutsch, DaZ, Türkisch	HS	T (L1), D (L2), E
P3	1984	Englisch, (Mathe)	Gym	D (L1), E, F, I, L
P4	1984	Latein, DaZ, Italienisch	Gym	D (L1), I, L, E, F, Sp
P5	1960	DaZ, Englisch, (Musik)	HS	D (L1), E (L2), I, Prt, F, Sp
P6	1968	Türkisch, DaZ	HS	T (L1), D (L2), E

Für die Datenerhebung wurden zwischen Dezember 2017 und Mai 2018 leitfadengestützte Interviews geführt und aufgezeichnet, die 30–60 Minuten dauerten. So entstand Audiomaterial im Umfang von 4,2 Stunden, das nach einem Transkriptionssystem von Dresing/Pehl (2013) verschriftlicht wurde. Für die Auswertung wurde eine qualitative Inhaltsanalyse nach Mayring mit einem induktiven Vorgehen durchgeführt; die Kategorien wurden also am Datenmaterial erarbeitet. Zur Sicherstellung der Reliabilität wurden die Kodierungen mit zwei anderen Forscherinnen geprüft. Diese Ergebnisse werden nun in den nächsten zwei Kapiteln vorgestellt.

4. Sprachvergleiche als multilinguales Scaffolding

Verbindungen zwischen mehrsprachigen Unterrichtskonzepten und dem Scaffolding-Ansatz wurden in den letzten Jahren von einigen Forschenden hergestellt. So schreiben García/Flores (2010, 243): „the core of multilingual pedagogies is the strategy of scaffolding". Dabei wurde allerdings immer der Gebrauch von Herkunftssprachen in der Unterrichtsinteraktion (im Sinne des Translanguaging) fokussiert (Swain/Lapkin 2013). Die berichtete Scaffolding-Funktion bezog sich so auf die Wahl von Arbeitssprachen. Untersuchungen,

[1] Gym: Gymnasium; HS: Hauptschule.

[2] D: Deutsch; E: Englisch; F: Französisch; I: Italienisch, L: Latein; Prt: Portugiesisch; Sp: Spanisch; T: Türkisch; L1: Erstsprache; L2: Zweitsprache.

die Verbindungen zwischen Sprachvergleichen als mehrsprachigkeitsdidaktischem Kernelement und dem Scaffolding-Ansatz aufzeigen, sind mir bislang nicht bekannt. In diesem Kapitel soll jedoch anhand der Daten aus der vorliegenden Studie gezeigt werden, dass die Lehrkräfte Sprachvergleiche als multilinguales Scaffolding einsetzen. Hierfür wird zunächst kurz auf Parallelen in Bezug auf Definition und Kernmerkmale, dann ausführlich hinsichtlich der didaktischen Zielsetzungen eingegangen.

In den Definitionen von Scaffolding wird auf den Unterschied (*Gap*) zwischen dem, was Lernende alleine, und dem, was sie mit Unterstützung (*Support* bzw. *Situated help*) schaffen können, abgehoben. Dieses Benötigen von Hilfe wird auch von den befragten Lehrkräften benannt, z.B.: *[…] wenn ich in den Gesichtern merke, sie verstehen etwas gar nicht […] so dass wir dann eben versuchen, da auf diesen Fundus zurückzugreifen (# P5-05:59).* Ebenso wird mit verschiedenen Begriffen die Unterstützungsfunktion der Sprachvergleiche verdeutlicht, z.B.: *[…] wo ich dann Eselsbrücken herstellen lasse […] (# P4-35:34).* Außerdem lassen sich die beschriebenen Kernmerkmale von Scaffolding in den Interviewdaten wiederfinden. Die Lehrkräfte berichten zum einen, dass sie ihre Sprachvergleiche individuell zugeschnitten einsetzen (*Contingency*), u. a. abhängig von der jeweiligen Herkunftssprache oder den Fremdsprachenkompetenzen, z.B.: *[…] und genau dieses intensiver übe als mit den anderen (# P2-47:12).* Zum anderen beschreiben sie auch den Übergang der Verantwortung von ihnen als Lehrkräften hin zu den Lernenden (*Fading & Transfer of responsibility*), u. a. durch den Strategieerwerb und die Automatisierung, z.B.: *Die können dann irgendwann diese Vergleiche selber vornehmen (# P4-23:13).*

Hinsichtlich der Definition und der Kernmerkmale sind die Parallelen zwischen Sprachvergleichen und Scaffolding somit gegeben. Eine Analyse der didaktischen Zielsetzungen zeigt, dass auch in diesem Bereich große Überschneidungen zu finden sind. Insgesamt wurden in den Transkripten 142 Fundstellen kodiert, an denen die Expert*innen Aussagen zu ihren didaktischen Zielsetzungen für den Einsatz von Sprachvergleichen trafen. Diese ließen sich bei der Auswertung sieben Kategorien zuordnen (Tab. 2): Über die Hälfte aller Fundstellen (54 %) bezieht sich auf die Absicht der Lehrkräfte, den Lernprozess ihrer Schüler*innen zu erleichtern, und jeweils 15 % der Aussagen betreffen die Steigerung der Sprachbewusstheit und der Lernmotivation der Lernenden. Diese drei Zielsetzungen werden von allen befragten Expert*innen angeführt und machen mit insgesamt 84 % den Großteil der Fundstellen aus. Zwei weitere Zielsetzungen, die ebenfalls von nahezu allen Lehrkräften, aber weniger häufig genannt werden, sind die Wertschätzung von Mehrsprachigkeit (9 %) und die Steigerung von Sprachlernkompetenz (6 %). Zwei Zielsetzungen wurden lediglich von einer bzw. zwei Lehrkräften genannt, und zwar die Festigung und die Erfassung von Sprachkompetenzen.

Tab. 2: Didaktische Zielsetzungen der Sprachvergleiche

Zielsetzungen (N=142)	Fundstellen		Lehrkräfte
Lernprozess erleichtern	76	54%	6 von 6
Sprachbewusstheit steigern	21	15%	6 von 6
Lernmotivation steigern	21	15%	6 von 6
Mehrsprachigkeit wertschätzen	13	9%	5 von 6
Sprachlernkompetenz steigern	8	6%	4 von 6
Sprachkompetenzen festigen	2	1%	2 von 6
Sprachkompetenzen erfassen	1	1%	1 von 6

Diese von den Expert*innen angestrebten didaktischen Zielsetzungen beim Einsatz von Sprachvergleichen lassen sich zwei Dimensionen zuordnen, dem Sprachenlernen und der Persönlichkeitsentwicklung. In Bezug auf das Sprachenlernen steht die Erleichterung des Erlernens einer Zielsprache im Fokus und damit verbunden die Weiterentwicklung von Sprachkompetenzen und individueller Mehrsprachigkeit. Hierfür wird Lernerleichterung zum einen als direkte Zielsetzung des Sprachvergleichs verstanden, zum anderen wird sie indirekt als Folge der Steigerung von Sprachbewusstheit, Lernmotivation und Sprachlernkompetenz angenommen. In Bezug auf die Persönlichkeitsentwicklung steht die Wertschätzung von mehrsprachigen Kompetenzen durch Sprachvergleiche im Fokus, die insbesondere durch eine Stärkung des Selbstbewusstseins erreicht werden soll. Darüber hinaus wird davon ausgegangen, dass durch die Wertschätzung der Mehrsprachigkeit auch ein indirekter Beitrag zur Lernerleichterung erzielt wird, z.B. indem die Wertschätzung der Mehrsprachigkeit die Lernmotivation erhöht und sich dies wiederum unterstützend auf das Sprachenlernen auswirkt.

Zwischen diesen von den Lehrer*innen geäußerten Zielsetzungen der Sprachvergleiche und den Zielsetzungen von Scaffolding sind klare Parallelen zu erkennen, die im Folgenden erläutert werden.

Die erste Zielsetzung des Scaffolding-Ansatzes besteht in der **Unterstützung der kognitiven Aktivitäten.** Hierzu können aus den Ergebnissen der vorliegenden Untersuchung die Erleichterung des Lernprozesses und die Festigung von Sprachkompetenzen gezählt werden:

Alle befragten Lehrkräfte setzen Sprachvergleiche in den meisten Fällen ein, um ihren Schüler*innen das Erlernen der unterrichteten Zielsprache zu erleichtern. Hierbei heben sie zum einen auf Gemeinsamkeiten zwischen der Zielsprache und den Vergleichssprachen ab, um positiven Transfer zu unterstützen, zum anderen beziehen sie Unterschiede zwischen den Sprachen ein, um negativem Transfer vorzubeugen.

> Beispiel: *Also Vergleiche zu anderen Sprachen [...] benutze ich vor allem dann, wenn es wirkliche Gemeinsamkeiten gibt oder krasse Unterschiede. [...] in der Hoffnung, dass es besser funktioniert, also dass sie es besser verstehen (# P3-09:04).*

Zwei Lehrkräfte führen über das zentrale Ziel der Lernerleichterung für die Schüler*innen hinaus als wichtige Vorteile an, dass die Sprachvergleiche ihnen die Vermittlung des Unterrichtsstoffs erleichtern und dass so Unterrichtszeit eingespart werden kann.

> Beispiel: *Und dann kann ich mir sehr viel Zeit sparen einfach auch. Weil ich manchmal dann einfach nur sagen muss „Das ist genauso wie im Französischen.“. Und ich muss es dann nicht nochmal stundenlang neu erklären. Also es erspart mir auch eine Menge Zeit (# P1-14:17).*

Dieses Ergebnis ist insofern interessant, als Lehrkräfte in bisherigen Studien als Begründung dafür, dass sie keine mehrsprachigkeitsdidaktischen Elemente in ihren Unterricht einbeziehen, oftmals angaben, dass sie dafür keine Zeit hätten.

Von zwei der Expert*innen werden als weitere Zielsetzungen der Sprachvergleiche das Erfassen und das Festigen von Sprachkompetenzen genannt. So kann durch den Einsatz von Sprachvergleichen festgestellt werden, ob oder in welchen Sprachen die Schüler*innen über Sprachkompetenzen verfügen (z.B. ob sie in ihrer Herkunftssprache alphabetisiert sind). Hier wird eine Verbindung zur angestrebten Lernerleichterung hergestellt, denn so wird für die Lehrkraft deutlich, ob bzw. in welchen Sprachen Vorkenntnisse bei den Schüler*innen vorhanden sind, auf die im Unterricht zurückgegriffen werden kann. Die Festigung von Sprachkompetenzen wird von den Expert*innen nicht auf die Zielsprache, sondern auf die zum Vergleich herangezogenen Sprachen bezogen. Sie gehen davon aus, dass die Lernenden durch das Vergleichen ihre Kompetenzen in diesen Sprachen reflektieren und somit vertiefen.

Diese Befunde zur Unterstützung der kognitiven Aktivitäten decken sich mit den Ergebnissen von Studien zu den Wirkweisen mehrsprachigkeitsdidaktischer Unterrichtselemente, welche eine Steigerung in den sprachlichen Leistungen als Folge von Lernerleichterung berichten (Marx 2005).

Die zweite Zielsetzung des Scaffolding-Ansatzes besteht in der **Unterstützung der metakognitiven Aktivitäten**. Hierzu können aus den Ergebnissen der vorliegenden Untersuchung die Steigerung von Sprachbewusstheit und von Sprachlernkompetenz gezählt werden:

Die Steigerung der Sprachbewusstheit ihrer Schüler*innen wird von allen Lehrkräften als Zielsetzung benannt. Unter Sprachbewusstheit wird der Definition des RePA folgend „sowohl Aufmerksamkeit für sprachliche Phänomene und Varietäten als auch für die eigene Lernersprache oder Interlanguage" (Meißner 2013, 6) verstanden.

> Beispiel: *Und dann versuche ich Vergleiche aufzubauen. So ein bisschen ein Gefühl zu geben für die Sprache. Wie eine Sprache funktioniert, dass es ein System ist. Und dass in jeder Sprache Ähnlichkeiten da sind. Darauf versuche ich aufzubauen (# P2-9:49).*

Die Lehrenden erläutern außerdem, dass die Steigerung der Sprachbewusstheit wiederum zu einer Lernerleichterung führen soll. Hierbei nehmen sie an, dass dies nicht nur für die von ihnen unterrichtete Sprache zutreffen wird, sondern auch für andere Sprachen.

Mit einer Ausnahme verbinden alle Lehrkräfte mit dem Einsatz von Sprachvergleichen das Ziel, die Sprachlernkompetenz ihrer Schüler*innen zu erhöhen. Auch hier heben sie darauf ab, dass dies das weitere Erlernen der Zielsprache erleichtern wird, da die Lernenden durch den Strategieerwerb eine höhere Lernerautonomie erreichen können. Und auch hierbei gehen sie davon aus, dass die erhöhte Sprachlernkompetenz den Lernprozess in allen Sprachen unterstützen kann.

Beispiel: *Also ich habe die Erfahrung gemacht, [...] dass sie das beim Lernen von anderen Sprachen auch anwenden [...] also dass die so eine Sprachsensibilisierung erfahren und dieses Aha-Erlebnis auch schon in den anderen Sprachen anwenden (# P2-27:38).*

Diese Befunde zur Unterstützung der metakognitiven Aktivitäten decken sich ebenfalls mit den Ergebnissen von Studien zu Wirkweisen von Mehrsprachigkeitsdidaktik, sowohl hinsichtlich der Förderung der Sprachbewusstheit (Behr 2007) als auch der Sprachlernkompetenz (Morkötter 2016).

Die dritte Zielsetzung des Scaffolding-Ansatzes besteht in der **Unterstützung der Lerneremotionen.** Hierzu können aus den Ergebnissen der vorliegenden Untersuchung die Steigerung der Lernmotivation und des Selbstbewusstseins der Schüler*innen gezählt werden:

Die Steigerung der Lernmotivation stellt die dritthäufigste von allen Expert*innen genannte Zielsetzung für den Einsatz von Sprachvergleichen dar.

Beispiel: *Ja, die sind total aktiv. Also die sind auf jeden Fall total dabei, sind unglaublich motiviert, was beitragen zu können. Unabhängig, ob sie das sonst machen oder nicht machen. Das ist für sie wirklich etwas Besonderes (# P3-13:54).*

Nebeneffekte der gesteigerten Lernmotivation sehen die Lehrenden in einer verbesserten Unterrichtsatmosphäre bzw. einer erhöhten Beteiligung ihrer Lernenden am Unterricht. Dies alles lässt sich in den Befunden von Studien zu den Wirkweisen mehrsprachigkeitsdidaktischer Unterrichtselemente wiederfinden (Bär 2009).

Die bisher erläuterten Zielsetzungen stehen alle im Zusammenhang mit dem Erlernen von Sprachen. Eine weitere von den Lehrkräften für wichtig befundene Dimension stellt die Persönlichkeitsentwicklung ihrer Schüler*innen dar. Denn über die Hälfte der Expert*innen gibt an, dass sie durch den Einsatz von Sprachvergleichen in ihrem Unterricht den Lernenden deren mehrsprachige Kompetenzen bewusst machen und diese wertschätzen möchten. Sie gehen davon aus, dass sich dies z.B. über die Stärkung des Selbstbewusstseins positiv auf die Persönlichkeitsentwicklung auswirkt.

Beispiel: *Also was sehr, sehr wichtig ist, [...] gerade in den Sprachen, die in Deutschland nicht so oft gesprochen werden oder wertgeschätzt werden, da merke ich bei den Schülern, dass wenn man Sprachvergleiche macht, dass sie merken, meine Sprache ist wichtig. Es ist nicht irgendeine Sprache, die man gar nicht lernen will oder so. Sondern das, was ich*

> *kann, das ist eine wichtige Sprache. […] Dieses Gefühlbeobachte ich bei vielen Schülern. […] Das stärkt sie sehr, ihr Selbstbewusstsein (# P2-29:50).*

Darüber hinaus werden auch hier indirekte Auswirkungen auf die Dimension des Lernprozesses angenommen, z.B. indem durch die Wertschätzung der Mehrsprachigkeit der Schüler*innen auch deren Lernmotivation steigt sowie dass die Bewusstmachung der mehrsprachigen Kompetenzen Voraussetzung dafür ist, diese zur Erleichterung des Zielsprachenlernens nutzen zu können. Die Persönlichkeitsentwicklung stand m.W. bislang noch nicht im Fokus von Studien zu Wirkweisen von Mehrsprachigkeitsdidaktik. Als Argument für den Einbezug von Herkunftssprachen in den Unterricht wurde sie allerdings schon häufig in der Fachliteratur angeführt, so dass ein Zusammenhang offensichtlich angenommen wird.

5. Offene, gelenkte und modellierte Sprachvergleiche

Im vorigen Abschnitt wurde gezeigt, dass die befragten Lehrkräfte Sprachvergleiche als multilinguales Scaffolding einsetzen. Die Umsetzung von Sprachvergleichen wird laut mehreren Studien von Lehrkräften in hyperdivers-mehrsprachigen Schulklassen als besondere Herausforderung angesehen. In genau solchen Klassen unterrichten die befragten Lehrer*innen, wie z.B. dieses Zitat zeigt:

> *[…] am Anfang mache ich immer irgendwie eine Abfrage, wer noch welche Sprachen kennt oder welche Wörter man kennt auf anderen Sprachen. Und da kam dann heraus, dass 16 von 31 Schülern eine andere Muttersprache haben. Da war alles dabei […]. Also komplett über die Kontinente (# P3-04:16).*

Während der Interviews berichten sie außerdem, dass die Tatsache, dass sie im Unterricht Sprachvergleiche nutzen, nicht durch ihre Aus- oder Fortbildung angestoßen wurde, sondern sich während ihrer Unterrichtstätigkeit ergeben hat, da sie diese als hilfreich erlebten. Durch Lehrwerke werden sie dabei nicht unterstützt, da ihren Aussagen zufolge die Mehrsprachigkeit der Schülerschaft dort kaum berücksichtigt wird. Sie sind alle mehrsprachig, die von ihren Lernenden mitgebrachten Sprachen beherrschen sie jedoch oft nicht. Umso interessanter ist es, dass sie im Gegensatz zum Großteil der aktuell an Schulen tätigen Lehrkräfte regelmäßig mit Sprachvergleichen arbeiten. Es stellt sich somit die Frage, wie ihre konkreten Umsetzungen aussehen. Im Folgenden werden deshalb ihre didaktischen Vorgehensweisen skizziert, die als offene, gelenkte und modellierte Sprachvergleiche systematisiert werden können.

Eine sehr häufig geschilderte Vorgehensweise besteht darin, die Schüler*innen zu **offenen Vergleichen** anzuregen. Hierbei bittet die Lehrkraft um Übersetzungen (z.B. von Wörtern oder Sätzen) in die Sprachen der Lernenden, erfragt die Realisierung bestimmter Funktionen in diesen Sprachen (z.B. Prä- vs. Postpositionen) und bittet um entsprechende Beispiele (z.B. Sätze). Die Lehrer*innen sprechen dabei entweder gezielt einzelne Lernende an – z.B. *Wie ist das im Polnischen? (# P2-16:10)* – oder sammeln Realisierungsmöglichkeiten verschiedener Sprachen im Plenum – z.B. *Also, man kann im Plenum erst einmal so überlegen, wie ist das in verschiedenen Sprachen" (# P5-11:04).* Die Lehrkräfte versuchen so, ihre Schüler*innen für die Vielfalt zu sensibilisieren, mit der eine Funktion in verschiedenen Sprachen realisiert werden kann, und Interesse an den Sprachen der Lernenden zu signalisieren. Den großen Vorteil dieses Ansatzes sehen die Lehrenden darin, dass sie hierfür selbst kein Vorwissen über die verschiedenen Sprachen benötigen. Grundsätzlich haben sie gute Erfahrungen damit gemacht, auf die Informationen der Schüler*innen zu vertrauen, z.B.: *Das hat bisher immer funktioniert. Also es kann sein, dass es noch einmal den Fall gibt, dass es nicht funktioniert, aber darüber bin ich noch nicht gestoßen (# P3-15:58).* Und wenn die Lernenden sich nicht sicher sind oder etwas nicht wissen, dann wird gemeinsam im Internet recherchiert.

Die zweite Vorgehensweise besteht in **gelenkten Vergleichen**, die im Unterschied zu den offenen Vergleichen voraussetzen, dass die Lehrkräfte über ein bestimmtes Wissen zu den Sprachen der Schüler*innen verfügen. Das heißt nicht, dass sie die Sprachen gelernt haben müssen, sondern dass sie linguistisches Wissen über ihre Funktionsweisen erworben haben. So haben die Lehrer*innen die Möglichkeit, ihre Lernenden auf Gemeinsamkeiten und Unterschiede zwischen Sprachen gezielt hinzulenken.

Beispiel: *Es gibt im Lateinischen den Akkusativ der Richtung. Zum Beispiel ‚Roma' heißt ‚Rom'. ‚Romam' ist ein Akkusativ Singular, und das heißt ‚nach Rom'. Und es gibt zum Beispiel im Türkischen, genau das gibt es da auch. ‚Istanbula', da wird so ein ‚a' drangehangen, das heißt ‚nach Istanbul', ‚Istanbula'. Da frage ich dann einfach, wenn ich türkische Muttersprachler in der Klasse habe: „Gibt es so etwas ähnliches? Kennt ihr das?", und versuche sie darauf hinzulenken (# P4-08:00).*

Bei Unterschieden zwischen Sprachen nutzen die Lehrkräfte ihr Wissen auch dafür, um zu entscheiden, welche Lernenden sie bei dem jeweiligen aktuellen Lerngegenstand verstärkt unterstützen. Das erforderliche Wissen über Eigenschaften und Merkmale verschiedener Sprachen wird im Studium der Lehrämter jedoch in aller Regel nicht vermittelt. Die Lehrkräfte versuchen deshalb, im Schulalltag eine entsprechende Wissensbasis aufzubauen. Vor allem erhalten sie Informationen von ihren Lernenden, die sie sich zu merken versuchen.

> Beispiel: *Ja, und das ist dann auch ganz oft, […] dass dann Schüler […] kommen, […] die sagen ‚Ja hier im Afghanischen ist es halt so und so, das kenne ich aus der und der Sprache'. […] Und das merke ich mir dann halt für die nächsten Generationen (# P1-45:36).*

Die dritte Vorgehensweise besteht darin, den **Vergleich** mit zwei von der Lehrkraft beherrschten Sprachen **zu modellieren** und die Lernenden anschließend bei der Übertragung des Vergleichs auf andere Sprachen anzuleiten. Die Schilderung einer exemplarischen Unterrichtssequenz soll die Umsetzung dieses Ansatzes zeigen. Die Lehrkraft unterrichtet an einer Hauptschule Deutsch im Regelunterricht sowie in Vorbereitungsklassen. Da ihre Schüler*innen viele verschiedene Herkunftssprachen in den Unterricht mitbringen, die sie selbst nicht spricht, hat sie sich als generelle Herangehensweise dafür entschieden, Vergleiche zwischen Türkisch und Deutsch zu zeigen, die sie selbst beherrscht, und diese dann mit den Schüler*innen gemeinsam auf deren Sprachen zu übertragen.

> Beispiel: *Wie lerne ich Akkusativ, wie lerne ich Dativ. Das ist ziemlich schwer und viele Kollegen haben dann auch damit Schwierigkeiten. […] Bei mir war es dann so, ich habe […] die türkische Sprache und die deutsche Sprache miteinander verglichen. […] Die Schüler haben immer wieder gefragt „Was ist das? Ich verstehe das nicht. Was ist denn Akkusativ? Und woher weiß ich denn, wann ich Akkusativ verwenden soll?". Und da bin ich an die Sache so rangegangen, ich habe zuerst einen deutschen Satz geschrieben und gesagt, in der türkischen Sprache heißt es so und so. In der deutschen Sprache wird das so gemacht, dass man den Artikel verändert und dass man aus ‚der' ein ‚den' macht. Und dieses ‚den' ist in der türkischen Sprache ein ‚i', was man an das Wort dranhängt. Beide haben die gleiche Bedeutung im Satz. Dann habe ich einem anderen Schüler, der Persisch spricht, gesagt „Schreib das mal auf, wie ist das in deiner Sprache. Diese Wörter kennst du ja, ist ja ein ganz einfacher Satz.". Dann ist der aufgestanden, hat das geschrieben. Und dann meinte ich „Ja, wo ist denn dieses ‚den'?". Dann hat der mir das gekennzeichnet, da ist das. Und dann habe ich gesagt „Siehst du, in allen*

Sprachen gibt es die Fallkennzeichnung. Ähnliche oder auch unterschiedliche.". [...] Wir haben dann auch darüber gesprochen, was für eine Bedeutung das im Satz hat und wie das gebildet wird. [...] So in dieser Form haben wir das dann gelernt. Aber das mit den Sprachvergleichen hat denen sehr viel geholfen. [...] Sonst bleibt das ein abstrakter Begriff, sie konnten das nicht anpacken. Aber indem sie es in ihrer eigenen Sprache selbst entdeckt haben, [...] hat das dann geklappt [...] (# P2-15:37).

Hier modelliert die Lehrkraft das Vorgehen von Sprachvergleichen mit Türkisch und Deutsch. Das Modellieren stellt eine der typischen Strategien des Scaffolding-Ansatzes dar und besteht darin, dass die Lehrkraft sich in die Situation der Lernenden hineinversetzt und laut denkend vorführt, wie eine Lern- oder Arbeitsstrategie angewendet wird. So sollen den Schüler*innen auch ansonsten nicht beobachtbare Vorgehensweisen deutlich werden. Anschließend leitet die Lehrkraft ihre Schüler*innen dabei an, den Vergleich mit ihren Herkunftssprachen vorzunehmen – genauso wäre dies mit Zweit- und Fremdsprachen möglich. Auch das Anleiten gehört zu den typischen Strategien des Scaffolding-Ansatzes und besteht in der Begleitung der Lernenden z.B. bei der Anwendung einer Strategie.

Die Rollenverteilungen bei den geschilderten Vorgehensweisen ermöglichen es Lehrkräften, auch in hyperdivers-mehrsprachigen Klassen mit Sprachvergleichen zu arbeiten. Denn alle drei Ansätze beruhen auf der Annahme, dass die Lernenden Kompetenzen in Sprachen mitbringen, die von den Lehrkräften nicht beherrscht werden. Gerade dies hält bislang viele Lehrkräfte davon ab, mit Sprachvergleichen zu arbeiten. Die hier befragten Expert*innen überwinden diese Hürde, indem sie die Expertisen ihrer Schüler*innen in den Unterricht einbeziehen. Außerdem ist zu betonen, dass die geschilderten Ansätze durch die Rollenverteilungen zu einem hohen Aktivierungsgrad der Schüler*innen führen. Darüber hinaus beinhalten die offenen und modellierten Vergleiche ein mit den Mitschülern und der Lehrkraft gemeinsames Entdecken, was das Gruppengefühl stärken und mit einem Strategieerwerb einhergehen kann. Insbesondere hierfür ist eine Begleitung durch die Lehrkraft wichtig, damit bei den Lernenden keine Überforderung entsteht. Denn der Einbezug von Expertisen der Schüler*innen macht die Rolle der Lehrkraft nicht minder bedeutsam, sondern verschiebt sie lediglich hin zu einer moderierenden Funktion.

Des Weiteren wirken die drei Vorgehensweisen dem Phänomen des Othering entgegen, also die Zuordnung einer Person zu einer Gruppe und die gleichzeitige Distanzierung von einer anderen Gruppe, wodurch z.B. Schüler*innen ‚abgestempelt' werden können (Terhart/von Dewitz 2017). Häufig werden typologisch ähnliche Sprachen, Sprachen mit einem hohen Prestige oder häufig vorkommende Sprachen eher in den Unterricht einbezogen als andere, was u. a. García/Flores (2010) als sozial ungerecht kritisieren. Othering entsteht im heutigen Schulunterricht allerdings vor allem durch die oftmals vorgenommene Unterscheidung zwischen mehrsprachigen und vermeintlich einsprachigen Schüler*innen, d.h. einer „Verknüpfung von Mehrsprachigkeit mit Migration" (Natarajan 2016, 263). Andere Erwerbsformen von Mehrsprachigkeit (z.B. durch Fremdsprachenunterricht) werden ignoriert, so dass die Mehrsprachigkeit aller Lernenden nicht als verbindendes Merkmal wahrgenommen wird. Offenes, gelenktes und modelliertes Sprachvergleichen kann all dem entgegenwirken, da es die Möglichkeit bietet, alle in der Klasse vertretenen Sprachen gleichermaßen einzubeziehen.

6. Fazit

Die befragten Lehrer*innen setzen Sprachvergleiche als multilinguales Scaffolding ein. Es zeigten sich sowohl hinsichtlich der Definition und der Kernmerkmale als auch bei den didaktischen Zielsetzungen und Umsetzungsstrategien Übereinstimmungen zwischen dem Unterrichtselement des Sprachvergleichs und dem Scaffolding-Ansatz. Die drei Vorgehensweisen – offene, gelenkte und modellierte Sprachvergleiche – können von Lehrkräften umgesetzt werden, auch wenn sie viele der in der Klasse vertretenen Sprachen nicht sprechen. Dies gelingt durch den Einbezug der Expertisen der Schüler*innen, womit Vorteile wie z.B. ein hoher Aktivierungsgrad der Lernenden und eine Gleichbehandlung aller Sprachen einhergehen können.

Sprachvergleiche sind somit nun nach dem Gebrauch von Herkunftssprachen in der Unterrichtsinteraktion das zweite Kernelement mehrsprachiger Unterrichtskonzepte, für das eine Verzahnung mit dem Scaffolding-Ansatz aufgezeigt werden konnte. Dies lässt das multilinguale Scaffolding als eine vielversprechende Möglichkeit zur Verbindung von Zielsprachenorientierung und Mehrsprachigkeitskompetenz erscheinen, zu der weitere Studien folgen sollten. Es wäre zum einen wichtig, die Befunde mit weiteren empirischen Untersuchungen (z.B. Unterrichtsbeobachtungen) zu triangulieren, so dass Schlussfolgerungen für Weiterentwicklungen mehrsprachiger Unterrichtskonzepte gezogen werden können. Zum anderen ist zu überlegen, welche Konsequenzen aus den Ergebnissen für eine Implementation in der breiten Unterrichtspraxis zu ziehen sind – z.B., wie Materialien und Fortbildungen zu gestalten sind, die Lehrkräfte bei der Umsetzung von multilingualem Scaffolding in hyperdivers-mehrsprachigen Klassen unterstützen können.

7. Bibliographie

Bär, M. (2009): *Förderung von Mehrsprachigkeit und Lernkompetenz*. Tübingen: Narr

Behr, U. (2007): *Sprachenübergreifendes Lernen und Lehren in der Sekundarstufe I*. Tübingen: Narr

Bredthauer, S. (2020): Sprachvergleiche in hyperdivers-mehrsprachigen Klassen: Schüler*innen als Expert*innen. *Beiträge zur Fremdsprachenvermittlung* 62/2019, 5–18

Bredthauer, S. (2019): Sprachvergleiche als multilinguale Scaffolding-Strategie. *Zeitschrift für Interkulturellen Fremdsprachenunterricht* 24 (1), 127–143. http://tujournals.ulb.tu-darmstadt.de/index.php/zif/ (letzter Zugriff am 12.01.2024)

Bredthauer, S. (2018): Mehrsprachigkeitsdidaktik an deutschen Schulen – eine Zwischenbilanz. *Die deutsche Schule (DDS)* 3, 275–286

Bredthauer, S./ Engfer, H. (2016): Multilingualism is great – But is it really my business? *Sustainable Multilingualism* 9/2016, S. 104–121

Candelier, M./ Camilleri Grima, A./ Castelotti, V./ de Pietro, J.-F./ Lörincz, I./ Meißner, F.-J./ Schröder-Sura, A. (Hg.) (2009): *RePA – Referenzrahmen für Plurale Ansätze zu Sprachen und Kulturen*. Graz: ECML

Dresing, T./ Pehl, T. (2013): *Praxisbuch Interview, Transkription & Analyse*. Marburg

Europarat (2001): *Gemeinsamer europäischer Referenzrahmen für Sprachen: lernen, lehren, beurteilen*. Berlin/München: Langenscheidt

García, O./ Flores, N. (2010): Multilingual pedagogies. In: Martin-Jones, Marilyn/ Blackledge, Adrian/ Creese, Angela (Hg.): *The Routledge Handbook of Multilingualism*. Abingdon: Routledge, 232–246

Leisen, J. (2010): *Handbuch Sprachförderung im Fach - Sprachsensibler Fachunterricht in der Praxis*. Bonn: Varus

Marx, N. (2005): *Hörverstehensleistungen im Deutschen als Tertiärsprache*. Baltmannsweiler: Schneider Hohengehren

Mehlhorn, G. (2013): Slawische Sprachen als Tertiärsprachen – Potenziale für den Sprachvergleich im Fremdsprachenunterricht. In: Rothstein, B. (Hg.): *Sprachvergleich in der Schule*. Esslingen: Schneider, 111–136

Meißner, F.-J. (2013): Die REPA-Deskriptoren der ‚weichen' Kompetenzen. *Giessener Elektronische Bibliothek*. https://jlupub.ub.uni-giessen.de/handle/jlupub/16555 (letzter Zugriff am 12.01.2024)

Meuser, M./ Nagel, U. (2013): Experteninterviews. In: Friebertshäuser, B./ Langer, A. / Prengel, A. (Hg.): *Handbuch Qualitative Forschungsmethoden in der Erziehungswissenschaft*. Weinheim/Basel: Beltz Juventa, 457–471

Morkötter, S. (2016): *Förderung von Sprachlernkompetenz zu Beginn der Sekundarstufe*. Tübingen: Narr

Natarajan, R. (2016): Die Erfindung der Einsprachigen. In: Gritschke, C. / Ziese, M. (Hg.): *Geflüchtete und kulturelle Bildung. Formate und Konzepte für ein neues Praxisfeld*. Bielefeld: transcript, 261–274

Reich, H./ Krumm, H.-J. (2013): *Sprachbildung und Mehrsprachigkeit*. Münster: Waxmann

Sierens, S./ Van Avermaet, P. (2014): Language diversity in education. In: Little, D. / Leung, C. / van Avermaet, P. (Hg.): *Managing Diversity in Education*. Bristol, Buffalo, Toronto: Multilingual Matters, 204–222

Swain, M./ Lapkin, S. (2013): A Vygotskian sociocultural perspective on immersion education: The L1/L2 debate. *Journal of Immersion and Content-Based Language Education* 1, 101–129

Terhart, H./ Dewitz, N. von (2017): Migrationsbedingt mehrsprachige Familien im Fokus sprachlicher Bildungsangebote. In: Becker-Mrotzek, M./ Roth, H.-J. (Hg.): *Sprachliche Bildung – Grundlagen und Handlungsfelder*. Münster: Waxmann, 139–154

Van de Pol, J./ Volman, M./ Beishuizen, J. (2010): Scaffolding in Teacher-Student Interaction: A Decade of Research. *Educational Psychology Review* 22, 271–296

Ansätze zur Vermittlung einer wissenschaftssprachbezogenen Mehrsprachigkeitskompetenz durch *Translanguaging*. Wissenschaftspropädeutische Wortschatzarbeit im schulischen Tertiärsprachenunterricht Deutsch

Cordula Meißner

ABSTRACT

Translanguaging is currently being taken up mainly for language teaching at primary and secondary level, less so in tertiary education. However, along with the progress of internationalization, multilingualism has become a defining factor in this field. This poses the task for scientific propaedeutics in secondary schools to build up resources for the demands of multilingualism in tertiary educational contexts. Taking German as a tertiary language as an example, the article shows how the concept of translanguaging can be applied for this purpose. It therefore illustrates exemplary tasks for vocabulary work in scientific propaedeutics that aim to convey insight into the epistemic significance of the diversity of conceptualizations through languages and to foster the ability to independently compare languages in this respect.

RESÜMEE

Translanguaging wird aktuell vor allem für sprachliche Bildung auf der Primar- und Sekundarstufe aufgegriffen, weniger auf dem Gebiet der tertiären Bildung. Mit der fortschreitenden Internationalisierung ist Mehrsprachigkeit jedoch auch hier zu einem prägenden Faktor geworden. Daraus ergibt sich für die schulische Wissenschaftspropädeutik die Aufgabe, Ressourcen für die Mehrsprachigkeitsanforderungen der tertiären Bildungskontexte aufzubauen. Der Beitrag zeigt anhand exemplarischer Aufgabenstellungen für Deutsch als nachgelernte Fremdsprache bzw. Tertiärsprache, wie sich der Ansatz des *Translanguagings* für die wissenschaftspropädeutische Wortschatzarbeit in der Sekundarstufe II nutzen lässt. Dabei soll Wissen um die epistemische Bedeutung der Verschiedenheit von Konzeptualisierungen durch Sprachen vermittelt, die Fähigkeit, Sprachen diesbezüglich selbständig vergleichend betrachten zu können, gefördert sowie für den Wert der sprachlichen Vielfalt im wissenschaftlichen Erkenntnisprozess sensibilisiert werden.

1. Einleitung

Das Ziel schulischer Bildung ist es, Schülerinnen und Schüler (SuS) auf die selbständige Teilhabe am gesellschaftlichen Leben vorzubereiten. In zunehmend sprachlich pluralisierten Gesellschaften kommt hierbei der Ausbildung von Mehrsprachigkeitskompetenz wachsende Bedeutung zu. Mehrsprachigkeit als Lernziel wird daher verstärkt in die Konzeption von Fremdsprachenunterricht aber auch von Sachfachunterricht einbezogen (Hallet 2017a, 2017b). Auch der Blick auf das Lernen einzelner Fremdsprachen wie etwa Deutsch hat sich in diesem Kontext verändert (z.B. Hufeisen 2019). Unter dem Aspekt der Teilhabe in sprachlich pluralisierten Gesellschaften wird für das Lernen von Sprachen vermehrt aus der Perspektive des dadurch ermöglichten Wissenserwerbs in anderen Sprachen argumentiert. Die Ausgangsbasis dafür, eine „fachlich gegründete Diskursfähigkeit" zu entwickeln und „fachliches Begriffswissen in der Fremdsprache aufzubauen" (Hallet 2017b, 289f.), bildet jedoch eine grundlegende Reflexion der Bedeutung von Mehrsprachigkeit für die Gewinnung von Wissen. Diese kann anhand eines mehrsprachigen Durchdenkens von Wissensinhalten initiiert werden (Berthoud 2008).

Im vorliegenden Beitrag wird ein Konzept vorgestellt, das auf die Vermittlung einer solchen epistemischen Mehrsprachigkeitskompetenz abzielt. Es wird dazu der schulische Tertiärsprachenunterricht Deutsch als Fremdsprache in den Blick genommen. Anhand von Aufgaben zur wissenschaftspropädeutischen Wortschatzarbeit soll aufgezeigt werden, wie Lerner:innen mit Hilfe des mehrsprachigkeitsdidaktisch angewandten Konzepts des *Translanguagings* an eine Reflexion über die inhaltsformende Wirkung sprachspezifischer Ausdrucksmittel herangeführt werden können. Es werden zunächst ausgehend von einer Darstellung dieses Konzeptes (2) und der Mehrsprachigkeitsanforderungen im Bereich der tertiären Bildung (3) vorliegende Ansätze zusammengefasst, die Mehrsprachigkeit in ihrer epistemischen Funktion mit *Translanguaging* verbinden (4). Daran anknüpfend wird das hier vorgeschlagene Konzept vorgestellt (5) und im Hinblick auf weitere Anwendungskontexte diskutiert (6).

2. *Translanguaging* und Mehrsprachigkeitsdidaktik

Bei dem Konzept des *Translanguagings* handelt es sich um einen für die Mehrsprachigkeitsdidaktik interessanten Ansatz, der Sprachen nicht als voneinander abgegrenzte Systeme auffasst, sondern kommunikative Praktiken mehrsprachiger Sprecher:innen zum Ausgangspunkt nimmt, bei denen diese alle ihnen verfügbaren sprachlichen (und semiotischen) Ressourcen einsetzen, um eine Verständigung über Inhalte zu erreichen. In der starken Version des *Translanguaging*-Ansatzes steht dieser situationsspezifische, fließend-sprachenübergreifende, selektive Gebrauch von Ausdrucksmitteln der sprecherindividuellen Repertoires zum Zweck der Bedeutungsaushandlung sowie die hierin erscheinende Aufhebung abgrenzbarer Sprachsysteme im Mittelpunkt (García/Lin 2017; García 2019). *Translanguaging* als didaktischer Ansatz zielt damit auch auf Praktiken der Lehre ab, die bei der Wertschätzung des gesamten sprachlichen Repertoires von Lernenden ansetzen und Übersetzung und Sprachwechsel mit dem Ziel der Inhaltsaushandlung im Rahmen aller Unterrichtsaktivitäten einsetzen.

Translanguaging stimmt mit anderen mehrsprachigkeitsdidaktischen Ansätzen wie der Interkomprehension, dem Tertiärsprachenlernen sowie Ansätzen des sachfachintegrierten Sprachenlernens oder der Sprachaufmerksamkeit in der Zielperspektive einer mehrsprachigen Bildung überein, der es darum geht, Lerner:innen zu einer Pluriliteralität zu führen, die es ihnen ermöglicht, ihr Wissen, ihre Fertigkeiten und ihr Verstehen unter Verwendung mehrerer Sprachen auszubauen (Meier 2014, 134–137, 145). So wird der Begriff des *Translanguagings* erstmals im *Companion Volume* des Gemeinsamen Europäischen Referenzrahmens explizit genannt und dem Konzept der Mehrsprachigkeit (*plurilingualism*) zugeordnet, wenn plurilinguale Kompetenz als das Vermögen beschrieben wird, für kommunikative Ziele flexibel auf die Ressourcen eines mehrsprachigen Repertoires zurückgreifen zu können (Europarat 2018, 28). Das Konzept hebt sich von anderen Ansätzen jedoch durch die Zentralstellung multilingualer Praktiken in der Bedeutungsaushandlung ab. Mit diesem Fokus ist es für eine Mehrsprachigkeit im Bereich tertiärer Bildung, die auf eine Reflexion der sprachlichen Wissenskonstruktion abzielt, von besonderem Interesse. Bislang wurden Anwendungsmöglichkeiten des *Translanguagings* jedoch vor allem hinsichtlich der Primar- und zum Teil der Sekundarstufe betrachtet, während das Konzept auf dem Gebiet der tertiären Bildung noch vergleichsweise wenig Aufmerksamkeit erfahren hat (van der Walt 2013, 141; Mazak 2016, 6).

3. Mehrsprachigkeit und tertiäre Bildung

Mehrsprachigkeit ist mit der fortschreitenden Internationalisierung zu einem prägenden Faktor für den akademischen Bereich geworden (van der Walt 2013; Palfreyman/van der Walt 2017). Dabei sind mit der Hochschulausbildung einerseits (oft ohne explizite Vermittlung) mehrsprachige Anforderungen verbunden, wie etwa die Aneignung fachlichen Wissens auf der Basis (zumeist englischer) fremdsprachiger Texte oder die disziplinenspezifische Ausbildung von Kompetenzen in mehreren Sprachen (im Englischen und in lokalen Sprachen) für die Kommunikation in Wissenschaft, Öffentlichkeit und Arbeitswelt (Airey 2009; Kuteeva/Airey 2014). Andererseits ist aus der komparatistischen Forschung zur Wissenschaftssprache bekannt, dass Sprachen im Rahmen ihrer alltäglichen Wissenschaftssprachen (Ehlich 1999) – d.h. in den fachübergreifend gebrauchten, ursprünglich der Gemeinsprache entstammenden Ausdrucksmitteln – je eigene Konzeptualisierungen und Ausdrucksressourcen mitbringen, die ihre Zugänglichkeit für Lernende erschweren, aus deren Vielfalt jedoch Möglichkeiten der Erkenntnisgewinnung erwachsen, die das Potenzial wissenschaftlicher Mehrsprachigkeit bilden (Ehlich 2006). Das epistemische Umgehen mit und das Denken zwischen mehreren Sprachen bilden somit einen wesentlichen Teil der für die tertiäre Bildung benötigten Mehrsprachigkeitskompetenz. Dabei unterscheidet sich die Ausgangssituation für den Gebrauch mehrerer Sprachen in der tertiären Bildung und der ihr unmittelbar vorangehenden Sekundarstufe II grundlegend von der Situation in früheren Schulstufen: Student:innen bzw. Studienanwärter:innen bringen in mindestens einer Sprache bildungssprachliche Kompetenzen sowie Sprachlernerfahrungen in anderen Sprachen mit und sind somit in anderer Weise in der Lage, mehrere Sprachen zur Bedeutungserschließung zu nutzen (van der Walt 2013, 142, 151). Vor diesem Hintergrund kann eine schulische Mehrsprachigkeitsdidaktik (Martinez 2015) im Rahmen der Wissenschaftspropädeutik der Sekundarstufe II gezielt Ressourcen mit Blick auf die Mehrsprachigkeitsanforderungen der tertiären Bildungskontexte aufbauen und dabei den Ansatz des *Translanguagings* nutzbar machen.

4. *Translanguaging* und die epistemische Bedeutung von Mehrsprachigkeit

Um an das epistemische Umgehen mit mehreren Sprachen heranzuführen, lassen sich Ansätze aufgreifen, in denen *Translanguaging* mit dem Ziel eingesetzt wird, ein tieferes Verstehen zu fördern. Für die Erschließung fachwissenschaftlicher Inhalte bietet sich ein solches Vorgehen besonders an (Palfreyman/van der Walt 2017). Dies zeigen etwa Hurst/Madiba et al. (2017) für den Aufbau begriffsbezogener Kompetenzen (*concept literacy*) anhand der Erarbeitung von Fachtermini, die in der Studiensprache Englisch vermittelt und mit Hilfe der afrikanischen Erstsprachen der Student:innen semantisch tiefer erschlossen werden. In Gruppen mit gemeinsamer L1 erarbeiten Studierende hier Glossareinträge für sozialwissenschaftliche Grundbegriffe, für die sie Definitionen auf Englisch und in ihrer L1 formulieren. Im Kontext der Aufgabe haben sie damit die Rolle von Experten, welche die Angemessenheit der L1-Ausdrücke zur Versprachlichung des Fachinhalts diskutieren. Indem sie die Fachtermini durch die verwendeten L1-Ausdrücke mit historisch-kulturellen Spezifika verbinden, nehmen sie selbständig eine sprachliche Wissenskonstruktion vor und reflektieren diese. Ebenfalls auf die Verstehensförderung zielt der auf den schulischen Lernkontext bezogene Ansatz von Setati/Adler et al. (2002) ab, der neben die Einübung in die sprachlich-stilistischen Konventionen fachspezifischer Kommunikation (*discourse specific talk*) den Einsatz der L1-Sprachen zur Entwicklung des Konzeptverständnisses (*exploratory talk*) stellt. In dieser Verwendung von Sprache zum Wissenserwerb, die für Kontexte vorgeschlagen wurde, in denen die Schulsprache nicht die L1 ist, wird zugleich ein Bezug zu dem zugrundeliegenden Konzept von *Translanguaging* deutlich: dem *Languaging*, welches die Versprachlichung als Prozess der Bedeutungsformung, also in ihrer epistemischen Rolle als Werkzeug des Denkens in den Blick nimmt (Li 2018, 15f.; Li in diesem Band, S. 145). Die erkenntnisbezogene Bedeutung der Mehrsprachigkeit wird durch das Nachdenken über Konzeptualisierungen in verschiedenen Sprachen erfahrbar: Anhand der Mehrdeutigkeit von Wortschatzeinheiten und ihrer je spezifischen Eingebundenheit in lexikalische Netze treten Relativität und Spezifik einer Sprache hervor (Cassin 2009). Für diesen Zusammenhang können Lerner:innen etwa durch das didaktische Einbeziehen von Übersetzungen und deren Reflexion sensibilisiert werden. So übersetzen in der Studie von Kiernan (2017) internationale Studierende einer amerikanischen Hochschule Auszüge eines wissenschaftlichen Textes in ihrer L1 ins Englische, reflektieren dann über die dabei getroffenen sprachlichen Entscheidungen – und damit auch über die sprachliche Verfasstheit von Wissensinhalten an sich – und erweitern im Zuge dessen ihre Sprachbewusstheit in beiden Sprachen.

5. Epistemische Mehrsprachigkeitskompetenz durch Translanguaging vermitteln: Ein Vorschlag für die wissenschaftspropädeutische Wortschatzarbeit im schulischen Tertiärsprachenunterricht Deutsch

Die vorgestellten Ansätze lassen sich aufgreifen, um *Translanguaging* bereits im schulischen Fremdsprachenunterricht der Sekundarstufe II für die Vermittlung einer wissenschaftssprachbezogenen Mehrsprachigkeitskompetenz zu nutzen. Die mit dem *Translanguaging* fokussierte Verwendung mehrsprachiger Ressourcen zur Inhaltsaushandlung bietet dabei die Möglichkeit, über die durch eine Versprachlichung entstehende Bedeutungsformung zu reflektieren, durch das vergleichend-mehrsprachige Nachdenken über Ausdrucksmittel die sprachliche Bedingtheit der Wissenskonstruktion in den Blick zu nehmen und somit einen epistemischen Umgang mit Sprachen – ein Denken zwischen den Sprachen – zu erproben. Die Vermittlung einer solchen epistemischen Mehrsprachigkeitskompetenz ordnet sich in den Rahmen des für die Sekundarstufe II fachübergreifend geltenden Bildungsziels der Wissenschaftspropädeutik ein. Im Folgenden soll hierzu ein Vermittlungsansatz mit exemplarischen Aufgabenstellungen für die wissenschaftspropädeutische Wortschatzarbeit ausgehend vom Deutschen als schulischer Tertiärsprache (L3) vorgestellt werden, der den Aufbau der folgenden Ressourcen[1] verfolgt: (1) das Wissen um die epistemische Bedeutung der Verschiedenheit von Konzeptualisierungen durch Sprachen, (2) die Fähigkeit, eine diesbezügliche vergleichende Betrachtung von Sprachen selbständig durchführen und nutzen zu können, sowie (3) die Ausbildung einer Sensibilität für den Wert der sprachlichen Vielfalt im wissenschaftlichen Erkenntnisprozess.

5.1 Theoretische Vorüberlegungen

Die epistemisch relevante Verschiedenheit von Sprachen zeigt sich in der sprachspezifischen Mehrdeutigkeit lexikalischer Einheiten. Diesen Aspekt hebt Cassin (2009) aus der Perspektive eines philosophischen

[1] Ressourcen werden hier im Sinne des Referenzrahmens für Plurale Ansätze zu Sprachen und Kulturen (RePA) verstanden als Aspekte von Sprachenwissen, Sprachenkönnen und Persönlichkeitsmerkmalen, welche mobilisiert werden können, um eine Aufgabe zu lösen. Sie bilden die im Unterricht aktivierbaren Lerngegenstände, welche den Kompetenzen zugrunde liegen (Candelier/Camilleri-Grima et al. 2009, 15f.).

Nachdenkens über Sprachen und deren (Un-)Übersetzbarkeit hervor: „Durch die Mehrdeutigkeit wird der Signifikant zu einem Gegenstand der Philosophie…" (ibid., 25). Sprachdidaktisch lässt sich dies aufnehmen, indem mit Lernenden über die sprachspezifische Einbindung lexikalischer Einheiten in ein lexikologisches System – in Wortfelder und Wortfamilien und hieraus resultierende Assoziationsräume – nachgedacht wird. Daneben ermöglicht eine solche mehrsprachige Reflexion es den Lerner:innen, sich der eigenen Sprache(n) in ihrer Besonderheit bewusst zu werden (Cassin 2009, 29). Eine solche Bewusstheit für den Beitrag einer (der eigenen) Sprache und damit auch aller anderen Sprachen ist im Hinblick auf den Erhalt und die Weiterentwicklung bildungs- und wissenschaftssprachlicher Mehrsprachigkeit besonders wichtig.

Das Deutsche als L3 bietet sich als Ansatzpunkt für die Reflexion der epistemischen Bedeutung sprachlicher Vielfalt an: Es verfügt in seiner alltäglichen Wissenschaftssprache weniger über griechisch-lateinisch basierte Lexik (Fandrych 2001; Meißner/Wallner 2019, 170–173) und unterscheidet sich damit vom Englischen, welches für SuS in der Regel die zuerst gelernte Fremdsprache darstellt (Hufeisen/Neuner 2003). Das Deutsche bietet sich im Bereich der Wissenschaftssprache daher zum einen als produktiver Kontrast an, anhand dessen sich die Möglichkeiten eines „Denken[s] in Sprachen" verdeutlichen lässt (Cassin 2013; Dubost 2014). Daneben bietet die im Deutschen besonders hervortretende Nähe der Wissenschaftssprache zur Gemeinsprache einerseits Vorteile für den Einstieg, indem an die aus der Gemeinsprache bekannten Formen angeschlossen werden kann. Andererseits eröffnet sie Optionen für eine hierauf aufbauende Sprachreflexion, welche die weitergehenden Bedeutungen dieser Ausdrucksmittel im Kontext der Wissenschaft in den Blick nimmt. Der im Folgenden vorgestellte Ansatz greift daher die Verbindung zwischen Wissenschaftssprache und Gemeinsprache im Deutschen, die v.a. im Bereich der Verben deutlich wird, auf (Meißner 2014, 2020; Meißner/Wallner 2019).

Das Deutsche wird dabei hier primär in seiner besonderen Einstiegsfunktion, die es in Bezug auf die Reflexion der epistemischen Relevanz von Mehrsprachigkeit übernehmen kann, betrachtet. Es ließen sich jedoch darüber hinaus mit dem vorgeschlagenen Ansatz auch Lernziele mit stärkerem Bezug auf das Deutsche als Zielsprache verknüpfen, etwa im Hinblick auf die Vermittlung von Merkmalen der deutschen Bildungs- und Wissenschaftssprache.

5.2 Ausgehend von der L3 Deutsch über die epistemische Bedeutung von Mehrsprachigkeit reflektieren: Ein Vermittlungsvorschlag

Anhand der im Folgenden vorgestellten Aufgaben soll ausgehend von der L3 Deutsch die in Polysemien sowie der Eingebundenheit in Wortfelder und Wortfamilien begründete, epistemisch relevante Spezifik von Sprachen bewusst gemacht werden. *Translanguaging* wird eingesetzt, indem SuS mit Hilfe aller ihnen verfügbaren sprachlichen Ressourcen vergleichend über Ausdrücke in der L3 Deutsch, der L2 Englisch sowie ihrer/n L1-Sprache(n) nachdenken und dadurch diese in ihrer Spezifik erfahren lernen. Für die vergleichende Sprachbetrachtung wird auf digital verfügbare Sprachdaten, Sprachinformationsquellen und Übersetzungswerkzeuge zurückgegriffen. Die digitalen Ressourcen liefern dabei das sprachliche Material, das den Stimulus für die Reflexionsaufgaben bildet. Durch die Aufgaben werden mögliche Nutzungsszenarien und Strategien des Umgangs mit diesen Ressourcen thematisiert, welche die SuS langfristig für das selbständige Sprachenlernen anwenden können. Der Vermittlungsvorschlag umfasst drei Schritte: Zunächst wird die epistemische Rolle der Vernetztheit von Wortschatzeinheiten an einem Beispiel des Deutschen bewusst gemacht (5.2.1). Diese Erfahrung wird anschließend durch die Betrachtung von Übersetzungen reflexiv erweitert (5.2.2), bevor sie schließlich in ihren Implikationen im Kontext wissenschaftlicher Texte diskutiert wird (5.2.3).

5.2.1 Die Rolle der Vernetztheit von Wortschatzeinheiten bewusst machen: Das Beispiel *Bild*

In einem ersten Schritt soll am Beispiel des Lexems *Bild* als eines typischen Vertreters, der die Nähe von Gemeinsprache und alltäglicher Wissenschaftssprache im Deutschen vor Augen führt[2], die epistemische Spezifik sprachlicher Ausdrucksmittel bewusst gemacht werden. Hierzu wird die Aufmerksamkeit der SuS auf die Mehrdeutigkeit des Ausdrucks und seine Einbindung in lexikalische Netze gelenkt. Sie betrachten hierzu zunächst die Sachgruppen (Wortfelder), denen *Bild* angehört. Auf diese kann

---

[2] So gehört *Bild* zu den zehn häufigsten Nomen der fachübergreifenden Lexik geisteswissenschaftlicher Disziplinen (Meißner/Wallner 2019, 62). Gleichzeitig ist es eines der 100 häufigsten Nomen des Deutschen (Tschirner/Möhring 2020, 300) und Teil des A1-Wortschatzes (etwa die Goethe-Zertifikatsliste A1 unter: https://www.goethe.de/pro/relaunch/prf/de/A1_SD1_Wortliste_02.pdf (11.01.2024)).

etwa über die im Wortschatzportal eingebundenen Informationen aus dem Dornseiff-Sachgruppenwörterbuch[3] zugegriffen werden (Abb. 1).

▲ Dornseiff-Bedeutungsgruppen:

5.17 Ähnlich Bild, Gleichnis, Metapher, Vergleich
5.18 Nachahmen Abbild, Abdruck, Abglanz, Abguss, Abklatsch, Abschrift, Abzug, Anleihe, Attrappe, Bild, Doppel, Duplikat, Durchschlag, Echo, Ersatz, Ersatzstoff, Falsifikat, Gegenbild, Kopie, Nachahmung, Nachbau, Nachbildung, Nachdruck, Notlösung, Pause, **mehr...**
11.4 Begriff, Denkergebnis Begriff, Bild, Blickpunkt, Blickwinkel, Denkergebnis, Gedanke, Gesichtspunkt, Idee, Kategorie, Systematik
12.1 Zeichen Allegorie, Bild, Signet, Sinnbild, Symbol, Vorstellung, Zeichen
12.36 Bildlicher Ausdruck Allegorie, Bild, Fabel, Gleichnis, Metapher, Muster, Nachbild, Parabel, Personifikation, Sinnbild, Symbol, Typus, Vergleich, Vermenschlichung, Vertreter
14.2 Gestaltung Abbildung, Abguss, Abklatsch, Abschrift, Allegorie, Animation, Bild, Bildnis, Collage, Denkmal, Druckgrafik, Faksimile, Foto, Fotografie, Gemälde, Gleichnis, Grafik, Illustration, Imitation, Konterfei, Kopie, Maske, Montage, Porträt, Selbstporträt, **mehr...**
14.9 Fotografie Abzug, Aufnahme, Bild, Foto, Fotografie, Lichtbild, Momentaufnahme, Röntgenbild, Schnappschuss
19.9 Verzierung, Schmuck Bild, Figur, Schnörkel, Verzierung, Wandschmuck

Abb. 1: Dornseiff-Bedeutungsgruppen für *Bild* (Darstellung aus dem Wortschatzportal[4]).

Anhand der Übersicht kann den SuS deutlich gemacht werden, dass *Bild* über ein weitreichendes Bedeutungsspektrum verfügt, zu dem etwa die Bezeichnung für Produkte (künstlerisch) gestaltender Tätigkeit (14.2 Gestaltung), aber auch die Bezeichnung einer relationalen Eigenschaft (5.17 Ähnlich, 5.18 Nachahmen), die Bezeichnung einer zeichenhaften (sprachlichen) Darstellung eines Inhalts (12.1 Zeichen) und die Bezeichnung des kognitiven Erfassens eines Inhalts (11.4 Begriff, Denkergebnis) gehören. Daneben steht *Bild* als Bezeichnung eines technisch erstellten Produkts auch

3 Vgl. unter: https://wortschatz.uni-leipzig.de (11.01.2024).
4 Vgl. unter: https://corpora.uni-leipzig.de/de/res?corpusId=deu_newscrawl-public_2018&word=Bild (11.01.2024).

in Verbindung mit dem Bereich entsprechender technischer Verfahren (die Sachgruppe 14.9 Fotografie oder das zugeordnete Lexem *Röntgenbild* sowie die Zuordnung zur Hauptgruppe 19 Geräte, Technik). In diesem semantischen Assoziationsspektrum können SuS erkennen, welches Bedeutungspotenzial das Lexem *Bild* bei seiner Verwendung einbringt.

Erweiternd dazu wird der Fokus auf wortfamiliäre Beziehungen von *Bild* gelenkt. Hierzu kann das digital verfügbare GeSIG-Inventar, welches den fachübergreifenden Wortschatz geisteswissenschaftlicher Disziplinen repräsentiert, herangezogen werden.[5] Die Ausfilterung aller Lemmata mit dem Formbestandteil *bild* ergibt die Nomen *Abbild, Abbildung, Ausbildung, Bild, Bildung, Gebilde, Gesamtbild, Herausbildung, Selbstbild, Vorbild* und *Vorbildfunktion*, die Verben *abbilden, ausbilden, bilden* und *herausbilden* sowie die Adjektive *ausgebildet, bildend, bildhaft, bildlich, gebildet* und *vorbildlich.* Diese Lexeme zeigen den SuS, dass *Bild* mit zahlreichen lexikalischen Einheiten der alltäglichen Wissenschaftssprache in Verbindung steht. Eine Klärung der Bedeutungen dieser Einheiten macht deutlich, dass sich hier zwei Bedeutungsstränge entwickelt haben, einer, der stärker den Aspekt der Darstellung gewichtet (z.B. *Bild, abbilden, bildhaft*), und ein zweiter, der stärker auf dem Aspekt des Formens und Gestaltens aufbaut (z.B. *Bildung, herausbilden, ausgebildet*).[6]

Anhand der Betrachtung der lexikalischen Netze um die Einheit *Bild* können SuS exemplarisch das Bedeutungspotenzial und die assoziative Reichweite von Wortschatzeinheiten und damit ihre epistemische Spezifik, d.h. die in ihnen sprachlich gebündelten Bedeutungsaspekte, bewusst gemacht werden. Das Deutsche bietet dabei aus der Fremdperspektive relativ deutlich wahrnehmbare, in komplexen Bildungen wiederkehrende Bestandteile (wie hier das Beispiel *bild* zeigt), die dazu anregen können, über entsprechende Bedeutungszusammenhänge nachzudenken (Dubost 2014). Es veranschaulicht damit einen Weg der Versprachlichung, der sich für eine Gegenüberstellung etwa mit stärker durch griechisch-lateinischen Wortschatz geprägte Sprachen anbietet.

---

5 Vgl. Das gemeinsame sprachliche Inventar der Geisteswissenschaften (GeSIG) unter: http://GeSIG-Inventar.ESV.info (11.01.2024). Das Inventar steht als Liste im csv-Format zur Verfügung und kann mit Excel entsprechend nach Einheiten, die *bild* enthalten, gefiltert sowie nach Wortarten sortiert werden.

6 Vgl. dazu auch die über das DWDS zugängliche etymologische Beschreibung unter https://www.dwds.de/wb/Bild bzw. https://www.dwds.de/wb/bilden (11.01.2024).

5.2.2 Vernetztheit von Wortschatzeinheiten mehrsprachig erfahren: Das Beispiel *abbilden*

Im zweiten Schritt soll die sprachspezifische Vernetztheit von Wortschatzeinheiten in den Blick rücken. Dazu wird aus dem dargestellten Netz um die Einheit *Bild* exemplarisch das Verb *abbilden* herausgegriffen und zunächst auf Basis des zuvor Besprochenen semantisiert. So lässt sich die im DWDS[7] gegebene Paraphrase ‚jmd./etw. bildlich darstellen' und der Hinweis auf mögliche übertragende Verwendungen in Bezug auf die in 5.2.1 dargestellten Bedeutungsassoziationen vertiefen, indem *abbilden* in Verbindung gebracht wird mit den Bedeutungsfeldern der (künstlerisch-) gestaltenden und der (sprachlich-) zeichenhaften Darstellung, mit denen der relationalen Eigenschaft zwischen Dargestelltem und Darstellung, der kognitiven Tätigkeit, die diese Beziehung herstellt, sowie den (technischen) Verfahren, die dafür eingesetzt werden können. Ausgehend von dieser Vorbetrachtung werden konkrete Verwendungsbelege des Verbs und deren Übersetzungen ins Englische herangezogen, um bei inhaltlicher Vergleichbarkeit die eingesetzten sprachlichen Mittel und die durch sie erzeugte spezifische Darstellung des Inhalts betrachten zu können. SuS erhalten die Aufgabe, anhand der Übersetzungsbeispiele über die spezifischen Mehrdeutigkeitsspektren der verwendeten Verben zu diskutieren. Durch diese Auseinandersetzung sollen Sprachen als unterschiedliche Darstellungs- und Denkinstrumente erfahrbar werden. Die Verwendungsbeispiele und Übersetzungen können aus dem Parallelkorpus Europarl[8] genommen werden, welches *Proceedings* des Europäischen Parlaments von 1996 bis 2011 in 21 Sprachen umfasst und über die Plattform OPUS[9] online recherchierbar ist. Nach der Auswahl des deutschsprachigen Ausgangskorpus lassen sich bei der Abfrage nach dem Lemma *abbilden* ([lem="abbilden"]) Alignierungen in den verfügbaren Sprachen (hier: Englisch), dazuwählen. Das Verb *abbilden* findet sich in den englischen Übersetzungen u. a. durch die Verben *depict*, *display*, *illustrate*, *reflect* oder *represent* wiedergegeben. Mit Hilfe eines Sachgruppenwörterbuchs (für das Englische z.B. Roget's Thesaurus (2004)), das einen komprimierten

7 Vgl. https://www.dwds.de/wb/abbilden (11.01.2024).
8 http://www.statmt.org/europarl/ (25.10.2021), Koehn (2005).
9 http://opus.nlpl.eu (25.10.2021), Tiedemann (2012).

Überblick über die mit den Verben assoziierten Bedeutungsbereiche sowie benachbarte Einträge derselben Wortfamilie bietet, werden zunächst die Bedeutungsspektren dieser Verben erkundet (Abb. 2).

depict	**display**	**illustrate**	**reflect**	**represent**
represent 551 vb.	accumulation 74 n.	exemplify 83 vb.	correlate 12 vb.	represent 551 vb.
describe 590 vb.	appearance 445 n.	interpret 520 vb.	resemble 18 vb.	deputize 755 vb.
	spectacle 445 n.	represent 551 vb.	imitate 20 vb.	
depicting	exhibit 522 n.	decorate 844 vb.	recoil 280 vb.	**representation**
painting 553 n.	manifestation 522 n.		repel 292 vb.	representation 551 n.
(517)	show 522 vb.	**illustration**	radiate 417 vb.	vote 605 n.
	publicity 528 n.	example 83 n.	mediate 449 vb.	commission 751 n.
	defiance 711 n.	interpretation 520 n.	remember 505 vb.	
	pride 871 n.	representation 551 n.	show 522 vb.	**representative**
	ostentation 875 n.	picture 553 n.	represent 551 vb.	characteristic 5 adj.
	pageant 875 n.	edition 589 n.		similar 18 adj.
	(525)	ornamental art 844 n.	**reflection**	general 79 adj.
			analogue 18 n.	example 83 n.
		illustrator	imitation 20 n.	typical 83 adj.
		artist 556 n.	repulsion 292 n.	substitute 150 n.
		(599)	reflection 445 n.	informant 524 n.
			...	agent 686 n.
			reflective	councillor 692 n.
			thoughtful 449 adj.	mediator 720 n.
			reflector	nominee 754 n.
			lamp 420 n.	delegate 754 n.
			mirror 442 n.	envoy 754 n.
			reflect upon	(708)
			shame 867 vb.	
			defame 926 vb.	
			(704)	

Abb. 2: Bedeutungsspektren ausgewählter Übersetzungsäquivalente für *abbilden* nach dem Index von Roget's Thesaurus (2004)[10].

Mit Hilfe dieser Informationen können SuS die Bedeutungsspektren der englischen Übersetzungsäquivalente einschätzen und sich über Bedeutungsverschiebungen austauschen. Hierbei nutzen sie ihre gesamten sprachlichen Ressourcen (L1 und weitere Sprachen), um die Bedeutungen zu erschließen, zu vergleichen, einzuordnen und in Beziehung zueinander zu

[10] Im Index des Thesaurus sind für die gelisteten Einheiten (hier fett markiert) Schlüsselwörter angegeben, die auf Einträge für Wortfelder verweisen, denen die Einheit angehört. Die Schlüsselwörter geben einen Eindruck vom Inhalt der Felder und damit (in komprimierter Form) von den verschiedenen Bedeutungen, über welche die Einheit verfügt.

setzen. Sie können auch die im Parallelkorpus verfügbaren Übersetzungen in ihre L1 einbeziehen. Exemplarisch soll hier für einzelne englische Beispiele angedeutet werden, was sich anhand einer Gegenüberstellung mit dem deutschen *abbilden* diskutieren ließe.

Pohjamo (ELDR). (FI)	Der Änderungsantrag , wonach das Emblem jeweils auf der nationalen Flagge **abgebildet** sein soll , ist allerdings problematisch , das hat auch der Berichterstatter selbst eingeräumt .
en	The amendment to display the emblem on national flags is problematic , however , as the rapporteur has also said himself .

Abb. 3: Beispiel *abbilden* vs. *display.*

So lässt sich an der Darstellung von *display* in Roget's Thesaurus ablesen, dass im Bedeutungsspektrum dieses Verbs die Aspekte des nach außen Sichtbarseins, des Ausstellens und der Aufmerksamkeitserzeugung deutlicher vertreten sind als bei *abbilden,* und dadurch die Wiedergabe des Inhalts eine etwas andere Nuancierung erhält.

Miloš Koterec	Auf jeden Fall sollten wir für die hohe Qualität des Vertrages und die Tatsache dankbar sein , dass er die gegenwärtige Realität in der Europäischen Union und die auf Vertragsebene dargebotenen Möglichkeiten **abbildet** .
en	At any rate , let us be thankful for the high quality of the Treaty and for the fact that it reflects the present reality within the European Union and opportunities thus offered at the level of the Treaty .

Abb. 4: Beispiel *abbilden* vs. *reflect.*

Für das Verb *reflect,* aber auch benachbarte Mitglieder der Wortfamilie wie *reflection*, *reflective*, *reflector* oder *reflect upon,* weist Roget's Thesaurus ein breites Spektrum an Bedeutungsgruppen aus. Sie reichen von der physikalischen Erscheinung des Zurückwerfens von Strahlen (‚reflektieren') über die abstrakte Ähnlichkeitsbeziehung bis hin zur kognitiven Tätigkeit des Nachdenkens und der Wirkung von Verhaltensweisen. Im Vergleich zu *abbilden,* in dessen Bedeutung eine Darstellung (im Beispiel ‚Vertrag') ausgehend von einer Vorlage (‚Realität in der europäischen Union und Möglichkeiten'), d.h. die durch Nachahmung erzielte Relation, im Zentrum steht und damit die Vorlage in der Verbbedeutung den primären Bezugspunkt bildet, wird durch *reflect* mit dem Aspekt des Zurückwerfens die der Sinneswahrnehmung zugängliche Form des Produkts (‚Vertrag') in den Fokus gerückt.

Jens Geier	Dann gibt es noch Vorschläge in diesem Bericht , die nur eine Teilrealität **abbilden** , wie z. B. im jetzt vorliegenden Änderungsantrag 26. Dieser Änderungsantrag verlangt die Einrichtung eines internen Kontrollsystems bei Fraktionen dieses Hauses .
en	Then there are proposals in this report that only represent a partial reality , as , for example , in Amendment 26 now on the table . This amendment demands the establishing of an internal control system in groups of this House .

Abb. 5: Beispiel *abbilden* vs. *represent.*

Auch für das Verb *represent* und die benachbarten Mitglieder der Wortfamilie *representation* und *representative* wird ein weites Bedeutungsspektrum angegeben. Es reicht von der abstrakten Beziehung der Ähnlichkeit, der relationalen Eigenschaft, für eine Gruppe von Elementen typisch zu sein, über die sprachlich-symbolische Zeichen-Inhalt-Beziehung bis hin zur gesellschaftlich-politischen Stellvertreterbeziehung. Von *abbilden* unterscheidet sich *represent* daher durch die Bedeutung der Stellvertreterbeziehung. Ist im Bedeutungsspektrum von *abbilden* Ähnlichkeit und Nachahmung prominenter, so ist es bei *represent* das ‚an die Stelle von setzen'. Im Beleg sind es die ‚Vorschläge', die nur eine ‚Teilrealität' vertreten, wobei hier auch die Bedeutungsaspekte der gesellschaftlich-politischen Repräsentation mitgedacht werden können.

Józef Pinior	Dieser Vertrag ist nicht der Vertrag unserer Träume , und es ist kein Vertrag , der die Visionen und Träume der heutigen Europäer **abbildet** .
en	This Treaty is not the treaty of our dreams , and it is not a treaty that illustrates the visions and dreams of Europeans today .

Abb. 6: Beispiel *abbilden* vs. *illustrate.*

Für das Verb *illustrate* und die Wortfamilienmitglieder *illustration* und *illustrator* verzeichnet Roget's Thesaurus Bedeutungen im Bereich der abstrakten Beziehung des Prototypischen, Exemplarischen, der sprachlich verständlich-fasslichen Darstellung bis hin zur visuell-bildlichen (zusätzlichen) Ausstattung. Im Vergleich zu *abbilden* findet sich hier also eine andere Nuancierung, die das Produkt (‚Vertrag') in seiner (hier nicht erfüllten) Rolle als erhellende, erklärende Ausführung der Vorlage (‚Visionen und Träume') darstellt.

Joe Borg (EN)	Wir werden jedoch sicherstellen müssen , dass alle für den Referenzzeitraum 2007 bis 2008 verwendeten wirtschaftlichen Daten die wirtschaftliche Lage der betroffenen Flotten und Fahrzeuge präzise **abbilden** .
en	We will nevertheless need to ensure that all economic data used for the reference period 2007 to 2008 are an accurate depiction of the economic situation for the fleet and vessels concerned .

Abb. 7: Beispiel *abbilden* vs. *depiction.*

Das Nomen *depiction* findet sich in Roget's Thesaurus nicht, jedoch *depict* und *depicting.* Es zeigt sich hier ein vergleichsweise enges Bedeutungsspektrum, das auf die nachahmende Darstellung von Inhalten[11] auch in Form bildlich-visueller Mittel beschränkt ist. Damit lenkt das Verb den Fokus im Vergleich zu *abbilden* stärker auf eine nachvollziehende, imitierend-beschreibende Wiedergabe (im Beleg eine präzise Wiedergabe der wirtschaftlichen Lage durch die statistischen Daten).

An den Beispielen können die SuS somit erörtern, welche Bedeutungsformung mit jedem gewählten Ausdruck durch dessen Einbindung in ein sprachspezifisches Assoziationsnetz verbunden ist und hieran die epistemische Relevanz mehrsprachiger Ausdrucksmöglichkeiten erfahren.

5.2.3 Die epistemische Bedeutung von Mehrsprachigkeit erkunden: Das Beispiel *abbilden* in der Wissenschaftssprache

In einem dritten Schritt wird anschließend die epistemische Bedeutung von Mehrsprachigkeit im Bereich der Wissenschaftssprache in den Blick genommen. Die SuS betrachten hierzu das Verb *abbilden* in Belegen aus deutschen wissenschaftlichen Texten und vergleichen es mit den in automatisch generierten Übersetzungen vorgeschlagenen Verben. Für die Belegauswahl kann das Teilkorpus Wissenschaft des DWDS Kernkorpus herangezogen werden.[12] Durch die Abfrage nach dem Lemma *abbilden* im Teilkorpus Wissenschaft sind Belege aus verschiedenen Disziplinen abrufbar. Den SuS kann so die Möglichkeit gegeben werden, nach eigenen fachlichen Interessen Belege aus bestimmen fachwissenschaftlichen Kontexten (etwa Soziologie, Mathematik, Neurowissenschaften, Informatik, Kunst etc.) für die Sprachreflexion

[11] In der Gruppe ‚represent 551 vb.' gehört *depict* zur Untergruppe ‚imitate'.

[12] Vgl. www.dwds.de (11.01.2024).

auszuwählen. Der ausgewählte Beleg wird in einen online verfügbaren maschinellen Übersetzer (etwa DeepL[13]) eingegeben und anschließend anhand der automatisch erstellten Übertragung ins Englische das für *abbilden* vorgeschlagene Verb sowie die angebotenen Alternativen betrachtet (Abb. 8).[14]

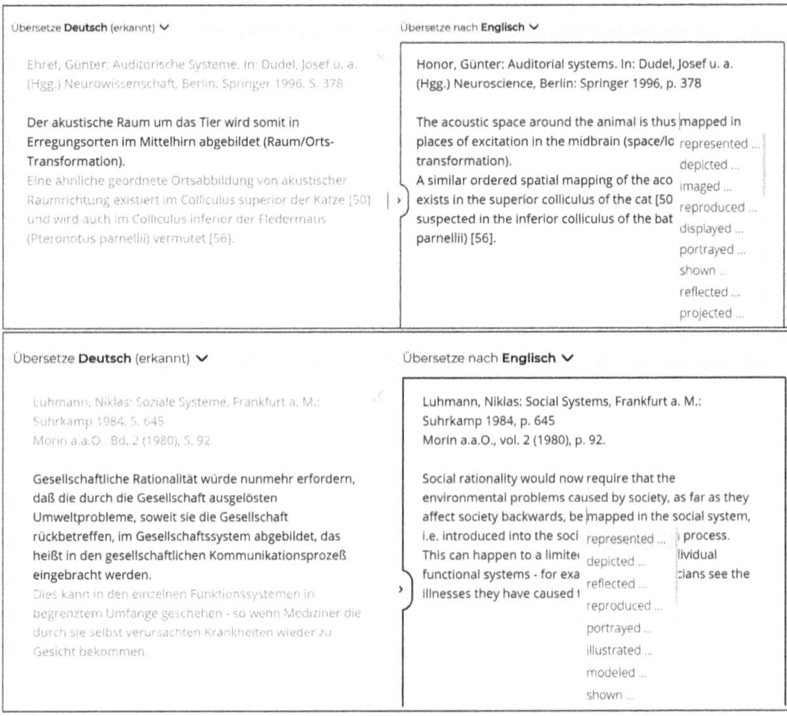

Abb. 8: Belege zu *abbilden* aus dem Teilkorpus Wissenschaft des DWDS-Kernkorpus maschinell übersetzt mit DeepL.

Anhand der Belege wird zunächst erläutert, welchen Bedeutungsraum das Verb *abbilden* in diesen fachspezifischen Verwendungen entfaltet. So versprachlicht

---

13 Vgl. https://www.deepl.com/translator (11.01.2024).

14 Zur Reflexion der Qualität der angebotenen automatischen Übersetzungen können SuS Übersetzungen in ihre L1 betrachten und diskutieren, inwieweit hier etwa Fachtermini, Kollokationen oder stilistische Merkmale angemessen umgesetzt werden.

es im neurowissenschaftlichen Beispiel die Relation zwischen dem sensorisch für ein Tier zugänglichen akustischen Raum und den mit dieser Wahrnehmung korrespondierenden neuronalen Erregungsorten. Unter Rückbezug auf das bereits erarbeitete Bedeutungsspektrum von *abbilden* lässt sich reflektieren, wie diese Relation durch das Verb ausgestaltet wird, indem Assoziationen einfließen, die auf Ähnlichkeit/Nachahmung, das Gestaltende, das Zeichenhafte, das aus kognitiver Tätigkeit Resultierende und das über einen Mechanismus Beschreibbare verweisen. Analog wäre für das sozialwissenschaftliche Beispiel zu erörtern, wie *abbilden* hier die Beziehung zwischen Umweltproblemen und Gesellschaftssystem sprachlich gestaltet. Es kann diskutiert werden, welche Bedeutung sich für diese Beziehung ergibt, wenn sie im Sinne eines der genannten Bedeutungsbereiche interpretiert wird: Wie wäre sie etwa als Nachahmungs-, Gestaltungs- oder rein zeichen-symbolhafte Beziehung zu verstehen? Daran und an das zuvor anhand des Parallelkorpus Erarbeitete anknüpfend können die SuS diskutieren, welche Bedeutungsverschiebungen sich mit den von DeepL vorgeschlagenen englischen Verben ergeben würden. Auch hier beziehen sie ihre gesamten sprachlichen Ressourcen ein. Im Vordergrund steht dabei die auf den fachlichen Inhalt bezogene Aushandlung, welche sprachliche Fassung den fachlichen Inhalt (warum) am treffendsten darstellt. Es bietet sich hierfür an, SuS in fachbezogenen Gruppen zusammenarbeiten zu lassen. So könnte etwa anhand des sozialwissenschaftlichen Belegs diskutiert werden, wie durch *represent* die Relation stärker als die einer Stellvertretung gefasst würde oder durch *depict* stärker als die einer beschreibenden Darstellung. Für das von DeepL vorgeschlagene *map* sind in Roget's Thesaurus Bedeutungen verzeichnet, die u. a. von der räumlichen Dimension (‚outline 233 vb.'), der kognitiven Operation des vermessenden Erfassens (‚gauge 465 vb.') bis zur Darstellung in Form eines Umrisses, einer Skizze (‚represent 551 vb.', dann unter ‚outline') reichen. Damit kommen in *map* Aspekte der Abstraktion, des Vermessens und damit der Zahlenbasierung der Darstellung hinzu, die im Sachgruppenspektrum von *abbilden* so nicht erscheinen.[15]

[15] Im Oxford English Dictionary ist für *map* die Verwendung zur Bezeichnung der Zuordnung von Informationen zu deren Speicherort im Gedächtnis aufgeführt. Dies spricht für die Wahl dieses Verbs im ersten Kontext. https://www.oed.com/view/Entry/113855 (11.01.2024).

Indem sie die durch sprachspezifische Assoziationsräume von Ausdrücken ausgelösten Bedeutungsverschiebungen diskutieren, erfahren SuS in dieser Aufgabe die epistemische Rolle von Mehrsprachigkeit in Bezug auf fachwissenschaftliche Inhalte. Durch das Einbeziehen aller sprachlichen Repertoires in den Gruppendiskussionen können sie am Beispiel eines sie interessierenden Fachgebietes die inhaltlichen Auswirkungen sprachlicher Fassungen vielfältig erproben. Mit Blick auf ihr selbständiges Lernen ist es wichtig, den SuS bewusst zu machen, dass ihnen mit den Belegen aus dem Parallelkorpus Wahlentscheidungen professioneller Übersetzer:innen zur Verfügung stehen, während es bei DeepL auf sprachstatistischer Grundlage generierte Vorschläge sind. Für die hier verfolgte Aufgabenstellung liefern diese jedoch nützliches Stimulusmaterial für eine Diskussion, in der es um Bedeutungsaushandlung und das Erfahren der epistemischen Sprachfunktion, nicht um die Ermittlung konventionalisierter Ausdruckskombinationen geht.

6. Zusammenfassung und Ausblick

Der Beitrag hat gezeigt, wie SuS im L3-Unterricht Deutsch die epistemische Bedeutung von Mehrsprachigkeit bewusst gemacht werden kann. Aus den vorgestellten Aufgaben und ihrer Bearbeitung mit Hilfe digital verfügbarer Ressourcen lassen sich Reflexionsstrategien ableiten, welche die SuS selbständig nutzen können, um sich mit Sprachen als unterschiedlichen Darstellungs- und Denkinstrumenten auseinanderzusetzen. Der vorgeschlagene Ansatz liefert damit auch einen Baustein zur Vermittlung von Sprachlernkompetenz (Martinez 2019). Ein wesentliches Anwendungsgebiet besteht in Bezug auf die wissensfixierende und -konstruierende Funktion von Sprache im Bereich der tertiären Bildung (im Besonderen in den stärker sprachgebundenen geistes- und gesellschaftswissenschaftlichen Fächern). Der Ansatz leistet daher auch einen Beitrag zur mehrsprachigkeitsbezogenen Wissenschaftspropädeutik.

In Bezug auf die Sprachlernkompetenz (und auch die Wissenschaftspropädeutik) als übergreifendes Bildungsziel eröffnet der vorgeschlagene Ansatz Anwendungsmöglichkeiten über den Tertiärsprachenunterricht Deutsch hinaus. Er kann adaptiert an die jeweilige Unterrichtssprache im Rahmen aller Sprachfächer zum Aufbau einer sprachenübergreifenden Kompetenz eingesetzt werden und bietet damit auch Möglichkeiten für die Sprachreflexion im L1-Unterricht. Damit lässt sich der vorgeschlagene Ansatz anschließen an Sprachlernkonzeptionen wie sie etwa von Reich/Krumm (2013) oder in den für muttersprachlichen und fremdsprachlichen Unterricht benannten Zielen des sprachenübergreifenden Lernens in den Lehrplänen des Bundeslandes Thüringen formuliert werden (Thüringer Ministerium für Bildung, Jugend und Sport 2019).

Daneben bietet sich der Ansatz als Baustein mehrsprachigkeitsbezogener Wissenschaftspropädeutik auch für eine Integrationen in die Sachfächer an. Wie an den Beispielen in 5.2.3 gezeigt wurde, eröffnen gerade die Ausdrucksmittel der alltäglichen Wissenschaftssprache aufgrund ihrer fachübergreifenden Relevanz die Möglichkeit, auch im sachfachbezogenen Zusammenhang z.B. der gesellschafts- oder naturwissenschaftlichen Fächer in Bezug auf fachspezifische Bedeutungsformungen durch Ausdrücke anderer Sprachen reflektiert zu werden. Es ließe sich damit auch ausgehend vom Sachfach für die Bedeutung bildungs- und wissenschaftssprachlicher Mehrsprachigkeit sensibilisieren.

7. Bibliographie

Airey, John (2009): *Science, language, and literacy. Case studies of learning in Swedish university physics*. Uppsala: Universität Uppsala

Berthoud, Anne-Claude (2008): Mehrsprachigkeit als Kaleidoskop des Wissens. In: Lüdi, Georges/ Seelmann, Kurt/ Sitter-Liver, Beat (Hg.): *Sprachenvielfalt und Kulturfrieden. Sprachminderheit - Einsprachigkeit - Mehrsprachigkeit: Probleme und Chancen sprachlicher Vielfalt*. Fribourg/ Stuttgart: Academic Press Fribourg/ Kohlhammer, 189–199

Candelier, Michel/ Camilleri-Grima, Antoinette/ Castellotti, Véronique/ de Pietro, Jean-François/ Lőrincz, Ildikó/ Meißner, Franz-Joseph/ Schröder-Sura, Anna/ Noguerol, Artur (2009): *RePA. Referenzrahmen für Plurale Ansätze zu Sprachen und Kulturen. Überarbeitete Fassung auf der Grundlage der 2. Version des CARAP - Juli 2007*. Graz: Europäisches Fremdsprachenzentrum. https://archive.ecml.at/mtp2/publications/C4_RePA_090724_IDT.pdf (letzter Zugriff am 11.01.2024)

Cassin, Barbara (2013): In Sprachen denken: Vorwort zum Vocabulaire Européen des philosophies. *Trivium – Revue franco-allemande de sciences humaines et sociales – Deutsch-französische Zeitschrift für Geistes- und Sozialwissenschaften* 15, 1–10

Cassin, Barbara (2009): In Sprachen philosophieren. Figurationen 1&2, 21–37

Davidson, George (Hg.) (2004): *Roget's Thesaurus*. London: Penguin

Dornseiff, Franz/ Quasthoff, Uwe/ Wiegand, Herbert Ernst (Hg.) (2004): *Der deutsche Wortschatz nach Sachgruppen. Mit einer lexikographisch-historischen Einführung und einer ausgewählten Bibliographie zur Lexikographie und Onomasiologie von Herbert Ernst Wiegand*. Berlin/ New York: De Gruyter

Dubost, Jean-Pierre (2014): Combination and conceptualization: A "particle metaphysics" in German. In: Apter, Emily/ Cassin, Barbara/ Lezra, Jacques/ Wood, Michael (Hg.): *Dictionary of Untranslatables: A Philosophical Lexicon*. Princeton: Princeton University Press, 145–152

Ehlich, Konrad (2006): Mehrsprachigkeit in der Wissenschaftskommunikation - Illusion oder Notwendigkeit? In: Ehlich, Konrad/ Heller, Dorothee (Hg.): *Die Wissenschaft und ihre Sprachen*. Frankfurt/M.: Peter Lang, 17–38

Ehlich, Konrad (1999): Alltägliche Wissenschaftssprache. *InfoDaF* 26, 3–24

Europarat (2018): *Common European framework of Reference for Languages. Learning, Teaching, Assessment. Companion volume with new descriptors.* https://rm.coe.int/cefr-companion-volume-with-new-descriptors-2018/1680787989 (letzter Zugriff am 11.01.2024)

Fandrych, Christian (2001): ‚Dazu soll später noch mehr gesagt werden'. Lexikalische Aspekte von Textkommentaren in englischen und deutschen wissenschaftlichen Artikeln. In: Davies, Máire/ Flood, John/ Yeandle, David (Hg.): *'Proper Words in Proper Places' Studies in Lexicology and Lexicography in Honour of William Jervis Jones*. Stuttgart: Akademie-Verlag, 375–398

García, Ofelia (2019): Reflections on Turnbull's reframing of foreign language education: bilingual epistemologies. *International Journal of Bilingual Education and Bilingualism* 22 (5), 628–638

García, Ofelia/ Lin, Angel (2017): Translanguaging in bilingual education. In: García, Ofelia/ Lin, Angel/ May, Stephen (Hg.): *Bilingual and multilingual education*. Dodrecht: Springer, 117–130

Goethe-Institut (2012): *Goethe-Zertifikat A1: Start Deutsch 1 Wortliste*. https://www.goethe.de/pro/relaunch/prf/de/A1_SD1_Wortliste_02.pdf (letzter Zugriff am 11.01.2024).

Hallet, Wolfgang (2017a): Vernetztes Sprachenlernen und integrative Mehrsprachigkeit im Fremdsprachenunterricht. In: Frings, Michael/ Paffenholz, Sabine/ Sundermann, Klaus (Hg.): *Vernetzter Fremdsprachenunterricht. Die Schulfremdsprachen Englisch, Französisch, Griechisch, Italienisch, Latein, Russisch und Spanisch im Dialog.* Stuttgart: ibidem-Verlag, 31–54

Hallet, Wolfgang (2017b): Mehrsprachigkeit durch thematische Vernetzung von Sprachunterricht und Fachunterricht. In: Frings, Michael/ Paffenholz, Sabine/ Sundermann, Klaus (Hg.): *Vernetzter Fremdsprachenunterricht. Die Schulfremdsprachen Englisch, Französisch, Griechisch, Italienisch, Latein, Russisch und Spanisch im Dialog.* Stuttgart: ibidem-Verlag, 287–301

Hufeisen, Britta (2019): Förderung des DaF-Unterrichts durch Mehrsprachigkeitskonzepte. In: Ammon, Ulrich/ Kellermeier-Rehbein, Birte/ Schmidt, Gabriele (Hg.): *Förderung der deutschen Sprache weltweit. Vorschläge, Ansätze und Konzepte.* Berlin/New York: De Gruyter, 337–350

Hufeisen, Britta/ Neuner, Gerhard (2003): *Mehrsprachigkeitskonzept – Tertiärsprachen – Deutsch nach Englisch.* Straßburg: Europarat

Hurst, Ellen/ Madiba, Mbulungeni/ Morreira, Shannon (2017): Surfacing and valuing student's linguistic resources in an English-dominant university. In: Palfreyman, David/ van der Walt, Christa (Hg.): *Academic biliteracies. Multilingual repertoires in higher education.* Bristol: Multilingual Matters, 76–95

Koehn, Philipp (2005): Europarl: A Parallel Corpus for Statistical Machine Translation. *MTSummit* 5, 79–86. https://aclanthology.org/2005.mtsummit-papers.11/ (letzter Zugriff am 11.01.2024)

Kiernan, Julia (2017): Translation narratives: Engaging multilingual learners in translingual writing practices. In: Palfreyman, David/ van der Walt, Christa (Hg.): *Academic biliteracies. Multilingual repertoires in higher education.* Bristol: Multilingual Matters, 96–112

Kuteeva, Maria/ Airey, John (2014): Disciplinary differences in the use of English in higher education: reflections on recent language policy developments. *Higher Education 67*, 533–549

Li, Wei (2018): Translanguaging as a practical theory of language. *Applied Linguistics* 39 (1), 9–30

Martinez, Hélène (2019): Sprachlernkompetenz und Mehrsprachigkeit. In: Fäcke, Christiane/ Meißner, Franz-Joseph (Hg.): *Handbuch der Mehrsprachigkeits- und Mehrkulturalitätsdidaktik*. Tübingen: Narr, 123–130

Martinez, Hélène (2015): Mehrsprachigkeitsdidaktik: Aufgaben, Potenziale und Herausforderungen. *Fremdsprachen Lehren und Lernen* 44 (2), 7–19

Mazak, Catherine (2016): Introduction: Theorizing translanguaging practices in higher education. In: Mazak, Catherine/ Carroll, Kevin (Hg.): *Translanguaging in higher education. Beyond monolingual ideologies*. Bristol: Multilingual Matters, 1–10

Meier, Gabriela (2014): Our mother tongue is plurilingualism: A framework of orientations for integrated multilingual curricula. In: Conteh, Jean/ Meier, Gabriela (Hg.): *The multilingual turn in languages education. Opportunities and challenges*. Bristol: Multilingual Matters, 132–157

Meißner, Cordula (2020): Der Verbwortschatz der deutschen Bildungs- und Wissenschaftssprache als Lerngegenstand: Möglichkeiten einer mehrsprachigkeitsdidaktischen Vermittlung. In: Hepp, Marianne/ Salzmann, Katharina (Hg.): *Sprachvergleich in der mehrsprachig orientierten DaF-Didaktik: Theorie und Praxis*. Roma: Istituto Italiano di Studi Germanici, 59–83

Meißner, Cordula (2014): *Figurative Verben in der allgemeinen Wissenschaftssprache des Deutschen. Eine Korpusstudie*. Tübingen: Stauffenburg

Meißner, Cordula/ Wallner, Franziska (2019): *Das gemeinsame sprachliche Inventar der Geisteswissenschaften. Lexikalische Grundlagen für die wissenschaftspropädeutische Sprachvermittlung*. Berlin: Erich Schmidt Verlag

Palfreyman, David/ van der Walt, Christa (2017): Introduction: Biliteracies in higher education. In: Palfreyman, David/ van der Walt, Christa (Hg.): *Academic biliteracies. Multilingual repertoires in higher education*. Bristol: Multilingual Matters, 1–18

Reich, Hans/ Krumm, Hans-Jürgen (2013): *Sprachbildung und Mehrsprachigkeit. Ein Curriculum zur Wahrnehmung und Bewältigung sprachlicher Vielfalt im Unterricht*. Münster: Waxmann

Setati, Mamokgethi/ Adler, Jill/ Reed, Yvonne/ Bapoo, Abdool (2002): Incomplete journeys: Code-switching and other language practices in mathematics, science and English language classrooms in South Africa. *Language and Education* 16 (2), 128–149

Thüringer Ministerium für Bildung, Jugend und Sport (2019): *Lehrplan für den Erwerb der allgemeinen Hochschulreife Deutsch*. https://www.schulportal-thueringen.de/lehrplaene/gymnasium (letzter Zugriff am 11.01.2024)

Tiedemann, Jörg (2012): Parallel Data, Tools and Interfaces in OPUS. In: Calzolari, Nicoletta/ Choukri, Khalid/ Declerck, Thierry/ Uğur Doğan, Mehmet/ Maegaard, Bente/ Mariani, Joseph/ Moreno, Asuncion/ Odijk, Jan/ Piperidis, Stelios (Hg.): *Proceedings of the Eight International Conference on Language Resources and Evaluation (LREC 2012): European Language Resources Association (ELRA)*, 2214–2218

Tschirner, Erwin/ Möhring, Jupp (2020): *A frequency dictionary of German. Core vocabulary for learners*. London/ New York: Routledge

van der Walt, Christa (2013): *Multilingual higher education. Beyond English medium orientations*. Bristol: Multilingual Matters

Online-Ressourcen

DeepL-Übersetzer: https://www.deepl.com (letzter Zugriff am 11.01.2024)

DWDS (Das digitale Wörterbuch der deutschen Sprache): https://www.dwds.de/ (letzter Zugriff am 11.01.2024)

Europarl (European Parliament Proceedings Parallel Corpus): http://www.statmt.org/europarl/ (letzter Zugriff am 11.01.2024)

GeSIG-Inventar (Das gemeinsame sprachliche Inventar der Geisteswissenschaften): http://GeSIG-Inventar.ESV.info (letzter Zugriff am 11.01.2024)

OED (Oxford English Dictionary): www.oed.com (letzter Zugriff am 11.01.2024)

Opus (Open Parallel Corpus): http://opus.nlpl.eu (letzter Zugriff am 11.01.2024)

Wortschatz-Portal: https://wortschatz.uni-leipzig.de (letzter Zugriff am 11.01.2024)

Does a multilingual intervention promote target language competence? A pilot study of a university L3/Lx Spanish course

Lukas Eibensteiner, Amina Kropp & Johannes Müller-Lancé

ABSTRACT
Although pluralistic approaches have a long tradition in German-speaking countries, surveys among teachers and textbook analyses show that singular approaches are often preferred. This lack of systematic implementation of pluralistic approaches in the foreign language classroom could be explained by the absence of robust empirical evidence supporting their effectiveness on target language competence. In this paper, we therefore report on an empirical pilot study based on a quasi-experimental research design in which we analysed the influence of a multilingual intervention on target language competence in L3/Lx Spanish. Contrary to our hypotheses, the results show no significant differences between the control and the experimental group, indicating that the intervention had no positive effect on the participants' Spanish competence. However, we argue that the intervention may have led to improvements in other competences, such as metalinguistic awareness or language learning competence.

RESÜMEE
Plurale Ansätze (z.B. Interkomprehension, Éveil aux langues, Tertiärsprachendidaktik) haben im deutschsprachigen Raum eine lange Tradition; der Blick in die Unterrichtspraxis zeigt jedoch, dass diese Ansätze weiterhin verhältnismäßig wenig verbreitet sind. Eine mögliche Erklärung ist, dass der oftmals angenommene positive Einfluss auf die zielsprachliche Kompetenz kaum empirisch belegt ist. Das hier vorgestellte MeZiKo-Projekt (Mehrsprachigkeit und Zielsprachliche Kompetenz) hatte daher zum Ziel, die Effekte einer mehrsprachigkeitsdidaktischen Intervention auf die zielsprachliche Kompetenz im Spanischen als Drittsprache zu untersuchen. Entgegen den aufgestellten Hypothesen konnten wir keine statistisch signifikanten Unterschiede zwischen Kontroll- und Versuchsgruppe feststellen. Dies deutet darauf hin, dass die mehrsprachigkeitsdidaktische Intervention keinen messbaren positiven Einfluss auf die zielsprachliche Kompetenz hatte, möglicherweise aber zu Zuwächsen in anderen Kompetenzbereichen wie dem metasprachlichen Bewusstsein oder der Sprachlernkompetenz geführt hat.

1. Introduction

For the last three decades, research on foreign language pedagogy in German-speaking countries has been supportive of teaching Romance foreign languages applying a pluralistic approach. Despite significant research on the topic (Candelier 2008; Dietrich-Grappin 2020; Eibensteiner et al. 2023; Fäcke/Vali 2022; Hülsmann et al. 2020; Koch/Rückl 2022; Meißner/Reinfried 1998) and the publication of multilingual course materials and textbooks (Holzinger et al. 2012), questionnaire surveys among teachers (Heyder/Schädlich 2015) as well as textbook analyses (Schöpp 2015) show that pluralistic approaches have not yet established themselves in Germany's foreign language classrooms. This is all the more remarkable given that the aforementioned surveys show that teachers' attitudes and beliefs about pluri- and multilingualism tend to be generally positive. In order to convince teachers to apply a pluralistic approach, it seems crucial to demonstrate through empirical evidence that such approaches have a beneficial effect on target language competence. However, no research to date seems appropriate to empirically prove such possible advantages (Eibensteiner/Müller-Lancé 2020; Heyder/Schädlich 2015).

The *MeZiKo* Project (*Mehrsprachigkeit und Zielsprachliche Kompetenz*) addresses this gap: By means of a quasi-experimental research design involving pre- and post-tests, we investigated the effects of a multilingual intervention on the development of target language competence in L3/Lx Spanish. Following a concise review of relevant theoretical and empirical research, we outline our project, presenting the theoretical framework, the hypotheses, and the research design. Subsequently, we discuss our results, acknowledging some methodological limitations and offering suggestions for future studies.

2. Pluralistic approaches: L3 didactics and intercomprehension

According to the Framework of Reference for Pluralistic Approaches to Languages and Cultures (FREPA), the "term 'pluralistic approaches [...]' refers to didactic approaches that use teaching/learning activities involving several (i.e. more than one) varieties of languages or cultures" (Candelier et al. 2012, 6); it is usually contrasted to so-called "singular [approaches], in which the didactic approach takes account of only one language or a particular culture, and deals with it in isolation" (ibid.). Among the four pluralistic approaches proposed by the FREPA (i.e., integrated or L3 didactics, intercomprehension, awakening to languages, intercultural approach), two are particularly relevant to our research interest:

(1) Integrated or L3 didactics (Dietrich-Grappin 2020; Hufeisen/Neuner 2004; Neuner 2003). This approach "is directed towards helping learners to establish links between a limited number of languages" (Candelier et al. 2012, 6)

with the aim of using "the first language (or the language of education) as a springboard to make it easier to acquire a first foreign language, then to use these two languages as the basis for learning a second foreign language" (ibid.). In other words, the main objective of this approach is to exploit the learners' prior linguistic knowledge to enhance the acquisition of an L3/Lx. However, Hufeisen (2010) correctly points out that L3/Lx learners can additionally rely on foreign-language specific factors, such as foreign-language learning experiences and strategies, to further improve the learning process. In line with these theoretical assumptions, empirical studies on Romance languages indeed demonstrate that students rely on their prior linguistic knowledge for positive linguistic transfer (Eibensteiner 2021) and that non-native background languages often take on a so-called *supplier role* for language production in the L3/Lx (Dietrich-Grappin 2020; Williams/Hammarberg 1998). In addition, Müller-Lancé (2006) shows that the learners use specific learning strategies to infer the meaning of new words in target language texts.

(2) Intercomprehension (IC) (Klein/Stegmann 1999; Meißner 2008). This approach aims to promote (receptive) competences, often in more than one target language (Candelier et al. 2012, 6), by synchronously learning several genetically related languages. Research on IC shows that learners develop the ability to understand the main idea of a text written in an unfamiliar but genetically related foreign language (Bär 2009; Reissner 2007). Findings additionally suggest that students carry out cross-linguistic comparisons, resulting in positive transfer and an enhanced metalinguistic awareness. It has also been demonstrated that IC leads to a more developed language learning awareness and increases the use of language learning strategies, such as language comparisons (Behr 2007; Morkötter 2016), and intercomprehensive reading strategies (Meißner 2010; for somewhat different findings Schwender 2020). However, some authors have criticised IC for focussing too much on the development of the learners' receptive competences (Reimann 2016).

Although L3 didactics and IC have been positively evaluated by the scientific community, in recent years, some criticisms have emerged. For instance, Tanzmeister (2008) argued that applying a pluralistic approach is not only time-consuming, but could also result in a decline in training the learners' productive competences, potentially leading to an adverse effect on overall target language competence (ibid., 35). Conversely, advocates of IC and L3 didactics contend that these approaches are economical and effective as they take the learners' previous linguistic knowledge into account. Klein and Strathmann (2011), for example, suggest that IC results in measurable increases in target language reading comprehension, which is supposed to automatically have positive effects on listening comprehension, oral communication, and written production (also Meißner 2008, 84–86; Strathmann 2010).

In sum, the literature review indicates a growing interest in the empirical evaluation of IC and L3 didactics. However, it is remarkable that only a small number of studies have examined the impact of these approaches on target language competence utilising a (quasi-)experimental pre-/post-test research design (Göbel et al. 2021; Rückl 2023). This illustrates that empirical evidence is still scarce, and that additional studies are needed.

3. The present pilot study

3.1 The MeZiKo Project

The present pilot study is part of the research project *Mehrsprachigkeit und Zielsprachliche Kompetenz* (*MeZiKo*) conducted at the University of Mannheim. The aim was to investigate the effects of a multilingual intervention on university students' Spanish competence and to compare the outcomes with a foreign language course applying a singular approach. Following a quasi-experimental research design, we compared two groups of L3/Lx Spanish learners: a control group (CG) following a monolingual Spanish course (singular approach), and an experimental group (EG), in which the learners received a multilingual intervention based on a combination of IC and L3 didactics (pluralistic approaches). The data of the control group were collected in the fall semester of 2017, when the teacher was not yet aware of the goal of the research project. In the following spring semester of 2018, we carried out a specific teacher training programme consisting of different workshops on IC and L3 didactics. Based on the experience gained in these workshops and in cooperation with the teacher, we created a multilingual dossier (section 3.3). Over a period of six months, we continuously prepared the teacher to use this dossier throughout the intervention. After completing this training programme, we collected the data from the experimental group in the fall semester of 2018:

Figure 1: Summary of the data collection procedure.

3.2 Research questions and hypotheses

The present study aims to address the following research question: To what extent does a multilingual intervention affect university students' target language competence in L3/Lx Spanish? Based on the research findings presented in section 2, we formulate the following two hypotheses:

1. We predict that learners will be able to understand the main idea of a text written in Spanish, even though it is an unknown language at the beginning of the intervention. Additionally, they will be able to infer lexical and grammatical information from the Spanish text and compare it to their previous linguistic knowledge.
2. We predict that the multilingual intervention will lead to an increase in target language competence in L3/Lx Spanish. We especially focus on reading comprehension, vocabulary knowledge and morphological knowledge of present-tense conjugation (Tab. 2, p. 359).

3.3 The intervention

The objective of the intervention was to combine elements of IC and L3 didactics in order to implement a comprehensive multilingual teaching module. The intervention started with an IC sequence of approximately a week and was followed by the systematic integration of multilingual exercises throughout the rest of the semester. The module was integrated into a university course of L3/Lx Spanish, ensuring that our investigation took place in an authentic classroom setting. The Spanish course lasted 14 weeks and followed a communicative approach, in which students had to acquire different competences based on foreign-language specific topics (e.g., *Mi ciudad ideal* or *Se vende piso*). For each topic, several multilingual exercises on grammar and vocabulary were developed and implemented in order to activate the participants' previous linguistic knowledge while also promoting language comparisons and metalinguistic awareness. Figure 2 illustrates the global structure of the intervention:

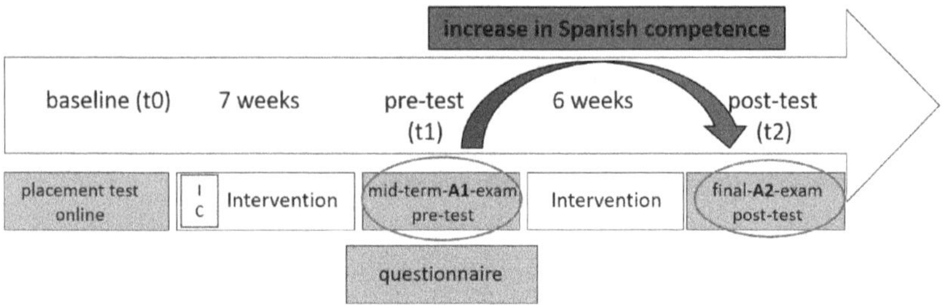

Figure 2: Global structure of the intervention.

The IC sequence at the beginning of the course was based on a Spanish text about Frida Kahlo (B1 level; figure 3) and comprised typical IC exercises, such as "The Multilingual Lexicon" or "The Hypothesis Grammar" (figures 4 and 5). Before completing these tasks, the learners were asked to read the Spanish text and respond to some general questions about it:

Hora 0: ¡Cuánto comprendes!

Lies Dir die Biographie von Frida Kahlo durch. Markiere alle Vokabeln, die Dir vertraut vorkommen. Vergleiche im Anschluss mit Deinem Nachbarn/Deiner Nachbarin und beantworte die Fragen. Verwende dabei bitte keine Hilfsmittel (z.B. Wörterbuch, Handy etc.).

Frida Kahlo (1907–1954)
Coyoacán, México

Pintora mexicana que realizó principalmente autorretratos. En ellos utilizaba una fantasía y un estilo basados en el arte popular de su país.

Su padre era un fotógrafo judío-alemán. Frida nació en Coyoacán en 1907. A los 16 años, cuando era estudiante, tuvo un accidente y durante el tiempo que pasó en el hospital comenzó a pintar. Sus cuadros representan básicamente su experiencia personal.

Expuso en tres ocasiones. Organizó las exposiciones de Nueva York de 1938 y de París de 1939. En abril de 1953 expuso por primera vez en la galería de Arte Contemporáneo de Ciudad de México.

Un año después, en 1954, murió.

1. In welcher Stadt wurde Frida Kahlo geboren? ____________
2. In welchem Alter hatte sie einen Unfall? ____________
3. Wo begann sie zu malen? ____________
4. In welchen Städten hatte sie Ausstellungen? ____________

Figure 3: Spanish text with comprehension questions (Ainciburu et al. 2009, 138).

After ensuring that the students understood the text, they were asked to complete "The Multilingual Lexicon" (figure 4). The task consisted of filling in the table with Spanish words understood during the reading comprehension task and to compare them with other languages the students might know (e.g., German, English, French or any other language). In the last column, they had the opportunity to provide further details on linguistic phenomena identified in the Spanish text:

Español	Deutsch	English	Français	Otras lenguas	Otras lenguas	Comentarios (Bemerkungen)
pintora	Künstlerin	painter	peintre			z.B. feminine Substantive enden meistens auf *-a*

Figure 4: "The Multilingual Lexicon".

While "The Multilingual Lexicon" aims to make the students aware of different inference strategies and help them to systematise new lexical items, filing them into their multilingual lexicon, the second exercise of the IC sequence, "The Hypotheses Grammar", pursued the goal of activating and organizing the learners' grammatical knowledge (figure 5). From left to right, they filled in instances of grammatical phenomena identified in the Spanish text, compared them with their existing linguistic knowledge in the bridge languages, and described the corresponding functions. The "learning journal" in the last column offered them the opportunity to monitor their own learning process throughout the whole semester:

	Entdeckungen im spanischen Text	Parallelen zu den Brückensprachen	Bemerkungen / Funktion	Lerntagebuch
Artikel (fem. / mask.; Sg. / Pl.; best. / unbest.)				
Substantive (fem. / mask.; Sg. / Pl.)				
Adjektive (fem. / mask.; Sg. / Pl.; Stellung: vor / nach Substantiv)				

Figure 5: "The Hypotheses Grammar".

In addition to the IC sequence, we incorporated multilingual exercises (especially cross-linguistic and awareness-raising exercises) throughout the entire course. Most of them were grammar or vocabulary exercises either created by us or adapted from the multilingual textbook *Descubramos el español* (Holzinger et al. 2012). For example, in the multilingual vocabulary exercise depicted in figure 6, the learners were required to identify the Spanish equivalents for the French and Italian words. To further enhance the metalinguistic awareness of the students, we provided specific awareness-raising questions, which were discussed in class:

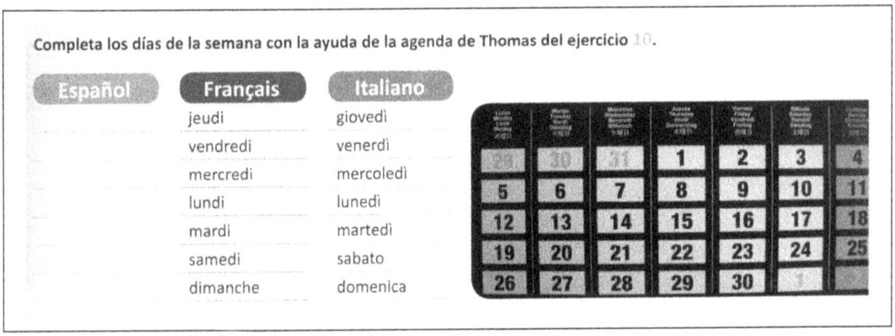
Completa los días de la semana con la ayuda de la agenda de Thomas del ejercicio 10.

Español	Français	Italiano
	jeudi	giovedì
	vendredi	venerdì
	mercredi	mercoledì
	lundi	lunedì
	mardi	martedì
	samedi	sabato
	dimanche	domenica

Figure 6: Multilingual vocabulary exercise (Holzinger et al. 2012, 27).

Figure 7 illustrates another example for a multilingual exercise which focussed on present-tense conjugation. The learners were asked to conjugate the Spanish verbs in other languages such as French, Italian, German, or any other language. Together with specific questions related to the grammatical phenomenon, this exercise also aimed at raising the learners' metalinguistic awareness:

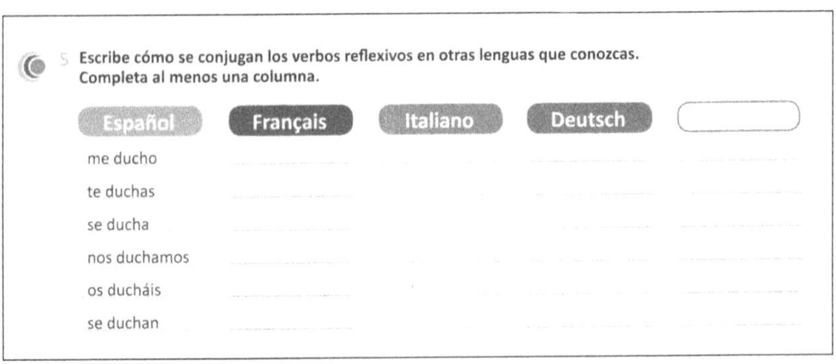
5 Escribe cómo se conjugan los verbos reflexivos en otras lenguas que conozcas. Completa al menos una columna.

Español	Français	Italiano	Deutsch	
me ducho				
te duchas				
se ducha				
nos duchamos				
os ducháis				
se duchan				

Figure 7: Multilingual grammar exercise based on Holzinger et al. (2012, 66).

3.4 Participants

The pilot study involved thirty university students (control group: n = 14; experimental group: n = 16). They were plurilingual beginning learners of L3/ Lx Spanish with knowledge in at least two other foreign languages (mostly English and French). Additionally, approximately half of them indicated having two first languages, with German and a heritage language being the most common combination.

Using a language background questionnaire (5-point Likert scales ranging from 0 to 4), we collected data on several control variables including general information about the subjects' beliefs on foreign language learning and pluri-/multilingualism (table 1). In general, the participants appeared to be interested and motivated language learners who believed that learning a new language is easy, while also claiming that knowing a language perfectly is important. They did not think that prior linguistic knowledge is an impediment when learning a new foreign language. Instead, they indicated using language comparisons as a learning strategy, suggesting that they were generally open-minded with regard to the application of a multilingual intervention. They described the atmosphere during the Spanish course as good and liked to participate in class.

To analyse whether the two groups differed with regard to one of the control variables, we conducted two-sample t-tests ($\alpha = 0.05$). The only statistically significant difference concerned the statement "I use language comparisons when learning a new language", with which the control group agreed more strongly than the experimental group ($M = 3.6$ vs. 2.8, $p = .022$). The fact that we did not find any other significant differences suggests that different outcomes in reading comprehension, vocabulary knowledge and morphological knowledge of present-tense conjugation can be attributed to the multilingual intervention rather than to differences between the groups.

Table 1: Participants

	Group	M	SD	p-value
Age	CG	21.3	2.0	.123
	EG	20.3	1.4	
Grade point average (Abitur)	CG	2.6	0.7	.831
	EG	2.5	0.6	

(*Continued*)

Table 1: *(Continued)*

	Group	M	SD	p-value
Learning a new language is easy	CG	2.9	0.5	.852
	EG	2.8	1.0	
Knowing a language perfectly is important	CG	3.9	0.5	.058
	EG	3.4	0.6	
I use language comparisons when learning a new language	CG	3.6	0.8	.022
	EG	2.8	1.2	
Linguistic knowledge disturbs when learning a new language	CG	1.3	1.3	.142
	EG	0.7	0.8	
The atmosphere during the course was great	CG	3.6	0.5	.311
	EG	3.8	0.4	
I liked to participate in class	CG	2.5	1.2	.143
	EG	3.1	0.7	
Learning Spanish is important	CG	3.6	0.9	.502
	EG	3.8	0.5	

3.5 Test design

Our test design was based on the language examination of the Spanish courses. It included three exams: a placement test before the beginning of the semester, a midterm, and a final exam (respectively at A1 and A2 levels) (Fig. 2, p. 354). In order to measure the Spanish competence of the participants at two points of time (t1 and t2), we used the existing midterm and final exams as pre-/post-tests. They consisted of several sections examining the students' receptive and productive competences, including aspects of grammar and vocabulary. In contrast to the placement test, both midterm and final exams were developed using the Spanish DELE as a guideline. Since the placement test differed significantly from the other two exams, it was not included in the final test design. To ensure similar pre- and post-tests, we included only those exercises of the midterm and final exams that were comparable, which was the case for reading comprehension, vocabulary knowledge, and morphological knowledge of present-tense conjugation:

Table 2: Summary of midterm and final exams

	midterm-A1 (pre-test)	final-A2 (post-test)
1	reading comprehension (completion task)	reading comprehension (correct/ wrong + completion task)
2	vocabulary knowledge (completion of a mind map)	vocabulary knowledge (completion of a mind map)
3	Morphological knowledge of present-tense conjugation (completion task)	Morphological knowledge of present-tense conjugation (completion task)

The aim of our data collection procedure was not to meet the requirements of a laboratory test design, but to obtain data from a natural classroom context, including the usual forms of examination. The use of the midterm and final exams as pre- and post-tests had the advantage that they were developed by a university teacher. This could lead to higher acceptance rates by other teachers compared to standardised language tests, which are often perceived as abstract test formats. However, this procedure also posed some methodological challenges since the final exam was significantly more difficult than the midterm exam. Accordingly, we can presume that the scores of the final-A2-post-test will not be higher than those of the midterm-A1-test even though the participants may have improved their target language competence. This needs to be taken into account when discussing the results of the study (Kropp et al. 2022, 97–99 and section 6 for some limitations).

3.6 Analysis of the data

In order to analyse the effects of the multilingual intervention (i.e., the increase in target language competence between t1 and t2), we calculated the means of the midterm and final exams for each of the above-mentioned tasks (i.e., reading comprehension, vocabulary knowledge and morphological knowledge of present-tense conjugation), considering the outcomes for both the experimental and the control group. We finally decided not to conduct any elaborate statistical models. Instead, we carried out two-sample *t*-tests to measure whether there were statistically significant differences between the groups ($\alpha = 0.05$). Additionally, we provide bar charts with error bars (confidence interval (CI): 95 %) to account for the variance of the data.

4. Results

4.1 IC sequence

Before we present the results of the multilingual intervention on target language competence, we summarize the main findings of the IC sequence at the beginning of the course. As predicted, most learners were able to answer questions in relation to the Spanish text (figure 8), which indicates that they were able to understand the main ideas of a Spanish B1-level text, although the language was at that point of the study unfamiliar to most of them.

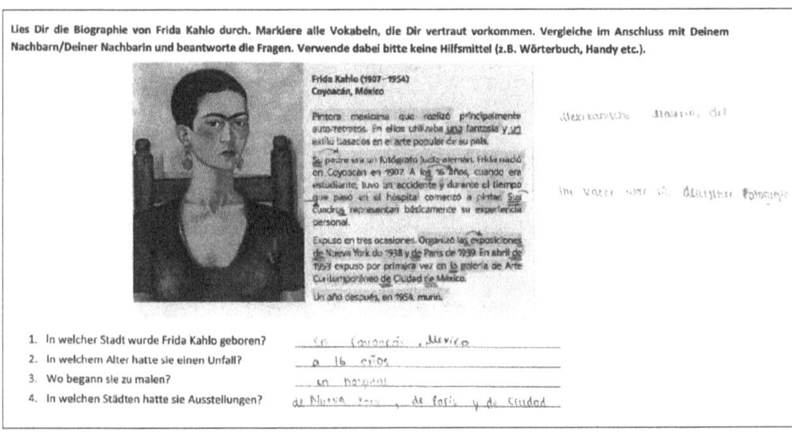

Figure 8: IC sequence (reading comprehension) (participant 215).

Additionally, most participants were able to infer new lexical items from the Spanish text and file them into "The Multilingual Lexicon". As the example from participant 215 shows (figure 9; especially row 4), (s)he filled in the table with some Spanish words (*arte popular*) and compared them with other languages such as German (*berühmte Kunst/Art*), English (*popular art*), French (*l'art populaire*) and Russian (*популярный арт*):

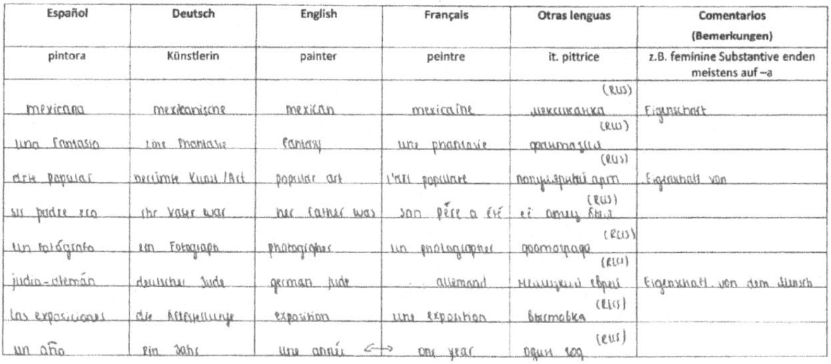

Español	Deutsch	English	Français	Otras lenguas	Comentarios (Bemerkungen)
pintora	Künstlerin	painter	peintre	it. pittrice	z.B. feminine Substantive enden meistens auf –a
mexicana	mexikanische	mexican	mexicaine	(RUS) мексиканка	Eigenschaft
una fantasía	eine Phantasie	fantasy	une phantasie	(RUS) фантазия	
arte popular	[illegible] Kunst / Art	popular art	l'art populaire	(RUS) популярный арт	Eigenschaft von
su padre era	ihr Vater war	her father was	son père a été	(RUS) её отец был	
un fotógrafo	ein Fotograph	photographer	un photographer	(RUS) фотограф	
judío-alemán	deutscher Jude	german jude	allemand	(RUS) немецкий еврей	Eigenschaft von dem Mensch
las exposiciones	die Ausstellunge	exposition	une exposition	(RUS) выставка	
un año	ein Jahr	une année ↔	one year	(RUS) один год	

Figure 9: IC sequence ("The Multilingual Lexicon") (participant 215).

With regard to the "The Hypotheses Grammar", figure 10 demonstrates that the learners became aware of some grammatical phenomena in Spanish, including an awareness of the underlying meanings and functions. For instance, participant 215 compared the Spanish feminine articles (*la*, *una*) with the French ones (*la*, *une*) and explained the main differences between the two languages (the first row in figure 10):

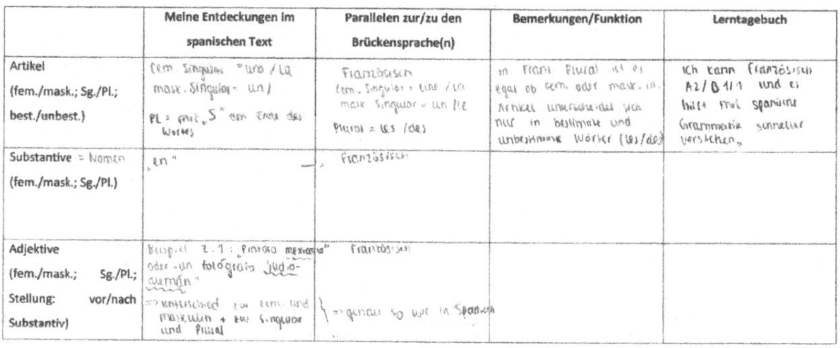

	Meine Entdeckungen im spanischen Text	Parallelen zur/zu den Brückensprache(n)	Bemerkungen/Funktion	Lerntagebuch
Artikel (fem./mask.; Sg./Pl.; best./unbest.)	fem. Singular = una / la mask. Singular = un / PL = mit „S" am Ende des Wortes	Französisch fem. Singular = une / la mask. Singular = un / le Plural = les / des	in Franz. Plural ist es egal ob fem. oder mask. … Artikel unterscheiden sich nur in bestimmte und unbestimmte Wörter (les/des)	Ich kann Französisch A2/B1/1 und es hilft mir spanische Grammatik schneller verstehen.
Substantive = Nomen (fem./mask.; Sg./Pl.)	„en" →	Französisch		
Adjektive (fem./mask.; Sg./Pl.; Stellung: vor/nach Substantiv)	Beispiel Z. 1: „pintora mexicana" oder „un fotógrafo judío-alemán" => unterscheidet zw. fem. und maskulin + zw. Singular und Plural	Französisch } => genau so wie in Spanisch		

Figure 10: IC sequence ("The Hypotheses Grammar") (participant 215).

In summary, these findings indicate that the IC sequence at the beginning of the course triggers language comparisons and metalinguistic reflections in the learners.

4.2 Effects of the multilingual intervention on target language competence

As concerns the effects of the multilingual intervention, we hypothesised that the intervention would lead to an increase in target language competence in L3/Lx Spanish. Starting with reading comprehension, figure 11a shows that in the pre-test, the control group achieved an average score of 8.5 points, whereas the experimental group averaged 9.6 points. In the post-test, the control group scored a mean of 8.0 points, while the experimental group only achieved 7.9 points. Consequently, while the experimental group outperformed the control group in the pre-test ($t(28) = -3.237$, $p = .003$), we found no significant differences between the two groups in the post-test ($t(28) = 0.185$, $p = .427$), indicating a lack of positive effects from the intervention.

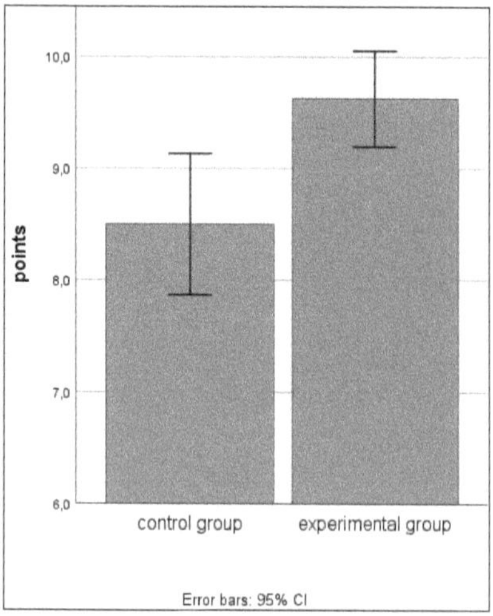

Figure 11a: Reading comprehension (pre-test, A1).

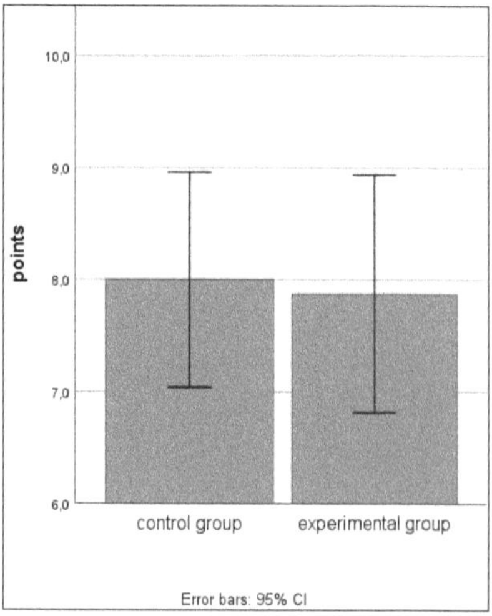

Figure 11b: Reading comprehension (post-test, A2).

In relation to the outcomes of the vocabulary tests, both groups obtained high scores in the pre- and the post-test. As we can see from figure 12a, we found no observable differences in the pre-test (t(28) = -0.485, p = .632). In contrast, the results of the post-test show that the experimental group slightly outperformed the control group. Although the differences were not significant (t(28) = -1.859, p = .074), the higher ratings of the experimental group could be attributed to a positive effect of the multilingual intervention.

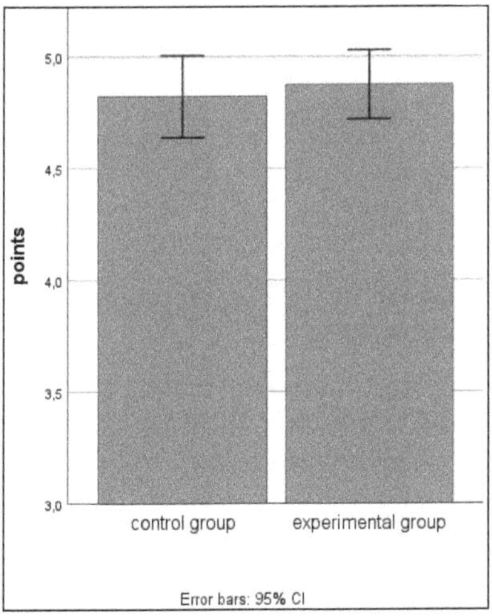

Figure 12a: Vocabulary knowledge (pre-test, A1).

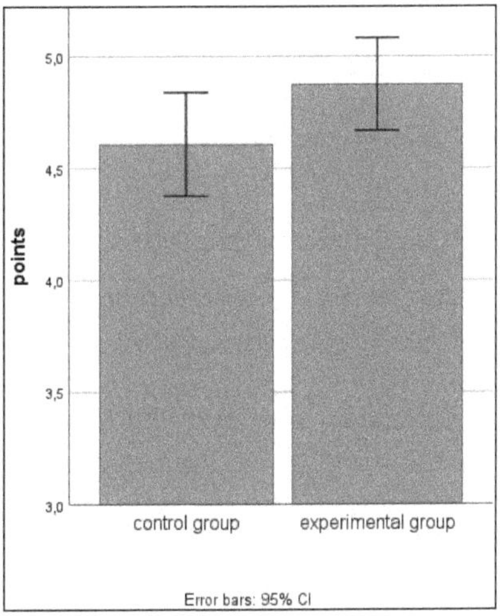

Figure 12b: Vocabulary knowledge (post-test, A2).

Finally, with regard to morphological knowledge of present-tense conjugation, figures 13a and 13b show that both groups achieved high scores in the pre-test with no differences between the groups (t(28) = 0.256, p = .800). In contrast, in the post-test, they obtained overall lower scores. This is especially true for the experimental group, in which the average score of 9.2 points in the pre-test diminishes to 6.5 points in the post-test, leading to significant differences between both groups (t(28) = 2.711, p = .011). This points to a negative effect of the intervention.

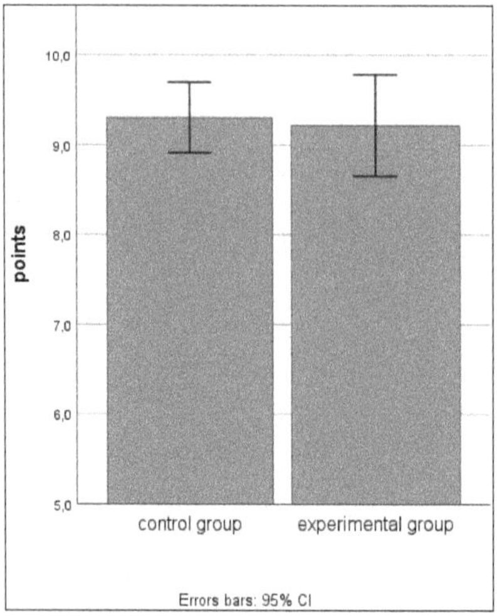

Figure 13a: Present-tense conjugation (pre-test, A1).

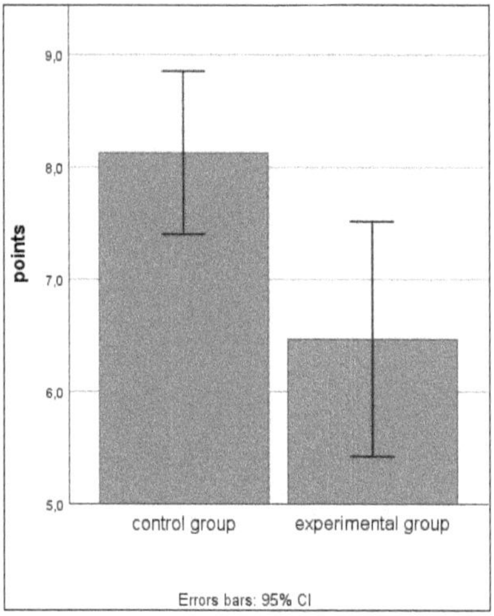

Figure 13b: Present-tense conjugation (post-test, A2).

In summary, our study did not identify any significant positive impact of the multilingual intervention on reading comprehension or morphological knowledge of present-tense conjugation. The only domain in which we found a slightly positive effect concerned vocabulary knowledge. As all three dimensions were taken as an approximation of target language competence, we must reject hypothesis 2, in which we argued for positive effects of the multilingual intervention on the learners' Spanish competence. However, as the results are based on a small-scale pilot study and the test instruments used did not meet the main quality criteria of scientific tests, they have to be taken with caution. A detailed discussion is required to contextualise the findings within the research framework of Romance language pedagogy, along with a detailed explanation of the study's limitations.

5. Discussion

5.1 Reading comprehension

Our first hypothesis focused on the IC sequence at the beginning of the course, anticipating that learners would comprehend the Spanish text despite limited or no prior Spanish knowledge. Our results support this hypothesis, as students demonstrated understanding by successfully answering comprehension questions. This aligns with findings from various empirical IC studies (Meißner 2010; Reissner 2007; Strathmann 2010) and indicates that the use of IC tasks at the beginning of a university course of L3/Lx Spanish can be an appropriate and motivating way to activate the students' prior linguistic knowledge.

However, it does not mean that IC automatically leads to a stronger increase in target language competence when compared to a singular approach. In fact, the multilingual intervention itself did not reveal any positive influence on target language reading comprehension. This resonates with a current study, which did not find relevant differences between reading in a foreign language and IC reading regarding the strategy use of the learners (Schwender 2020). If we critically re-analyse the results of Strathmann's (2010) study, which is often taken as an example for the positive influence of a multilingual intervention, it seems that the positive effects on reading comprehension are limited. Although the author explicitly focused on the promotion of reading comprehension, the difference in the accuracy scores between the control and the experimental group was quite low (only approximately 4 %).

Taking together the results of the three studies, we can cautiously conclude that the effects of a multilingual intervention on reading comprehension in the target language seem to be rather limited as no relevant differences to singular approaches could be found. However, it is important to mention that, apart from the IC sequence at the beginning of the intervention, we did not explicitly train our students concerning IC reading strategies. It was therefore to be expected that the intervention would not lead to strong effects.

5.2 Vocabulary knowledge

The literature review in section 2 showed that learners rely on their previous linguistic knowledge and use different inference strategies to discover lexical items when learning a new foreign language (Behr 2007; Müller-Lancé 2006). This aligns with the results of the IC exercise "The Multilingual Lexicon", which shows that our learners were able to discover new lexical items in Spanish as well as to compare them with their previous linguistic knowledge. All participants were able to find graphically similar lexemes in German and in at least one foreign language. This also indicates that learners file lexical items in a multilingual lexicon, in which similar entries are stored together (Müller-Lancé 2003).

In addition to the IC sequence, many multilingual materials requested the production of words in Spanish as well as in other (bridge) languages. Based on the organisation principles of the multilingual lexicon, pluralistic approaches assume that the cross-linguistic memorisation of new words through multilingual vocabulary exercises should lead to a reactivation of linguistic knowledge in bridge languages and to better memorisation/recall in target languages. Our results seem to indicate that this could hold true as the experimental group slightly outperformed the control group. However, the difference between the two groups was small and the positive effect seems to be rather limited. This is surprising, as the intervention consisted of many multilingual exercises, which were constantly completed during the semester. However, it is important to emphasise that our pilot study had to face severe methodological challenges (section 6 for several limitations). It will therefore be interesting to compare our outcomes with those of ongoing large-scale research projects (Göbel et al. 2021) and see whether they can be confirmed or not.

5.3 Morphological knowledge of present-tense conjugation

Concerning present-tense conjugation, we did not observe any positive effects of the intervention. In fact, the control group outperformed the experimental group. One explanation for this outcome is that the post-test included many irregular verbs as well as the distinction between the verbs *estar* (en. 'to be') and *haber* (en. 'there is/are'), potentially posing difficulties for the learners. Despite this possible explanation, we suppose that the effects of the multilingual intervention on morphological knowledge of present-tense conjugation may be limited. More precisely, our multilingual exercises on present-tense conjugation probably raised the participants' cross-linguistic awareness, but did not lead to a more developed procedural knowledge required for the completion task.

6. Limitations of the study and suggestions for future research

The strength of the present pilot study was that we examined the effects of a six-month multilingual intervention based on a combination of intercomprehension (IC) and L3 didactics in a natural classroom setting. While acknowledging the need for caution in interpreting our results, this paper aimed to provide insights into our pilot project, fostering a critical discussion of our methodological decisions and constraints.

First of all, as we utilised already existing data from the fall semester of 2017 (ex-post), modifying or adjusting the course's examination tools was not feasible. However, taking the regular course exams as pre- and post-tests allowed us to incorporate data from a period in which the teacher was still not influenced by the multilingual training programme. Another positive consequence was that the exams were developed by the university teacher herself, which could result in higher acceptance rates of the outcomes by other teachers. However, from a language testing perspective, the methodological decision of using the midterm and final exams as pre-/post-tests was rather problematic, as the exams were not developed considering the main quality criteria of scientific tests. For example, in the vocabulary tests, the participants had to complete a mind map for two different lexical fields (i.e., *Mi ciudad ideal*; *Mi piso*; 5 points per field; 1 point per word). This task, being not very demanding, resulted in high ratings for nearly all participants, indicating a potential ceiling effect and making a meaningful interpretation of the data difficult. Another critical aspect concerned the fact that pre- and post-tests differed in the proficiency level they tested (A1 vs. A2), often leading to negative values that complicated the analysis and interpretation of the data. Although it may be challenging to integrate standardised pre- and post-tests into a natural classroom context, we believe that future studies could benefit from attempting to do so (Göbel et al. 2021).

Secondly, a major issue was recruiting teachers and students willing to participate in such a research design. It took us approximately two years to train the teacher, prepare the materials, carry out the intervention, and reflect on it. Since the project was conducted without any external funding, the sample size of thirty subjects can be considered a good starting point. Nevertheless, it must be acknowledged that the sample was still small, making it difficult to conduct elaborate statistical models and draw general conclusions.

Thirdly, it is questionable whether monolingual course exams are an adequate way to measure improvements related to a multilingual intervention, as they adhere to a monolingual norm and use the native speaker as a baseline for comparisons. However, we believe that using both monolingual and multilingual assessment tools could be a good compromise for future studies. While the former are important to convince practitioners, the latter compensate for a monolingual bias. Additionally, multilingual exercises not only focus on the development of target language competence but also train students' metalinguistic awareness and competences in the bridge languages. Future studies should therefore amplify their research design and integrate tests for metalinguistic awareness and competences in bridge languages in order to determine whether a multilingual intervention might have positive effects in these domains.

Fourthly, another explanation for the generally limited effects of the intervention could be related to the control group's apparent more frequent use of language comparisons as a learning strategy (Tab. 1, p.357–358). This suggests that the control group might have benefitted from their own learning strategy even though they did not receive the multilingual instruction explicitly.

Finally, the modest outcomes of the intervention might be related to the limited plurilingual competence of the teacher (Heyder/Schädlich 2015). Although the teacher was very experienced, highly motivated and plurilingual herself, she commented on several occasions that she had difficulties in conducting the intervention. For example, in a qualitative interview study still to be published, she explained that pluralistic approaches were new to her. She also pointed out that her French knowledge (one of the most relevant languages in the biographies of the participants) was limited, making it sometimes challenging to conduct language comparisons. Similar to the concerns raised by Tanzmeister (2008), she found that using multilingual exercises was time-consuming which made it difficult to finish the course programme in time. Although the teacher was an expert in teaching Spanish when applying a singular approach, she was probably a novice in using pluralistic approaches, which might have made it more challenging for her to integrate the multilingual exercises into her teaching practice. One of our conclusions therefore is that teachers need to have a highly developed plurilingual competence themselves, which can probably not be acquired sufficiently in a few extra workshops. A possible solution for future studies could be a co-teaching scenario or an even more extensive teacher training before and during the intervention. We also suggest classroom observations and/or video recordings to gain insights into how the intervention was implemented.

Despite the methodological caveats named in this section, the present pilot study offered some empirical insights into the effectiveness of a multilingual intervention. Although our findings suggest that the effects on target language competence are relatively weak, we assume that the intervention might have led to improvements in other areas. In fact, several studies have already shown that IC modules can lead to an increase in metalinguistic awareness and language learning awareness (Bär 2009; Behr 2007; Meißner 2010; Strathmann 2010). In addition, such an intervention can also reactivate and strengthen previous linguistic knowledge and possibly foster the receptive competences, explicit grammatical knowledge, and vocabulary knowledge in the bridge languages. However, it remains an open question whether a multilingual intervention based on IC and L3 didactics automatically leads to an increase in target language competence and whether the application of a pluralistic approach is more effective in this sense than a singular approach.

Acknowledgments

We especially want to thank Claudia Polzin-Haumann and Christina Reissner from Saarland University for their help regarding the workshop on IC and their helpful feedback on the intervention and the questionnaire. Additionally, we want to express our gratitude to Andreas Baierl for his statistical advice and Gleb Chupakhin for proofreading. Any remaining errors are ours.

7. References

Ainciburu, María Cecilia/ González Rodríguez, Virtudes/ Navas Méndez, Alejandra/ Tayefeh, Elisabeth/ Vázquez, Graciela (2009): *Con dinámica. Competencias y estrategias*. Stuttgart: Klett

Bär, Marcus (2009): *Förderung von Mehrsprachigkeit und Lernkompetenz: Fallstudien zu Interkomprehensionsunterricht mit Schülern der Klassen 8 bis 10.* Tübingen: Narr

Behr, Ursula (2007): *Sprachenübergreifendes Lernen und Lehren in der Sekundarstufe 1. Ergebnisse eines Kooperationsprojektes der drei Phasen der Lehrerbildung.* Tübingen: Narr

Candelier, Michel (2008): Approches plurielles, didactiques du plurilinguisme : le même et l'autre. *Recherches en didactique des langues et des cultures* 5 (1), 65–90

Candelier, Michel et al. (2012): *FREPA. A Framefork of Reference for Pluralistic Approaches to Languages and Cultures. Competences and resources*. Strasbourg: Council of Europe

Dietrich-Grappin, Sarah (2020): *Mehrsprachigkeitskompetenz als Bildungsziel im schulischen Tertiärsprachenunterricht. Transferbasierte Kommunikationsstrategien im Kontext von spontaner Mündlichkeit und Zwei-Sprachen-Aufgaben*. Trier: WVT

Eibensteiner, Lukas (2021): *Transfer im schulischen Drittspracherwerb des Spanischen. Wie L2-Kenntnisse des Englischen, Französischen und Lateinischen den L3-Erwerb von perfektivem und imperfektivem Aspekt im Spanischen beeinflussen*. Tübingen: Narr Francke Attempto

Eibensteiner, Lukas/ Müller-Lancé, Johannes (2020): *I am aprendiendo linguam hispanicam*. Eine Untersuchung zum metasprachlichen Bewusstsein von Spanischlernenden. In: García García, Marta/ Prinz, Manfred/ Reimann, Daniel (eds.): *Mehrsprachigkeit im Unterricht der romanischen Sprachen. Neue Konzepte und Studien zu Schulsprachen und Herkunftssprachen in der Migrationsgesellschaft*. Tübingen: Narr Francke Attempto, 107–123

Eibensteiner, Lukas/ Kropp, Amina/ Müller-Lancé, Johannes/ Schlaak, Claudia (eds.) (2023): *Neue Wege des Französischunterrichts. Linguistic Landscaping und Mehrsprachigkeitsdidaktik im digitalen Zeitalter*. Tübingen: Narr Francke Attempto

Fäcke, Christiane/ Meißner, Franz-Joseph (eds.) (2019): *Handbuch Mehrsprachigkeits- und Mehrkulturalitätsdidaktik*. Tübingen: Narr Francke Attempto

Fäcke, Christiane/ Vali, Sara (eds.) (2022): *Perspektiven der Mehrsprachigkeit heute in Forschung und Praxis. Lehramtsstudierende, Lehrpraxis, Lehrmaterialien*. Berlin: Peter Lang

Göbel, Kerstin/ Schmelter, Lars/ Buret, Julie/ Freder, Georgia/ Neuber, Katharina/ Struck, Linda (2021): *Franzimo – Französisch als 2. Fremdsprache: interkulturell und mehrsprachigkeitsorientiert. Projektbericht: Zielstellung, Projektkonzeption und Projektumsetzung*. https://duepublico2.uni-due.de/receive/duepublico_mods_00074417 (letzter Zugriff am 13.7.2021)

Heyder, Karoline/ Schädlich, Birgit (2015): Herkunftsbedingte Mehrsprachigkeit und Fremdsprachenunterricht: Eine Befragung von Lehrern in Niedersachsen. In: Fernández Ammann, Eva Maria/ Kropp, Amina/ Müller-Lancé, Johannes (eds.): *Herkunftsbedingte Mehrsprachigkeit im Unterricht der romanischen Sprachen*. Berlin: Frank & Timme, 233–251

Holzinger, Gabriele/ Seeleitner, Isolde/ Castillo de Kastenhuber, Claudia/ Lara Fernández, Carlos/ Rückl, Michaela et al. (2012): *Descubramos el español. Spanisch interlingual*. Wien: Hölder-Pichler-Tempsky

Hufeisen, Britta (2010): Theoretische Fundierung multiplen Sprachenlernens – Faktorenmodell 2.0. *Jahrbuch Deutsch als Fremdsprache* 36, 200–207

Hufeisen, Britta/ Neuner, Gerhard (eds.) (2004): *The Plurilingualism Project: Tertiary Language Learning – German after English*. Strasbourg: Council of Europe

Hülsmann, Christoph/ Ollivier, Christian/ Strasser, Margareta (eds.) (2020): *Lehr- und Lernkompetenzen für die Interkomprehension. Perspektiven für die mehrsprachige Bildung*. Münster: Waxmann

Klein, Horst/ Stegmann, Tilbert (1999): *EuroComRom – die sieben Siebe. Romanische Sprachen sofort lesen können*. Aachen: Shaker

Klein, Horst/ Strathmann, Jochen (2011): *Spanisch über schulische Englisch- und Französischkenntnisse. Leitfaden zur multimedialen Anwendung der Methode EuroCom*. Aachen: Shaker

Koch, Corinna/ Rückl, Michaela (eds.) (2022): *Au carrefour de langues et de cultures. Mehrsprachigkeit und Mehrkulturalität im Französischunterricht*. Stuttgart: Ibidem

Kropp, Amina/ Müller-Lancé, Johannes/ Eibensteiner, Lukas (2022): Herkunftssprache *meets* Fremdsprache. Eine empirische Studie aus dem universitären Anfangsunterricht Spanisch. In: Schöpp, Frank/ Willems, Aline (eds.): *Unterricht der romanischen Sprachen und Inklusion. Rekonstruktion oder Erneuerung?* Stuttgart: Ibidem, 83–122

Meißner, Franz-Joseph/ Reinfried, Marcus (eds.) (1998): *Mehrsprachigkeitsdidaktik. Konzepte, Analysen, Lehrerfahrungen mit romanischen Fremdsprachen*. Tübingen: Narr

Meißner, Franz-Joseph (2010): Interkomprehension empirisch geprüft: Kompetenzprofile, Mehrsprachenerlebnis, Lernerautonomisierung.

In: Doyé, Peter/ Meißner, Franz-Joseph (eds.): *Lernerautonomie durch Interkomprehension. Projekte und Perspektiven.* Tübingen: Narr, 193–225

Meißner, Franz-Joseph (2008): Mehrsprachigkeitsdidaktik. In: Tanzmeister, Robert (ed.): *Lehren, Lernen, Motivation. Einführung in die Fachdidaktik für Romanistinnen und Romanisten.* Wien: Praesens, 63–93

Morkötter, Steffi (2016): *Förderung von Sprachlernkompetenz zu Beginn der Sekundarstufe. Untersuchungen zu früher Interkomprehension.* Tübingen: Narr

Müller-Lancé, Johannes (2006): *Der Wortschatz romanischer Sprachen im Tertiärspracherwerb. Lernerstrategien am Beispiel des Spanischen, Italienischen und Katalanischen.* Tübingen: Stauffenburg

Müller-Lancé, Johannes (2003): A strategy model of multilingual learning. In: Cenoz, Jasone/ Hufeisen, Britta/ Jessner, Ulrike (eds.): *The Multilingual Lexicon.* Netherlands: Kluwer Academic Publishers, 117–132

Neuner, Gerhard (2003): Mehrsprachigkeitskonzept und Tertiärsprachendidaktik. In: Hufeisen, Britta/ Neuner, Gerhard (eds.): *Mehrsprachigkeitskonzepte – Tertiärsprachenlernen – Deutsch nach Englisch.* Strasbourg: Europarat, 13–34

Reimann, Daniel (2016): Aufgeklärte Mehrsprachigkeit – Sieben Forschungs- und Handlungsfelder zur (Re-)Modellierung der Mehrsprachigkeitsdidaktik. In: Rückl, Michaela (ed.): *Sprachen und Kulturen: vermitteln und vernetzen. Beiträge zur Mehrsprachigkeit und Inter-/Transkulturalität im Unterricht, in Lehrwerken und in der Lehrer/innen/bildung.* Münster/New York: Waxmann, 15–33

Reissner, Christina (2007): *Die romanische Interkomprehension im pluridisziplinären Spannungsgefüge.* Aachen: Shaker

Rückl, Michaela (2023): *Mehrsprachigkeit als Schlüssel für effizienten Spracherwerb. Evidenzbasierte Erkenntnisse zur Lehrwerkwirkung im Bedingungsgefüge des kompetenzorientierten Unterrichts von Italienisch und Spanisch als dritte Fremdsprachen.* Stuttgart: Ibidem

Schöpp, Frank (2015): Die Thematisierung herkunftsbedingter Mehrsprachigkeit im Unterricht der romanischen Sprachen. In: Fernández Ammann, Eva María/ Kropp, Amina/ Müller-Lancé, Johannes (eds.): *Herkunftsbedingte Mehrsprachigkeit im Unterricht der romanischen Sprachen.* Berlin: Frank & Timme, 159–183

Schwender, Philipp (2020): Interkomprehensive (Sprach-)Lernstrategien im Fokus: Gibt es einen Unterschied zwischen Leseverstehen in der Fremdsprache und interkomprehensivem Lesen? *Zeitschrift für romanische Sprachen und ihre Didaktik* 14 (1), 29–48

Strathmann, Jochen (2010): *Spanisch durch EuroComprehension – Multimediale Spracherwerbsprozesse im Fremdsprachenunterricht*. Aachen: Shaker

Tanzmeister, Robert (2008): Lehren – Lernen – Motivation. Zu Grundfragen der Fremdsprachendidaktik und Lehrerbildung. In: Tanzmeister, Robert (ed.): *Lehren, Lernen, Motivation. Einführung in die Fachdidaktik für Romanistinnen und Romanisten*. Wien: Praesens, 15–52

Williams, Sara/ Hammarberg, Björn (1998): Language Switches in L3 Production: Implications for a Polyglot Speaking Model. *Applied Linguistics* 19 (3), 295–333

Translanguaging, Plurilingualism and L3 Acquisition: implications for L3 teacher education and training

Slavka Pogranova & Holli Schauber

ABSTRACT
This chapter examines the interplay between translanguaging and plurilingualism and its potential role in developing pluripedagogical knowledge and English as a third language (L3) acquisition in teacher preparation in French-speaking Switzerland. Following a review of the research on the role of translanguaging in plurilingual contexts we shed light on the possibilities, challenges and benefits of that intersection for the training of L3 teachers through practical examples targeting both primary and secondary school contexts. We highlight how plurilingual teacher learners and teacher educators use translanguaging processes to navigate the teacher training experiences. A set of flexible and evidence-driven instructional proposals round out the chapter.

RESÜMEE
Dieser Beitrag untersucht die Wechselwirkung zwischen Translanguaging und Mehrsprachigkeit und ihre mögliche Rolle bei der Entwicklung von pluripädagogischem Wissen und dem Erwerb von Englisch als dritter Sprache (L3) in der Lehrerausbildung der französischsprachigen Schweiz. Nach einem Überblick über den Forschungsstand zur Rolle von Translanguaging in mehrsprachigen Kontexten beleuchten wir die Möglichkeiten, Herausforderungen und Vorteile dieser Schnittstelle für die Ausbildung von L3-Lehrkräften durch praktische Beispiele, die sowohl auf den Primar- als auch auf den Sekundarschulkontext ausgerichtet sind. Wir zeigen auf, wie mehrsprachige Studierende und Lehrkräfte Translanguaging-Prozesse nutzen, um durch ihre Ausbildungserfahrungen zu navigieren. Eine Reihe von flexiblen und evidenzbasierten Unterrichtsvorschlägen rundet das Kapitel ab.

1. Introduction

Translanguaging among plurilingual populations is often cited as a high impact practice in L1/L2 teaching, learning and leveraging students' bilingualism (García/Johnson 2017; Kleyn/García 2019; Portolés/Martí 2017). The link between translanguaging and plurilingual populations acquiring a 3rd language (L3) (defined as an additional foreign language: Dietrich-Grappin/Hufeisen in this volume, p. 274) is less well-documented in the literature and therefore of much pedagogical, didactic, and research interest. The existing literature, still in its nascent stages, raises several questions in this area: What are the instructional implications of combining translanguaging, plurilingualism and L3 acquisition? How can L3 teachers develop students' language skills and plurilingual competence using translanguaging as a pedagogical practice? What should teacher training look like to promote translanguaging and plurilingualism? Does L3 use in primary, secondary and tertiary levels in Swiss schools function as a spontaneous byproduct of teaching or a deliberate teaching objective? To answer these questions, we focus on Switzerland because it provides a ready laboratory for an examination of how plurilingual students use translanguaging processes to navigate its four official languages; and of what the educational possibilities, challenges and benefits may be. At the primary level in the French-speaking part, for example, teachers are considered to be generalists, teaching most subjects, including L1 (French), L2 (German) and sometimes L3 (English). At the tertiary level, with regards to L3 use in teacher education in German and English Didactics, there are options for a flexible use of L1 (French), L1/L2 (German depending on whether the trainee teacher is a native speaker) and L3 (English).

In this chapter, we review research about the role of translanguaging in plurilingual contexts with an eye toward how that combination may benefit L3 teaching and learning. We then provide an insight into the state of the art in L3 instruction in French-speaking Switzerland. Our main part focuses on primary and tertiary level education with examples of teacher education practices. Within this framework we make instructional proposals about how to integrate translanguaging, plurilingualism and L3 teaching-learning in initial teacher education courses which can be also adapted during teaching practice in L3 primary or secondary classes. Our goal is to provide educators and teachers with an empirically driven departure point for their own planning and instructional model.

2. Translanguaging and *Tertiärsprachendidaktik* in academic discourse

When we link L3 acquisition to pedagogical translanguaging, it means building on the existing understanding and resources comprising the plurilingual student repertoire. We share the view that the educational role of translanguaging and learning is geared toward getting students to « make connections and comparisons, ask deep questions, and practice and play with language » (García/Johnson et al. 2017, 11).

2.1 Pedagogical Translanguaging

The didactization of translanguaging in the school context remains a key focus of researchers' interest, with work that rehabilitates the use of languages for a didactic (pedagogical) purpose and is in line with a plurilingual concept of languages. Common features include dynamism, plurilingualism, permeability and interdependence of languages. Translanguaging is discussed in relation to the language skills of the teachers and/or the language repertoire of the students.[1] Whatever the ideological point of view of plurilingual competence or linguistic repertoire, translanguaging is here considered as a school-based pedagogy. Our focus in this chapter draws on a view that rests on the notion of *languaging* to emphasize what individuals do with and across their languages in pedagogical settings (Cenoz/Gorter 2017; Creese/Blackledge 2010; Ganuza/Hedman 2017) and best practices already exist (Allard 2017; Hopewell 2017; Martin-Beltrán 2014; Woodley/Brown 2016). As educational examples, translanguaging promotes the naturally occurring practices and performances of communities of plurilingual teachers and students who use their available resources, in strategic and deliberate ways during classroom interactions, to enhance instruction and learning, create meaning, conduct assessment, foster alliances and incorporate the language practices of school into their own repertoires (Juvonen & Källkvist 2021; García 2008). Translanguaging as such seeks to assist plurilingual speakers in making meaning, shaping experiences, and gaining deeper understandings and knowledge of the languages in use and the content being taught (Lewis/Jones et al. 2012; Williams 2002). According to García/Johnson et al. (2017), translanguaging pedagogy consists of three parts: stance, design, and shifts. The stance comprises the representations and the beliefs of teachers; the design stands for the creation of courses and their evaluation, and the shifts

---

[1] García/Li (2014), for example, view it as the « construction and use of original and complex interrelated discursive practices that cannot be easily assigned to one or another traditional definition of a language, but that make up the speakers' complete language repertoire » (p. 22). This expresses the idea of translanguaging: transcending, going beyond the languages defined as English or Spanish (García/Kleyn 2016). Rather than deciding which language to use, plurilinguals choose from the available resources in their current linguistic repertoire (García/Otheguy 2020; Otheguy/García et al. 2018) and at the same time « make meaning for themselves » (García/Li 2018, 4). The idea of transcending boundaries to make meaning is expressed by Li (in this volume, p. 147) when talking about the prefix 'trans'.

are teachers' deliberate decisions made during instruction. When we transfer these ideas to foreign language teaching and learning, translanguaging activities could include researching and reporting on a topic or doing group work using several languages, through processes involving explaining or translating into the L1 (Nagy 2018), practices which need to be legitimized and supported by research done in class. In this sense, translanguaging fullfils various functions as it permits learners to remain on task, narrate, explain, and annotate texts which facilitates improved access to and understanding of curricular content (Creese/Blackledge 2010).

2.2 *Tertiärsprachendidaktik* and L2 - L3 acquisition

Until the 2000s, 3rd language (L3) acquisition, teaching and learning was subsumed within the dominant paradigms available for L2 (Jaensch 2013; Jessner 2008; Rothman/Cabrelli Amaro et al. 2012). The paradigmatic shift emphasizing the L3 naturally dovetailed with several sociopolitical, sociolinguistic and socio-educational developments characterized by: 1) EU initiatives to promote and ensure a plurilingual identity through proficiency in three languages; 2) classroom-based efforts to adopt a plurilingual approach where home language practices may be introduced; and 3) the recognition of any distinct processing features of L3 classroom learning that may distinguish it from L2. The question of L2-L3 transfers is well-documented (Heinzmann/Müller et al. 2010; Hufeisen, 2010; Hufeisen/Neuner 2003; Manno 2009; Manno/Greminger Schibli 2015; Neuner/Hufeisen et al. 2009; Cenoz/Santos 2020). The second language can help with the learning of the third if there is language proximity (Jessner, 2013). Hufeisen's (2004) factor model highlights the beneficial impact of consciously mobilizing the existing L1 and L2 language repertoire and previous language learning experiences for incidental and deliberate L3 learning. According to Neuner (2004), the linguistic experience of the L2 is broadened in L3 instruction, as students become aware of languages, which have emerged in a new light. The teaching of a tertiary language is however not characterized by the development of new concepts, but rather by clarifying the specific features of teaching and learning languages. Learning L3 ultimately becomes an efficient and economical process: students compare L1-L2-L3, understand the learning process, store and activate lexicogrammatical knowledge, and use previously acquired learning and communication strategies.

3. State of the art in L3 instruction in French-speaking Switzerland

When we consider the links between translanguaging and L3 learning, two issues draw our attention in the context of foreign language teaching and learning: 1) translanguaging as a pedagogy to support the teaching and learning of the second foreign language and 2) identifying unique features of L3 learning based on different languages that necessitate a reconsideration of practice. But what might be considered as state of the art in Switzerland? As far as the current curriculum is concerned, learners should develop a plurilingual repertoire comprising all of the competencies and knowledge associated with the use of their languages (*Plan d'études romand* (PER), Conférence intercantonale de l'instruction publique de la Suisse romande et du Tessin 2012).[2] This quote relates to the whole language curriculum, comprising L3. However, the curriculum fails to provide further explanations of the plurilingual repertoire developed by students and highlights the development of communicative competencies in at least two foreign languages. It comprises a section on the links between languages helping to enrich students' language practices:

L 27 – Enrichir sa compréhension et sa pratique langagière par l'établissement de liens avec des langues différentes...

1 ... en situant les langues dans l'espace et le temps

2 ... en ayant recours aux différentes langues représentées dans la classe

3 ... en identifiant l'existence de liens entre la langue et la culture

Progression des apprentissages

5e – 6e années	7e – 8e années
Prise de conscience des différentes langues parlées par les élèves de la classe	
Distinction entre langages *(gestuelle, mimiques, pictogrammes,...)* et langues *(chinois, français, arabe, latin,...)*	

Figure 1: Establishment of links between different languages (PER 2010, 72).

[2] This repertoire is caracterised as an « ensemble des compétences et connaissances dont un individu dispose dans les différentes langues qu'il-elle connaît, qu'il s'agisse de langues officielles (par ex. enseignées à l'école) ou non (par ex. langues de la famille ou de la migration). L'étendue des compétences et connaissances peut varier entre les langues, à la fois en termes de degrés de maîtrise et en termes d'usages » (PER 2012, 64).

In this line, the English textbooks *MORE!* 7e and 8e (Puchta/Stranks et al. 2013 and 2014) for primary schools point specifically at the similarities and/or differences of vocabulary, grammar, pronunciation or chunks learned in previous lessons which targeted L3 acquisition:

> The integrated didactic approach is directed towards helping learners to establish links between the languages that form part of their linguistic repertoire – those they speak at home – as well as those that are taught at school. (ibid., 20)

The textbooks offer comparisons in taught languages at school (L1, L2, L3) and provide teachers with exercises or complementary worksheets called « language links ». Within the integrated didactic approach, the exercises/activities aim to draw on language competences, to look for possible links and to transfer the available knowledge (Figure 2):

> [t]his acts as a support for the learning process by identifying and optimising the relationships among the languages themselves, as well as how to learn them (Puchta et al. 2013, 20).

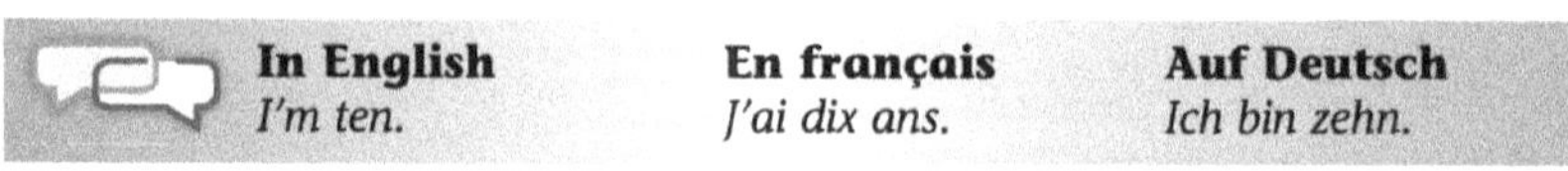

Figure 2: Language links (*MORE! 7e* 2013, 16).

Making connections between taught languages in order to support the learning process is an important principle in learning the second foreign language in English textbooks. Occasionally, in some activities they ask students to refer to their home languages for example by asking them to add animals or body parts in the other languages they speak. But language awareness activities are only one way to link target language learning and plurilingual competence (Bredthauer in this volume, p. 307). And often, in the Swiss context, L3 teachers need to draw on complementary sheets in order to do so, such as FREPA) (Candelier/Camilleri-Grima et al. 2012). For translanguaging, however, an activation of students' own repertoire is needed as are action-oriented tasks in the L3 classroom. The examples shown are not part of the pedagogical translanguaging as there is no systematic operationalizing of the learning goals (PER, Fig. 1) and teachers can bypass the information in the textbook if they wish to (Fig. 2).

The textbook examples could be improved to promote translanguaging by going beyond a simple presentation and comparison of grammar and vocabulary items in different languages. They could combine several dimensions: communicative tasks involving meaningful language use, CLIL, everyday life interactions with peers in action-oriented L3 tasks requiring students to mobilize all of the resources in their linguistic repertoire to fulfill a communicative goal. This could be complemented by demonstrating the use of different languages in specific tasks and situations.

4. L3 Teacher education and training

Now we turn our attention to teacher education and training, focusing first on L3 teacher practices at the primary level and then at the tertiary level where the focus shifts to "pluripedagogy" within a secondary teacher training context. This is followed by a set of practical recommendations for L3 teacher education and training.

4.1 Primary teacher training and L3 acquisition

Recent research in primary schools has focused on teachers' flexible use of languages in L2 and L3 classes (Pogranova 2020; Leonet/Saragueta 2023). The participants were teacher trainees doing their internship experience, teaching German or English as a foreign language in primary schools (to students aged 11–12) in the Geneva region. The aim of the study was to understand teacher practices in schools. Learning L3 was a deliberate learning objective, based on the textbooks and teacher-centered activities. The methodological approach used to collect and organize the video data was the synopsis (Sales Cordeiro/Ronveaux et al. 2009), which comprised the summary of the taught content knowledge, teachers' didactic gestures (for example giving instructions or regulating the learning process) and language blocs both at global (lessons) and intermediate levels (activities). The division of the lessons into language blocs (using Excel spreadsheets) showed the use of languages in class. The data was subjected to a qualitative and quantitative content analysis, for which text passages were first selected in NVivo10 by using specific criteria. Consequently, the didactic gestures in these passages were categorised by following an inductive approach

(Van der Maren, 2004). The data reveal that in foreign language classes the main languages used are the school (L1 French) and target languages (L2 German or L3 English). Alternating to the L1 has emerged as an important instructional practice of foreign language teachers. This is seen at both the level of activities and the interactions. However, both languages fulfill didactic functions: they intervene in the construction of taught knowledge during the deployment of teachers' gestures. These include for example, starting a lesson (instructions), verbalizing the acquired knowledge or the rule, supported by both the school and target language, which indicates their role during L2 or L3 acquisition. In primary teacher education this could lead to paying attention to teachers' practices: relating the use of languages to the learning objectives, to the knowledge they want students to acquire or to increasing their understanding during the explanation process. Practices where the use of students' available resources in their repertoire is encouraged, were rare. Home language practices or the use of other taught languages (L1, L2) were not induced by teacher trainees focusing mainly on teaching the L3 as a foreign language and its specificities (grammar, vocabulary). However, at some occasions, naturally occurring language practices were observed by pupils making meaning for themselves and creating a translanguaging space (Li 2011). These practices occurred where similarities were noticed and languages could be compared (spelling, pronunciation, meaning). Students specifically tended to name the languages they knew. Based on this research, in the teacher training courses attention could be paid to how to build on students' responses and create plurilingual practices with a specific focus on L3 acquisition. This implies grasping at opportunities to include home practices whenever it helps students with L3 learning.

4.2 Secondary teacher training and L3 acquisition

The teacher training courses for secondary schools in Geneva presented here adhere to and further develop the idea that teacher preparation should expose students to pluripedagogical viewpoints that are not solely bound by the demands and practices of local educational contexts. This rests on the view that plurilingual exposure and the accompanying translanguaging events provide access to an enlarged field of theoretical and practical notions in ways that monolingual settings do not (Menken/Sanchez 2019;

Herrera 2023).[3] Schauber (2012, 152) explains pluripedagogy as a concept for pre- and in-service teacher education following four principles: 1) the use of international varieties of French, English and to a lesser extent German, and the educational communities of practice they (re)present; 2) the adjacency of multiple knowledge sources inter- and comingling in the construction of the knowledge base and identity; 3) importing and exporting across linguistic and community of practice boundaries; and 4) developing multiple pedagogical competences as instructional resources where a plurality of views are mobilized to mediate, declare, and evaluate pedagogical stances.

This conceptual framework rests on the empirical data collected from a larger multi-year exploratory study on a teacher education course called *la profession enseignante-option bilingue* (PEOB) to address questions of how meaning was constructed and reinforced when faced with access to pluripedagogical content, represented by instructional practices from other contexts, and how teacher learners navigated that process plurilingually. Participant students were informed that in addition to French and German (their L1 or L2), a considerable amount of English (their L3) would be used and therefore at least a B2 competence was required.

The study highlights the fact that pluripedagogy within the framework of this course could be plotted along a language and teacher education continuum. Most of the students viewed PEOB as a language learning opportunity and the fulfillment of a teacher learning requirement at the same time

[3] According to García/Kleyn (2013), the role of pre-service training is to prepare teachers, regardless of their specialization, for plurilingual pedagogy. Teachers teach students of different language origins and levels whether they are emergent bilinguals or students who are fluent in several languages. To engage students effectively, teacher training includes the core socioeducational skills and knowledge associated with classroom language learning: understanding students, their families and communities, acquiring knowledge about plurilingualism, languages and their acquisition, and about developing plurilingual pedagogy in the classroom. Knowledge about plurilingualism and language acquisition includes students who are « viewed not just as a second language learners, but as emergent bilinguals who contribute to the development of a multilingual world » (ibid., p. 4). Pre-service training can develop teachers' skills through: observation and description of language use among bilingual students, micro-ethnographic work within their language communities, and direct experience in schools (García 2008).

(ibid., p. 163). Students were not only exposed to plurilingual materials but also to plurilingual tasks (which for most involved English as an L3 because students were mostly L1 French with German L2 and English L3). This meant that interaction, instructions, handouts, administrative issues and classroom management language occurred plurilingually and usually involved translanguaging processes. Students were given the option of using any language in their plurilingual repertoires in response to the language of the readings, the handouts, the instructions, the task, the task prompt, and the lead off language for plenary or student group discussions. Handouts were bi- or trilingual and included quotes from an article; theoretical principles; an article summary; questions for reflection; recommended readings; course requirements; and the daily class agenda. Other than the language of the reading, no determining factor influenced the languages chosen for the in-class tasks. PEOB students could read an article in French, German or English and submit their one page personal 'read and react response' in the language of their choice. Of course, this requires that the faculty member possesses at least a B2 competence in all three languages.

This sometimes positioned the linguistic forms and meanings of the content as a subtext and by-product of the course. Introducing an additional language armed students with another linguistic tool to use to grapple with an understanding of different content, context, and language specific meanings inherent in the international readings. Those pluripedagogical exposures and plurilingual practices nurtured the opportunities for incidental and deliberate L3 exposure, use and acquisition.

A significant finding of this study reveals that through processes of translanguaging core notions are analyzed, reformulated, translated, and co-constructed until comprehension has occurred (Rajendram 2023; Rodríguez/Musanti et al. 2021). Students rely on one another for quick translations which means considerable learner autonomy and trust in their linguistic judgements and associated conceptual understandings. An additional and equally important finding is that the distribution or ratio of L1-L2-L3 is neither fixed nor predetermined in a plurilingual classroom where translanguaging occurs.

These particularities are consistent features of the practicalities of the initial teacher training courses for secondary teachers where pluripedagogy is promoted. They have the potential to play a critical role in creating more profound opportunities for conceptual and practical understanding of the content.

4.3 Recommendations for L3 Teacher education

Based on the examples provided above, we now turn our attention to making some adaptable and flexible instructional proposals. Our purpose is to provide educational stakeholders with an evidence-based departure point for their own planning and instructional models promoting best practices and successful L3 learning, adaptable to primary, secondary and tertiary levels. Our nine proposals recognize the necessary changes associated with any reorientation stemming from a translanguaging, plurilingual, L3 learning combination:

1. Model translanguaging through plurilingual instruction for written and oral discourse events
2. Give students the right to regulate the dialogical process in two or more languages
3. Get students to deliberate and conduct group work plurilingually, including their home language(s)
4. Introduce multilingual and multimodal materials that prompt translanguaging
5. Provide readings in multiple languages to expose student teachers to other instructional contexts and views about the teaching profession
6. Allow students to read and respond in the languages of their choice where the teacher or a peer reader can review and assess the content
7. Set specific language tasks to create translanguaging spaces by matching students in heterogenous groups where same (or similar) languages are spoken to get students to take the role of experts and explain the subject matter to others.
8. Prompt plurilingual speakers to extend their responses and increase speaking time by getting them to use all of their L1, L2 and L3 resources to get the message across.
9. Bear in mind that there is no fixed ratio or predetermined distribution of the L1, L2 and L3 in plurilingual classrooms where translanguaging occurs and is promoted.

5. Conclusion

A primary purpose of this chapter was to provide a theory driven overview of the interplay between translanguaging and its potential role in developing pluripedagogical knowledge in teacher preparation and L3 acquisition with an empirically driven eye toward practical ideas for planning and instruction. Our examination of that intersection has been shaped by the primary and tertiary contexts which feature the L3 as both an outgrowth of the learning process or an incidental byproduct of the plurilingual and translanguaging classroom practices. They provide an organic environment for L3 learning for relevant students. Since we know that previous or concurrent L2 learning supports successful L3 acquisition, plurilingual competence is a natural fit in L3 curricula. For this reason, we can conclude that plurilingualism should be part and parcel of an L3 learning objective and by the same token, L3 should be a primary objective within a plurilingual instructional model and curricular framework. In this way, L3 teaching helps to develop the plurilingual potential of students considered not only as learners of a second foreign language but also as emergent (or competent) plurilinguals capable of communicating in different contexts and with various interlocutors. They can draw on their entire linguistic repertoire to understand or communicate a written or spoken message in the target language. We can only imagine that through this process, and in the Swiss context, learners do in fact acquire items that eventually become part of their plurilingual competence. With regard to foreign language learning, and L3 acquisition, translanguaging requires a wider discussion. Our desirata for future L3 research calls for studies on the representations and beliefs of teachers in the Swiss context (regarding translanguaging) to understand the possible impact this practice could have on their daily teaching and the teacher training needs required. As far as L3 education is concerned, the incorporation of more plurilingual activities in L3 textbooks with procedural instructions for teachers is also a wish beyond making good pedagogical sense. Teacher trainers may seize the opportunity to discuss the role of translanguaging in plurilingual contexts with the teacher trainees where L3 acquisition is at stake, for example when deliberate decisions are made (linked with learning objectives) in order to mobilise a learners' linguistic repertoire and develop their plurilingual competence.

6. References

Allard, Elaine C. (2017): Re-examining teacher translanguaging: An ecological perspective. Bilingual Research Journal 40 (2), 116–130

Candelier, Michel/ Camilleri-Grima, Antoinette/ Castellotti, Véronique/ de Pietro, Jean-François/ Lőrincz, Ildikó/ Meissner, Franz-Joseph (with the participation of Muriel Molinié) (2012): FREPA. A Framework of Reference for Pluralistic Approaches to Languages and Cultures. Competences and resources. Strasbourg: European Centre for Modern Languages/Council of Europe

Cenoz, Jasone/ Gorter, Durk (2017): Minority languages and sustainable translanguaging: threat or opportunity? *Journal of Multilingual and Multicultural Development* 38 (10), 901–912

Cenoz, Jasone/ Santos, Alaitz (2020): Implementing pedagogical translanguaging in trilingual schools. *System* 92

Conférence intercantonale de l'instruction publique de la Suisse romande et du Tessin (2012): *Plan détudes romand.* [PDF] Neuchâtel: CIIP

Conférence intercantonale de l'instruction publique de la Suisse romande et du Tessin (2010): *Plan d'études romand.* [PDF] Neuchâtel: CIIP

Creese, Angela/ Blackledge, Adrian (2010): Translanguaging in the Bilingual Classroom: A Pedagogy for Learning and Teaching? *Modern Language Journal* 94 (1), 103–115

Ganuza, Natalia/ Hedman, Christina (2017): Ideology vs. Practice: Is there a space for translanguaging in mother tongue instruction? In: Paulsrud, BethAnn/ Rosén, Jenny/ Straszer, Boglárka/ Wedin, Âsa (eds.): *New Perspectives on Translanguaging and Education*. Clevedon: Multilingual Matters, 208–226

García, Ofelia (2009): *Bilingual education in the 21st century: A global perspective*. Malden, MA: Wiley-Blackwell

García, Ofelia (2008): Multilingual language awareness and teacher education. In: Cenoz, Jasone/ Hornberger, Nancy H. (eds.): *Encyclopedia of language and education* (2nd ed.). Berlin: Springer, 385–400

García, Ofelia/ Johnson, Susana I./ Seltzer, Kate (2017): *The translanguaging classroom. Leveraging student bilingualism for learning.* Philadelphia: Caslon

García, Ofelia/ Kleyn, Tatyana (2016): Translanguaging Theory in Education. In: García, Ofelia/ Kleyn, Tatyana (eds.): *Translanguaging with multilingual students: learning from classroom moments*. New York: Routledge, 9–33

García, Ofelia/ Kleyn, Tatyana (2013): Teacher Education for Multilingual Education. In: Chapelle, Carol A. (ed.): *The Encyclopedia of Applied Linguistics*. Oxford: Wiley-Blackwell, 5543–5548

García, Ofelia/ Li, Wei (2018): Translanguaging. In: Chapelle, Carol A. (ed.): *The Encyclopedia of Applied Linguistics.* Oxford: Wiley and Sons, S. 1–7

García, Ofelia/ Li, Wei (2014): *Translanguaging: Language, Bilingualism and Education*. London: Palgrave Macmillan

García, Ofelia/ Otheguy, Ricardo (2020): Plurilingualism et translanguaging: Commonalities and divergences. *International Journal of Bilingual Education and Bilingualism* 23, 17–35

Heinzmann, Sybille/ Müller, Marianne/ Oliveira, Marta/ Haenni Hoti, Andrea/ Wicki, Werner (2010): *Englisch und Französisch auf der Primarstufe - Verlängerung des NFP-56-Projekts. Schlussbericht*. Luzern: Pädagogische Hochschule Zentralschweiz

Herrera, Luz Yadira (2023): Translanguaging in teacher education: engaging preservice teachers in culturally and linguistically sustaining pedagogies, *Language and Education* 37 (5), 610–623

Hopewell, Sue W. (2017): Pedagogies to Challenge Monolingual Orientations to Bilingual Education in the United States. In: Paulsrud, BethAnn/ Rosén, Jenny/ Straszer, Boglárka/ Wedin, Âsa (eds.): *New Perspectives on Translanguaging and Education*. Bristol: Multilingual Matters, 72–89

Hufeisen, Britta (2004): Introduction succinte aux bases linguistiques. In: Hufeisen, Britta/ Neuner, Gerhard (eds.): *Le concept de plurilinguisme - Apprentissage d'une langue tertiaire - l'allemand après l'anglais.* Strasbourg: Conseil de l'Europe, 7–12

Hufeisen, Britta (2010): Theoretische Fundierung multiplen Sprachenlernens - Faktorenmodell 2.0. In: Hufeisen, Britta (ed.): *Mehrsprachigkeitsdidaktik*. München: Iudicium, 200–208

Hufeisen, Britta/ Neuner, Gerhard (eds.). (2003): *Mehrsprachigkeitskonzept - Tertiärsprachen - Deutsch nach Englisch.* Strasbourg: Council of Europe Publications

Jaensch, Carol (2013): Third language acquisition: Where are we now? *Linguistic Approaches to Bilingualism* 3 (1), 73–93

Jessner, Ulrike (2008): Teaching third languages: Findings, trends and challenges. *Language Teaching* 41 (1), 15–56

Jessner, Ulrike (2013): Third language learning. In: Byram, Michael/ Hu, Adelheid (eds.): *Routeledge Encyclopedia of Language Teaching and Learning* (2nd ed.). Abingdon: Routledge

Juvonen, Päivi/ Källkvist, Marie (2021): Pedagogical Translanguaging: Theoretical, Methodological and Empirical Perspectives. An Introduction. In: Päivi Juvonen/ Marie Källkvist (eds.): *Pedagogical Translanguaging, Theoretical, Methodological and Empirical Perspectives*. Bristol: Multilingual Matters, 1–6

Kleyn, Tatyana/ García, Ofelia (2019): Translanguaging as an act of transformation: Restructuring teaching and learning for emergent bilingual students. In: de Oliveira, Luciana C. (ed.): *Handbook of TESOL in K-12*. Malden: Wiley, 69–82

Leonet, Oihana/ Saragueta, Eider (2023): The case of a pedagogical translanguaging intervention in a trilingual primary school: the students' voice. *International Journal of Multilingualism*, DOI: 10.1080/14790718.20232224009

Lewis, Gwyn/ Jones, Bryn/ Baker, Colin (2012): Translanguaging: developing its conceptualisation and contextualisation. *Educational Research and Evaluation* 18 (7), 655–670

Li, Wei (2011): Moment Analysis and translanguaging space: Discursive construction of identities by multilingual Chinese youth in Britain. *Journal of Pragmatics* 43, 1222–1235

Manno, Giuseppe (2009): Französisch nach Englisch: Überlegungen zur Tertiärsprachendidaktik. In: Metry, Alain/ Steiner, Edmund/ Ritz, Toni (eds.): *Fremdsprachenlernen in der Schule*. Bern: HEP Verlag, 129–144

Manno, Giuseppe/ Greminger Schibli, Carine (2015): Les synergies offertes par la didactique intégrée des langues - profitons-en dans l'enseignement du français deuxième langue étrangère! In: Vanotti, Manuele/ Weil, Markus (eds.): *Weiterbilding und Mehrsprachigkeit - Formation continue et plurilinguisme - Further education and pluralingualism*. Bern: HEP Verlag, 46–63

Martin-Beltrán, Melinda (2014): "What Do You Want to Say ?" How Adolescents Use Translanguaging to Expand Learning Opportunities. *International Multilingual Research Journal* 8, 208–230

Menken, Kate/ Sánchez, María T. (Maite) (2019): Translanguaging in English-Only Schools : From Pedagogy to Stance in the Disruption of Monolingual Policies and Practices. *TESOL Quarterly* 53 (3), 741–767

Nagy, Tünde (2018): On Translanguaging and Its Role in Foreign Language Teaching. *Acta Universitatis Sapientiae, Philologica* 10 (2), 41–53

Neuner, Gerhard (2004): Le concept de plurilinguisme et la didactique de langue tertiaire. In: Hufeisen, Britta/ Neuner, Gerhard (eds.): *Le concept de plurilinguisme - Apprentissage d'une langue tertiaire - l'allemand après l'anglais*. Strasbourg: Conseil de l'Europe, 13–36

Neuner, Gerhard/ Hufeisen, Britta/ Kursiša, Anita/ Marx, Nicole/ Koithan, Ute/ Erlenwein, Sabine (eds.) (2009): *Deutsch als zweite Fremdsprache.* Berlin: Langenscheidt

Otheguy, Ricardo/ García, Ofelia/ Reid, Wallis (2018): A translanguaging view of the linguistic system of bilinguals. *Applied Linguistic Review*, 1–27.

Parminter, Sue/ Gardiner, Liz/ Puchta, Herbert/ Stranks, Jeff (2013): *MORE! 7e. Teacher's Book.* Cambridge: Cambridge University Press

Pogranova, Slavka (2020): *Les pratiques des enseignants en formation initiale: la construction des savoirs, les gestes didactiques et l'alternance des langues en classe d'allemand et d'anglais à l'école primaire*. Berlin: Peter Lang

Portolés, Laura/ Martí, Otillia (2017): Translanguaging as a teaching resource in early language learning of English as an additional language (EAL). Bellaterra *Journal of Teaching & Learning Language & Literature* 10 (1), 61–77

Puchta, Herbert/ Stranks, Jeff/ Gerngross, Günter/ Holzmann, Christian/ Lewis-Jones, Peter/ Parminter, Sue/ with de Henseler, Yvonne (2013): *MORE! 7e Student's Book*. Cambridge: Cambridge University Press and Helbling Languages

Puchta, Herbert/ Stranks, Jeff/ Gerngross, Günter/ Holzmann, Christian/ Lewis-Jones, Peter/ Parminter, Sue/ with de Henseler, Yvonne (2014): *MORE! 8e Student's Book*. Cambridge: Cambridge University Press and Helbling Languages

Rajendram, Shakina (2023): Translanguaging as an agentive pedagogy for multilingual learners: affordances and constraints. *International Journal of Multilingualism* 20 (2), 595–622

Rodríguez, A. D./ Musanti, S. I./ Cavazos, A. G. (2021): Translanguaging in higher education in the US: Leveraging students' bilingualism. *Critical Inquiry in Language Studies* 18 (4), 353–373

Rothman, Jason/ Cabrelli Amaro, Jennifer/ de Bot, Kees (2012): Third language acquisition. In: Herschensohn, Julia/Yung-Scholten, Martha (eds.): *The Cambridge Handbook of Second Language Acquisition*. Cambridge: CUP, 372–393

Sales Cordeiro, Glais/ Ronveaux, Christophe/ équipe GRAFE. (2009): Le recueil et le traitement des données. In: Schneuwly, Bernard/ Dolz, Joaquim (eds.): *Des objets enseignés en classe de français*. Rennes: Presses universitaires de France, 83–100

Schauber, Holli (2012): A Pluripedagogical and Dual Language Approach to Teacher Education. *Synergies Europe* 7, 151–172

Van der Maren, Jean-Marie (2004): *Méthodes de recherche pour l'éducation* (2 éd.). Bruxelles: De Boeck

Williams, Cen (2002): *A Language Gained : A Study of Language Immersion at 11–16 years of age*. Bangor, UK: University of Wales Bangor

Woodley, Heather H./ Brown, Andrew (2016): Balancing Windows and Mirrors: Translanguaging in a Linguistically Diverse Classroom. In: García, Ofelia/ Kleyn, Tatyana (eds.): *Translanguaging with multilingual students: learning from classroom moments*. New York: Routledge, 83–99

Conclusion by the editors

By the following, we will comment on synergies and differences between the three concepts that have been at the origin of this volume. By doing so, we hope to hint at future directions for L3 education and educational research in Europe and beyond.

Castellotti: Plurilingual competence, translanguaging, third-language didactics: sharing, contrasting, overcoming

The three concepts whose coexistence and contested interpretations have inspired the composition of this book, and which have been elaborated on, share certain key features. However, these concepts find their origins in environments that are characterized by contrasting epistemological traditions and language policy contexts.

The first common feature they share is the desire to recognize and welcome linguistic and cultural diversity and plurality in language learning and teaching situations. This desire is expressed primarily in two following, frequently intertwined ways: by considering and documenting how contact takes place between various languages, and by choosing to focus questions regarding communicative practices, all from a primarily educational perspective.

With regard to comparing Plurilingual and Pluricultural Competence (PPC) and Translanguaging (TLG), D. Moore replies as follows:

> Both traditions share similar ideas in the sociolinguistic and sociocultural understanding of language practice and competence and their normalization /

> valorization in target language and content learning. Attention is centred on languaging and learning to embrace the dynamics, variety, fluidity, intermingling, and changeability of languages and language practices. The strength of the concept of translanguaging is definitely in the affordance that English provides with the use of a gerundive: the intrinsic dynamic aspect of languaging. French cannot be this concise. But I see more commonalities than differences.[1]

This gerund is of particular interest to me, insofar as it crystallizes in a striking way the simultaneously functionality and immediacy in the conceptualization of languages, centered on a competence in action, more or less common to the three notions in question. This is further reinforced in English, by the fact that we have a single word to designate *langue* and *langage*, and that the very notion of plurilingualism, as well as that of plurilingual competence which derives from it, were non-existent until very recently in the English-speaking research sphere.

Focusing only on competence, or 'doing', from a primarily functional perspective, and on the present nature of learning and teaching, the focus of education systems, more often than not obscures the experience and imagination of the people involved in these situations. This is because this experience (in the phenomenological sense as defined at the end of my introduction above) is, precisely, not included in actions and/or linguistic signs in a complete, consistent, and essential sense. An example of this can be found in J. Lorilleux's doctoral thesis[2], which shows that adolescents who are identified by schools and in a more general sense, society, as 'with little or no writing ability', do have, for the most part, a literacy history that schools may ignore or pretend to ignore because this literacy history does not correspond to its norms. By limiting ourselves to the visible semiotic aspects of literacy

---

1 Moore, Danièle/Lau, Man Chu S./Van Viegen, Saskia (2020): Mises en écho des perspectives on Plurilingual competence and Pluralistic Pedagogies: A conversation with Danièle Moore. In: Lau, Man Chu S. & Van Viegen Saskia (eds.): Plurilingual Pedagogies. Critical and Creative Endeavors for Equitable Language in Education. Cham: Springer, 23–45.

2 Lorilleux, J. (2015): *Ecritures transformatives. Quand des élèves allophones deviennent auteurs, ou: de l'appropriation à l'émancipation*. Thèse de doctorat, Tours: Université François Rabelais, http://www.theses.fr/2015TOUR2009.

practices, we continue to value people who, better than others[3], know how to put their experience and the meaning they give to it into signs to make it distinctive according to 'acceptable' norms.

The notion of plurilingual competence, as defined by its original authors, aims to consider and focus on two aspects of communication: first, plural and mixed forms of communication, thought of as *parler bilingue*[4], or *parler plurilingue*[5]; and second, through its articulation, a strong sociolinguistic and identity-based representation. The former, for the most part, was widely disseminated from the end of the 2000s in work in English[6], under the term translanguaging, developing the work of C. Williams[7]. This dimension, which focuses on communication and the means of achieving it, highlights mixed, blended and hybrid uses. This legitimizes the valorization of *trans*-lingual practices, but what about *inter*- and *alter*-?

> En effet, qu'évoquent les métaphores du métissage, du mélange, de l'hybridité ? Pour ma part, elles renvoient à un monde où on valorise le produit, qui ne permet plus de distinguer les histoires, les héritages, les contrastes comme, lorsque nous étions enfants, le mélange de pâtes à modeler de différentes couleurs aboutissait

---

3 Due in particular to the cultural practices acquired in the family.

4 Py, Bernard (1994): Le parler bilingue. In: Alleman-Ghionda, C. (ed.): *Multikultur und Bildung in Europa/ Multiculture et éducation en Europe*. Bern: Peter Lang, 105–112.

5 Castellotti, Véronique (dir.) (2001): *D'une langue à d'autres, pratiques et représentations*. Rouen: Presses universitaires de Rouen, Collection DYALANG.

6 One might wonder about the propensity of most English-speaking researchers to ignore French-language work that predates their own, given that, on the one hand, many of them are able to read French or even German and, on the other hand, some references on European research on plurilingualism are available in English. These include, for example: Coste, Daniel/Moore, Danièle/Zarate, Geneviève (2009): *Plurilingual and Pluricultural Competence*. Strasbourg, Council of Europe. (Original work 1997); Moore, Danièle & Gajo, Laurent (2009): Introduction – French voices on plurilingualism and pluriculturalism: Theory, significance and perspectives. *International Journal of Multilingualism*, 6(2), 137–153; Moore et al. 2020, Op. Cit. And that, furthermore, machine translation tools currently provide at least a fairly good approximate understanding.

7 See for a summary: Lewis, Gwyn/Jones, Bryn/Baker Colin (2012): Translanguaging: Origins and Development from School to Street and Beyond. *Educational Research and Evaluation* 18 (7), 641–654; and Li, here p. 143.

> inévitablement, à force de malaxages, à une boule uniformément marron ; un monde où la diversité n'a plus d'enjeux.[8]

I would argue that prioritization of the product in the form of the communicative result is the result of an underestimation of the history, both individual and social of speakers, which amounts to short-circuiting or at least greatly minimizing heterogeneity and conflict.[9] This phenomenon is largely reinforced by the emphasis placed on educational contexts in work on the three concepts studied. Working on *pluri-*, *inter-* and *trans-* at school most often means (see the examples cited in my introduction above) increasing the number of languages present, and managing their use and status in classes. The body of work on *Tertiärsprachendidaktik* also reflects this position, albeit from two somewhat different theoretical foundations: studies carried out in psycholinguistics, arguing for specific linguistic and cognitive characteristics, in relation to the acquisition of a new language after the second[10]; and the objectives of linguistic-educational policies aimed at promoting the learning of foreign languages (FL) after that of English as FL1 (for a summary, Dietrich-Grappin/Hufeisen, here p. 262).

But, as I argued above, from my perspective, the key point is neither the number nor the ways of managing plurality. Rather, it should be, first, to recognise and make evident the certain, profound and ceaseless variation of these languages, including internal variation, i.e. their diversity and their constitutive heterogeneity marked by history. To my knowledge, none of the approaches linked to the three notions examined in this collection of works has seriously or firmly placed this at the centre of its concerns as de facto approaches that set new standards, including those espousing plurality.

From a geo-politico-linguistic perspective, we might also ask ourselves what the point is of learning third languages by focusing learning on communication

---

[8] Castellotti, Véronique (2019): Plurilinguisme, transculturalité ou hétérogénéité? Interrogations notionnelles à propos de la diversité linguistico-culturelle. In: Budach, Gabrielle et al. (eds.): *Grenzgänge en zones de contact*. Paris: L'Harmattan, Collection Espaces discursifs, 159–168, here 174

[9] Conflict inevitably arises from this heterogeneity and from the misunderstandings and disagreements linked to taking otherness seriously.

[10] See in particular Cenoz, Jasone/Hufeisen, Britta/Jessner, Ulrike (eds.) (2001): *Cross-linguistic influence in third language acquisition: Psycholinguistic perspectives*. Clevedon: Multilingual Matters

if, globally, the whole world is communicating in English (even if it is in various varieties of English that are hybridized and not always legitimized but with the potential to be mutually understood). In this regard, it would be more relevant to give priority to the second dimension (social-identity), which is central to the notion of plurilingual competence, and which has hitherto been considerably downplayed in practice-oriented approaches. Accordingly, by focusing on the historical, socio-anthropological and political aspects of linguistic and cultural otherness, we can give new meaning to formation (*Bildung*) in and about *other* languages, by confronting heterogeneous imaginations of the world.

For me, the essential difference between PPC and TLG lies in this question. As D. Moore (2020) also explains, PPC is based on a sociolinguistic background that takes seriously the political inscription of languages and their imaginary identities, whereas TLG gives priority to the primarily semiotic aspect of language material. In this orientation, it is a form of absolute hybridity that is valued; the languages no longer exist and, in this movement of erasure, the otherness that is expressed through these languages fades away.

Nonetheless, if, as D. de Robillard argues, languages as described by linguists "do not exist"[11], the languages of their speakers are increasingly coming to the fore, as shown by the growing demands for regional and minority languages. In the face of globalization, a kind of divide described by D. Goodhart has emerged between the 'anywhere' and the 'somewhere'[12], and this divide also runs through linguistic policies and practices. Far be it for me to suggest that languages are fixed and stable objects that need to be grasped or manipulated as they are. But neither is the dynamic of language appropriation confined to language practices[13], which, with increasing globalization, would become translanguaging, as if languages had no existence whatsoever, as J. Cummins also criticizes:

> To claim that languages exist as social constructions but have no legitimacy 'in reality' raises the issue of what is 'reality' and what is a 'social construction'. [...] Languages are clearly social constructions with arbitrary and fluid boundaries,

---

11 Robillard, Didier de (2008): *Perspectives alterlinguistiques*. Paris: L'Harmattan

12 Goodhart, David (2017): *The Road to Somewhere*. Hurst Publishers

13 Boutet, J./Fiala, P./Simonin-Grumbach, J. (1976): Sociolinguistique ou sociologie du langage. *Critique* 344, 68–85

> but they generate an immense material and symbolic reality (e.g., dictionaries, school curricula, wars, profits for corporations that teach and test languages, personal identities such as 'French teacher' etc.). With respect to consequential validity, how could we even discuss with teachers the importance of incorporating students' home languages into the life of schools when we are simultaneously telling them that these home languages don't exist? [...] In short, the theoretical proposition that languages don't exist is conceptually incoherent and pedagogically unhelpful.[14]

The concepts studied in this volume have several interesting features in common, helping to describe and legitimize plural uses that are often not recognized by schools. In this sense, pluralizing language education promotes certain forms of diversity and helps to combat discrimination, while remaining limited in terms of resources:

> Multi[pluri]lingualism serves to decenter the sources of power by contesting the discourses of purity, normality and authenticity associated with monolingualism and by giving legitimacy to more hybrid forms of expression, across codes, modes and modalities.[15]

But, as I mentioned earlier, TLG and PPC, while founded on a shared pragmatic basis, also differ in part. The notion of PPC, as defined in 1997, was intended to consider not only language experience but also linguistic and cultural experience, and with it the heritage and imaginary of the people concerned, which cannot be reduced solely to *métissage* or hybridity. I believe it is necessary to develop this aspect, by placing communicative dimensions in second place and, simultaneously, by insisting on the primary need to historicize, otherise and heterogenise the process of appropriating languages. This means not replacing ONE monolingual

---

14 Cummins, Jim (2020): Dialogue/Response - Engaging Translanguaging Pedagogies in Language Classrooms. In: Lau, Man Chu S. & Van Viegen Saskia (eds.): *Plurilingual Pedagogies. Critical and Creative Endeavors for Equitable Language in Education*. Cham: Springer, 205–212.

15 Jessner-Schmid, Ulrike/Kramsch, Claire (2015): *The Multilingual Challenge: Crossdisciplinary perspectives*. Berlin: Walter de Gruyter.

norm with ONE plurilingual norm, which can also be exclusionary (see the example of monolingual children in my introduction, p. 32), and accepting that this process will always remain neither totally controllable nor unattainable.

Li: Translanguaging

This volume also advances two other concepts: Plurilingual competence and tertiary language didactics. How does translanguaging relate to but differ from these two concepts? First of all, the review of the origin of the idea of translanguaging shows that translanguaging did not originate in language teaching and learning, certainly not foreign or second language teaching and learning. Indeed, the target of translanguaging as a pedagogical practice was not focused on language per se. It was, just to repeat, about content learning in minority language revitalization contexts. As such, translanguaging is about enabling comprehensive and expression using the learner's linguistic and semiotic repertoire maximally in a flexible manner.

Similar to plurilingual and pluricultural competence, translanguaging emphasizes the dynamic and flexible use of multiple languages, but in addition, multimodal and multi-semiotic resources too, in making meaning and making sense. It builds on Vivian Cook's notion of 'multi-competence' which goes beyond language to incorporate, in particular, cognitive capacities. Whilst it does not specify culture in the terminology itself, translanguaging utilizes one's multi- or pluri-cultural experiences and repertoire.

When it comes to tertiary language didactics, translanguaging raises questions about the traditional monolingual, target language focused approaches and seeks to revisit core issues such as the role of the learner's L1 and cross-linguistic transfer. It reminds us that the main objective of learning new and additional languages is to become bilingual and multilingual, not to replace or forget the languages one already has. Translanguaging pedagogies urges us to use bilinguals and multilingual language users, who use their linguistic repertoire flexibly for the variety of communicative purposes they aim to achieve, as the model of teaching and learning, rather than the idealized monolingual native speaker.

Although these concepts were developed in different contexts with different objectives, translanguaging, plurilingual competence and tertiary language didactics can work together, as studies in this volume show, to move towards a more dynamic, pluralistic and inclusive approach to language education that transcends boundaries of various kinds.

Dietrich-Grappin & Hufeisen: Developing Tertiary Language Didactics 2.0: Fresh impetus from neighboring discourses

The original conception of tertiary language didactics (TLD), like European multilingual teaching approaches and tertiary languages research more generally, took the monolingually socialized learner as its departure point:

> A large proportion of this research originated in Western countries with substantially monolingual traditions, and this was reflected in the strong interest shown in school-acquired plurilingualism.[16]

Against this background, it is all the more important to recall that the original 'German as a foreign language after English' model was developed chiefly with teaching and learning outside Europe in mind, along with the needs of learners whose first languages were not Indo-European. Cognitive and psycholinguistic approaches and a focus on efficient learning processes in a tertiary, i.e., second (or further) foreign language (L3), were consistently foregrounded. The framing of aims in this way is absent from the discourses around translanguaging and *compétence plurilingue*, as both arose in or were strongly influenced by the context of multilingual societies (diglossia in Wales, bilingualism research in Switzerland). The two discourses connect language acquisition with language use and have foundations in sociocognitive and

16 Ballweg, Sandra (2019): Erst-, Zweit- und Mehrsprachenerwerb in der Forschung. In: Fäcke, Ernst/Meißner, Franz-Joseph (eds.): Handbuch Mehrsprachigkeits- und Mehrkulturalitätsdidaktik. Tübingen: Narr Francke Attempto, 265-270, here 269.

sociocultural learning theory that explain their orientation towards communication and identity formation.

Translanguaging and TLD have in common that they both originally emerged as teaching approaches, albeit in different fields (bilingual subject teaching versus foreign languages teaching). García has proposed a redefinition of translanguaging that uses the term to encompass the language practices of meaning negotiation that she observed in her bilingual learning groups (Spanish/English).[17] The new term 'transpositioning' (Li in this volume, p. 168) also invites us to adopt the internal perspective of bilingual learners. The translanguaging discourse advocates the desirability of opening up space for bilingual learners to use all means of communication at their disposal to support subject-related learning processes – without being confined to certain named languages or purely verbal modalities.

Concerning subject-related learning in foreign languages, the translanguaging discourse highlights the importance for TLD 2.0 of defining pedagogical translanguaging to foster target language skills as early as when bilingual learners are just starting their first foreign language (Tab. 1, prior knowledge in the L1 bi highlighted in grey)[18]: The heritage language is available in addition to the school language for lexical transfer based on perceived or assumed cross-linguistic similarities, and can be used to streamline grammar teaching beyond cognitivization phases (e.g. parallel exercises or deduction with interlingual downward differentiation)[19].

---

[17] García, Ofelia (2009): Bilingual education in the 21st century. A global perspective. In collaboration with Hugo Baetens Beardsmore. Malden, Oxford: Wiley Blackwell.

[18] For the contexts of activation and prior knowledge typology referred to in Tab. 1, see Dietrich-Grappin, Sarah & Hufeisen, Britta (2023): Tertiary language didactics 2.0. A review of a multilingual didactics approach and its remodeling in the light of empirical research, translanguaging and compétence plurilingue. In: Sebestyén, K., Jagielska, K. & Comes, N. (Eds.): Multilingualism in Europe. Hungarian Educational Research Journal (2023; 13.2) https://doi.org/10.1556/063.2022.00122

[19] As cognitivization is suitable whenever grammatical features in the target language contrast with the school language, parallel exercises and scaffolds as part of downward differentiation in deduction exercises (cf. ibid. and Dietrich-Grappin/Hufeisen in this volume, p. 298) may only be used with heritage languages or – in L3 teaching and learning – prior foreign languages.

Tab. 1: Potential for prior knowledge activation in the foreign language classroom structured by activation contexts, types of prior knowledge, and languages (Table SDG)

Context of activation and type of prior knowledge	Languages	L2	L1 bi		L1 mo
		Foreign language(s)	Heritage language(s)	Second = school language	First = school language
procedural	Classroom discourse & presentation phase: lexical reception transfer & false friends				
	Classroom discourse & communication phase: lexical production transfer & false friends				
	Practice phase – parallel exercise: patterns				
	Transfer phase – two-languages tasks: skills	x	x	x	x
cognitive	Practice phase – Deduction with interlingual differentiation: meta-linguistic				
	Transfer phase – two-languages-task: meta-linguistic & meta-cultural	x	x	x	x
	Classroom discourse & transfer phase – two-languages-task: mediation strategies	x	x	x	x
meta-cognitive	Presentation phase: (auto)semanticizing und reception strategies				
	Communication phase: communication and text production strategies				
	Practice phase: self-evaluations on type of learner, psychotypology, preferred types of exercises				

Due to their socialization in at least two languages, bilingual learners also have metacognitive prior knowledge that can usefully be activated. Strategies acquired in dealing with the school language as a second language and the heritage language can also be explored in the teaching of foreign languages, for instance as they relate to texts, communication, or self-directed practice. Furthermore, the translanguaging discourse focuses attention on another essential question: Over and above the aim of promoting target language proficiency, what content should foreign language teaching take up, and what aims should it pursue to foster subject-related personal development? At the level of content, the global education approach can stimulate productive discussions. At the normative level, the principles of creativity, criticality, and communication awareness can all be expanded upon. In this context, pedagogical translanguaging during the teaching of a first foreign language can also mean using two-languages-tasks[20] with multilingual input on topics that have relevance to society and activating learners' skills-related prior knowledge in the languages of their socialization (Tab. 1, prior knowledge marked with x in L1 bi and L1 mo).

TLD also has a commonality with the *compétence plurilingue* discourse, in this case their shared proximity to the European discourse on plurilingualism with its emphasis on the importance of institution-based foreign languages teaching for the cultivation of plurilingualism. Both discourses also share an interest in normative questions about foreign language teaching and learning, although they tend to offer divergent answers (L3 language competence and language awareness/language learning awareness versus communicative competence). *Compétence plurilingue* has been defined in the context of the Common European Framework of Reference for Languages as an overarching communicative and cultural competence possessed by plurilingual individuals.[21] This is mirrored in the descriptors contained in the Companion Volume to the CEFR: At the lower levels (A1/A2), plurilingual competence is understood as a prerequisite for learning and a component of communicative competence in the target language, and from the B1/B2 levels upwards, it implies an ability to cope with multilingual communication situations.[22] In Germany, the influence of these descriptors on national education policy

---

20 Bailly, Sophie/ Ciekanski, Maud (2003): Enseigner et apprendre deux langues étrangères en un seul cours. In: Carton, Francis/ Riley, Philip (eds.): Vers une compétence plurilingue. Paris: Clé international, 136–154

21 Coste, Daniel/Moore, Danièle/ Zarate, Geneviève (2009, originally 1997): Compétence plurilingue et pluriculturelle. Vers un Cadre Européen Commun de référence pour l'enseignement et l'apprentissage des langues vivantes. Etudes préparatoires. Strasbourg: Conseil de l'Europe. https://rm.coe.int/168069d29c (last access on 24.9.2024)

22 Council of Europe (ed.) (2020, originally 2018): Common European framework of reference for languages: Learning, teaching, assessment. Companion volume. https://rm.coe.int/common-european-framework-of-reference-for-languages-learning-teaching/16809ea0d4 (last access on 24.9.2024), 123–128

for the lower secondary level is already becoming apparent, although policy elaboration for the higher school years and the B1/B2 levels is still pending.[23]

In relation to L3 teaching, i.e., the teaching of foreign languages after a first foreign language (L2), a TLD 2.0 will need to elaborate on the forms of pedagogical translanguaging already outlined above with more consideration given to the L2 and conceptions of internal differentiation and learner autonomy. At the lower proficiency levels, this should allow prior knowledge to be leveraged to accelerate the development of communicative competence in the L3 (Tab. 1, prior knowledge shaded in grey in L1 mo, L1 bi and L2). Approaches and materials that direct learner attention to procedural prior knowledge stores can make monolingual L3 learners aware of their incipient plurilingual competence and convey ideas to bilingual L3 learners about a multilingualism that is inclusive of languages beyond the high-prestige languages anchored in the education system. For the higher academic years, communicatively oriented approaches also offer promise for a TLD 2.0 that sees plurilingual and pluricultural competence as a competence area in its own right that implies the ability to navigate multilingual communication situations (Fig. 1).

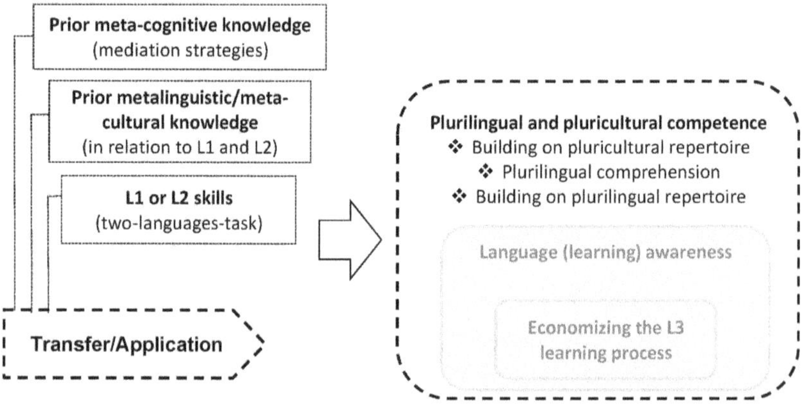

Fig. 1: Timing and type of prior knowledge activation for the legitimatory principle of plurilingual and pluricultural competence in the L3 classroom (Graphic SDG)

[23] Kultusministerkonferenz der Länder (2023): Bildungsstandards für die erste Fremdsprache (Englisch/Französisch) für den Ersten Schulabschluss und den Mittleren Schulabschluss. https://www.kmk.org/fileadmin/veroeffentlichungen_beschluesse/2023/2023_06_22-Bista-ESA-MSA-ErsteFremdsprache.pdf (last access on 24.9.2024)

For this overarching educational goal, skills in the school language, heritage languages and previously learned foreign languages can be activated by two-languages-tasks that use texts and other media to spark discursive exchanges and mediation in and between the languages involved. As learners tackle these tasks, they can also draw on their metalinguistic, metacultural, and metacognitive/mediation-related prior knowledge. Going above and beyond this, it will also be desirable for a TLD 2.0 to consider how processes of retrospection on mediation after such tasks can be guided (Tab. 1, prior knowledge marked with x in L1 mo, L1 bi and L2).

Thematical index

L

Q

Z

Name index

About the authors

(alphabetical order)

Catherine Blons-Pierre, PhD, was Head of the Expertise and Quality Unit at France Education International (France). She has led numerous seminars and published articles and books on language didactics with a multilingual and multicultural perspective, in particular on the technique of translanguaging practices in multilingual schools.
Email: catherine.blons.pierre@gmail.com

Stefanie Bredthauer, Ph.D., is an academic counsellor at the Mercator Institute for Literacy and Language Education at the University of Cologne (Germany). Her main research areas are multilingual didactics, German as a second language and research methods in linguistic educational research.
Email: stefanie.bredthauer@mercator.uni-koeln.de

Véronique Castellotti is Emeritus Professor of Language Didactics and Sociolinguistics at the University of Tours (France). Her main research focuses on the history of ideas in language learning and sociolinguistics, otherness and diversity in situations of appropriation, comprehension and translation, education in and through plurality, teacher training.
Email: veronique.castellotti@univ-tours.fr

Sarah Dietrich-Grappin is Professor of Didactics of Romance Languages at the University of Bonn (Germany). Her main research areas are interaction analysis in the L3 classroom, multilingual didactics and fostering intercultural teaching and learning by hot words.
Email: sarah.dietrich-grappin@uni-bonn.de

Lukas Eibensteiner is a tenure-track professor of Didactics of Romance Languages at the University of Jena (Germany). His main research areas include second and third language acquisition, multilingual didactics, and the use of digital media in teacher education.
Email: Lukas.Eibensteiner@uni-jena.de

Holger Hopp is Professor of English Linguistics at TU Braunschweig (Germany). His main research areas are multilingual acquisition and language processing to understand cross-linguistic interactions in learning.
Email: h.hopp@tu-braunschweig.de

Britta Hufeisen is Full Professor of Linguistics-Multilingualism at the Technische Universität Darmstadt (Germany). Her main research areas are multiple language acquisition and learning, writing in an L3, plurilingual curricula, and text linguistics.
Email: britta.hufeisen@tu-darmstadt.de

Jenny Jakisch is currently Interim Professor of English Language Teaching and Language Acquisition at the University of Hildesheim (Germany). Her main research areas are multilingualism and English as a foreign language (EFL) teaching, classroom management in EFL contexts and theory and practice in language teacher education.
Email: jakisch@uni-hildesheim.de

Amina Kropp is a Senior Researcher and Lecturer of Romance Linguistics at the University of Mannheim (Germany). Her research interests include language history and (historical) pragmatics as well as multilingualism and language acquisition, both in historical contexts and concerning current migration-related issues.
Email: amina.kropp@uni-mannheim.de

Le Chen holds a PhD in Education with a specialization in Applied Linguistics from Western University and a Postdoctoral Fellowship at the Ontario Institute for Studies in Education, University of Toronto (Canada). Her main research areas include multilingualism and plurilingualism, multiliteracies, and language policy.
Email: chenwestern@gmail.com

Li Wei is a Chair Professor of Applied Linguistics as well as Director and Dean of the UCL Institute of Education at University College London, UK. His main research activity is in contact linguistics, bilingualism and multilingualism, and language education.
Email: li.wei@ucl.ac.uk

Sonya Maechler-Dent is the founder and leader of the four Tandem International Multilingual Schools in Zurich (Switzerland). Her main area of research is the proactive and reflective implementation of a translanguaging pedagogy in a multilingual school.
Email: smaechler@tandem-ims.ch

Michael Markey is a Senior Lecturer in Language Sciences at the University of Lille. His main research areas are bilingualism, foreign language learning, reading strategies and multilingualism.
Email: michael.markey@univ-lille.fr

Gisela Mayr is a qualified teacher of English language and culture at a secondary school in Bolzano (South Tyrol, Italy). She has also been an adjunct professor and researcher in the field of language teaching and learning and multilingualism at the Free University of Bolzano, Faculty of Education. Her main research interests are multilingualism, foreign language learning and inclusion.
Email: Gisela.mayr@schule.suedtirol.it

Cordula Meißner is Assistant Professor of German Linguistics at the University of Innsbruck (Austria). Her main research areas are corpus linguistics, usage-based language description in educational linguistics (especially German as a Foreign or Second Language), corpus pragmatics, lexicogrammar, and language use in science, education and professional contexts.
Email: cordula.meissner@uibk.ac.at

Sílvia Melo-Pfeifer is Professor of Didactics of Romance Languages at the University of Hamburg (Germany). She has been researching the use of pluralistic approaches to language teaching and teacher education and working with artistic methods in research and education.
Email: silvia.melo-pfeifer@uni-hamburg.de

Johannes Müller-Lancé is Professor of Romance Linguistics and Media Studies at the University of Mannheim (Germany). His main research areas are L3 transfer, historical morphology and the development of text types in special interest magazines.
Email: mueller-lance@phil.uni-mannheim.de

Teresa Patzek (formerly Kieseier) is a research assistant at the *Mannheimer Zentrum für Empirische Mehrsprachigkeitsforschung* (MAZEM) in Mannheim (Germany), where she works on projects which evaluate different language training programs. In her PhD project, she investigated how different meta(linguistic) factors influence early English as a foreign language in monolingual and bilingual primary school students.
Email: patzek@mazem.de

Malika Pedley, PhD, is a lecturer in sociolinguistics and language pedagogy at the University of Reims Champagne-Ardenne (France). Her main research interests lie in creative writing and language appropriation.
Email: malika.pedley@univ-reims.fr

Enrica Piccardo is Full Professor of Applied Linguistics and Language Education at the Ontario Institute for Studies in Education, University of Toronto (Canada). Her main research areas are language teaching approaches and curricula, plurilingualism, creativity and complexity in language education, and assessment.
Email: enrica.piccardo@utoronto.ca

Slavka Pogranova is a lecturer of Didactics of English as a Foreign Language (primary education) at the University of Geneva (Switzerland). Her main research areas are teaching of foreign languages (English, German) and multilingualism, integrated approaches to languages and translanguaging.
Email: Slavka Pogranova@unige.ch

Holli Schauber is a senior lecturer of Didactics of English as a Foreign Language (secondary education) and Research methods at the University of Geneva (Switzerland). Her research and teaching are closely related and focus on language teacher education, pluripedagogy, and synchronous screencast feedback.
Email: Holli.Schauber@unige.ch

Sarah Sturm completed her PhD within the MEG-SKoRe project (see p. 196) on multilingual language learning strategies at the TU Braunschweig (Germany). She now teaches English and History at a grammar school (*Gymnasium*).
Email: s.sturm@tu-braunschweig.de

Dieter Thoma is a senior researcher and lecturer in Psycholinguistics and English Linguistics at the University of Mannheim (Germany). He is interested in language acquisition and (bilingual) language processing and studies how (second) language processing interacts with cognitive, emotional, and social processes.
Email: thoma@uni-mannheim.de

Katharina Wieland is Professor of Didactics of Romance Languages at the University of Halle-Wittenberg (Germany). Her main research areas are mediation and plurilingual competence in foreign language learning, diversity and digital media in foreign language teaching, content and language integrated learning and language education for sustainable development.
Email: katharina.wieland@romanistik.uni-halle.de

Sprache, Mehrsprachigkeit und sozialer Wandel
Language, Multilinguism and Social Change
Langue, multilinguisme et changement social

Herausgegeben von / Edited by/ Edité par Jürgen Erfurt

BD./VOL. 1 Frank Estelmann / Pierre Krügel / Olaf Müller (Hrsg.): Traditionen der Entgrenzung. Beiträge zur romanistischen Wissenschaftsgeschichte. 2003.

BD./VOL. 2 Jürgen Erfurt / Gabriele Budach / Sabine Hofmann (Hrsg.): Mehrsprachigkeit und Migration. Ressourcen sozialer Identifikation. 2003.

BD./VOL. 3 Gabriele Budach: Diskurse und Praxis der Alphabetisierung von Erwachsenen im frankophonen Kanada. Französisch als Minderheitensprache zwischen Ökonomie und Identität. 2003.

BD./VOL. 4 Vasile Dumbrava: Sprachkonflikt und Sprachbewusstsein in der Republik Moldova. Eine empirische Studie in gemischtethnischen Familien. 2004.

BD./VOL. 5 Jürgen Erfurt (Hrsg.): Transkulturalität und Hybridität. *L'espace francophone* als Grenzerfahrung des Sprechens und Schreibens. 2005.

BD./VOL. 6 Christine Hélot / Elisabeth Hoffmann / Marie Louise Scheidhauer / Andrea Young (éds.): Écarts de langue, écarts de culture. A l'école de l'Autre. 2006.

BD./VOL. 7 Jürgen Erfurt / Gabriele Budach (éds./eds.): Standardisation et déstandardisation. Estandarización y desestandarización. Le français et l'espagnol au XXe siècle. El francés y el español en el siglo XX. 2008.

BD./VOL. 8 Gabriele Budach / Jürgen Erfurt / Melanie Kunkel (dir.): Écoles plurilingues – multilingual schools: Konzepte, Institutionen und Akteure. Internationale Perspektiven. 2008.

BD./VOL. 9 Jean-Jacques Weber: Multilingualism, Education and Change. 2009.

BD./VOL. 10 Dorit Herrmann: Varietät über Grenzen hinaus. Zum Französischen in der regionalen Tagespresse des französisch-schweizerischen Grenzgebietes. 2009.

BD./VOL. 11 Jürgen Erfurt / Maria Amelina: La francophonie. Bibliographie analytique de la recherche internationale 1980–2005. 2011.

BD./VOL. 12 Michael A. Morris (ed.): Culture and Language. Multidisciplinary Case Studies. 2011.

BD./VOL. 13 Anne-Marie de Mejía / Christine Hélot (eds.): Empowering Teachers Across Cultures. Enfoques críticos. Perspectives croisées. 2011.

BD./VOL. 14 Foued Laroussi (ed.): Code-Switching, Languages in Contact and Electronic Writings. 2011.

BD./VOL. 15 Sofia Stratilaki: Discours et représentations du plurilinguisme. Avec une postface de Daniel Coste. 2011.

BD./VOL. 16 Christine Hélot / Monica Barni / Rudi Janssens / Carla Bagna (eds.): Linguistic Landscapes, Multilingualism and Social Change. 2012.

BD./VOL. 17 Eliezer Ben-Rafael / Miriam Ben-Rafael: Sociologie et sociolinguistique des francophonies israéliennes. 2013.

BD./VOL. 18 Gabriela Steffen: Les disciplines dans l'enseignement bilingue. Apprentissage intégré des savoirs disciplinaires et linguistiques. Avec une postface de Laurent Gajo. 2013.

BD./VOL. 19 Ann-Birte Krüger: Mehrsprachigkeit türkischer Schüler in Frankreich und Deutschland. 2013.

BD./VOL. 20 Jules Ronjat: Le développement du langage observé chez un enfant bilingue. Commenté et annoté par Pierre Escudé. Transcription graphique d'Hervé Lieutard. 2014.

BD./VOL. 21 Kristine Horner / Ingrid de Saint-Georges / Jean-Jacques Weber (eds.): Multilingualism and Mobility in Europe. Policies and Practices. 2014.

BD./VOL. 22 Nancy Morys / Claudine Kirsch / Ingrid de Saint-Georges und Gérard Gretsch (Hrsg.): Lernen und Lehren in multilingualen Kontexten. Zum Umgang mit sprachlich-kultureller Diversität im Klassenraum. 2014.

BD./VOL. 23 Eve Lejot: Pratiques plurilingues en milieu professionnel international. Entre politiques linguistiques et usages effectifs. 2015.

BD./VOL. 24 Martina Drescher (éd.): Médias et dynamique du français en Afrique subsaharienne. 2015.

BD./VOL. 25 Marie-Madeleine Bertucci (éd.): Les français régionaux dans l'espace francophone. 2016.

BD./VOL. 26 Sonia Gerolimich / Sara Vecchiato (eds.): Le plurilinguisme et le monde du travail / Plurilingualism and the Labour Market. Entre besoins, défis et stratégies / Language needs, challenges and strategies. 2016.

BD./VOL. 27 Kutlay Yağmur: Intergenerational Language Use and Acculturation of Turkish Speakers in Four Immigration Contexts. 2016.

BD./VOL. 28 Reseda Streb: Ausbau mehrsprachiger Repertoires im Two-Way-Immersion-Kontext. Eine ethnographisch-linguistische Langzeituntersuchung in einer deutsch-italienischen Grundschulklasse. 2016.

BD./VOL. 29 Rahel Stoike-Sy: In mehreren Sprachen studieren. Repräsentationen und Praktiken von Mehrsprachigkeit in dreisprachigen Studienprogrammen an der Universität Luxemburg. 2017.

BD./VOL. 30 Anna Weirich: Sprachliche Verhältnisse und Restrukturierung sprachlicher Repertoires in der Republik Moldova. 2018.

BD./VOL. 31 Jürgen Erfurt / Anna Weirich / Eloise Caporal-Ebersold (eds.) : Éducation plurilingue et pratiques langagières. 2018.

BD./VOL. 32 Carolin Patzelt / Carolina Spiegel / Katrin Mutz (eds.): Migración y contacto de lenguas en la Romania del siglo XXI / Migration et contact de langues au XXIe siècle. 2018

BD./VOL. 33 Laurent Gajo / Jean-Marc Luscher / Isabelle Racine / Françoise Zay (éds): Variation, plurilinguisme et évaluation en français langue étrangère. 2019.

BD./VOL. 34 Roger Schöntag / Stephanie Massicot / (Hrsg.): Diachrone Migrationslinguistik: Mehrsprachigkeit in historischen Sprachkontaktsituationen. 2019.

BD./VOL. 35 Catherine Adam: Bilinguisme scolaire. Familles, écoles, identités en Bretagne 2020.

BD./VOL. 36 Juan Jiménez-Salcedo / Christine Hélot / Antoinette Camilleri Grima (eds.) : Small is Multilingual. Language and Identity in Micro-Territories. 2020.

BD./VOL. 37 Lidia Becker / José del Valle / Gabriele Knauer (eds.): La mirada glotopolítica, continuidad y renovación de la romanística / Le regard glottopolitique, continuité et renouveau de la romanistique. 2022.

BD./VOL. 38 Ludovic Ibarrondo / Jürgen Erfurt (eds.): Hétérogénéité linguistique / Linguistic heterogeneity. Questions de méthodologie, outils d'analyse et contextualisation / Questions of methodology, analysis tools and contextualization. 2023.

BD./VOL. 39 Nathalie Auger (éd.): Bi-plurilinguisme : apprentissages et formations. 2025.

BD./VOL. 40 Sarah Dietrich-Grappin, Véronique Castellotti, Britta Hufeisen et Li Wei (dir./eds./Hrsg.): Compétence plurilingue Translanguaging Tertiärsprachendidaktik. Rapprochements pour l'enseignement des langues tierces Convergences in tertiary languages education Annäherungen für den Unterricht in Tertiärsprachen. 2025.

www.peterlang.com

www.ingramcontent.com/pod-product-compliance
Ingram Content Group UK Ltd.
Pitfield, Milton Keynes, MK11 3LW, UK
UKHW022220051026
15624UKWH00002B/262

9 783631 935057